U0938785

中国人民解放军军史

第五卷

（1954年1月～1966年5月）

《中国人民解放军军史》编写组　编

军事科学出版社

中国人民解放军军史编写领导小组

组　长：	迟浩田		
副组长：	钱树根（前任）	吴胜利（前任）	杨志琦（前任）
	陈　勇	袁守芳（前任）	刘永治（前任）
	杜金才	王祖训（前任）	葛振峰（前任）
	郑申侠（前任）	刘成军	
成　员：	温光春（前任）	李买富（前任）	胡世祥（前任）
	张建启（前任）	牛红光	刘精松（前任）
	李运之（前任）	田书根（前任）	葛东升（前任）
	钱海皓（前任）	刘继贤	

中国人民解放军军史编写组

主　任：林登泉（前任）　王福成（前任）　姚有志（前任）
寿晓松

副主任：曾庆洋（前任）　支绍曾（前任）　肖裕声（前任）
齐德学（前任）　赵一平（前任）　杨贵华（前任）
曲爱国

编写人员（按姓氏笔画为序）：

丁　伟　王永生　王成志　王建强　邓礼峰
田　玄　田越英　曲爱国　华国富　江　英
刘子君　刘双才　刘志青　刘国语　刘庭华
齐德学　李　华　赤　桦　杨贵华　肖石忠
肖显社　肖裕声　张从田　张明金　张婉英
陈　力　陈　宇　陈伙成　陈传刚　陈奇勇
林治波　周继强　岳思平　赵一平　赵焕明
波拉提　姜为民　姜铁军　郭　芳　郭志刚
耿成宽　柴中国　徐　飞　徐占权　徐金洲
阎茁草　康月田　彭玉龙　褚　杨　褚　银
谢国钧　温瑞茂　解卫东　鲍明荣　臧运祜
翟清华　潘泽庆　魏碧海

《中国人民解放军军史》第五卷

主　　编：杨贵华

副 主 编：郭志刚

编写人员：杨贵华　郭志刚　鲍明荣
　　　　　王永生

目　录

第一章　确立军队建设总方针和总任务，全面展开现代化正规化建设

第一节　确立军队建设的总方针和总任务

一、朝鲜战争结束后的国际国内形势

1953年7月27日，朝鲜战争双方签订停战协定，历时三年零一个月的朝鲜战争结束了。在中朝人民的顽强斗争下，美国尽管投入巨大的人力物力，却无法达成其侵占全朝鲜的战略企图，被迫在停战协定上签字，遭到其有史以来最大的一次失败。这一事实表明，美国既无力在朝鲜半岛维持一场长期战争，同时也不可能在短期内发动另一场大规模的战争。朝鲜战争结束后，朝鲜半岛和东北亚紧张局势得到大大缓解，世界和平力量超过战争力量，国际战略形势趋于缓和。

但是，朝鲜停战的实现，只是冷战中一场热战的结束，以美国为首的帝国主义阵营和以苏联为首的社会主义阵营之间的对峙以及冷战的世界格局并没有改变，世界和平十分脆弱，战争危险依然存在。美国艾森豪威尔政府采取全球铺开、东西合击、欧亚两线同时推进的全球战略，实行通过和平手段颠覆社会主义国家的所谓“解放政策”，实施以核武器为后盾的大规模报复军事战略，积极扶持和武装西德、日本，支持一切反共政权和势力，如南朝鲜（韩国）

的李承晚、南越的保大以及逃到台湾的国民党政权，支持法国继续进行印度支那殖民战争，企图进一步加强对苏联和中国的战略包围，比杜鲁门时期实行的遏制战略更富有进攻性。

美国不甘心在朝鲜战争中的失败，继续采取敌视中国的政策，并在策略和手法上玩弄新花样。美国把台湾视为对新中国实行“新月形”包围的重要一环，进一步介入台湾问题。1953 年 8 月，美国与台湾当局举行首次海空联合军事演习。同年 9 月，双方签订《军事协调谅解协定》。翌年，美国又与台湾当局谈判酝酿签订《共同防御条约》，企图进一步控制台湾，制造台湾海峡两岸的永久分离，从东南沿海方向对中国大陆构成更加严重的威胁。在美国的支持下，台湾国民党军继续利用占据的一些沿海岛屿进行窜犯袭扰活动。在美国和台湾当局的策动下，潜伏大陆的匪特、地主、会道门等反动组织伺机进行反革命活动。

美国在朝鲜停战后继续支持法国在印度支那进行的殖民战争。艾森豪威尔提出所谓的“多米诺骨牌理论”，认为：在东南亚，如果有一个国家落在共产党手中，这个地区的其他国家就会像多米诺骨牌一样，一块接一块地倒下去。美国国务卿杜勒斯道出“多米诺骨牌理论”的真正可怕之处：中国牌子的共产主义比苏联牌子的共产主义威胁更大。因为受中国革命影响的不发达地区有 16 亿以上的人口，如果对中国革命的影响不加遏制，任其蔓延，那么世界上受共产党统治的人口和“自由世界”人口之间的比例，将从 2∶1 变为 3∶1，这将会使“自由世界”陷入极为不利的境地。因此，朝鲜战争结束后，美国不仅继续支持法国殖民主义者，而且蓄意扩大印度支那战争，矛头直接指向中国。

中国共产党人对面临的形势和任务有着清醒的认识。中共中央判断：以苏联为首的和平民主阵营的力量业已超过帝国主义阵营的力量，全世界人民的和平运动日益发展，殖民地和附属国的民族解放浪潮日益高涨，美国发动战争的可能性不大。但是，由于美国继续执行扩军备战政策，在中国周边建立军事基地，中国的国家安全仍然面临美国的威胁。中共中央认为，在这样的国际形势下，只要联合世界上一切爱好和平的国家，和平的国际环境是可能创造的，而且中国需要一个和平的环境进行建设。1954 年 8 月 24 日，毛泽东在接见英国工党领袖艾德礼时指出："中国是农业国，要变为工业国需要几十年，需要各方面帮助，首先需要和平环境。经常打仗不好办事，养许多兵是会妨碍经济建设的。"① 同年 10 月 23 日，毛泽东在会见印度总理尼赫鲁时明确表示："我们现在需要几十年的和平，至少几十年的和平，以便开发国内的生产，改善人民的生活。我们不愿打仗。假如能创造这样一个环境，那就很好。凡是赞成这个目标的，我们都能同它合作。"②

基于对国际战略形势和中国安全形势的正确判断，在朝鲜停战实现前后，中共中央就果断地将国家工作的重心逐渐转到经济建设方面。在抗美援朝战争结束前夕，周恩来指出："摆在我们面前的情况是：能不能胜利的问题已经解决了，我们已经取得了全国的胜利，而且已经把帝国主义加来的压力打退了。能不能恢复经济的问题亦已解决了，三年来的经验证明，我们能恢复。目前摆在我们面前要解决的问题是能不能在政治上巩固我们已取得的胜利，能不能建设新中国，并逐步过渡到社会主义。要从政治上使我们的新中国巩固起来，就要靠军事来保卫，而军事的基础又是经济建设。"③ 1953 年 6 月，中共中央政治局提出了中国共产党在过渡时期的总路线，提出要在过渡时期逐步实现国家的社会主义工业化，并逐步实现国家对农业、对手工业和对资本主义工商业的社会主义改造的伟大任务。1954 年 9 月第一届全国人民代表大会第一次会议通过的

① 《毛泽东外交文选》，160 页，北京，中央文献出版社、世界知识出版社，1994。

② 《毛泽东外交文选》，160 页，北京，中央文献出版社、世界知识出版社，1994。

③ 周恩来在全国财经工作会议预备会议上的报告记录，1953 年 6 月 12 日。

《中华人民共和国宪法》，将中国共产党在过渡时期的总路线作为国家在过渡时期的总任务，以根本大法的形式确定下来。中共中央确定，全国工作重点是用一切办法挤出钱来建设重工业和国防工业，集中实现第一个五年经济建设计划。

人民解放军担负着保卫国家安全和社会主义建设的重任。在“边打边建”中，人民解放军更加壮大起来。经过新中国成立后4年的建设，逐步建立起统一领导全国军队的组织机构，基本上统一了全军的各种制度；在步兵的基础上，建立起空军、海军和各特种兵部队；初步改善了武器装备；创办了许多正规的军事、政治、文化和技术院校，为人民解放军现代化、正规化建设的全面展开打下了良好的基础，创造了有利的条件。但是从总体上来说，人民解放军的现代化、正规化水平还比较低。

在世界和平力量增长，国际总体局势趋于缓和，国家大规模经济建设展开的形势下，如何利用来之不易的和平时期，实现毛泽东提出的“建设我军为世界上第二支最优良的现代化的军队”① 的要求，有步骤地提高军队现代化、正规化水平，以适应未来反侵略战争的需要；如何根据中国共产党在过渡时期的总路线、总任务的要求，保证国家顺利向社会主义过渡，实现国家工业化和实现对农业、手工业、资本主义工商业的社会主义改造，维护国家安全与发展的根本利益，是摆在人民解放军面前的迫切任务。

二、全国军事系统党的高级干部会议的召开和军队建设总方针总任务的提出

新中国成立特别是1950年6月国内大规模战争基本结束后，人民解放军建设开始由低级阶段向高级阶段过渡，提出建设正规化现代化国防军的任务。但是，由于朝鲜战争爆发，为进行抗美援朝保家卫国战争，人民解放军只能“边打边建”，只是初步进行了正规

① 《建国以来毛泽东文稿》第4册，1页，北京，中央文献出版社，1990。

化现代化建设。抗美援朝战争胜利后，国际形势总体趋于缓和，中国进入相对和平时期，人民解放军有了全面进行现代化、正规化建设的和平环境。

对于建设现代化正规化革命军队这一新课题，军队内部认识不尽一致。一些人满足于过去的经验，存在着不热心学习和研究新知识、解决新问题的现象。“他们不懂得或者没有真正懂得，现代化军队并不简单地等于步兵加上飞机、坦克、大炮。从单一的步兵到各兵种的协同，从落后的装备到近代装备，从分散的作战到集中的现代的正规作战，在军事上说是一个很大的跃进，是带有本质性的转变，并不是简单的量的增加，因此要引起一系列的变革。”另一些人则是急于求成，不考虑主客观条件，提出过高过急的要求。他们“不了解国防现代化是离不开国家工业化的基础和技术水平的，不了解我们今天应尽量腾出钱来，首先集中主要力量建设重工业，为国家工业化和国防现代化打下基础；不了解在我国工业基础还很薄弱、技术水平不高的今天，虽然我们可以得到苏联帮助，解决相当一部分的装备问题，但还不可能立即解决严重的干部和技术等问题，以及供应、修理、补充等问题”①。因此，军队迫切需要召开一次高级干部会议，统一思想认识，全面展开现代化、正规化建设。

1953 年 9 月 8 日，彭德怀向中共中央和毛泽东报告军队贯彻中共中央 8 月 28 日《关于大力缩减军费开支的紧急指示》的方案和措施，提出全军总员额定为 350 万人，② 在两年内实现；修改五年军事建设计划，③ 各技术军兵种 5 年内不再扩大，在已有基础上巩固提高；实行义务兵役制、薪金制、军衔制等问题。拟于 11 月下旬举行一次军事会议，由各大军区司令员、政治委员和军兵种领导出席，讨论解决上述问题。毛泽东批示同意。此后即展开会议的准备工作。

---

① 《彭德怀军事文选》，470～471 页，北京，中央文献出版社，1988。

② 此时军队总人数为 480 余万人。

③ 指 1952 年 7 月制订的《一九五三至一九五七年军事建设计划纲要》。

10月3日召开的中央军委例会研究了军事会议开法问题。彭德怀说，这次会议既要检查过去4年的工作，又要讨论今后5年的建军方针和发展道路，应尽量给到会人员创造畅所欲言的气氛，使大家不受会议形式的拘束。所以，这次会议最好不叫军事会议，可以改为军队党的高级干部会议。彭德怀还提出，这次会议要解决的都是重大问题，只靠军委和各总部是准备不好的，单纯依靠到会人员临时发言也很难取得应有的效果。因此，最好预先发一个讨论提纲给各大军区、各军兵种、直属院校和各总部党委，让他们有更多的时间收集下边的意见，集思广益。与会者表示赞同彭德怀的建议。10月5日，彭德怀就军委例会讨论情况向毛泽东报告：原定在11月下旬召开的军事会议，拟改名为“军事系统党的高级干部会议”。并附上一份会议通知，请毛泽东一并审阅批示。毛泽东在当天批示：“照办。”

毛泽东对这次会议非常重视，对会议的内容包括开法都提出过具体意见。11月10日，毛泽东专门给彭德怀写了一封信，谈军事会议的准备问题。毛泽东在信中说：“军事会议快要开了，你是否准备写一个书面报告。要写，现在就要着手了。我觉得有一个简明扼要的书面报告为好，讲时可以发挥，使人好去传达，免致传错，会上讨论时也眉目清醒些。”毛泽东还提出：“军事会议的末尾，有一段时间让人们对军委几年的工作加以评论，将下面对军委及军委各部相互之间的不满意见尽量讲出来，然后加以分析批判，以期弄清问题、统一意志，极有必要。这样做的结果，估计是会好的，不会损伤什么同志。如你同意，这个问题应列入议程，并在你的报告中提到。我记得军委召开会议的通知内，已将检讨过去工作的意见写上去了。如这样做，请叫各部门同志作精神准备。”11月下旬和12月初，毛泽东还两次主持中央政治局会议讨论军事会议主报告稿。下发会议提纲至全军各大单位研究讨论。

1953年12月7日～1954年1月26日，全国军事系统党的高级干部会议在北京中南海居仁堂举行。中央军委各总部、各大军区、各军兵种和各直属院校的主要领导 123 人参加了会议。由朱德、彭德怀、林彪、高岗、刘伯承、贺龙、陈毅、徐向前、罗荣桓、聂荣臻、叶剑英、黄克诚[①]等 12 人组成大会主席团。集中这么多军队高级干部召开会议，在新中国成立后是第一次。正如陈毅在大会发言中所说："这样大的会议，在延安也没有召开过，等于全军的党代表会议。"

全国军事系统党的高级干部会议由朱德致开幕词和闭幕词。彭德怀代表中央军委作题为《四年来的军事工作总结和今后军事建设上的几个基本问题》的主报告和会议总结。彭德怀在报告中指出，党中央规定过渡时期军事建设的根本任务，就是要"在这个历史时期内，在现有的基础上，有步骤地建设一支强大的现代化的革命军队"[②]。会议主报告就有关军队建设的十个重大问题，包括军队的总定额，军队的组织编制和工作职责，改志愿兵役制为义务兵役制、改供给制为薪金制和实行军衔制度、颁发勋章奖章，办好院校、提高干部质量，军事训练，各级司令机关建设，部队的政治工作，后方勤务的组织和工作建设，巩固国防和国防建设的若干措施，党委领导和首长负责等一系列问题，代表中央军委进行了深刻阐述。代总参谋长聂荣臻作了《关于组织编制问题的报告》、《关于组织编制问题的总结》。总政治部副主任萧华作了《关于军队政治工作建设的几个问题》的报告。副总参谋长张宗逊、总干部部副部长赖传珠分别就军事训练工作和干部工作作了报告。中央军委委员、军事学院院长兼政治委员刘伯承向大会提交了《关于学院三年来训练干部的概况和向军委高干会议的建议》的书面报告，并于 1954 年 1 月

① 朱德、彭德怀、林彪、高岗，时任中央人民政府人民革命军事委员会副主席；刘伯承、贺龙、陈毅、徐向前、罗荣桓、聂荣臻、叶剑英为委员，1954 年 6 月 2 日，中央人民政府委员会第三十二次会议决定，任命上述 7 人为中央人民政府人民革命军事委员会副主席；黄克诚，时任第三副总参谋长兼总后方勤务部部长、政治委员。

② 《彭德怀军事文选》，475 页，北京，中央文献出版社，1988。

15 日作题为《我在学习党的总路线中对国防现代化的一些见解》的长篇发言。刘伯承在发言中对国家工业化与国防现代化的关系、在国防现代化中加强党的集中统一领导和坚持政治工作制度、现代化国防军在统一集中指挥协同动作下的组织与训练、国防现代化与培养高级将领的重要性、理论与实际结合学习外国先进军事科学等五个方面的问题阐述了自己的见解。1954 年 1 月 10 日，中央军委委员、西南军区司令员贺龙就西南军区部队工作和建设现代化军队等问题作了重要发言。1953 年 12 月 22 日，中央军委委员、华东军区司令员陈毅就部队的政治思想领导、建设现代化国防军的基本问题和改进领导方法问题作了重要发言，并对军队建设问题提出了一些具体建议。中央军委委员、中南军区代司令员叶剑英作了关于建军若干问题的发言和 1954 年军队建设工作的建议，对军队建设提出了许多重要意见。

会议以中国共产党在过渡时期的总路线总任务为指针，全面总结新中国成立以来的军事工作，深入研究军队建设中必须解决的若干重大问题，在此基础上对人民解放军建设做出总体规划和部署。

第一，明确了军事建设的总方针和总任务，规划了建设蓝图。会议确定人民解放军建设的总方针总任务为："建设世界上优良的现代化革命军队，以保卫我国社会主义建设，防御帝国主义侵略，主要是防御美帝国主义和日本军国主义的侵略。"根据各方面的条件，根据需要和可能，确定现代化国防建设的第一步目标，即到 1957 年底，武装力量除在原有基础上继续提高质量外，在装备、培养干部和训练技术兵员上，都要达到一个相应的规模。具体要求是：要靠自己的力量，积极地有步骤地改善武器装备，初步实现武器装备的现代化；要把人民军队各个方面用正规的规格，即按条令统一起来，保证全军在指挥上、制度上、编制上、纪律上和训练上的高度集中统一，以适应现代化诸军兵种协同作战的需要；要把干部训练作为今后的首要任务，通过办好院校和在职训练，使干部的军政素质在现有基础上大大提高一步；要把正规训练作为人民军队现代化建设的长期的中心工作，努力学习和掌握运用新武器的本领和技能，把训练提高到一个新水平。总之，用5～10年左右的时间，逐步达到武器装备现代化、编制体制合理化、干部培养标准化、军事制度和军事训练正规化。

会议明确了建设现代化军队的道路。会议认为，现代化的军队必须有现代化的装备和现代化的交通及交通工具，这是单靠从国外订货无法解决的，必须发展国家工业特别是重工业。确定军队总定额为350万人，各特种兵在原有基础上巩固提高为主，减少国外订货，选择重点建设，执行毛泽东关于全部国家机构费用最高不超过国家总支出30%的指示，以便挤出资金，发展重工业。

第二，明确提出现代化军队建设中长期的、经常的中心工作是训练部队，特别是训练干部。会议认为，虽然有现代化的装备，现代化的组织编制、制度，现代的工程建筑，但如果没有坚强的、现代化的指挥干部和专家来掌握使用，则上述一切均成废物。而要把现有的干部变成坚强的、能够掌握现代装备技术的干部，比之解决装备、组织编制、工程建筑、建立制度等问题，其困难不知要大多少倍。强调建设现代化的革命军队，没有足够数量的具有马克思列宁主义基础知识，具有一定的文化科学水平，具有现代战争知识并能掌握现代技术的干部是不可能的。因此，训练干部的工作是建设现代化军队中长期的、经常的中心工作的中心。确定主要依靠办好院校来培养干部，同时也不放松组织干部的在职训练。

第三，明确提出正规化建设是建设现代化军队绝不可少的基本条件。会议指出，正规化就是要把全军的各方面用正式的规格——即条令的规定彻头彻尾地统一起来，达到“五统四性”① 的要求，以适应统一指挥、协同作战的需要。

会议强调，必须在思想上一致认识正规化对人民解放军建设和

---

① 五统四性，即统一的指挥、统一的制度、统一的编制、统一的纪律、统一的训练，组织性、计划性、准确性和纪律性。

适应未来作战需要的重要性，把正规化当作建设现代化军队的基本条件。必须根据军队现代化的要求，统一装备、统一编制、统一训练、统一制度、统一纪律。在编制、制度和工作作风方面要加以改进。在编制上达到定额、定型、定员；在制度上要逐步改变不合理的现行制度，用义务兵役制代替志愿兵役制，用薪金制代替供给制，颁布军官服役条例，实行军衔制等，实行统一的制度；在工作作风上要加强组织性、计划性、准确性和纪律性，改变不适合军队现代化要求的工作作风和习惯。会议确定了各兵种和各大军区的定额，大军区、省军区、军分区的任务，公安部队指挥机构并入大军区、省军区，国防军部队与各级军区的编制，以及军委各特种兵领导机关与大军区所属各特种兵的领导关系等；通过了《政治工作条例》、《兵役法》、《军官服役条例》、《薪金条例》、《勋章奖章条例》等草案。

第四，明确指出加强各级司令机关和后勤工作的建设是军队现代化建设的重要环节。会议认为，组织现代战争，指挥诸兵种合成军队的战役和战斗，如果没有健全的、有能力的、具有头脑作用的司令机关，没有后方充分的物资保证，是不可能进行的。加强各级司令机关，特别是加强各级司令机关的业务建设，加强后勤工作的建设，应成为军队现代化建设的重要环节。要求选择优秀干部充实司令机关，实行指挥与参谋人员的轮换与合一，有计划地组织各级司令机关干部进行业务学习，以提高全军参谋工作与指挥的质量。会议指出，今后一旦战争打起来，后勤工作的任务，将比抗美援朝战争更为复杂繁重，后勤工作将提高到指挥战斗，组织供应，保证战争胜利的更高阶段。要求加强对后勤干部的培养，调配和动员一些精干而有战斗经验的军政干部到后勤学校学习，以不断提高后勤业务能力和后勤战术水平。

第五，明确加强党的领导和政治工作是建设现代化革命军队的根本保证。会议批评了某些忽视政治工作和削弱党的领导的倾向，强调建设现代化的军队必须加强党的领导和政治工作。指出，目前正处在一个新的历史时期，必须继续发扬政治工作的优良传统，进一步加强政治工作，注意部队的思想领导。必须以马列主义和过渡时期总路线总任务教育部队，把建军任务与社会主义建设联系起来。要特别注意宣传建设现代化革命军队的重要性，教育全体人员刻苦学习现代的先进的军事业务和军事技术。必须健全党委制，加强党的集体领导作用，切实执行统一的党委集体领导下的首长分工负责制。高级干部要带头增强党的团结，克服分散主义。

第六，进一步强调学习苏联先进军事科学的必要性，要求将学习苏联的军事科学与继承人民解放军的光荣传统结合起来。对于怎样学习苏联，彭德怀在会议总结报告中提出四条：(1)“就是要学，向苏联专家学习”。(2)“就是要亲自去摸，就是要到学习苏联的实际中去摸，就是要亲自到改装部队里面去，到大演习里面去，作实践的锻炼”。即到实践中去尝梨子的滋味。(3)“就是要发展”。“把苏联军事科学与我军特点结合起来、与我军的战争经验特别是与朝鲜战争经验结合起来之后，就一定会有所发展”。(4)“要克服骄傲自满、墨守成规和防止完全不问实际情况的机械搬运”。这两种情况都是学习苏联的障碍，只有加以克服，才能把苏联建军的一切先进经验学到手，完成现代化建军的任务。

会议还对军队的体制编制、武器装备等问题进行了讨论，并作出相应的规定。

全国军事系统党的高级干部会议，在人民解放军建军史上具有划时代的意义。会议作出的决策和规划的蓝图，使人民解放军建设有了一个宏伟的长期的奋斗目标。会议回答了如何建设现代化正规化革命军队的若干重大问题，为和平时期军队建设指明了方向。会议确定的一系列方针原则，对指导人民解放军沿着正确的道路前进，具有深远的历史意义。全国军事系统党的高级干部会议的召开，标志着人民解放军完成了由长期革命战争状态下的发展建设，向和平时期发展建设的转变，成为人民解放军全面展开现代化正规化建设的实际开端。

全国军事系统党的高级干部会议结束后，全军部队按照中央军委和总政治部的部署，广泛传达会议精神，深入学习会议文件。各军区和各军兵种都先后召开了党的高级干部会议，统一高级干部的思想认识，并结合本军区和军兵种的实际，部署贯彻落实会议精神的具体措施。全军迅即出现大抓部队现代化正规化建设的热潮，现代化正规化革命军队建设全方位展开。

第二节　调整党和国家最高军事领导机构

随着1954年第一届全国人民代表大会的召开，国家领导体制的变化，根据国防和军队建设的需要，党和国家的最高军事领导机构、总部领导体制进行较大的调整。

一、设立中华人民共和国国防委员会和国防部

1954年9月15～28日，中华人民共和国第一届全国人民代表大会第一次会议在北京召开，会议决定对国家领导机构进行重大调整，不再设立中央人民政府委员会和中央人民政府人民革命军事委员会，也不再设立中国人民解放军总司令的职务。大会于9月20日通过国家根本大法——《中华人民共和国宪法》，并通过《中华人民共和国全国人民代表大会组织法》；9月21日又通过《中华人民共和国国务院组织法》等几项重要法律。宪法将1949年《全国人民政治协商会议共同纲领》中规定的中华人民共和国武装力量的任务，即“保卫中国的独立和领土主权的完整，保卫中国人民的革命成果和一切合法权益”，调整为“保卫人民革命和国家建设的成果，保卫国家的主权、领土完整和安全”。

宪法规定：全国人民代表大会是最高国家权力机关，是行使国家立法权的唯一机关；中华人民共和国主席，有根据全国人民代表大会的决定和全国人民代表大会常务委员会的决定，公布法律和法令、任免国务院及各部领导、任免国防委员会副主席及委员、发布戒严令、宣布战争状态、发布动员令等职权，统率全国武装力量，

担任国防委员会主席；国务院，即中央人民政府，是最高国家权力机关的执行机关，是最高国家行政机关。国务院领导武装力量的建设。第一届全国人民代表大会第一次会议选举毛泽东为中华人民共和国主席，朱德为国家副主席，刘少奇为第一届全国人民代表大会常务委员会委员长，周恩来为国务院总理。

根据宪法的规定，第一届全国人民代表大会第一次会议决定设立中华人民共和国国防委员会。[①] 国防委员会为咨询机构。9 月 28 日，根据中华人民共和国主席毛泽东的提名，一届人大一次会议通过了中华人民共和国国防委员会副主席、委员人选的决定。29 日，根据人大会议的决定，毛泽东主席任命中华人民共和国国防委员会副主席和委员。第一届中华人民共和国国防委员会主席毛泽东，副主席朱德、彭德怀、林彪、刘伯承、贺龙、陈毅、邓小平、罗荣桓、徐向前、聂荣臻、叶剑英、程潜、张治中、傅作义、龙云，委员于学忠等 81 人。[②]

按照宪法赋予国务院“领导武装力量的建设”的职权和《中华人民共和国国务院组织法》的规定，第一届全国人民代表大会第一次会议决定设立中华人民共和国国防部。国防部隶属于国务院，是国务院领导武装力量建设的主管部门。根据中共中央的决定，凡经中共中央军委决定的事项，其须公开发布的命令和指示，可用国务院或国防部的名义下达。中华人民共和国首任国防部部长为彭德怀，副部长为黄克诚、谭政、萧劲光、王树声、萧克、李达、廖汉生。

---

① 1975 年 1 月，第四届全国人民代表大会第一次会议通过的《中华人民共和国宪法》，没有关于设立国防委员会的规定，国防委员会正式取消。

② 1959 年 4 月组成第二届国防委员会，主席刘少奇，副主席彭德怀、林彪、刘伯承、贺龙、陈毅、邓小平、罗荣桓、徐向前、聂荣臻、叶剑英、程潜、张治中、傅作义、卫立煌。1965 年 1 月组成第三届国防委员会，主席刘少奇，副主席林彪、刘伯承、贺龙、陈毅、邓小平、徐向前、聂荣臻、叶剑英、罗瑞卿、程潜、张治中、傅作义、蔡廷锴。

二、重新成立中共中央军事委员会

1949 年 10 月，中华人民共和国中央人民政府成立时，按照中国人民政治协商会议全国委员会第一次会议通过的《中国人民政治协商会议共同纲领》和《中华人民共和国中央人民政府组织法》的规定，以原中共中央军事委员会为基础，在中央人民政府设立了人民革命军事委员会，作为国家最高军事领导机关，统一管辖并指挥中国人民解放军和其他人民武装力量，中共中央未再设立专门的军事委员会。随着第一届全国人民代表大会对国家领导体制的调整，有必要重新设立中共中央军事委员会。

1954 年 9 月 28 日，第一届全国人民代表大会第一次会议闭幕的当天，中共中央政治局作出《关于成立党的军事委员会的决议》。决议指出：中央政治局认为，必须同过去一样在中央政治局和书记处之下成立一个党的军事委员会，来担负整个军事工作的领导。中央政治局、书记处和军事委员会有关军事工作的决定，可用军事委员会（简称军委）的名义下达，其须公开发布的命令和指示则用国务院或国防部的名义下达。党的中央军事委员会由毛泽东、朱德、彭德怀、林彪、刘伯承、贺龙、陈毅、邓小平、罗荣桓、徐向前、聂荣臻、叶剑英等 12 人组成，毛泽东任主席，彭德怀主持军委日常工作。10 月 31 日，黄克诚任中央军委秘书长，萧向荣任副秘书长。军委秘书长、副秘书长职责是：在中央军委领导下，负责协调各总部的工作，处理中央军委的日常工作。1956 年 11 月，增补黄克诚、粟裕、陈赓、谭政、萧劲光、王树声、许光达、萧华、刘亚楼、洪学智为中央军委委员。中央军委下设办公厅，同时兼国防部办公厅。

重新成立中共中央军事委员会，是为了与国家领导体制调整相适应和加强党对军队的绝对领导而采取的重大措施。中共中央军事委员会是在中共中央政治局和书记处领导下直接领导全国武装力量建设、训练和作战的党的组织，也是中国共产党领导人民解放军的最高机关，是实现党对军队统一的集体领导的核心。凡属全军性质的重大问题，如：思想政治领导、军队建设的方针和计划、军事政策和军事制度的建立、年度工作计划和要求、作战方案和重要战斗的实施、师以上干部的任免等问题，均须经军委集体研究，然后再以军委的名义作内部下达或以国防部长的名义从行政上下达。这样，“军政”、“军令”的统一问题得到解决。

1954 年 10 月 7 日，毛泽东主持重新成立的中共中央军事委员会第一次会议决定，军委会议一般均由彭德怀主持，参加人员除军委委员外，讨论哪个部门的工作，可吸收该部门主管人员参加。军委每周应举行一次会议，在紧急情况下，甚至每天谈半个小时，以互通声气和共同决定问题，建立集体领导以统率国防力量。

中共中央军事委员会成立后，总参谋部、总政治部、总干部部、总后方勤务部等总部由中央军委领导，但由于此时的中央军委已不是政府机构，作为中国共产党内部机构的中央军事委员会，在许多情况下不宜公开署名，各总部再称中央军委各部不太适宜。10 月 5 日，彭德怀、刘伯承、贺龙、罗荣桓、聂荣臻、叶剑英等中央军委领导研究确定，各总部均拟冠以“中国人民解放军”称谓。10 月 7 日，毛泽东主持召开的中央军委会议认为，中国人民解放军各总部，实际上属于中共中央军委领导，但对外不称中央军委各部。因此决定总参谋部、总政治部、总干部部、总后方勤务部等原冠以“中央人民政府人民革命军事委员会”的称号，改冠以“中国人民解放军”的称号。中共中央书记处批准了中央军委的这一决定。10 月 9 日和 11 日，中央军委办公厅和总参谋部分别将中央军委的这一决定通知全军。自此以后，人民解放军总部的称谓一直按此原则冠名。

三、八总部领导体制的形成

中国人民解放军各总部，既是中央军委战略决策和各项方针、政策的执行机构，又是全军军事、政治、干部、后勤等工作的最高领导机关。新中国成立后不久，人民解放军即形成四总部领导体制。中央人民政府人民革命军事委员会设有总参谋部、总政治部、总干部部、总后方勤务部。随着部队现代化、正规化建设的全面展开和专业性分工的要求，特别是学习苏联军队建设的经验，人民解放军总部机构在20世纪50年代中期发生了较大的变化，从原有的四个总部发展为八个总部，形成八总部领导体制，同时对各个总部的内部机构进行了调整充实。[①]

至1955年底，原有四个总部的领导人和下属机构设置如下：总参谋长粟裕，副总参谋长张宗逊、李克农、陈赓、王震、许世友、邓华、彭绍辉、张爱萍、杨成武、韩先楚。[②] 总参谋部下设作战部、情报部、第三部、通信部、组织编制部、动员部、装备计划部、队列部、军事交通部、测绘局、机要局、行政经济管理部、政治部、干部局等机构。总政治部主任罗荣桓，副主任谭政（1956年12月任主任）、傅钟、萧华、甘泗淇。总政治部下设组织部、干部部、宣传部、保卫部、文化部、青年部、敌工部等机构和秘书长。总干部部部长罗荣桓（1956年12月，萧华任部长），副部长宋任穷、赖传珠、徐立清。总干部部下设办公室、一般兵种干部任免部、特种兵干部任免部、组织统计部、军衔奖励部、预备役干部动员部等机构。总后方勤务部[③]部长兼政治委员黄克诚，副部长洪学智、张令彬，副部长兼副政治委员邱会作。总后方勤务部下设司令部（辖计划统计局、检查局、训练局、公路局）、军需部、卫生部、汽车拖拉机管理部、油料部、营房管理部、军需生产部、政治部、干部部等机构。

新建的四个总部是：训练总监部、武装力量监察部、总财务部、总军械部。

训练总监部。该部的基础是中央军委军事训练部、军事学校管

① 下文所列八个总部下辖机构设置是1955年12月时的情况。见总参谋部组织编制部《中国人民解放军组织序列表》（1956年1月28日）。

② 1954年10月31日，中共中央正式通知：粟裕任总参谋长。1954年11月9日，国家主席毛泽东根据第一届全国人民代表大会常务委员会的决定，任命总参谋长和副总参谋长。

③ 1960年4月19日改称总后勤部。

理部[①]和军事出版局。1955 年 4 月 21 日，中央军委批准，中国人民解放军训练总监部成立，部长刘伯承（未到职，部长由叶剑英代理），副部长张宗逊、萧克、李达、彭绍辉、周士第、郭天民。[②] 训练总监部下设计划和监察部、陆军战斗训练部、军事学院和学校部、军事科学和条令部、军外训练部（负责学生军训）、军事出版部、体育训练局、战斗训练物资保障局、战斗训练杂志社等机构。训练总监部的职责是负责全军军事训练、全军军事院校的军事教育和研究整理全军各个历史时期的作战经验。

武装力量监察部。随着军队不断发展，对军队各方面工作实施及时、严格的检查和监督日显重要。苏联总顾问建议人民解放军像苏军那样成立总监部，其任务是对各军种、兵种、各级机关进行各项检查，如训练、纪律、行政管理等工作。彭德怀在 1953 年 10 月 29 日给毛泽东的报告中指出：该部“权大责重，按我军目前情形，有此需要，拟于今冬明春逐渐组成”。毛泽东于 30 日批示同意。经过一段时间的筹备，1955 年 6 月 22 日，经中共中央政治局批准，军队的监察机构成立，命名为“中国人民解放军武装力量监察部”，部长叶剑英，副部长周纯全、杨至成、陈再道、阎揆要。[③] 武装力量监察部下设办公室、计划处、陆军监察部、海军监察部、空军监察部、后勤财务监察部等机构。武装力量监察部的职责是负责陆海空三军和后勤财务监察工作。

---

① 军事训练部和军事学校管理部原属总参谋部建制，于 1953 年 6 月改归中央军委直接领导。1955 年 5 月和 4 月，该两部划归训练总监部建制。

② 1954 年 10 月 31 日，中共中央政治局决定刘伯承任部长，张宗逊、萧克、彭绍辉、李达任副部长。11 月 9 日，国家主席毛泽东根据第一届全国人民代表大会常务委员会的决定任命。训练总监部成立时又任命周士第、郭天民为副部长。

③ 1954 年 10 月 31 日，中共中央政治局决定上述 5 人的任命。11 月 9 日，国家主席毛泽东根据第一届全国人民代表大会常务委员会的决定任命叶剑英为部长。

总财务部。1954年1月，财务部从总后方勤务部分出，直属中央军委领导，称军委财务部。部长杨立三，副部长余秋里、唐天际、汤平。[①] 1955年8月11日，国防部通知，财务部改称总财务部。总财务部副部长余秋里（主持工作，1956年8月任部长）、唐天际、汤平、何维忠。总财务部下设办公室、工程建筑经费局、工厂仓库经费局、会计局、外汇局、预算财务局、劳动工资局等机构。总财务部的职责是负责全军财务工作。

总军械部。1954年11月6日中央军委第10次会议决定，军委军械部改名为中国人民解放军总军械部，直属中央军委领导，部长仍暂由炮兵司令员陈锡联兼任。1955年8月11日，国防部通知，军委军械部改称总军械部。总军械部部长王树声，副部长封永顺、涂锡道、陈文彪。总军械部下设办公室、组织计划局、订购验收局、武器供给局、弹药供给局、仓库管理局、检查局、财务处、防化学器材供给处等机构。总军械部的职责是负责全军军械勤务工作。

四个新的总部，加上原有的总参谋部、总政治部、总干部部、总后方勤务部，人民解放军形成了与苏军一致的八总部体制。

第三节 进一步精简整编，加强军队合成建设

根据朝鲜战争结束后的国际国内形势，和1953年8月28日中共中央发出军事系统（包括公安部队）应在整顿组织、精简机构和冗员、加强技术训练、提高部队质量的基础上，大力缩减军费开支的紧急指示精神，全国军事系统党的高级干部会议通过了由代总参谋长聂荣臻提交的《关于组织编制问题的报告》，决定人民解放军进行一次大规模的精简整编，确定若无大的事变，全军总员额（包括公安部队）为350万人；各特种兵部队在已有基础上巩固提高，

---

① 1954年10月31日，中共中央政治局决定上述4人的任命。11月9日，国家主席毛泽东根据第一届全国人民代表大会常务委员会的决定任命。

基本上仍保持1953年底的比例，视装备改善情况，再逐步加大比例。

这次精简整编以有备无患、服从国家大局、集中统一领导、提高合同战术水平为指导思想，以精简机关、加强业务、因地制宜、平战结合为编组要求，以整顿机关、减少冗员、落实编制定额为重点，对部队编制进行定额定型。

全国军事系统党的高级干部会议后，各军区和各军兵种根据军委规定的定额，制订精简整编计划。东北、华北军区于1954年四五月份，西北、西南、华东、中南军区于六七月份开始整编；公安、海防部队的整编和地方公安部队移交政府系统接管的问题，由于涉及面广，推后执行。这次精简整编于1955年底完成，全军共精减员额23%左右。在精简整编的同时，人民解放军总部机关和军区、军兵种机关得到调整和加强，重点加强了海、空军和陆军炮兵、装甲兵、工程兵等技术兵种建设。

一、军区的调整

1954年4月27日，中共中央政治局扩大会议决定撤销大行政区一级党政机构。同年6月，中央人民政府委员会第三十二次会议通过《关于撤销大区一级行政机构和合并若干省、市建制的决定》。为进一步理顺关系，中共中央和中央军委决定撤销和各大行政区相当的军区机构，由副总参谋长粟裕负责研究提出全国军区重新划分方案，提交年底召开的中央军委扩大会议讨论决定。

1954年6月，粟裕就军区重新划分问题展开调研，并于7月8日向军委呈报了初步方案。12月初，粟裕召集各总部和各大军区负责人会议，专门讨论大军区撤销和重新设置的问题。12月14日，中央军委第17次会议确定重新划分军区应把握的几条原则，即：便于平时进行战场建设，战时统一指挥；便于中央军委集中领导；便于抽出一批干部充实军委各机关和进入学校学习；应注意到每个军区在进行战时准备工作时担负任务的大小，交通运输、后方仓库是否便于统一安排，防空工作是否便于统一指挥，以及不会将原来的军区划得太乱。此次军委会议基本同意粟裕所提方案。

12 月 17 ~29 日，中央军委第一次扩大会议召开。这次军委扩大会议的一个重要议题是决定军区的重新划分。依据敌人兵力及其可能进攻的方向、地形条件、交通状况，以及人民解放军的战略意图、作战方向和今后战争可能的发展趋势，会议对关于全国军区划分的方案进行了修改、调整。中央军委决定将原来的东北、华北、西北、华东、中南、西南等6 个大军区，调整为沈阳、北京、济南、南京、广州、武汉、成都、昆明、兰州、新疆、内蒙古、西藏军区共 12 个大军区。

军区的重新划分是一件牵涉面很广的工作。为保证这一工作有条不紊地进行，1955 年 2 月 11 日，国务院总理周恩来、国防部长彭德怀就全国军区重新划分问题发出指示，要求军区机构必须在 1955 年 4 月底以前基本调整完毕，同时对军区重新划分的具体步骤作出明确指示，要求“先交接领导关系，按照新的隶属关系布置进行工作，尔后分别制定编制进行整编”。3 月 14 日，周恩来、彭德怀公布经中共中央批准的各军区领导人名单。

沈阳军区，3 月 22 日由东北军区改称，司令员邓华，政治委员周桓，副政治委员兼政治部主任杜平，副政治委员兼干部部部长甘渭汉，参谋长吴信泉，下辖辽宁、吉林、黑龙江、热河省（今分属河北、辽宁和内蒙古）军区和区内陆军军、防空部队、公安部队、炮兵、装甲兵、工程兵等部队。

北京军区（兼京津卫戍司令部），4 月 15 日由华北军区改称，司令员杨成武，政治委员朱良才，副司令员郑维山、王近山、陈正湘，副司令员兼参谋长韩伟，政治部主任袁升平，下辖京津卫戍区，河北、山西省军区和区内陆军军、防空部队、炮兵、装甲兵、工程兵等部队。

济南军区（兼山东省军区），5 月 1 日由原华东军区所辖山东军区改编而成，司令员杨得志，政治委员谭启龙，代司令员兼第二政治委员王新亭，副政治委员彭嘉庆，参谋长何以祥，政治部主任李耀文，下辖山东省各军分区和区内陆军军、公安部队、炮兵、装甲兵、工程兵等部队。

南京军区，4 月 1 日由华东军区改称，司令员许世友，政治委员唐亮，副司令员叶飞、郭化若，参谋长张才千，政治部主任萧望东，下辖江苏、浙江、安徽、福建、江西省军区和区内陆军军、防空部队、公安部队、炮兵、装甲兵、工程兵等部队。

广州军区，4 月 15 日由中南军区改称，司令员黄永胜，政治委员陶铸，副司令员文年生、梁兴初、詹才芳，副政治委员刘兴元，副参谋长李福泽、高体乾，政治部主任陈仁麒，下辖湖南、广东省军区，广西军区，海南军区，区内陆军军、防空部队、公安部队、炮兵、装甲兵、工程兵等部队。

武汉军区（兼湖北省军区），5 月 1 日由原中南军区所辖湖北军区为基础改编而成，司令员陈再道，政治委员王任重，副司令员李迎希，副政治委员张广才、谭甫仁，政治部主任叶明，下辖河南省军区、湖北省各军分区和区内陆军军、防空部队、公安部队、炮兵等部队。

成都军区（兼四川省军区），5 月 1 日由原西南军区所辖四川军区改编而成，司令员贺炳炎，政治委员李井泉，副司令员李文清、何正文，第一副政治委员阎红彦、第二副政治委员郭林祥，副参谋长温先星，政治部主任余述生，下辖西康省（今分属四川、西藏）军区、四川省各军分区和区内公安部队等。

昆明军区（兼云南省军区），4 月 1 日由原西南军区所辖云南军区改编而成，司令员兼政治委员谢富治，副司令员秦基伟，第一副政治委员于一川、第二副政治委员金如柏，参谋长鲁瑞林，政治部主任胡荣贵，下辖贵州省军区、云南省各军分区和区内陆军军、公安部队、炮兵等部队。

兰州军区（兼甘肃省军区），5 月 1 日由西北军区改称，司令员张达志，政治委员冼恒汉，第一副司令员韩练成、第二副司令员杨嘉瑞、第三副司令员徐国珍，参谋长李书茂，政治部主任王庆生，下辖陕西、青海省军区、甘肃省各军分区，和区内步兵、炮兵、骑兵、公安部队等。

新疆军区，于5月升格为大军区。司令员兼政治委员王恩茂，副司令员陶峙岳、赛福鼎、郭鹏，副司令员兼参谋长张希钦，副政治委员兼政治部主任曾涤，下辖南疆、伊犁军区和区内陆军部队。

内蒙古军区，于4月升格为大军区。司令员兼政治委员乌兰夫，副司令员刘华香、刘彬，副政治委员苏谦益、杨叶澎（未到职），参谋长孔飞，政治部主任廷懋，下辖区内各军分区和骑兵部队。

西藏军区，于5月1日升格为大军区。司令员张国华，政治委员谭冠三，副司令员阿沛·阿旺晋美、朵噶·彭措饶杰，副司令员兼参谋长陈明义，副司令员兼后方勤务部部长李觉，第一副政治委员范明、第二副政治委员王其梅，政治部主任刘振国，下辖昌都警备区和区内陆军师及骑兵、工程兵、炮兵、公安部队等部队。

1956年4月22日，为解决华东战区防御正面过宽的问题和加强对福建前线斗争的领导，国务院决定将原属南京军区建制的福建、江西两个省军区划出，增设福州军区，使全国的大军区达到13个。福州军区（兼福建省军区）于同年7月成立。司令员兼政治委员叶飞，副司令员皮定均、刘永生，副政治委员刘培善，参谋长黎有章，政治部主任廖海光，下辖江西省军区、福建省各军分区，和区内陆军军、防空军、公安军、炮兵、工程兵等部队。

在这次军区调整中，全国省军区（除甘肃、云南、四川、山东、湖北外）和所属军分区的机构保留不变。1955年7月，国务院决定取消按级区分军区的做法，统一改称军区、省军区、军分区。从1956年8月~1961年4月陆续成立湖北省军区、福建省军区、云南省军区、宁夏军区、甘肃省军区、山东省军区。1969年10月，成立四川省军区。1955年10月~1959年5月，先后成立上海警备区、北京卫戍区、天津警备区。

重新划分军区是军队建设的一项重大举措，它所要达到的目的是多方面的，如减少层次，减少冗员，便于平时进行战场建设，战时统一指挥。大军区在中央军委领导下，负责领导、指挥和管理本战区内的野战军、省军区及地方武装部队，并与海军、空军领导机关共同领导本战区内的海、空军部队。由于各军区所处的地理位置、担负的任务和领导部队的数量不同，其领导机构的设置和编制人数也不完全一样。各军区领导机关都设有司令部、政治部、干部部、后方勤务部、财务部、军械部和军训处、防化学处、军事法院等。有的军区领导机关还根据所辖特种兵部队的多少，分别设有炮兵、装甲兵、工程兵、防空部队、公安部队等领导机构或业务部门。这样，军区领导机关在体制编制上基本实现了诸军兵种的合成，初步成为合成军队的战役指挥机构。

二、海军兵种部队的组建和空军的调整

（一）海军兵种部队的组建

全国军事系统党的高级干部会议后，海军的兵种部队陆续组建充实起来。

1954 年 3 月 1 日 ~4 月 5 日，中共海军委员会召开全体会议。海军党委书记、海军司令员萧劲光在会上作了《关于四年来海军建设的基本总结和今后的方针任务》的报告。他指出，四年来，海军建设了一支初具规模的战斗力量，进行了海防斗争，基本上完成了配合陆、空军保卫海防的任务，并为海军建设打下了进一步发展的基础。会议强调海军建设初期需要打好三个桩子，即打好政治思想的、组织的、技术的桩子。会议根据毛泽东对海军任务的指示、中央军委“在现有基础上，以巩固提高为主”的方针和“海军应以三年军事订货[①]，作为海军五年建设计划”的指示，以及东南沿海对敌斗争的实际情况，认真总结了海军四年来建设的基本经验教训，

---

① 1953 年 6 月 4 日，中苏两国政府签订《关于供应海军装备及在军舰制造方面对中国给予技术援助的协定》。根据该协定，苏联政府在 1953 ~ 1955 年内向中国提供转让制造 6 种舰艇的全套器材设备和图纸资料。此即为“三年军事订货”。

讨论和制订了海军第一个五年建设计划。这是海军建设史上有着重要意义的一次会议。

根据全国军事系统党的高级干部会议精神和海军五年建设计划，海军进行了整编，总体规模有所扩大，相继组建了扫雷舰、雷击舰、驱潜舰大队和快艇大队、支队。在组建海军舰艇部队的过程中，华东军区海军第6舰队[①]起到了“种子”作用，它为以后陆续组建的驱逐舰部队、猎潜艇部队、潜艇部队和鱼雷艇部队提供了各种骨干。

驱逐舰部队筹建工作始于1954年3月。海军以华东军区海军护航舰第6舰队为基础，培养出一批舰员和领导干部。海军从这些人员和从苏联学成归来的学员中抽调500余人，组成两套准备接收苏联驱逐舰的接舰班子，命名为中国人民解放军海军青岛基地第1、第2训练大队。这两个训练大队是人民海军第一支驱逐舰部队的前身。7月22日，中国人民解放军海军驱逐舰大队正式命名。10月13日，向苏联购买的第一批两艘驱逐舰抵达青岛，自10月14日起进行了交接、验收和试航、试炮等工作。10月26日，正式举行交接签字和命名授旗仪式。两艘驱逐舰分别命名为“鞍山”号和“抚顺”号。为准备接收苏联第二批驱逐舰，10月底组建了第3、第4训练大队，舰员由华东军区海军护航舰第6舰队和海军联合学校的部分人员组成。1955年6月28日，向苏联购买的第二批两艘驱逐舰抵达青岛。这两艘驱逐舰分别命名为“长春”号和“太原”号，编入驱逐舰大队的战斗序列。

1954年6月19日，中国人民解放军海军第一支潜艇部队——海军独立潜水艇大队宣告成立。6月24日，海军接收了从苏联购买的两艘旧式潜艇，分别命名为“新中国11”号和“新中国12”号。同年7月，又接收了苏联的另两艘旧式潜艇。11月底，“新中国11”号和“新中国12”号潜艇参加了青岛基地组织的各种战术动

① 1955年10月改称护航舰第6支队，下辖3个大队。

作表演，并开始担负海上巡逻警戒任务。

1954 年 12 月 9 日，以海军原有的一个陆战团及水陆坦克教导团为基础，抽调华东军区水兵师师部及水兵第 2 团，组成海军第一个陆战师。该师于 1957 年 6 月撤销，编为上海警备区守备部队，直到 1979 年才又重新组建比较正规的海军陆战部队。

除上述海军兵种部队外，海军还陆续组建了各种专业勤务部队，包括侦察、观察、通信、工程、航海保障、水文气象、防险救生、防化学、后勤供应和修理等部队，以保障海军各种战斗力量的战斗行动。

在此之前就已组建的海军其他兵种部队，在 1954 年以后也得到较大发展，质量有较大提高。至 1955 年底，海军航空兵已编有水鱼雷轰炸机、歼击机、混合机和水上飞机等不同机种部队共 6 个航空兵师，从而使大陆大部分沿海地区形成以岸基航空兵为主的作战指挥体系。海岸炮兵部队到 1954 年已建成各种口径的海岸炮阵地，连同接收苏联海军在大连、旅顺地区的海岸炮阵地在内，在北起辽东半岛南至海南岛的沿海重点地区都部署有海岸炮兵部队，1955 年又组建了机动（列车）岸炮团和独立岸炮营。

1955 年 10 月 24 日，根据国防部 8 月 6 日的命令，在原华东军区海军的基础上，成立东海舰队，司令员陶勇，政治委员袁也烈，下辖舰艇部队和舟山基地；在原中南军区海军的基础上，成立南海舰队，司令员兼政治委员赵启民，下辖舰艇部队和榆林基地。同年 4 月 15 日，成立海军旅顺基地，司令员罗华生，政治委员彭林。

根据国防部 8 月 6 日的命令，海军航空、岸防、防空部队分别改称海军航空兵（海军航空部改称海军航空兵部）、岸防兵、防空兵；华东军区海军和中南军区海军改称舰队后，原所辖各舰队改称支队；海军所有战斗舰艇大队按统一序号命名。原第 1 舰队改称混合舰第 1 支队，原第 5 舰队改称登陆舰第 5 支队，原第 6 舰队改称护航舰第 6 支队，原练习舰队改称练习舰支队，原第 1 快艇总队改称快艇第 1 支队。为加强快艇部队的建设，又以原华东军区海军和中南军区海军各一个快艇大队部为基础，组建新的快艇支队部，即海军快艇第6支队和海军快艇第11支队。至此，海军水面舰艇部队在“边打边建”中已成长为主要舰（艇）种基本齐全、体制编制基本成型的海上战斗力量。

至1955年底，人民解放军海军已经初具规模。先后组建的各兵种部队已有23个舰艇独立大队（含潜艇、驱逐舰、护卫舰、登陆舰、猎潜艇、扫雷舰、鱼雷艇、护卫艇和辅助舰艇），6个航空兵师和2个航空兵独立团（含轰炸机、歼击机、侦察机、水上飞机、教练机和运输机），19个海岸炮兵团，8个防空兵团，以及各种专业勤务部队。拥有战斗舰艇519艘（含登陆舰艇132艘）、辅助船只341艘，各种飞机515架，各种口径海岸炮343门，各种口径高射炮336门，为海军的进一步发展打下了较为坚实的物质技术基础。

（二）空军的调整

经过新中国成立后几年的建设和抗美援朝战争的考验，人民解放军空军至1954年初已经形成比较强大的空中突击力量，共有28个航空兵师、70个航空兵团，拥有各型飞机3000余架。1954年以后主要是在原有基础上调整、充实。

按照中央军委颁发和授权空军颁发的空军59种编制，空军于1954年4月开始精简整编。至当年11月，整编结束。空军在这次精简整编中撤销建制单位197个、调出建制单位38个，另有改企业化单位11个，同时新建和改建大小单位119个，共减少5.6万余人，基本达到中央军委规定的编制定型要求。整编后，空军共有4个军部，27个航空兵师部，74个航空兵团，1个伞兵教导师。同时，空军领导机关进行整编。按照与总部机关对口的原则和空军业务工作的特点，空军设有司令部、政治部、干部部、军事训练部、军事学校管理部、工程部、军事订货部、修建部、后方勤务部、财务部、军法处。1956年6月，为健全军队的法制工作，成立空军军事检察院。

随着各大军区的变动和战备任务的需要，各军区空军机关也进行了调整。1954 年，空军有 6 个军区空军机关，即东北、华北、华东、中南、西北和西南军区空军。1955 年 5 月，随着各大军区重新划分，军区空军名称相应改变。原东北、华北、华东、西北军区空军司令部分别改为沈阳、北京、南京、兰州军区空军司令部。原驻武汉的中南军区空军司令部更名为广州军区空军司令部，移驻广州。西南军区空军司令部调驻武汉，改称武汉军区空军司令部。

通过组建和调整，及在保卫国家安全和解放浙东沿海战斗中的锤炼，人民解放军海军和空军部队力量进一步增强。

三、防空军和公安军的组建

（一）防空部队整编为防空军

在抗美援朝战争和国内防空作战中，防空部队得到迅速发展。至 1953 年 7 月抗美援朝战争结束时，防空部队拥有 2 个高射炮兵师（第 101、第 102 师），33 个高炮团，8 个独立高炮营，4 个探照灯团，1 个雷达团，8 个雷达营，17 个对空监视团；建立了培训初、中级指挥干部和技术干部的高射炮兵学校、防空学校等院校。

1954 年 3 月底至 4 月底，防空部队党委召开第三次全体会议，根据全国军事系统党的高级干部会议精神，研究防空部队建设的若干基本问题。会议提出防空部队在今后一个时期的建设方针和任务；强调防空建设必须适应国家的经济条件，必须严格遵守军委规定的 10.2 万人的定额数。此外，会议还对防空部队的领导关系、政治工作、干部工作、后勤工作、学校建设等问题进行了讨论。

1954 年 9 月，中央军委颁发防空部队组织编制表。据此，防空部队进行整编。至 1955 年春，防空部队各级机关、各部队、各学校已按中央军委颁发的组织编制表组建和健全起来。人民解放军防空部队司令部下辖 4 个军区（沈阳、北京、南京、广州军区）防空司令部、1 个防空处（昆明军区防空处）、5 个防空指挥所（南京、杭州、武汉、南昌、旅大）、5 个高射炮兵师、36 个高炮团、10 个雷达团、6 个探照灯团、16 个对空监视团。1955 年 3 月 16 日，总参谋部决定将对空监视和雷达部队，统一编组为对空情报兵团和对空情报雷达团。同时，部分军区的防空部队组建雷达部队。

在防空部队建设达到一定规模、国土防空能力日益增强的情况下，1955 年 3 月，中央军委决定将防空部队的番号总称定名为国土防空军。4 月 9 日，国防部调陆军第 9 兵团机关充实加强防空部队的领导机关。同年 8 月 11 日，国防部颁布命令，将中国人民解放军防空司令部改为中国人民解放军防空军司令部。从此，人民解放军防空军成为一个军种。杨成武任防空军司令员，成钧任副司令员兼参谋长，谷景生任副政治委员兼政治部主任（同年 10 月龙道权任政治部主任）。防空军领导机关设司令部、政治部、干部部、后方勤务部、军械部、高射炮兵指挥部、探照灯兵指挥部。

（二）公安部队改为公安军

全国军事系统党的高级干部会议确定公安部队的总定额为 44.9 万余人。由于公安部队的整编牵涉面广，公安部队司令部提出一年之内精减至定额数有困难，建议整编暂缓。中央军委同意公安部队司令部的意见。因此，公安部队 1954 年除精减老弱人员外，未进行大规模的精简整编，但各个军区仍根据全国军事系统党的高级干部会议的要求进行了整编工作。1954 年 9 月和 11 月，公安部队领导机关初步提出全国公安部队整编方案及整编方案的修正意见。1955 年 4 月 12 日，公安部队司令部召开各大军区公安部队负责人座谈会，研究公安部队整编问题，确定公安部队整编方案和整编计划。5 月 12 日，国防部批准公安部队整编定型、定额方案和整编实施计划。

公安部队整编的一项重要内容，是将专区、县公安部队改编为人民警察，拨交公安机关领导。专区、县公安部队原来担负的逮捕反革命、看守押解人犯、警卫专区和县机关、搜捕零星散匪、维持地方社会治安、看管专区和县两级劳改人犯等任务，也同时移交给改编后的人民警察。公安部队司令部和公安部于 4 月 28 日提出专区、县公安部队改编为人民警察的初步方案。7 月 30 日，周恩来总理签署《中华人民共和国国务院关于专、县公安部队改编为人民武装警察命令》，决定专、县公安部队自1955年8月1日起一律改编为人民武装警察，属各级公安机关建制，在中华人民共和国公安部及省人民委员会的公安厅内专设管理人民武装警察的机构。根据这一命令，公安部设立武装民警局负责管理这支队伍。在这次整编中，担负岛屿、要塞守备任务的边防公安部队，拨归各军区建制序列。

至1955年12月，除昆明军区和广东省军区外，公安部队（公安军）整编工作结束。此次整编，全国公安部队共调出9个师部、3个省市公安总队部、20个团另11个连。由各军区调入8个团、3个团部、16个营（大队、支队）、10个营（大队）部、23个连、6个连部。新建和改建41个内卫团、9个边防团、6个市内卫团、1个骑兵团、17个内卫营、4个骑兵营、1个市内卫营。撤销和改编了3个市公安总队、3个公安团、8个警卫团（东北、华东、西北军区各1个团和西南军区5个团）、2个市公安团、24个省市大队、14个专区公安团、13个公安营、26个省市中队。按照国防部和总参谋部批准的总定额，编为4个内卫师、1个警卫师、2个边防师部、5个市总队、72个内卫团、47个边防团、1个警卫团、7个市内卫团、1个骑兵团、31个内卫营、3个边防营、5个骑兵营、1个市内卫营、62个市公安队、10个海上巡逻队、2个边防总站、89个边境检查站、3个边防侦察站。

在整编期间，1955年7月18日，国防部发布命令，将中国人民解放军公安部队改称中国人民解放军公安军，公安部队司令部改称公安军司令部。同时，各军区和铁道部公安部队司令部也都改为军区（铁道部）公安军司令部（或公安部队处）。各师、市总队和院校的名称也作了相应改变。罗瑞卿任公安军司令员兼政治委员，程世才任第一副司令员，韦国清任第二副司令员，邓少东任第三副司令员，李天焕任副政治委员兼干部部部长，吴烈任参谋长，欧阳毅任政治部主任，查国桢任后方勤务部部长。公安军下辖沈阳、广州、济南、南京、武汉、昆明军区公安军等。军区公安军归所在军区建制，受军区和公安军双重领导。自此，人民解放军由陆军、海军、空军三个军种增至五个军种（陆、海、空、防空、公安军）。

四、陆军部队的精简整编

全国军事系统党的高级干部会议确定的精简整编重点是陆军部队，主要是大量裁减步兵，增强技术兵种，落实编制，加强合成建设。陆军整编从 1954 年初开始至 1955 年底结束，共减员 29% 左右。在此期间，还相继组建了一批直属中央军委、总部或大军区的通信兵和防化兵部队，进一步推动了陆军的合成化建设。

（一）炮兵部队的精简整编

人民解放军炮兵部队的编成分为军委（统帅部）和军区直属的预备炮兵和军、师、团、营编成内的队属炮兵。根据全国军事系统党的高级干部会议关于统一编制，达到定型、定额的精神，以及抗美援朝战争的经验和新引进远程加农炮的情况，炮兵司令部对预备炮兵进行编制调整，将火箭炮兵师撤销，改建为榴弹炮兵师和防坦克炮兵师，组建加农炮兵师，即由原来的榴弹炮、火箭炮、防坦克炮、高射炮 4 种炮兵师改编为加农炮、榴弹炮、防坦克炮、高射炮等 4 种类型的炮兵师。撤销的火箭炮兵师所属各团按原建制分别编入各榴弹炮兵师，并调给长山要塞师 1 个火箭炮团。在整编中，除奉中央军委命令调给海军 4 个独立高炮营外，又进一步将国内的各预备炮兵师属的高射炮营和团属高射机枪连的建制撤销，分别改编为独立高炮营，或将高射机枪连按原建制调给步兵师作为建设步兵师属高射炮兵之用。

至 1956 年初，预备炮兵编制达到全军统一，即：榴弹炮兵师由 1 个 152 毫米榴弹炮团、2 个 122 毫米榴弹炮团和 1 个火箭炮团编成；加农炮兵师由 2 个 152 毫米加农榴炮团、1 个 122 毫米加农炮团编成；防坦克炮兵师由 100 毫米加农炮、85 毫米加农炮、57 毫米防坦克炮各 1 个团编成；高射炮兵师由 1 个 85 毫米高炮团、3 个 37 毫米高炮团编成。此时，全军共有预备炮兵 23 个师（3 个加农炮兵师、11 个榴弹炮兵师、3 个防坦克炮兵师、6 个高射炮兵师）98 个团。队属炮兵建设采取先加强步兵师以下炮兵再发展军属炮兵的步骤进行。至1955年，步兵师以下炮兵已基本编齐。1956年，在继续加强师以下炮兵的同时，开始大量组建军属炮兵。是年底，全军队属炮兵有军属炮兵团12个、高炮团5个、炮兵基干团22个，师属炮兵团108个、高炮营106个、反坦克炮营106个。炮兵特种分队建设也于1955年展开，计有6个部队仪器侦察营、1个学校仪器侦察营、1个仪器侦察连、1个炮兵校射机大队、4个炮兵气象侦察站。

（二）装甲兵部队的整编

1954年5月，装甲兵部队根据总参谋部颁布的各类坦克部队新编制，进行整编。新编制着眼核、化条件下作战的需要，坦克师增编防化连，加强了地面压制火力和反坦克火力；师、团机关有所扩大，两级司令部增编工兵、防化和军械勤务主任，其他编制与装甲兵成立初期时基本相同。1955年2月24日，国防部决定以步兵第190师为基础，用接收驻旅大地区苏军装备，组建人民解放军第1机械化师。该师下辖3个机械化团、2个坦克团、2个榴炮团和1个高炮团，归人民解放军装甲兵建制。这是人民解放军历史上的第一个机械化师。经过整编，至1955年，装甲兵部队编组为坦克师、机械化师、独立坦克团和步兵师属坦克自行火炮团，基本上形成了直属总部和军区建制的独立坦克部队和军以下部队建制的队属坦克部队并存的体制，拥有3个坦克师、1个机械化师、8个独立坦克团、47个步兵师属坦克自行火炮团和8个坦克修理营及6所院校，已初步成长为一支重要的突击力量。

（三）工程兵部队的整编

1954年5月18日，中央军委颁布军委工程兵机关编制表，工程兵机关设司令部、国防工程建筑部、干部部、器材部、政委办公室和工兵杂志社。同年6月1日，中央军委颁布工程工兵团、舟桥工兵团、建筑工兵团编制表，明确3种工兵团的性质与任务。根据中央军委“保持现状，在现有基础上巩固提高”的建设方针，按照

1954年中央军委颁布的编制表和规定的员额及对整编复员工作的指示，自1954年10月起，中国人民解放军工兵司令部结合各大军区的具体布置，先后对工兵机关、部队、学校、基地进行整编，处理冗员，精干机构。至1955年2月底，大部整编完毕。此次精简整编，工兵按编制共组建大小机构588个，撤销超编机构513个。至1955年11月，共有28个团7.2万余人。经过此次精简整编，工兵健全了机关，充实了部队，提高了质量。1955年8月11日，中国人民解放军工兵司令部改称中国人民解放军工程兵司令部，陈士榘任司令员。作为兵种，工兵改称工程兵，工兵成为工程兵编成内遂行野战工程保障任务的专业部（分）队。1956年2月24日，军委军事建筑部改称国防工程建筑部，归工程兵建制。此时，工程兵领导机关设有司令部、国防工程建筑部、干部部、器材部、政委办公室（1957年8月1日以此为基础组建政治部）等部门。

（四）铁道兵部队的整编

1953年9月9日，中央军委决定，以军委直属的铁道兵团机关为基础，组建铁道兵领导机关。1954年3月5日，中国人民解放军铁道兵司令部正式成立，王震任司令员兼政治委员，崔田民任副政治委员，李寿轩任第二副司令员。中国人民解放军铁道兵团和中国人民志愿军所属各铁道工程师，划归中国人民解放军铁道兵建制。铁道兵领导机关设司令部、政治部、工程部、后方勤务部、干部部和计划处、军法处、财务处。5月22日，铁道兵发布整编命令，根据精简机关、减少层次、裁减冗员、充实连队、减少师团总定员、加强机械配备和向专业化发展的原则，统一整编为10个铁道兵师1个独立团，加上3所学校，共计10万人。为适应部队担负大规模铁路建设任务的需要，1955年10月，中央军委和国防部调整充实了铁道兵领导机关。调整后，机关设司令部、政治部、干部部、施工技术部、机械部、材料部和后方勤务部、计划处、军事法院。

（五）通信兵部队的整编

1954年3月，通信兵部队统一整编，又组建了一些通信团和独立通信营。在整编中，总部、各军区、各技术兵种的直属通信勤务部队，统一命名为各级通信枢纽部。这一时期，野战通信团各营由单一的专业分队编成。这种编组虽利于平时管理和组织训练，但由于执行任务时需要临时抽组通信枢纽，存在不便于战时组织指挥的缺点。1956 年 4 月 13 日，中国人民解放军通信兵部成立，行使兵种领率机关职能，归国防部建制。王诤任通信兵部主任，朱明任政治委员。

（六）防化兵的组建

人民解放军从 1951 年开始建立防化机构和分队，至 1954 年初，在步兵系统已建立 100 多个防化连和 300 多个防化排，各特种兵部队也建立了一些防化分队。1954 年 9 月，中央军委第七十九次例会同意总参军务部关于成立防化学部的建议。1955 年 2 月，萧克向中央军委提出迅速建立化学兵种统一领导机构——军委化学兵部和各大军区成立 1 个防化营、1 个地雷式喷火营及 1 个背囊式喷火连的建议。4 月，中央军委决定成立防化学兵部，同时决定在部分军区和中国人民志愿军中组建防化营。据此，1956 年 1 月 1 日，中国人民解放军防化学部[①]成立。张迺更任部长。防化学兵领导机关建立后，防化学兵走上了全面建设的新阶段。

经过精简整编，至 1955 年 12 月，全军陆军共有 3 个兵团部（志愿军第 19、第 20 兵团，沈阳军区第 3 兵团），34 个军部（志愿军 5 个、北京军区 5 个、沈阳军区 6 个、南京军区 7 个、广州军区 5 个、济南军区 3 个、昆明军区 2 个、武汉军区 1 个），106 个步兵师部、2 个骑兵师部、1 个要塞师部、3 个独立守备师部、1 个机炮师部、23 个炮兵师部、3 个坦克师部、1 个机械化师部、10 个铁道兵师部，318 个步兵团、15 个骑兵团、7 个要塞团、2 个水兵团、4 个机炮团、220 个炮兵团、63 个坦克团（其中 3 个是坦克乘员教导

① 1957 年 5 月防化学部改称防化学兵部，1959 年 4 月改称总参谋部防化学兵部，1961 年 1 月 26 日又改称中国人民解放军防化学兵部。

团)、3个摩托化步兵团、5个摩托化炮兵团、3个机械化团、28个工程兵团、55个铁道兵团、10个通信团、1个警卫团、36个独立(警卫、守备)团、30个汽车团。全军总人数为333万余人。

五、加强和建立军兵种专业院校

人民解放军全面转入现代化正规化建设之后，随着军兵种部队的发展，对具有现代军事科学知识和各种专业技能的干部需求量越来越大，而且要求也越来越迫切，必须加速专业人才培养。为此，中央军委、各总部和各军兵种对各类院校不断进行调整、增建、改建，军兵种院校和其他院校建设得到加强，为部队培养和输送了大批专门人才，同时也为军队院校的全面发展奠定了良好的基础。

(一)组建预备学校

根据全国军事系统党的高级干部会议加强干部训练和院校建设的精神，1954年3月召开全军第四次院校会议，讨论了《军校部及各学校今后工作中的几个问题的报告》，重点研究了建立步兵学校预备学校，提高学校干部质量和调整两级步校教育计划等问题。鉴于步兵学校学员文化程度较低、部分学员身体较差、中途退学人数较多、收生时间拖得过长等情况，会议决定，为改善步兵学校学生质量，解决学员的文化准备问题，在全国9所步兵学校各建立一所预备学校。预备学校的任务是使投考步兵学校的新生，经过预备教育之后，在文化上提高到规定的标准，在其入步校前补习必备的政治、军事知识，每期训练时间为一年。3月9日，中央军委发布9所步兵学校各建立一所预备学校的命令。预备学校的任务和方针由军委直接掌握，教育计划由军委军事学校管理部和总政治部共同商定，行政指挥、教育领导、党政工作、物质保证等，均由所在的一级军区负责。按中央军委的规定，第1步兵学校预备学校由西北军区负责，第2、第3步兵学校预备学校由西南军区负责，第4、第6步兵学校预备学校由华东军区负责，第5、第8步兵学校预备学校由中南军区负责，第7步兵学校预备学校由东北军区负责，第9步兵学校预备学校由华北军区负责。1955年又组建了第10、第11步兵学校预备学校。陆军各特种兵学校和海、空军学校也先后成立了预备学校。1954 年 8 月 6 日，空军第 1、第 2、第 4、第 5、第 6、第 7、第 8 航空预科总队分别改称空军第 1、第 2、第 4、第 5、第 6、第 7、第 8 航空预备学校。1955 年 10 月 26 日，海军作出《对海军的文化速成中学及预科学校调整为预备学校的决定》，将海军第 3、第 5、第 6 速成中学，海军中学，航空预科学校分别改为海军预备学校，保留海军第 2、第 4 速成中学。至 1955 年底，全军已组建和改建各类预备学校（预备总队）35 所，其中步兵预备学校 11 所（1956 年组建了第 12 步兵学校预备学校）、炮兵预备学校 8 所、工程兵预备学校 1 所、防空军预备学校 1 所、海军预备学校 3 所、空军航空预备学校 7 所、后勤预备学校 2 所、军医大学预备学校 1 所、军械预备学校 1 所。

（二）调整步兵学校和各军兵种所属院校

步兵学校是人民解放军院校建设的重点，数量较多，质量较好。至 1955 年 5 月国防部决定学校以所在地命名时，高级步兵学校有：总高级步兵学校、汉口高级步兵学校、石家庄高级步兵学校；步兵学校由 9 所增加到 12 所，即：天水步兵学校、重庆步兵学校、昆明步兵学校、南京步兵学校、信阳步兵学校、商丘步兵学校、齐齐哈尔步兵学校、洛阳步兵学校、石家庄步兵学校、南昌步兵学校、北碚步兵学校、武威步兵学校。

为适应炮兵发展和培训的需要，炮兵组建了各类院校。至 1954 年，炮兵学校数量达 24 所，是炮兵发展史上院校数量最多的时期。从 1955 年开始，炮兵各文化速成中学和预备学校相继撤销，炮兵院校进入到调整提高阶段，集中力量建设高级炮兵学校、高射炮兵学校、高级炮兵技术学校和第 1 至第 6 炮兵学校，为炮兵部队的扩建和发展及时培养质量更高的合格人才。根据国防部 1956 年 2 月的命令，炮兵学校和军械学校名称改以所在地命名。原高级炮兵学校改称沈阳高级炮兵学校，原高射炮兵学校改称沈阳高射炮兵学校，原炮兵训练基地改称锦州炮兵学校，原第 1 炮兵学校改称西安炮兵学校，原第2炮兵学校改称重庆炮兵学校，原第3炮兵学校改称南京炮兵学校，原第4炮兵学校改称郑州炮兵学校，原第5炮兵学校改称沈阳炮兵学校，原第6炮兵学校改称北京炮兵学校，原高级炮兵技术学校改称武昌高级军械技术学校，原第1炮兵技术学校改称通县军械技术学校，原第3炮兵技术学校改称南京军械技术学校。从1954年到1958年，炮兵各类学校共培训干部9.2万余名，为炮兵现代化正规化建设作出了重要贡献。

装甲兵在1954年以后为适应部队迅速发展的需要，根据总参谋部的命令，将战车编练基地分别改编为坦克学校。1955年8月1日，装甲兵第1编练基地改为第3坦克学校。1956年3月1日，装甲兵第2编练基地改为第4坦克学校。1956年1月27日，装甲兵第3编练基地改为长春装甲兵技工学校，后于1959年3月25日改为第5坦克技术学校。装甲兵学校在不断提高办学水平的基础上，逐步形成具有兵种特色的正规的军事教育体系，为装甲兵的创建和发展作出了重要贡献。

1955年8月工兵司令部改称工程兵司令部之后，是月下旬，根据国防部的命令，高级工兵学校改称高级工程兵学校；南京工兵学校改称南京工程兵学校。随着部队工程装备的改善和国防工程建设的需要，为培养工程兵部队的技术骨干，同年12月，根据国防部的命令，以原吉林工兵训练基地为基础，在北京成立工程兵技术学校。1956年2月，又在河南洛阳建立洛阳工程兵学校，培养工程兵建筑部队指挥、技术干部。4所工程兵学校的建立，为工程兵的现代化正规化建设培养了大批人才。

根据人民解放军通信建设发展的需要，中央军委决定调整和增建通信学校。1955年7月，中央军委决定以西南军区通信处为基础，组建重庆通信兵技术学校和通信兵学校。同年8月，将军事通信工程学院改称通信学院。到1956年通信兵学校发展到9所，即：高级通信兵学校、通信兵工程学校、通信兵学院、沈阳通信兵学校、汉口通信兵技术学校、重庆通信兵技术学校、重庆通信兵学校和通信兵第一、第二预备学校。

1954 年 5 月 15 日，铁道兵干部学校改称铁道兵学校。

1954 年 6 月，防空部队召开第一次学校工作会议。防空部队党委提出防空军事学校的建设方针是：建设正规学校，培养现代化的防空干部；通过学校正规的训练，使防空干部在现有水平上提高一步。根据 1953 年 6 月 15 日中央军委的命令，第 24 步兵学校调归军委防空司令部，改建为防空部队高级防空学校。1955 年 4 月 1 日，高级防空学校在北京成立。同年 7 月 12 日，国防部命令，将原华北军区所属的第 4 文化师范学校改建为防空军技术学校。同年 8 月，国防部发布防空部队司令部改称防空军司令部的命令后，9 月 14 日，防空军司令部发出通知，除防空部队改称防空军外，其所属的学校、部队的番号也作相应的改变。

1954 年以后，空军院校从创建阶段进入巩固加强、整顿提高、稳步发展的阶段，由单一的航空学校训练逐步建立起与空军编成相适应的多专业、多兵种、多层次的院校培训体制，由速成性质的训练逐步走上正规训练的轨道。1954 年 9 月，以洛阳空军政治干部学校为基础，在南京成立空军政治学校，主要担负培训空军团以下政治干部的任务；10 月，又组建空军后勤学校，分别担负培训空军政治和后勤基层干部的任务。1955 年 8 月 27 日，国务院、国防部决定将北京气象专科学校更名为中国人民解放军气象专科学校，由空军领导，负责为全军培训气象人员，学员由总干部部统一调配。

海军始终坚持“治军先治校”的原则，重视院校的建设。1954 年 3 月 16 日，中央军委决定撤销第 1 海军学校实习舰大队建制，组建“海军练习舰队”。练习舰队由 12 艘舰艇组成，由海军青岛基地建制领导，专门保障海军各学校学员学习之用。3 月 25 日，海军下达调整预科学校命令，决定以南京海军预科学校初中毕业生为基础成立海军中学；以该校第 2、第 3 大队为基础组成舰艇预科学校；以该校第 1 大队和该校航空预科学员为基础组建海军航空预科学校。4 月 11 日，总参谋部决定撤销第 1 海军学校机构，该校所属的两所分校分建为海军指挥学校和海军机械学校，依次命名为第1、第2海军学校，原第2海军学校改称第5海军学校。指挥学校培训舰艇航海、枪炮、鱼水雷和观通部门长，机械学校培训舰艇机电部门长和造船等专业干部。海军预备学校的主要任务是对由陆军调来的工农学员进行文化补习，为他们转入本科学校学习创造条件。至1955年底，海军共有13所学校，即第1、第2、第3、第4、第5海军学校，海军炮兵学校，海军政治学校，海军后勤学校，海军第1、第2航空学校，海军航空预科学校，海军预科学校，海军第1预备学校。

（三）调整政治院校

人民解放军对政治干部的培养一直很重视，在各级军事学校设政治系、班、营、队（海、空军各专设政治学校）分别训练各级政治主官，各政治学校训练各级政治机关干部和各级机关的协理员等。鉴于全军部队和各军事、政治专科等学校的政治理论教员缺额较大、质量不高，对政治教育效果的影响较大，而部队的正规化训练已列为全军中心任务之一，部队政治理论教育也亟须加强的实际情况，1954年3月22日，总政治部副主任萧华、甘泗淇致信彭德怀，提出“迫切需要采取有效的办法解决学校、部队的政治理论教员问题”，建议以第3政治干部学校为基础，筹建一所政治师范学校，专门为学校和部队培养政治理论教员（主要是初级理论教员）。中央军委同意他们的建议。

根据全国军事系统党的高级干部会议精简机构和加强干部训练的精神，为适应对政治机关干部和各级机关政工干部的训练需要，1954年4月22日，中央军委和总政治部决定将各军区6所政治干部学校，调整为2所政治学校，1所政治师范学校。以第3政治干部学校为基础建立政治师范学校，以第1、第2、第4、第5、第6政治干部学校为基础组建第1、第2政治学校；第1政治学校校址设在长沙（原第4政治干部学校校址），第2政治学校校址设在长春（原第5政治干部学校校址），政治师范学校校址设在南京（原第 3 政治干部学校校址)；这 3 所学校归军委直接领导，党政工作、物质保障工作归所在地军区领导，学校建设、干部与学员调配、政治和文化教育由总政治部领导，军事训练由军校部领导。9 月，第 1、第 2 政治学校成立。10 月，政治师范学校成立。

为培训高级政治干部，早在 1951 年 12 月 3 日，罗荣桓、傅钟、萧华向毛泽东建议，开办一所高级政治干部学校。同年 12 月 10 日，毛泽东批准在北京创办中国人民解放军政治大学（后定名为政治学院），由总政治部主任罗荣桓领导创建工作。1954 年 8 月 24 日，中央军委批准中国人民解放军政治学院办院的基本方针，指出，政治学院是全军培养高级政治干部的学校，其任务是提高全军高级干部（主要是政治干部）马克思列宁主义的理论素质，党的政策水平，提高社会主义觉悟，增强党性锻炼，学习现代军事科学基础知识和军队政治工作，更好地担负起现代化建军中的领导工作任务，加强军队政治工作建设，以适应现代化建军和作战的需要。同年 9 月 25 日，罗荣桓、傅钟、萧华、甘泗淇致信毛泽东，提出：政治学院是全军培养高级政治干部的学校，隶属于中央军委；学制分为基本系两年半，速成系一年半。同时还提出政治学院内部机构设置的具体建议。10 月 25 日，中共中央政治局同意他们的建议，并于 11 月 11 日任命罗荣桓兼任政治学院院长，萧华兼任第一副院长。

1954 年 12 月，中国人民解放军政治学院在北京成立。1955 年 2 月 19 日，政治学院速成系第一期开学。1956 年 3 月 14 日，国防部长彭德怀发布命令，授予政治学院军区级军旗。3 月 16 日，政治学院举行授旗仪式和开学典礼。

（四）调整后勤院校

后勤院校经过 1952 年的整编，至 1954 年又根据全国军事系统党的高级干部会议精神和部队实际需要，作了进一步的调整。同年 4 月 7 日，中央军委作出《关于军医大学整编的决定》，将 7 所军医大学缩减为 4 所，即将原第 1 军医大学（天津）和第 3 军医大学（长春）合并为新的第 1 军医大学（校址在长春），第 2 军医大学

（校址在上海）不变，将原第6军医大学（南昌）和原第7军医大学（重庆）合并为新的第7军医大学（校址在重庆），将原第4军医大学（西安）和原第5军医大学（南京）合并为新的第4军医大学（校址在西安），各军医大学各附设一所医院，建制归中央军委。5月20日，总参谋部颁布全军军医中学整编方案，决定将全军13所军医中学调整为6所军医学校。同时，决定撤销一些军医、卫生学校并改建两所护士学校。其他后勤类院校也于1954年和1955年进行了局部调整。这次对卫生院校调整幅度较大，主要是由于军队对卫生人员的需求已从抗美援朝战争时的应急需求转为和平时期的正常需求。经过这次调整，人民解放军后勤院校体系初步形成。

1955年全军院校总数增加到253所，其中指挥院校26所、政治院校6所、技术院校72所、预备学校35所、文化学校98所、士兵学校16所，总人数38.8万余人，成为新中国成立以来全军院校最多的时期。在组建和调整院校的过程中，军委总部对建立符合中国国情和军情、符合现代化正规化军队内在要求的院校管理体制进行了探索，逐渐向统管和分管相结合的管理体制过渡。中央军委和总部还制定和颁发了一系列院校教学条例和规定，建立起院校正规化的管理制度和正规的教学秩序，从制度上保证了院校教育的健康发展。

六、接收苏军驻旅大地区的防务

旅顺口和庙岛列岛、山东半岛蓬莱角共扼渤海海峡，为“京津门户”，战略地位十分重要。旅顺口是终年不冻的天然良港，近代以来一直是外国侵略者争夺的重要目标。1897年12月，沙皇俄国海军侵入旅顺港，并强占大连。1898年3月，沙俄强迫清政府签订《中俄旅大租地条约》。从此，沙俄取得了租借旅顺、大连25年的特权，旅顺口被划为俄国军港，大连湾内有一港也划为俄国军港，其余作为通商口岸。1904～1905年日俄战争后，日本继承了沙俄的特权，并于1915年在“二十一条”[①] 中要求将旅顺、大连的租期延长到99年。1945年2月，苏、美、英三国政府首脑在雅尔塔讨论战后世界的安排时，签订《苏、美、英三国关于日本的协定》。协定包含大连商港国际化、苏联租用旅顺口为海军基地等牺牲中国利益的内容。同年8月8日苏联正式对日宣战，8月22日，苏军占领旅顺。此后，旅大地区的防务一直在苏军的管辖之下。

1945年8月14日，中国国民党政府和苏联政府签订《中苏友好同盟条约》和《中苏关于旅顺口之协定》，规定中苏共同使用旅顺海军基地30年（但实际上是苏联单独使用）。1949年12月，中华人民共和国成立两个月后，毛泽东、周恩来率中国政府代表团首次访问苏联，与斯大林和苏联外长维辛斯基讨论了中苏双方有关政治和经济的问题，并于1950年2月14日签订《中苏友好同盟互助条约》、《关于中国长春铁路、旅顺口及大连的协定》等。在“协定”第三、第四、第五条中规定：“两国共同使用旅顺口海军根据地，一俟对日和约缔结后，但不迟于一九五二年末，苏联军队即自共同使用的旅顺海军根据地撤退，并将该地区的设备移交中国，而由中国偿付苏联自一九四五年起对上述设备之恢复与建设的费用。”后来由于朝鲜战争爆发，中苏两国政府于1952年八九月间协商，同意延长中苏两国共同使用旅顺口海军基地的期限。

1954年9月29日～10月12日，赫鲁晓夫率苏联政府代表团对中国进行国事访问。以周恩来为首的中国政府代表团与之就中苏关系和国际局势问题进行会谈。10月12日，中苏双方发表《关于中苏会谈的公报》和《关于旅顺口海军根据地问题的联合公报》。公报指出：“苏联军队的撤退和旅顺口海军根据地的设备移交中华人民共和国应于一九五五年五月三十一日前完成。”苏联除决定将旅顺基地所有武器装备卖给中国外，还决定将在安东（今丹东）的部

① 1915年1月18日，日本驻华公使日置益向袁世凯提出日本对华要求，共21条。日本政府企图趁第一次世界大战欧美列强无暇东顾之机，独占中国。由于中国人民的坚决反对，日本的侵略要求未能全部实现。

分空军和防空装备卖给中国。根据中苏联合公报，组成了中苏联合军事委员会，中方代表为国防部副部长兼海军司令员萧劲光、副总参谋长兼东北军区代司令员邓华、空军司令员刘亚楼、第三兵团副司令员曾绍山。

1955 年 2 月 5 日，中央军委正式决定接收旅大防卫区委员会名单，萧劲光任主任委员，邓华、甘泗淇、刘亚楼、曾绍山、郭述申任副主任委员，邱创成、向仲华、周希汉、唐子安、高鹏、何振亚、刘丰、安东、张岗、李基、王力华、杨昆、张耀、江文为委员。2 月 11 日，成立旅大防卫区接收委员会海军分会，负责接收海军武器装备。空军、炮兵、装甲兵、工兵等军兵种也成立了接收分会。

人民解放军海军和沈阳军区部队于 2 月 21 日开始接收驻旅顺、大连地区苏联军队的武器装备器材和防御设施。

在接收中，各级机关和部队认真严肃地执行中央军委关于接好、学好、团结好的要求，较顺利地完成了接收武器装备、技术器材和设备的工作。5 月初，设备接收完毕。5 月 16 日汇总签字全部完成。

人民解放军有选择地有偿接收的主要武器装备有：各种飞机 406 架、各种舰船 58 艘、火炮 1305 门、坦克自行火炮 357 辆、汽车 1684 辆、雷达 35 部，另有各种炮弹、炸弹一批。无偿接收的主要资产和设备包括，营房 150 余万平方米（不包括地方代为接收的商业企业）、机场 9 个、修理厂修理所 116 个、仓库 59 座、医院 9 所。加上从安东等地的接收数，中国共接收了苏军 1 个潜艇基地、5 个歼击机师、1 个轰炸机师、2 个步兵师、1 个机械化师、3 个地面炮兵师、3 个高射炮兵师等部队的大部分武器装备。

3 月中下旬，人民解放军第 3 兵团首长定下辽东半岛南部防御决心，拟订防御作战计划。4 月 1 ~ 15 日，各部队进行了接防教育和演习。在进行正式接防工作中，苏军各级指挥员均亲自参加，对接收防务的人民解放军部队给予具体帮助，使防务交接得以顺利完成。4 月 15 日，辽东半岛防务正式交接签字。中方签字代表为第 3 兵团副司令员曾绍山、罗华生（5 月任海军旅顺基地司令员）、空军第 3 军军长刘丰，苏方签字代表为后贝加尔方面军第 39 集团军司令什维佐夫、旅顺口海军基地司令库德梁夫切夫、空军第 55 军军长切德利克。从 4 月 16 日零时起，旅大地区一切防务由中国人民解放军负责。[①]

5 月 24 日，中苏联合军事委员会举行辽东半岛防御设备与装备技术器材总签字仪式。至此，旅大地区接收工作即告结束。至 5 月 27 日，苏联驻旅顺口地区陆、海、空三军及指挥机构约 12 万人全部撤离。

第四节　建立正规化的基本制度

新中国成立后，国民经济的迅速恢复和发展，以及 1954 年第一部《中华人民共和国宪法》的通过，为实行义务兵役制、军官薪金制和军官军衔制等一系列新制度提供了客观条件和法律依据。三大制度，经过多年准备，条件逐步成熟。全国军事系统党的高级干部会议已进行充分讨论，并通过了有关条例。根据“全军高干会议”精神，1954 年 10 月 21 日，彭德怀主持第三次军委会议，讨论决定从 1955 年开始实行义务兵役制、军官薪金制、军衔制和颁发勋章奖章，并决定由聂荣臻、叶剑英、谭政、张宗逊、赖传珠、傅秋涛等组成临时委员会负责这项工作。会议还决定由黄克诚负责审查薪金条例草案，由贺龙召集有关人员研究确定军官服式问题。实行三大制度，是人民解放军建设史上一项重大的改革。

一、实行薪金制

军官薪金条例经军委会议多次修改，并经全国军事系统党的高

① 1955 年 5 月 1 日，中央军委决定旅大防卫区由沈阳军区统一领导，第 3 兵团为驻旅大防卫区的领率机关，统一指挥该区的作战行动。

级干部会议讨论通过。1954 年 3 月 8 日，中共中央政治局扩大会议责成周恩来召集有关方面对《中国人民解放军薪金暂行条例（草案)》进行修改。同年 11 月，军官薪金条例（后改为《中国人民解放军薪金、津贴暂行办法》）报请中共中央批准。11 月 19 日，国防部颁布《中国人民解放军薪金、津贴暂行办法》，决定全军干部从 1955 年 1 月开始实行薪金制度。士兵仍实行供给制，另发津贴费。

军官薪金标准的确定有三条基本原则，即：（1）标准不能过高。在全国人民生活水平还不高的情况下，军官薪金只能实行低薪制。（2）标准不低于实行供给制时水平，以妥善解决军官本人及赡养家庭问题。（3）军官薪金略高于政府机关和企业部门相当等级的工作人员的工资，① 以体现军队的特殊性。根据这三条原则，确定军官薪金由级薪和军龄补贴两部分组成，级薪从正排至军委主席共分 19 级。军委主席、副主席月薪 450 元人民币，正团级为 190 元人民币，正排级为 60 元人民币。除级薪外，军龄在 5 年以上的还有军龄补助金。入伍 5 年以上至 10 年的补助级薪的 10%；15 ~20 年的 15%；20 ~25 年的 20%；25 年以上的 30%。排长的薪金，按城市平均生活水平可养活 5 口人。

薪金制的实行，对于保障军官生活、鼓励军官积极上进具有重要意义。

二、实行义务兵役制

1954 年 9 月颁布的《中华人民共和国宪法》明确规定："保卫祖国是中华人民共和国每一个公民的神圣职责。依照法律服兵役是中华人民共和国公民的光荣义务。"以国家立法形式确定了义务兵役制。

全国军事系统党的高级干部会议和中共中央政治局会议，原则通过以聂荣臻为主任委员的兵役法委员会起草的《中华人民共和国兵役法（草案)》。这一立法文件，是在进行广泛深入的调查研究并参考苏联专家的意见和各国有关兵役法材料基础上拟定的。1954 年

① 军官的薪金高于地方同级别人员 11%。

7 月的全国兵役工作会议后，兵役法委员会又根据已公布的《中华人民共和国宪法（草案）》和各地提出的意见，经过反复修改，于 8 月完成兵役法草案的修改稿。12 月 16 日，周恩来主持国务院第三次全体会议通过兵役法草案，随后由国务院提交全国人大常务委员会审议。

1955 年 2 月 7 日，第一届全国人民代表大会常务委员会第五次会议，通过《中华人民共和国兵役法（修正草案）》。随后，该草案又交给各级人民委员会讨论和征求意见。7 月 4 日，国务院全体会议第十四次会议通过了经过进一步修正和补充的兵役法草案，同意提请全国人民代表大会审议。7 月 30 日，第一届全国人民代表大会第二次会议通过新中国第一部兵役法——《中华人民共和国兵役法》，并由中华人民共和国国家主席公布实施。会议确定从 1955 年起实行义务兵役制度。兵役法规定，中华人民共和国武装力量的兵员补充由志愿兵役制改为义务兵役制。为保卫祖国，建设一支强大的国防力量，规定凡年满 18 岁的男性公民，不分民族、种族、职业、社会出身、宗教信仰和教育程度，都有服兵役的义务；反革命分子和依照法律在一定时期内被剥夺政治权利的人，不得服兵役。关于义务兵服现役的年限，兵役法规定陆军、公安军的军士和士兵的服役年限为 3 年；空军、海岸守备部队、公安军舰艇部队的军士和士兵的服役年限为 4 年；海军舰艇部队的军士和士兵服役年限为 5 年。

为与实行义务兵役制相适应，1954 年 6 月，中共中央决定省、市、县设立兵役局，[①] 各级兵役局设民兵科，负责兵役工作。实行义务兵役制后，又建立起预备役制度。至 1955 年 9 月，北京、沈阳、济南、南京、广州、昆明等军区和志愿军已组建 10 个预备师机构，公安军组建 2 个预备役步兵团机构。全国普遍开展了预备役登

① 县（市）兵役局由原县（市）人民武装部改编而成。1958 年 4 月 8 日中共中央决定，县（市）兵役局改为县（市）人民委员会的人民武装部和同级党委的人民武装部。

记和预备役训练。1957 年 6 月，中央军委发出《关于改进兵役工作的指示》，将民兵与预备役合二为一。

对高等院校和高级中学学生进行军事训练，是加强后备力量建设的一个重要举措。学生参加军训，是公民履行兵役义务的一种形式。1955 年 11 月 1 日，毛泽东批准中央军委关于在高等学校中进行军事训练，为部队培养预备役军官的报告。报告指出，五年制高等学校的训练时间为 400 学时，四年制为 300 学时，并利用假期进行一次野营训练。随后，北京体育学院、北京钢铁学院首批进行军训试点。

义务兵役制，是根据中国的具体情况和实际需要、吸收苏联等国的国防和军队建设经验而实行的一种兵役制度。它是中国军事制度上的一项重大改革。

三、实行军衔制

1954 年 12 月的中央军委扩大会议确定人民解放军在 1955 年开始实行军衔制度。1955 年 1 月，总政治部和总干部部召开全军军衔奖励工作会议，对评定军衔的标准、方法和步骤进行了初步讨论。1 月 23 日，中央军委发布《关于评定军衔工作的指示》和《关于颁发勋章奖章工作的指示》。这两个指示，对实行军衔制度和颁发勋章奖章的意义、目的、评定军衔和颁发勋章奖章的步骤、范围、标准及批准权限等作了明确的规定。评定军官军衔以现任职务、政治品质、业务能力、在军队服务的经历和对革命事业的贡献 4 个方面为基本依据。中央军委在《关于评定军衔工作的指示》中指出：1952 年已评定了干部级别，评级时即系“以德、才、资衡量干部现职”为标准，与授予军衔的条件是一致的。评级后又经反复衡量，几次调整，干部的级别是基本恰当的。所以，“此次评定军官军衔，即应将干部现有级别作为主要依据，并参照编制军衔的规定，进行全面衡量，求得合理地确定干部军衔等级”。

与实行军衔制密切相联系的是制定和颁布《中国人民解放军军官服役条例》。在和平建设时期，军人的转业、复员成为经常性的工作，军官的选拔任用和转业复员需要制定法律依据。特别是实行义务兵役制后，军官要以军队工作为其长期甚至是终身的职业，迫切需要对有关军官服役的各项问题以法律形式作出明确规定。1953年，中央军委即提出制定干部管理的基本法规——军官服役条例。随后，有关部门进行调查研究，酝酿准备，并参考苏联和其他社会主义国家军队干部管理的经验和法令，于1954年制定出《中国人民解放军军官服役条例》。1954年12月初，根据中共中央书记处的意见对军官服役条例进行修改，并报中共中央。12月16日，国务院第三次全体会议通过了军官服役条例。1955年2月8日，第一届全国人民代表大会常务委员会第六次会议讨论通过《中国人民解放军军官服役条例》，并由中华人民共和国主席发布命令，予以公布。军官服役条例是实行军衔制的法律依据。

《中国人民解放军军官服役条例》共分7章54条。内容包括军官的分类和来源；军官的军衔和肩章符号；军官职务的任免；军官的权利和义务；现役派遣军官；现役军官转入预备役和退役；预备役军官等。这是一部符合中国国情、军情的法律规范文件，对保证军官质量，加强军队建设起了积极作用。该条例规定军官按兵役义务分为现役军官和预备役军官，按专业性质分为指挥、政治、技术、军需、军医、兽医、军法、行政等8类。条例规定军官军衔为4等14级。具体为：元帅——中华人民共和国大元帅①、中华人民共和国元帅；将官——大将、上将、中将、少将；校官——大校、上校、中校、少校；尉官——大尉、上尉、中尉、少尉。条例规定：对创建全国人民武装力量和领导全国人民武装力量革命战争、立有卓越功勋的最高统帅，授予中华人民共和国大元帅军衔。对创建和领导人民武装力量或领导战役军团作战、立有卓越功勋的高级将领，授予中华人民共和国元帅军衔。指挥军官和政治军官最高军

① 虽在条例中设置了中华人民共和国大元帅军衔，但在实际操作中未授予此衔。

衔为大将。其中，骑兵军官、炮兵军官、装甲兵军官、工程兵军官、铁道兵军官、通信兵军官、技术勤务兵军官、公安军军官、空军军官、海军海岸军官将官军衔前冠以军兵种名称，海军海上军官从少尉到大将军衔前均冠以“海军”字样。技术军官、军需军官、军医军官、兽医军官、军法军官最高军衔为上将，军衔前均冠以军官类别名称。行政军官军衔以行政少尉至行政大校共8级，符合授予将官条件的按指挥军官军衔授予。军官服现役年龄的上限：陆、空军和公安军军官，少尉30岁、中尉30岁、上尉35岁、大尉35岁、少校40岁、中校45岁、上校50岁、大校50岁、少将55岁、中将60岁、上将以上按具体情况决定；海军和公安军舰艇中的校（含）级以下军官，服现役最高年龄高于陆、空军同级军官5岁。

1955年3月，全军展开审查和修正军衔鉴定、审查和调整干部级别、典型单位试评等项工作。自4月起，各单位进行评定校、尉级军官军衔工作。

为使军衔评定比较恰当、公允，符合干部本人实际情况，评定工作采取领导评定，上下结合，纵横比较，反复衡量的方法。对每个干部军衔的评定先由其所在单位党委和首长讨论拟定，然后由上一级干部部门逐个审查，反复研究，提出具体意见，再征得其所在单位党委和领导的同意，最后提请有批准权的党委和领导审查批准。同时，在下级机关进行评定时，上级都派人参加，了解情况，在上级机关进行审查时，又吸收下级领导干部参加，提供意见，共同研究。对干部的军衔初步评定后，再征求本人的意见，凡属合理的由各级党委提出复议，不合理的则予以解释和批评。对中将和少将军衔的评定，首先由各总部、各军区、各军兵种、各高级院校党委讨论提名，总干部部和总政治部对名单进行逐个审查和反复衡量，并在3月中旬的干部部长座谈会上交换意见，4月初又邀集各大单位首长对中将、少将名单作进一步的研究，然后于5月初将修正的名单呈报中央军委审查；经中央军委初步审定后，总干部部又将少将名单发给各大单位党委，再次征求意见；最后中央军委于7

月 11 日召开会议进行审查，对有些问题总干部部再次进行研究解决。关于元帅、大将、上将军衔的具体确定，1955 年 1 月 14 日和 15 日，由彭德怀主持召开中央军委座谈会专门进行了研究，并取得一致意见。16 日，彭德怀、罗荣桓联名将所提名单和意见报告毛泽东。关于授予元帅军衔的人选，军委座谈会一致意见是，现任军委主席和军委委员，即毛泽东、朱德、彭德怀、林彪、刘伯承、贺龙、陈毅、邓小平、罗荣桓、徐向前、聂荣臻、叶剑英。关于大将军衔的人选，会议提出 15 ~ 22 人的名单。关于上将军衔的人选，会议提出一个 58 人的名单。最后，中央确定元帅、大将各 10 名，上将 55 名。

评定军衔，虽然标准明确，但是由于全军几十万军官情况千差万别，评定军衔又涉及每一位军官的切身利益。为了顺利做好这项工作，中央军委在《关于评定军衔工作的指示》中，要求各级党委领导、首长亲自主持，注意进行深入的思想教育，正确掌握评定标准，力求公允、平衡，符合条例规定和实际情况，防止可能产生的草率从事的偏向，以利于调动积极性，巩固军队内部的团结。为贯彻中央军委的指示和解决评定军衔工作中出现的问题，总干部部于 1955 年 3 月中旬召开干部部长座谈会，5 月下旬召开军衔奖励工作座谈会，强调在评定军衔工作中加强思想工作的重要性。4 月，经中央军委批准，总干部部发出《关于军衔评定工作中加强思想工作的意见》，要求各级干部部门在各级党委和政治机关的领导下，对全体干部进行充分的思想政治工作，教育干部从国家社会主义建设的总任务和人民解放军正规化现代化建设的总方针出发来认识军衔制度的必要性与优越性，教育干部以正确的态度对待军衔问题，服从国家建设与军队建设的整体利益。

在准备实行军衔制和评定军衔工作中，对女军人的安排是一个难点。1955 年 1 月初，国防部发出《关于处理和留用妇女工作人员的决定》，规定：在军、师及其以下的机关、部队，除师属卫生营外，不论担任何种职务的妇女工作人员，应一律调离部队，分别按转业或复员处理，并限于1955年6月底以前处理完毕；在军以上机关或后勤部门，担任各种职务的妇女工作人员，凡不符合该决定所指继续在军队服役范围者，均应作转业或复员处理。中央军委和总政治部把女军人的转业复员作为工作的一个重点，进行耐心细致的解释和教育工作，同时进行妥善的安排。

评衔工作总体进展十分顺利。校、尉官军衔的评定工作于5月底基本上完成，6月份以后主要是审查和批准各级军官的军衔。中央军委原规定要在8月1日以前全部完成评定和授予现役军官军衔的工作。至7月上旬，少将以上名单已经中央军委初步审定。但由于被评为校、尉级军衔者数量大，审批工作难以在8月1日前全部完成。于是，中央军委决定“八一”前公布少将以上名单，对尉级军官军衔的审查批准和授予延迟至10月1日前完成。在评定军衔过程中，许多在革命战争年代作出突出贡献的高级领导干部主动提出自己低评一级，起到了表率作用。

9月16日，国务院第十八次全体会议讨论批准中国人民解放军新的制式服装和军衔肩章、领章及兵种、勤务符号的样式，决定从10月1日起在全军实行。人民解放军的第一套军衔服装的设计，借鉴了苏联及东欧社会主义国家军服样式，同时也参考了中国自辛亥革命以来各个时期军队制式服装样式。

9月23日，第一届全国人民代表大会常务委员会第二十二次会议，根据《中国人民解放军军官服役条例》，审议了国务院总理周恩来提出的建议，决定授予朱德、彭德怀、林彪、刘伯承、贺龙、陈毅、罗荣桓、徐向前、聂荣臻、叶剑英以中华人民共和国元帅军衔。根据全国人大常委会的决议，中华人民共和国主席毛泽东于同日发布授衔命令。

9月27日下午5时，中华人民共和国主席授予中国人民解放军军官以中华人民共和国元帅军衔及授予中国人民解放军在中国人民革命战争时期有功人员勋章典礼，在北京中南海隆重举行。毛泽东、朱德、刘少奇、周恩来等党和国家领导人、各民主党派和各人民团体代表、北京市代表、中国人民解放军驻京机关和部队军官、中国人民志愿军国庆观礼团代表出席。首先由全国人大常委会副委员长兼秘书长彭真宣读授衔命令。接着，毛泽东主席亲自将元帅军衔的命令状授予朱德、彭德怀等10人。

同日下午，中华人民共和国国务院授予中国人民解放军军官将官军衔典礼在中南海举行。国务院秘书长习仲勋宣读周恩来总理授予中国人民解放军将官军衔的命令，周恩来把授予大将、上将、中将、少将军衔的命令状分别颁发给粟裕等在京的301名将官。国务院共授予大将10名，他们是：总参谋长粟裕大将，徐海东大将，国防部副部长兼总后方勤务部部长、政治委员黄克诚大将，副总参谋长兼军事工程学院院长陈赓大将，国防部副部长兼总政治部副主任谭政大将，国防部副部长兼海军司令员萧劲光海军大将，张云逸大将，公安军司令员兼政治委员罗瑞卿公安军大将，国防部副部长兼总军械部部长王树声大将，装甲兵司令员许光达装甲兵大将。国防部副部长兼训练总监部副部长萧克等55人被授予上将军衔。

1955年首批授衔，获得准尉[①]以上军衔者共64.4万余名。其中：元帅10名，大将10名，上将55名（其中军法军官1名），中将175名（其中技术军官1名、军需军官3名、军法军官1名），少将800名（其中技术军官21名、军需军官11名、军医军官17名、兽医军官1名、军法军官2名），校官3.2万余名，尉官49.8万余名，准尉11.3万余名。1956年和1958年各补授上将1名，至1958年补授中将2名、少将6名。[②] 至1965年取消军衔制度止，共授予元帅10名、大将10名、上将57名、中将177名、少将1360名。

实行军衔制度，是为了进一步明确军官在军队中的地位、职权和相互关系，也是国家给予军人的一种荣誉。实行这一制度，有利

---

① 当时军衔立法文件没有设置准尉，为解决副排级人员的授衔问题，增设了此衔，原准备过渡一两年后取消，但一直到1965年取消军衔制度时仍有部分准尉。

② 文中所说的补授是指第一次授予军衔，晋升不属于此列。

于增强军官的责任心和荣誉感，有利于军队的指挥和管理，有利于诸军兵种协同作战，是人民解放军现代化、正规化建设的必然要求和重要举措。

四、颁发勋章、奖章

人民解放军自建军以来，在中国共产党的领导下，与全国人民一道，同强大的国内外敌人进行英勇斗争，忍受了难以想象的艰难困苦，付出了巨大的牺牲，最终取得了人民革命的伟大胜利。中华人民共和国成立后，党和人民没有忘记人民解放军所建立的伟大功勋，将“授予国家的勋章和荣誉称号”作为国家的一种重要奖励制度，写入1954年9月颁布的《中华人民共和国宪法》。宪法第31条和第40条规定，授予荣誉称号，应由全国人民代表大会常务委员会决定，由中华人民共和国主席实施。1955年2月，第一届全国人民代表大会常务委员会第七次会议作出《关于规定勋章奖章授予中国人民解放军在中国人民革命战争时期有功人员的决议》，同时颁布《中华人民共和国授予中国人民解放军在中国人民革命战争时期有功人员勋章奖章条例》，决定颁发八一勋章和奖章、独立自由勋章和奖章、解放勋章和奖章，对中国人民解放军在各个革命战争时期有功人员作一次总结性的奖励，以表彰长期参加中国人民革命战争的革命军人的历史功绩。

各种勋章、奖章的授予对象是：八一勋章和奖章，授予在土地革命战争时期参加工农红军并一直坚持革命工作而无重大过失的人员。独立自由勋章和奖章，授予在抗日战争时期参加革命战争的有功人员。解放勋章和奖章，授予在解放战争时期参加革命战争的有功人员。各类勋章均区分为一级、二级、三级，按各个时期每人担任职务的等级授予。奖章不分级。条例对授予国民党军队起义有功人员勋章、奖章问题还作了特别规定。

颁发中国人民革命战争时期有功人员勋章、奖章的决议和条例，是根据《中华人民共和国宪法》的规定，首次对人民解放军颁布的一项奖励法令。这一法令的实施，是国家建立统一的正规奖励制度的开端。授予人民革命战争时期有功人员以国家勋章和奖章，是国家给予自己的英雄儿女们的崇高荣誉，是国家和人民对人民军队的关怀。

为了做好这项工作，1955 年 2 月 22 日，中央军委发出《关于颁发勋章奖章工作的指示》。中央军委强调，实行这一奖励制度在政治教育方面具有重要的意义，故在进行颁发勋章、奖章工作以前和在整个工作过程中都必须进行广泛的深入的政治动员与教育工作，使全军人员正确认识国家颁发勋章、奖章的重要意义和目的。特别要教育受勋人员，使他们把国家授予的勋章、奖章，看做是国家和人民给予自己的荣誉，而不是个人骄傲的资本。由于在土地革命战争、抗日战争、解放战争三个时期，人民解放军的编制不够统一，干部配备的标准也不够一致，还有很多干部的职级不够明确，又没有正式评过级别，因此，为了便于审定干部的历史职级，中央军委在指示中特制定了几项具体标准，并对受勋人员军龄计算、受勋人员审定工作的分工、批准授予勋章奖章的权限等问题作出具体规定。

中央军委勋章条例委员会于 3 月 23 日召开专门会议，再次对中华人民共和国中央人民政府授予人民解放军勋章、奖章的决定（草案）进行研究。与会者一致认为，对人民解放军各个革命战争时期功绩的表彰以同时颁发勋章、奖章较为适当。根据中华人民共和国成立以来各方面需要国家奖励的情况看来，是很需要同时颁发勋章以建立国家正规的奖励制度的。有不少部门自行颁发了许多奖章，已造成奖励制度上的紊乱现象。

9 月 16 日，国务院第十八次全体会议讨论了关于授予中国人民解放军有功人员勋章问题，通过了第一批被授予一级八一勋章、一级独立自由勋章、一级解放勋章的人员名单，决定提请全国人民代表大会常务委员会审议。9 月 23 日，第一届全国人民代表大会常务委员会第二十二次会议，根据《中华人民共和国授予中国人民解放军在中国人民革命战争时期有功人员勋章奖章条例》，审议了国务院总理周恩来提请授予在中国人民革命战争时期有功人员一级八一勋章、一级独立自由勋章、一级解放勋章的第一批名单，决定授予朱德等131人以一级八一勋章，授予朱德等117人以一级独立自由勋章，授予朱德等570人以一级解放勋章。根据全国人大常委会的决议，中华人民共和国主席毛泽东于同日发布授勋命令。

9月27日下午，中华人民共和国主席授衔仪式后，彭真宣读授勋命令。毛泽东主席将一级八一勋章、一级独立自由勋章、一级解放勋章分别授予朱德等参加中国革命战争有功人员，以及在解放战争时期直接领导原国民党军起义的有功人员，和对和平解放西藏地区有功人员。

至1957年，授予人民解放军有功人员各种勋章10万余枚，各种奖章52万余枚。国家为军队有功人员授予勋章、奖章，进一步激发了人民解放军全体官兵的荣誉感和上进心，调动了他们建设国防、保卫祖国的积极性，增强了使命感。

50年代是奠定人民解放军正规化军队基本制度的重要时期。经过新中国成立后几年的准备，义务兵役制、军衔制、薪金制、勋章奖章制度在这一时期的实行，加上军队管理教育、政治工作和后勤保障方面制度的改进，崭新的正规化军队的基本制度逐步建立健全起来。谭政在评价人民解放军的这次历史性转变时说："这次转变，从改革的规模来说，比我军历史上的几次转变都大，可是在实现这个转变上，比以往任何一次都要顺利，震荡较小，成绩较大"，"实行的结果，对保证国家的兵源的积蓄、士气的提高和鼓励军人的上进上都开始产生成效"。[①]

五、执行共同条令，健全管理制度

1953年5月1日，中央人民政府人民革命军事委员会正式颁布修改后的共同条令，即《纪律条令（草案）》、《内务条令（草

① 谭政在中共八大会议上的发言：《建军新阶段中政治工作的若干问题》，1956年9月23日。

案）》、《队列条令（草案）》后，全军形成贯彻共同条令，抓部队正规化建设的热潮。各军区进一步整顿了机关、部队、学校的纪律状况和工作、生活制度。部队在原有基础上建立或完善作息、请销假和武器装备、车辆、军马擦洗与定期检查等制度。许多部队建立了司令部值班制度，团、营、连昼夜值班（日）制度，车场日和车场、马厩值班等制度。

为了解全军各部队、机关、学校执行共同条令的情况，收集对共同条令中某些规定的意见，1954 年下半年至 1955 年 1 月，军事训练部和军事学校管理部，分别召开驻京机关、部队及全国各级军事学校的条令会议，并派人参加了各军区召开的条令会议。会议期间，各部队、机关和学校就贯彻共同条令问题交流了经验。1955 年 4 月训练总监部成立后，对全军贯彻条令会议情况进行了认真总结，提出了更进一步贯彻执行共同条令的措施。

针对全军在贯彻共同条令中暴露出来的问题，为加强部队的管理和正规化建设，国防部和总参谋部加大行政管理的力度。1955 年 8 月 24 日，彭德怀向全军下达《加强部队管理的训令》。8 月 27 日，国防部致电各军区、志愿军和各军兵种，要求除按内务条令第六章、第八章内务值班的规定，严格建立值班、值日制度外，还要建立团、营、连首长留营值班制度，以加强对部队的管理，“使团、营、连首长经常了解所属部队的状况，密切与部属的联系，指导部属的学习和日常活动，并及时处理部队发生的问题”。同时，对留营首长的职责和位置作出具体规定。9 月 26 日，国防部发出《关于着新式服装和佩带肩章、领章、军兵种与勤务符号的规定》。1956 年 2 月 4 日，总参谋部为加强城市驻军军容风纪整顿和经常性的卫戍勤务工作，对城市驻军军容风纪整顿的组织领导等问题作出规定。此外，总参谋部于 1954 年和 1955 年先后建立全军行政责任事故和作风纪律状况统计报告制度。各级领导机关普遍组织工作组深入部队检查指导工作，推广正规化管理教育先进单位的经验；对事故较多、作风纪律较差的少数单位及时进行通报批评。海军、空军和其他特种兵还分别制定颁发本军种、兵种的有关条令、条例和规定。这些条令、条例的颁发和各项规章制度的建立，为各级机关、部队、院校进行正规化的管理教育确立了科学的依据。

武器装备管理制度，是部队行政管理制度的一个重要方面。随着部队新式武器装备增多，武器装备管理问题突出出来。总参谋部于1954年7月3日发出《关于在全军开展地面武器技术大检查的指示》，要求全军从1955年3月1日起开始彻底清查武器、器材、弹药的数量和质量，对武器进行一次彻底的鉴定，分清等级，以便进一步调整和修理，以保持完好状态。总军械部和各军区、军兵种制订了具体检查计划，共集训技术骨干约3.1万人，制作各种检查工具、仪器7300多套。这次大检查，从3月开始，历时10个月，对每个连队、每项装备都进行了仔细检查。1956年全军大部分部队换装，为加强装备管理，国防部于1956年2月发出《关于加强部队军械装备保管保养的指示》，要求全军建立和健全维护、保养、检查制度，使每个军官、士兵了解和掌握所用武器装备的构造、性能和使用、维护方法。通过检查，全军军械装备的维护保养工作逐渐走上正规。武器装备管理大检查，对于节约国家资财，提高部队战斗准备，加强纪律性，健全管理规章制度有着重要意义。

经过对共同条令的宣传、贯彻和新的管理制度的建立与完善，全军部队的纪律状况有较大改善，各种行政责任事故和不良倾向明显减少。据统计，1954年亡人事故比1953年下降55%，各种违纪事件下降41%；1955年亡人事故比1954年减少12.9%，各种违纪事件减少52.3%。

六、颁布和实行《中国人民解放军政治工作条例（草案）》

政治工作是人民解放军的生命线。为了进一步发扬人民解放军政治工作的优良传统，进一步发挥政治工作的作用，保证建设一支现代化、正规化的革命军队，以圆满完成党和国家赋予军队的神圣使命，中共中央和中央军委于1954年4月15日颁布《中国人民解放军政治工作条例（草案）》。

在第二次国内革命战争时期和抗日战争初期，人民军队曾颁发过政治工作条例。新中国成立后，原有的政治工作条例已与新的形势不相适应。为了建设现代化、正规化的革命军队，军队政治工作的任务、内容、组织形式、工作方法等，在继续保持人民军队原有优良传统的前提下，必须适应新的形势和要求进行相应的发展和改进。

在起草共同条令的同时，政工条例的起草也在进行。1953 年 5 月，经中央军委政工条例审查委员会（主任萧华，委员有张宗逊、甘泗淇、徐立清、萧劲光、罗瑞卿、刘亚楼、陈锡联、萧克、萧向荣、刘志坚）审查定稿。但由于对政工条例的一些规定存在认识分歧，且在颁布共同条令时政工条例没有一起颁布。[①] 这种状况使部队政治工作者感到无章可循。而且，内务条令对政治工作和政治工作人员的地位规定得不够明确。如：虽然笼统规定团长和政治委员是全团一切人员的直接首长，但又规定团长对全团一切军事、政治、文化教育工作负责，没有提政治委员。营、连首长职责则没提政治教导员和政治指导员，把营、连政治工作任务划归营长、连长。因此，迫切需要尽快修改完善并颁布《政治工作条例》。

全国军事系统党的高级干部会议对《政治工作条例（草案）》进行了审查，给予充分肯定，同时决定组织力量进一步修改、完善。参加高干会议的政治工作人员对政工条例草案逐条进行研究讨论。随后，中共中央政治局审查通过修改后的《中国人民解放军政治工作条例（草案）》的 4 个主要条例，即《政治工作条例总则》、《中国共产党军队委员会条例》、《政治委员工作条例》、《总政治部工作条例》。

1954 年 3 月 10 日，罗荣桓、傅钟、萧华、甘泗淇报告毛泽东，由于工作条例数量太多，有 20 种，因此请毛泽东审阅 4 个主要条

① 原计划该条例在 1953 年 8 月 1 日颁布，名为《中国人民解放军政治工作暂行条例》。

例，并建议其余16个条例由军委例会审查。

4月9日，彭德怀主持第五十八次中央军委例会，最后讨论通过了《中国人民解放军政治工作条例（草案）》。军委议定“待主席将前四个条例[①]审阅同意后，即以军委名义作为草案颁发执行”。毛泽东在审阅政治工作条例时，恢复了修改时删掉的总则原稿第4条中的一句话：“中国共产党在中国人民解放军中的政治工作是我军的生命线。”4月15日，毛泽东就4个条例批示：“略有修改，可即印发。”同一天，中共中央和中央军委发布命令：“兹颁布《中国人民解放军政治工作条例（草案）》，望全军遵照执行。”

《政治工作条例（草案）》的颁布实施，是人民解放军建军史和政治工作史上的一件大事。《政治工作条例（草案）》继承了人民解放军政治工作的优良传统，结合部队现代化、正规化建设的实际，同时借鉴了苏军政治工作的经验，对军队政治工作的性质、任务、职责、组织形式、工作方法、政治工作与其他工作的关系以及军队建设中的一些重大问题都作了明确规定。

《政治工作条例（草案）》首先明确指出人民解放军的性质和任务，强调中国共产党对人民解放军的绝对领导。条例总则明确指出：“中国人民解放军是中华人民共和国的武装力量，是中国共产党领导的、保卫祖国、服务于人民斗争和国家建设的人民军队。中国共产党是中国人民解放军的缔造者和组织者。党的马克思列宁主义的政治路线和军事路线是这个军队取得胜利的决定因素。紧紧地和人民站在一起，全心全意地为人民服务，就是这个军队的唯一宗旨。中国人民解放军必须坚决地为着党的纲领、路线，为着社会主义共产主义而奋斗。”

《政治工作条例（草案）》明确规定，在军队中设立党的各级委员会，作为部队统一领导的核心，并明确规定实行党委统一的集体

---

① 即《政治工作条例总则》、《中国共产党军队委员会条例》、《政治委员工作条例》、《总政治部工作条例》。

领导下的首长分工负责制。作为党对军队的领导制度，它主要包括三个方面的内容：一是党委对部队实行统一领导。即所属部队中的一切组织、一切人员都必须置于党委的统一领导之下；党的委员会对部队实行政治、思想和组织的统一领导。二是党委坚持集体领导的原则。部队的一切重大问题，都必须经党委集体讨论决定；紧急情况首长可临机处置，但事后必须及时向党委报告。三是实行首长分工负责制。重大问题经党委讨论决定后，由军、政首长分工负责贯彻执行。属于军事工作方面的由军事主官负责组织实施，属于政治工作方面的由政治主官负责组织实施。军、政副职干部分别受军、政主官领导并向军、政主官负责。军、政主官必须服从党委的领导，执行党委的决议，积极主动地履行自己的职责。各级党委既要把部队首长置于党委的集体领导之下，又要尊重他们的职权，充分发挥他们的积极性和主动性。

《政治工作条例（草案）》强调政治工作是人民解放军的生命线，鲜明地将政治工作极其重要的地位和作用突出出来。条例草案规定了政治工作的13项主要内容，突出强调了政治工作对于保证部队的政治方向、保证现代化正规化建设、保证完成国家赋予的作战任务的重要作用。

根据人民解放军已经发展成为诸军兵种合成军队的情况，从现代化军队建设的实际需要出发，颁布了《中国人民解放军海军舰艇部队政治工作条例》和《中国人民解放军空军飞行大队政治工作条例》，分别根据舰艇部队和飞行部队的特点，对政治工作的各个方面作出了针对性更强的规范。

《政治工作条例（草案）》，是军队现代化正规化建设中政治工作的具体指针。条例回答了在进行现代化、正规化建设的新形势下军队政治工作的地位和作用问题，对于加强人民解放军的建设特别是加强政治工作，对于纠正忽视政治工作的倾向和完善政治工作制度起了重要作用，使部队政治建设和政治工作有章可循，有法可依。

《政治工作条例（草案）》颁布后，人民解放军在部队中进行了广泛而深入的宣传教育，使全军干部首先是政治工作干部了解、把握条例的基本精神和具体规定，确实按条例、按职责、按制度办事，提高工作效率，从政治方向上保证了军队现代化正规化建设的全面开展。

七、修订后勤各项制度，推进后勤正规化建设

随着人民解放军现代化、正规化建设的全面展开，为贯彻全国军事系统党的高级干部会议精神，从1954年起，全军后勤系统按照中央军委的统一部署，全面推进后勤正规化建设。

为保障义务兵役制、薪金制、军衔制等各项新制度的落实，总后方勤务部和总财务部集中对后勤规章制度进行了一次全面审查修订。至1955年底，增修的规章制度主要有：财务预决算制度；给养实物定量供应制度；按气候区供应被装制度；军队医疗体系制度；实物为主、经费为辅的车辆器材供应制度；油料限额分配供应制度等。与此同时，还制订和修改了营房、仓库、物资等方面的管理办法。在后勤各项制度建立和完善过程中，总后方勤务部组织有关单位翻译苏军后勤教材和有关条令、条例与规章制度等作为重要参考材料。至1955年底，已译出一批门类较为齐全的后勤教材和部分条令、条例、规章制度，对于人民解放军正规化的后勤建设起了积极的促进作用。

后勤规章制度的贯彻实施，使人民解放军的后勤正规化建设迈出新的步伐，对保障部队的各项需要发挥了积极作用。但是，由于学习和借鉴苏军后勤经验时结合中国国情和军队自身情况不够，因此在一定程度上存在着脱离实际、集中过多、统得过死的问题。如1955年颁发的《军事财政法规》，财权过于集中，忽视了大军区和海、空军及以下各级财务部门管家理财的积极性，使部队建设中应该和可能解决的一些实际问题得不到及时解决。再如新的给养供应办法，要求由团统一采购、营为单位起伙，且对供应的品种与数量规定得过死，致使部队的伙食一度办得不好。1956年4月，全军后勤部长扩大会议指出：中国的情况与苏联不同，人民解放军的编

制、装备、传统、习惯等，也不同于苏联军队。因此，应当结合中国国情和军队实际情况，对规章制度进行修改、补充。会后，总后方勤务部组织力量，根据中国国情和军队实际情况，对后勤规章制度再一次进行全面审查修改。至1958年，初步形成一套比较符合人民解放军实际情况，适应正规化、现代化建设需要的后勤规章制度体系。

第五节　开创正规军事训练的良好局面

全国军事系统党的高级干部会议提出“现代化军队建设中长期的、经常的中心工作是训练部队，特别是训练干部”。这一新要求，进一步明确了军事训练在军队各项工作中的重要地位。人民解放军各级机关和部队更加重视军事训练工作，遵照中央军委、总部的指示，严格落实训练大纲，开创了军事训练的良好局面。

一、建立和健全训练制度

为了搞好部队的军事训练，中央军委、总部对部队训练的指导思想、目的、内容、步骤等作出了明确的规定。

每年由中央军委（有时以国防部名义）、总部下达训练指示和训练大纲，各军区和军兵种下发训练计划，军下发训练补充指示，师下发分阶段的计划，团下发分月的阶段计划，营协助连制定周进度表。每年年底，由总部和军区组织对部队年度训练任务完成情况进行检查考核。

中央军委规定，训练内容由指挥员训练、司令部训练和部队训练三部分组成。部队训练从单兵教练到团教练，最后以师进攻演习结束年度训练。步兵连以上的演习，应尽可能有各兵种参加。团以上演习，应尽可能配属空军，具体配属计划由总参谋部和空军司令部协商，按需要及可能拟定。为提高各级参谋业务，中央军委指示，必须建立各级司令部训练，营至军由军事训练部管理，集团军（兵团）以上由总参谋部管理。

中央军委规定，每年 1～12 月为一个训练年度，1 月～7 月 10 日为上半年训练期，7 月 11 日～7 月底为上半年训练总结及下半年预备训练期，8 月 1 日～11 月 20 日为下半年训练期，11 月 21 日～12 月底为全年总结与新年度训练准备期。全年 10 个训练月，每月 4 个训练周，每周以 5 个训练日计算，全年共 200 个训练日，每日以 8 小时计算，共为 1600 个训练小时。军事、政治、文化训练时间比例分配，军事占 60%，政治 20%，文化 20%。军事、政治、后勤干部学习时间每周 6 小时，军事、政治各 3 小时。

为保证训练工作落到实处，军委、总部建立和完善各种训练制度，以保证训练的正规化，切实提高训练质量。1954 年 3 月 24 日～4 月 4 日，总参谋部召开全军军训会议。参加会议的有各军区、各军兵种训练处长和教育处长共 70 人。会议研究讨论了如何贯彻全国军事系统党的高级干部会议精神特别是关于训练工作的决定，进一步明确了训练方针和方法，并参照苏军的正规化训练经验，制定了八种训练制度，即：请示报告制度、检查制度、训练会议制度、教学法训练制度、演习制度、司令部训练制度、指挥员训练制度和校阅制度。规定：每年由总部下达训练指示和训练计划，各级领导机关自下而上地总结和汇报训练情况；年度训练任务下达后，各军区、各军兵种如需调整训练课题，必须上报全军训练领导机关批准；完成一个训练科目，需经上级考核，合格者才能转入下一个科目的训练，不及格者要进行补考。除这次军训会议制定的训练制度外，总部机关还陆续制定、颁布了院校教育的各种条例和规定，建立起教育会议制度、教育请示报告制度、校阅巡视制度、演习制度、测验考试制度。这些制度的建立和执行，保证了部队和院校训练的落实和训练水平的提高。

各军兵种的训练，严格依照中央军委和总部颁布的训练计划、训练大纲进行。同时，结合自身的情况与特点，制订了具体训练大纲、训练计划，以院校为主组织翻译编写各种训练教范、教程，在正规的军事训练实践中逐步建立起各具特色的训练制度和训练方法。如：步兵部队按照中央军委、总部要求，普遍建立八项训练制度，统一训练方法，建立起从制定训练大纲、组织教学法集训、召开教育准备会、编写教案、进行示范教学到实施训练的一套完整、正规的制度。步兵战术训练，按照首长教部属、上级教下级、一级教一级的原则进行，保证部队训练的协调统一和训练效果。炮兵领导机关制订了统一的训练计划，翻译出版了多种苏军炮兵军事教材。在苏军顾问的指导下，炮兵部队按照苏军炮兵的训练大纲、教程、教范严格进行训练。至 1956 年 4 月，全军炮兵全训部队达到 80%。装甲兵部队自 1953 年下半年至 1956 年，先后颁发了统一的训练大纲，翻译出版了苏军装甲坦克机械化部（分）队战斗条令、教令、专业技术教范和教程，并实行训练等级考评制度。海军是装备复杂、技术密集的一个军种，尤其是舰艇部队，人员装备高度集中、专业性强、分工细、舰艇空间狭小、海上生活艰苦。因此，按训练大纲规定的内容和要求进行正规训练，熟练掌握各专业技术，培养统一有序、相互协调、密切协同的作风，对海军战斗力提高具有十分重要的意义。海军领导机关高度重视正规的军事训练，组织力量翻译出版苏联海军的条令、条例和教范、教材，以保证正规训练有据可依。参照苏联海军的经验，海军要求各部队在严格按照大纲进行训练的过程中，实现毛泽东指示的“五统四性”的正规化标准。从 1954 年开始，各军兵种部队普遍开展防原子、防化学、防生物武器的“三防”训练，以提高部队的生存能力。

二、从基础训练入手，熟练掌握新式武器

随着新军兵种的建立和新式武器装备的增加，如何尽快熟悉和掌握手中的武器装备，形成战斗力，成为部队面临的重大课题。

步兵各部队在技术训练方面，苦练射击、投弹、刺杀、爆破和土工作业五大技术。侦察分队还进行格斗、攀登、车辆驾驶方面的训练。在战术训练方面，突出分队战术训练，重点抓好单兵到连的攻防战术训练。通过训练，基层干部学会在各种地形和核、化条件下单兵、分队至团的攻防战术和各种勤务科目。为保证训练质量，

步兵师军士教导营的训练时间，由6个月延长为8个月至1年。炮兵部队突出内部各专业、各分队之间的协同和与步兵、坦克部队之间的协同训练。炮兵专业分队训练是炮兵基础训练的关键，通常按照单兵技术训练，班、组、台、站整体训练，分队内部协同训练的步骤进行。炮兵部队在组织专业分队训练的基础上，重点抓了连教练。至1956年，全军炮兵普及了连教练，分队训练成绩总评良好，有4998个班、928个排、590个连和13万余名个人受到奖励。装甲兵根据其自身的特点和部队的实际情况，明确规定专业技术训练应占整个训练时间的70%～80%。在训练编组和组训方式上，装甲兵借鉴苏军经验，实行以连为教学单位的军官施教形式，按先理论后实践、先技术后战术、先基础后应用的原则和先分练后合练、由浅入深、循序渐进的方法进行训练，达到了较好的训练效果。1954年11月，装甲兵组织全军首次驾驶联合竞赛，有56个团的单位共102辆坦克参加比赛，取得了较好成绩。

海军的正规军事训练始于1953年6月，随着大量新装备的接收，于1956年后普遍开展起来。海军各部队为掌握技术、战术和专业基本知识、基本操作、基本技能，大抓基础训练。在共同科目训练方面，重点抓了海军常识、共同条令、轻武器操作与射击、舰艇条令、部署、游泳和海洋适应性等训练，并突出了基层战斗单位最基础的部署训练。[①] 在技术基础训练中，重点抓了武器装备的性能、构造、操作使用、维护管理等其他业务技能的训练。在战术基础训练方面，重视抓好武器装备战斗使用的组织、方法和规则，战斗编组与队形、战斗协同、海洋知识等内容的训练。同时，各部队还注重组织进行战位、单舰（艇、船）、单机、单车等基本战斗单位的基础训练。在训练中，各兵种根据循序渐进、由分到合的原则，将训练内容划分为若干基本课目，依次进行。1955年，舰艇部队平均

① 部署训练是指海军在基本战斗单位中建立的战斗和日常生活的组织与职责分工。如“离靠码头部署”规定舰艇在离、靠码头时每个舰（艇）员所在位置，收到什么信号就应做什么动作，等等。

完成战斗训练课目任务的92%，并进行了远航集训。海军航空兵除完成一般部队训练外，还进行了改装训练。有些部队还开展了昼间复杂气象条件下的训练和夜航训练。岸防兵基本上完成了技术基础和战术基础训练科目。海军各兵种的射击成绩有较大的提高。担负作战任务的部队将训练与作战任务相结合，在训练顺序上有所调整，在训练内容上有所取舍，并有针对性地结合作战任务组织临战训练，既保证了作战任务的完成，又促进了训练水平的提高。

空军从1954年起大大加强了部队正规的技术、战术训练和军以上指挥员、机关的训练。在空军创建初期和抗美援朝战争期间，由于作战任务紧迫，部队训练不得不采取速成的方法，力争在短期内掌握技术，担负战斗任务，因此，没有能够系统地进行技术、战术训练。至1953年底，歼击航空兵部队只有2.94%完成了昼间复杂气象的大队战斗课目，7.05%完成了夜间简单气象的战斗课目。虽然经过抗美援朝实战锻炼，但是许多飞行员还只具备在昼间简单气象条件下作战的技能，这种状况限制了航空兵作战能力的发挥。1954年2月，空军司令部要求部队加紧进行基础科目和高级复杂科目训练，开展“技术爬坡”，即要求航空兵部队在组织正规的军事训练中加强基本训练，并进行复杂的飞行技术训练、射击轰炸训练和结合战斗任务的战术训练。至1955年底，已经有40%的航空兵团、28.4%的飞行员进行了昼间复杂、夜间简单和复杂气象条件下的课目训练。

全军在基础训练中，按军委和总部的要求，将掌握新式武器的射击技术，提高射击成绩，作为训练的重点。从1954年开始，中央军委和总部着重抓了射击训练问题。中央军委1955年冬颁布的陆军训练大纲，修改了射击教程。总参谋部在南京总高级步兵学校先后举办两期射击训练班，集训师以上机关干部，使一批训练骨干掌握了适应新武器装备要求的训练方法。1955年，各军区先后举行射击与体育检阅大会，对提高部队射击成绩与体育运动水平起到了很好的推动作用。南京军区还专门召开由各级司令部主管训练的干部参加的射击训练会议，总结交流步兵武器射击训练的经验。会后，各部队组织了指挥员射击集训，培养出一批射击骨干。1954 年 6 月，装甲兵在北京南口举行首次射击竞赛。全军装甲兵 33 个团共抽调 56 辆坦克和自行火炮参加比赛。1955 年，炮兵领导机关提出军事训练应以射击为主，各部队要建立干部射击练习和考核制度，并多次强调射击训练的重要性。空军在“技术爬坡”过程中，战斗技术训练虽然有了较大的进步，但对空中目标射击和对地面目标轰炸的训练质量仍不很理想。1954 年初，空军在安东浪头组织了一次歼击航空兵师、团射击主任集训，为部队开展空中实弹射击训练培养了第一批教员。为进一步提高射击、轰炸技术水平，从 1954 年底开始，空军航空兵部队大力开展射击和轰炸技术训练、创造优等成绩的活动。大部分军区空军举办了空靶、地靶射击集训班，为部队培训教员和技术骨干，从理论和实践的结合上解决瞄准、射击动作的技术难点。1955 年，歼击机飞行员对空靶、地靶实弹射击训练的次数比 1954 年增加了一倍。

经过严格、正规的射击训练，全军部队的射击水平普遍得到提高。1955 年 10 月，北京军区对 3 个军、1 个炮兵师、1 个坦克师共 26 个炮兵连进行实弹射击考核，优秀占 15.3%，良好占 42.3%，及格占 30.6%，总评成绩为良好。同年 12 月，沈阳军区对 5 个军、4 个炮兵师共 272 名干部营射击指挥集训考核，及格以上者占 87%。高射炮兵部队的射击训练也基本上达到操作迅速准确的要求。1955 年 12 月和 1956 年 1 月第一次对飞机拖靶进行实弹射击，有 16 个高炮连取得优秀成绩。1956 年，据南京、武汉、广州三个军区的统计，涌现出优等射手和先进教学工作者 17.7 万余人，投弹、刺杀、爆破和土工作业等技术也达到了新水平。同年，空军歼击机部队对地面靶标射击的完成率由 1955 年的 77% 提高到 86.6%。

三、开展以干部为重点的正规训练

全国军事系统党的高级干部会议强调指出：“训练干部的工作，

是我们在建设现代化军队中长期的、经常的中心工作的中心。”① 会议的这一精神，在部队正规训练中得到很好的贯彻。高度重视干部训练，成为50年代中期军事训练工作的一大特色。

干部训练，除送入院校进行系统培训外，主要是由军委、总部、各大军区和军兵种通过组织短期集训、轮训和演习的方式进行。各大军区和各军兵种对集训、轮训、演习极为重视，要求通过轮训使各级指挥员和司令机关掌握诸军兵种合同作战的理论知识，提高作战指挥和组织部队训练的能力。

为探索部队进行正规军事训练的路子和经验，提高干部的军事业务能力和任教水平。从1954年开始，全军各部队普遍进行了各种教学法集训。经过集训，各级指挥员和司令部在掌握组织部队、分队训练和任教能力等方面普遍有所提高。炮兵正规训练开始之初，许多部队干部既缺少系统的专业知识，又缺乏组织领导正规训练的经验。因此，各级把组织干部集训作为开展正规训练的突破口，收到了较好的效果。1955年度训练开始之前，各军区炮兵根据军委炮兵司令部的指示，普遍组织了指挥员教学法集训。据不完全统计，参加集训的有陆军军炮兵副军长、预备炮兵师师长以下各级干部3.1万余人。工程兵各部队为解决干部专业技术战术水平不高、缺乏组织专业训练的经验问题，采取分批进行短期轮训和逐级组织教学法集训的方式，以在短时间内提高在职干部的专业水平和教学能力。1954年，工兵司令部组织了军区工兵主任、工兵团长、军工兵主任教学法集训，工兵团长和指挥员集训；技术营（连）长、军士教导连（排）长集训。各军区工兵（工程兵）司令部（处）还开办了工兵干部轮训班。工兵从1953～1955年共轮训、集训各级干部和骨干17642人，对贯彻执行训练计划起了积极作用。铁道兵采取办集训班（队）等方法对干部进行技术培训。1955年11月间，鹰（潭）厦（门）铁路的施工部队，利用施工间隙，组织连排干部进

① 《彭德怀军事文选》，499页，北京，中央文献出版社，1988。

行应急集训，学习路基土石方、桥涵基础等施工技术。公安部队司令部为加强部队建设，提高干部的业务水平，于1954年8月10日~9月15日举办内卫、边防业务集训队。在一个月的时间里，集训全国公安部队师、团、营级干部350人、直属部队后勤干部520余人。此外还开办了一期海上巡逻干部集训队。

组织战役、战术集训和演习，以提高指挥员和司令机关现代战争指挥能力。1954年五六月间，中央军委在北京组织全军高级干部集团军防御战役集训，集训由刘伯承主持，参加集训的有总部、大军区、军兵种、军事院校领导干部及其他人员共200余人。通过集训，提高了学习现代战争的兴趣，增强了学习现代军事科学的信心。同年11月13日~12月26日，总参谋部在山东半岛组织了集团军进攻战役首长、司令部野外演习，刘伯承任导演，参观见学的有军委、总部、各军区及其司令部和各军的领导，总部和军区机关有关业务部门人员257人。演习按理论辅导、现地勘察、见学演习、总结讲评四步进行。通过这次演习，部队指挥员对集团军进攻战役原则有了概略的了解，对集团军战役演习的组织程序有了比较系统的认识。1955年5月23日~6月14日，中央军委又组织高级干部进行集团军进攻战役集训，由叶剑英主持，共有373名高级干部参加。

各大军区、各军兵种普遍进行了战役、战术集训。1954年，华北军区组织了师团两级首长、司令部示范演习，加强步兵师对预有防御之敌进攻实兵示范演习，军和师以上领导干部和军区处以上干部参加的军防御战术集训，还举办了团以上干部集训班；东北军区组织了以学习司令部组织战斗的工作程序和方法为内容的军师指挥员集训，集团军防御战役集训，步兵团长、参谋长教授法集训；华东军区组织了为高级干部在职学习打基础的军防御战斗集训；中南军区组织了军防御教学法集训，战术教学法集训，军师两级防御战斗首长、司令部野外演习；西北军区举办了师团干部集训；炮兵组织了有军区炮兵司令员、参谋长等57人参加的集团军防御战役炮兵集训，除着重演习战役中炮兵的作战组织指挥外，还探讨了组织与实施战役训练的方法；装甲兵组织了 430 余人参加的首次师、团两级首长司令部演习，提高了师团司令部在敌纵深战斗中的组织指挥能力；空军组织了师、校以上主要领导干部参加的以集团军防御战役中空军的运用为课题的战役集训；海军举行了首次高级干部抗登陆战役集训。同年 10 月 15 日 ~11 月 4 日，总后方勤务部举办了以集团军防御战役的后方组织与工作为训练科目的后勤战役集训。参加此次集训的有 6 个大军区后勤部的部长、参谋长、计划处长、训练处长，各省军区后勤部长，各军主管后勤工作的副军长，各特种兵后勤部长，总后方勤务部各业务部部长，后方勤务学院系主任等共 129 人。通过战役集训，参加集训的人员对战役法原则、防御战役原则、集团军后方勤务的组织与工作原则有了初步的了解，为以后的训练打下了基础。

根据国防部《关于一九五五年训练年度武装力量战斗训练问题》的训令和总参谋部的战役训练指示，全军从 1955 年开始展开使用核、化学武器条件下的集团军进攻战役和防御战役训练和在核、化学条件下的战术训练。1955 年 5 月 3 日，根据总参谋部的决定，由训练总监部和工兵司令部主持，在北京阳坊地区先后组织 9 次在核、化学条件下的分队战术动作表演，对部队进行核、化学武器防护教育和训练起了推动作用。各军区和军兵种举行了在核、化学条件下的防御和进攻战役、战斗集训和演习。其中，沈阳军区组织了在核、化学条件下集团军战役集训；北京军区组织了核、化学条件下集团军防御和进攻战役集训；南京军区举行了核、化学条件下集团军滨海地区防御战役集训；武汉军区组织师以上干部进行了在核、化学条件下集团军进攻战役集训；炮兵司令部组织了核、化学条件下集团军进攻战役集训；工兵组织了高中级干部在核、化学条件下集团军进攻战役工程保障专业集训；空军进行了以使用原子和化学武器条件下集团军进攻战役中的航空保障为课题的战役集训；广州军区组织了核、化学条件下海岸防御战斗军、师首长和司令部野外演习。

通过这些战役集训和演习，各级指挥员和各级司令部指挥能力和组织部队训练的能力得到较快提高，初步掌握了现代核、化学条件下战役战斗的特点和组织各军兵种协同作战的程序及方法，部队整体作战能力进一步提高。

四、辽东半岛军事演习

1955 年 11 月，总参谋部在辽东半岛组织了陆、海、空三军参加的，在使用核、化学条件下的方面军抗登陆战役演习。这次演习是人民解放军 50 年代训练达到高潮的重要标志。国防委员会副主席、训练总监部代部长叶剑英担任演习总导演，总参谋长粟裕、副总参谋长陈赓、副总参谋长兼沈阳军区司令员邓华、总政治部副主任甘泗淇、训练总监部副部长萧克担任副总导演。观看这次演习的有刘少奇、周恩来、邓小平、彭德怀、贺龙、陈毅、聂荣臻等党和国家领导人，人民解放军各总部、军兵种的领导人，还有地方党政领导人和苏联、朝鲜、越南、蒙古等国的军事代表团。

中央军委原定这次演习分两步进行：10 月进行一次考核性的演习，11 月组织一次示范性的演习。总参谋部战役演习总导演部首长根据实际情况，提出只做一次示范性演习的建议。中央军委采纳了他们的意见。

关于演习的指导思想，总导演部提出：（1）演习尽量结合国防任务，力求逼真。同时又必须适当照顾演习本身的特点。（2）本着节约的方针，但同时又要最低限度地照顾演习的实际需要。（3）维护群众秋收的利益，演习时间不能提早，但又须照顾军队演习情况，拟定于 11 月 4 日开始至 11 月 14 日结束。总导演部还提出，应该从这次演习中，摸索出一些经验，军委各特种兵司令部、总参谋部各有关部门必须有一负责人自始至终参加演习，以便从组织演习中吸取经验。

演习想定是：“蓝军”在濒临中国的西太平洋重要地区、港口、机场集结陆、海、空军重兵集团，准备同时向中国辽东半岛、山东半岛发起登陆作战。其目的是攻占战役登陆场，夺取中国渤海沿岸重要港口，开辟陆上战线，进而向沈阳、北京方向进攻。“红军”北方方面军的一个集团军，在海军和空军的协同下，担任辽东半岛主要方向上的海岸防御任务。海军某部及部分军舰和飞机充当“蓝军”，组织向海岸和岛屿实施登陆作战。“红军”集团军、军两级首长、司令部携带通信工具，并有部分实兵组织抗登陆战役演习。

参加演习的有陆、海、空三军 18 个师以上指挥机关和 32 个实兵团共 6.8 万人，飞机 262 架、舰艇 65 艘、坦克和自行火炮 1000 余辆（门）。全军 809 名中高级干部随部队一起实施演习作业和参观见学。

演习前，进行了 3 个月的准备。各级指挥员和指挥机关进行了集训和图上推演。部队先进行单兵种战术、技术训练，然后进行诸兵种合练，最后组织预演。

演习于 11 月 3 日开始，由海军模拟“蓝军”登陆作战。海军 1 个加强陆战营模拟“蓝军”一个陆战师登陆兵登陆作战的全过程。4～14 日，集团军首长、司令部按照组织战役的工作程式，进行 4 昼夜的现代条件下快速战役准备的演练。接着，又用 4 昼夜的时间推演首长、司令部组织兵力和火力抗击“蓝军”登陆兵上陆、“红军”实施集团军反突击、“红军”集团军配合方面军第二梯队反登陆、“红军”集团军第二梯队与预备队向主要方向机动等四个方面的内容。同时，还根据这四项内容进行三次实兵演习。

演习期间，叶剑英对方面军抗登陆战役中的若干学术问题作了阐述。国防部长彭德怀作演习总结。演习结束后，总参谋部编印出《辽东军事演习总结讲评》，发全军学习参考。

如此大规模的诸军兵种实兵合成演习在人民解放军历史上是第一次。通过演习，丰富了部队在现代条件下抗登陆战役的理论知识，提高了高级指挥员和领率机关抗登陆战役组织与指挥能力，并取得了组织大规模军事演习的经验。同时，通过演习检查了部队的战备工作尤其是军事训练情况。

人民解放军贯彻全国军事系统党的高级干部会议精神，通过学习、借鉴苏军经验，大力开展以战斗训练为主的正规军事训练，大大提高了部队的技术、战术水平，促进了部队的全面建设。虽然，在军事训练方面学习苏军经验存在结合人民解放军的特点、继承和发扬自身的传统不够，联系实际不够，在一定程度上有生搬硬套的现象，但这些问题引起中央军委和总部的高度重视，并及时予以纠正。从总体上看，1954～1956年的军事训练是健康的，成绩是巨大的。

第六节　三军联合解放一江山岛

一、中共中央决定加强东南沿海军事斗争，人民解放军决心解放浙东沿海岛屿

中国大陆全部解放后，国民党军队在退守台湾、澎湖列岛、金门、马祖的同时，还占据着浙江沿海以大陈岛为中心的一些岛屿。国民党军在大陈设立“大陈防卫区司令部”，在渔山、一江山、披山、南麂山等岛设立“地区司令部”，辖1个主力师和6个突击大队，总兵力约2万人（另有8～12艘军舰协防），形成以上、下大陈岛为核心，以一江山、头门山、披山、渔山、南麂山等岛为外围的、南北走向的海上防御体系，与人民解放军形成隔海对峙的态势。

1952年6月，中央军委曾批准华东军区提出对金门和上、下大陈作战方针的建议，决定于当年九十月间进攻大陈岛。后考虑到美国可能出动海空军进行干涉，故决定将作战行动推迟到朝鲜停战后进行。1953年7月，华东军区重新提出解放闽浙岛屿和台湾的作战计划，决定首先解放金门、马祖，尔后解放浙东沿海岛屿，最后解放台湾。由于朝鲜停战协定即将签署，毛泽东决定暂缓实施解放金门计划。根据中共中央和中央军委的部署，人民解放军积极开展东南沿海军事斗争。1953年12月，总参谋部作战部部长张震两次向彭德怀、聂荣臻提出先攻占大陈岛再攻金门的建议。毛泽东看到这

封信后，认为张震的意见值得重视。总参谋部即按毛泽东的批示精神，重新作出部署。1954 年 1 月，华东军区提出陆、海、空三军联合攻打大陈岛的战役方案，经中央军委批准后立即着手进行作战准备。为实现中央军委解放浙江东部沿海岛屿的决心，华东军区参谋长张爱萍主持召开作战会议，研究攻打大陈岛的具体作战方案。鉴于国民党军在浙东沿海的指挥、防御中心是大陈岛，一江山岛是大陈岛的门户，如攻占一江山岛，必能击中要害，沉重打击和震撼敌人，从而一举解放其他岛屿。故会议决定先攻取一江山岛，再取大陈，后相机攻取其他岛屿。对此，华东军区主要领导人表示赞同。7 月 11 日，中央军委批准华东军区作战方案，并指示由华东军区统一指挥陆、海、空军协同作战，以陆军攻占一江山岛，积极准备解放浙江沿海其他岛屿。

此时，美国正紧锣密鼓地在台湾问题上做文章。自朝鲜战争结束后，美国进一步加强与台湾的军事关系。1953 年 9 月签订的美、台《军事协调谅解协定》规定：国民党军队的整编、训练、监督和装备完全由美方负责。如果发生战争，国民党军队的调动指挥，必须得到美方同意。由美方主持设在台北的“协调参谋部”，控制包括台湾、澎湖、金门、马祖、大陈等岛屿在内的所有地区的防务。为达到长期侵占台湾的目的，从 1954 年五六月开始，美国总统派特使频繁赴台，同台湾当局商讨缔结所谓的《共同防御条约》问题。

在美国支持下，台湾国民党军继续利用占据的一些沿海岛屿进行窜犯袭扰活动。1954 年，台湾国民党军改变收编海匪进行海上破坏活动的做法，以大陈岛为基地，以蒋儿岙、高岛、头门山等岛为前哨据点，直接出动海军，进行袭扰破坏活动。根据中央军委和海军赋予的作战任务，华东军区海军于春季渔汛前后，在浙江东面的猫头洋渔场开展护渔斗争，有力地打击了国民党海军的袭扰活动。从 3 ~ 7 月，华东军区海军航空兵浙东前线部队共战斗起飞 86 批 252 架次，空战 9 次，击落国民党军飞机 10 架、击伤 4 架。同年 5 月中旬，华东军区派出渡海登陆作战部队，在海军舰艇和海军航空兵协同下，攻占大陈岛以北的东矶列岛。6月初，美国第7舰队派出12艘军舰，在大陈岛以东海面举行军事演习，美军飞机也飞抵大陈地区上空，为国民党守军打气；国民党军也向南麂山岛增兵1个团，企图阻挠解放军继续解放沿海岛屿。

在美国与台湾国民党当局酝酿签订《共同防御条约》后，中共中央、中央军委领导人认为，台湾问题不能无限期地等待下去，拖延下去将使台湾问题复杂化。中共中央领导人高度警惕美国企图使台湾问题固定化和制造台湾海峡两岸永久分离的图谋，高度关注台湾海峡的斗争情况的发展。7月7日，中共中央召开政治局扩大会议分析形势。毛泽东指出："现在美国同我们关系中的一个重要问题就是台湾问题，这个问题是个长时间的问题。我们要破坏美国跟台湾订条约的可能，还要想一些办法，并且要作宣传。"[①] 为反对美国分裂中国的企图，中共中央决定发起一场声势浩大的解放台湾运动。毛泽东指出："在朝鲜战争结束之后我们没有及时（约迟了半年时间）地向全国人民提出这个任务，没有及时地根据这个任务在军事方面、外交方面和宣传方面采取必要措施和进行有效的工作，这是不妥当的，如果我们现在还不提出这个任务，还不进行工作，那我们将犯一个严重的政治错误。"[②] 中共中央提出："现在我们面前仍然存在一个战争，即对台湾蒋介石匪帮之间的战争，现在我们面前仍然存在一个任务，即解放台湾的任务。""提出这个任务的作用，不仅在于击破美蒋军事条约，而更重要的是它可以提高全国人民的政治觉悟和政治警惕心，从而激发人民的热情，以推动国家建设任务的完成，并可以利用这个斗争来加强我们的国防力量，学会海上斗争的本领。"[③] 8月31日，中央军委颁布《关于对台湾蒋匪

① 《毛泽东文集》第6卷，333页，北京，人民出版社，1999。

② 裴坚章主编：《中华人民共和国外交史》（1949～1956），337页，北京，世界知识出版社，1994。

③ 中共中央文献研究室编：《周恩来年谱（1949～1976）》上卷，405页，北京，中央文献出版社，1997。

军积极斗争的军事计划与实施步骤》。

1954 年 9 月 3 日和 22 日，人民解放军福建前线炮兵奉命两次对金门国民党军实施惩罚性炮击，击毁金门国民党军炮兵阵地多处，击沉、击伤舰艇多艘，打击了美国和蒋介石集团的气焰。

二、一江山岛渡海登陆作战的准备

一江山岛位于台州湾，分南江、北江①两岛，面积不到 2 平方公里。该岛地势陡峻，岩石林立，间有断崖，易守难攻。据守一江山岛的为国民党军“一江山地区司令部”，下辖突击第 4 大队等部 1100 余人。国民党守军的阵地配备以 4 个高地为核心，设置 3 道防御阵地和 4 道火力，构筑 154 个明暗地堡；阵地和地堡间有堑壕、交通壕相连，阵地前密布铁丝网和地雷，形成以永备和半永备工事为骨干的环形防御体系。1954 年 7 月下旬，华东军区根据中央军委和总参谋部的指示，确定参加一江山岛作战的兵力为：步兵 1 个团又 1 个营（第 20 军第 60 师第 178 团全部和第 180 团第 2 营），地面炮兵 1 个多团，高射炮兵 1 个多团，火箭炮兵 2 个营及喷火兵、工兵各一部；海军航空兵 7 个大队，第 6 舰队、鱼雷艇、登陆运输船艇各一部和部分海岸炮兵；空军航空兵 15 个大队又 1 个夜航中队。

中央军委批准华东军区解放浙东沿海岛屿作战计划后，华东军区即开始进行紧张的战前准备。

这次作战是人民解放军历史上首次陆海空三军联合作战，参战的军兵种多，陆地、海上、空中三个战场能否有机结合，协同问题解决得怎么样，直接关系到作战的成败。因此，必须组建一个强有力的联合指挥机构，担负整个作战指挥。8 月，中央军委指示华东军区成立浙东前线指挥部（简称浙东前指），以华东军区参谋长张爱萍为司令员兼政治委员，浙江军区代司令员林维先、华东军区空军副司令员聂凤智、华东军区海军副司令员彭德清和参谋长马冠三为副司令员，华东军区副参谋长王德为参谋长。浙东前指下设三个

① 亦称南一江、北一江岛。

军种指挥所：空军指挥所（参战的海军航空兵归其统一指挥），由聂凤智任司令员，曾克林、安志敏任副司令员；海军指挥所，由彭德清任指挥、马冠三任副指挥；登陆指挥所，由第20军副军长黄朝天任司令员、海军舟山基地政治委员李志明任政治委员。鉴于此次作战后勤保障任务异常艰巨复杂，浙东前指决定从华东军区后勤部、浙江军区后勤部和华东海军、空军后勤部等单位抽调干部，共同组成联合后方勤务部，统一指挥三军的后勤保障。联合后方勤务部于1955年1月4日组成，由浙江军区后勤部长周桂生负责。

1954年8月浙东前指建立后，立即组织参战部队从空中、海上、地面对一江山岛进行周密侦察，摸清岛上的基本情况，研究作战计划。9月，浙东前指形成作战决心：渡海登陆作战分两个阶段进行，第一阶段，空军和海军夺取战区制空、制海权，掩护参战部队进行战前训练；第二阶段，以步兵第60师的4个营在海、空军和炮兵支援下，对南一江、北一江岛同时实施登陆突击。

浙东前指依据渡海登陆作战方案的要求，把战前海上练兵划分为军种分训和三军联合训练两个阶段，按照先技术后战术、由简入繁的原则组织实施。

8～12月上旬为军种分训阶段。首先由各军种组织所属兵种进行技术战术基础训练，然后组织本军种的协同训练。训练中，陆军参战部队注重实效，下工夫解决作战中可能遇到的难题。战防炮兵把火炮架在船艇上，在颠簸起伏的海浪中，苦练对陆上目标直接瞄准射击的技术。经过训练，登陆部队普遍掌握了游泳、爆破、航渡、登陆突破和山地纵深战斗的战术技术。华东军区海军各参战部队根据浙东前指赋予的任务，在发起登陆进攻前3个月组织了临战训练。他们在近似作战地域的海区和近似实战的条件下，依照先技术后战术、先单兵种后多兵种、先分练后合练的顺序进行训练。经过临战训练，参战海军各部队统一了作战思想和战术动作，加强了协同指挥。空军指挥所精心组织参战航空兵部队的战前准备。轰炸、强击航空兵以提高对海上、岛上点状目标投弹命中率为中心课题，分别在杭州湾的小金山和宁波以北的蟹浦，模拟一江山岛国民党军的防御配系及国民党海军军舰，设置靶标进行投弹练习。经过两个多月的训练，轰炸机、强击机对固定和活动目标的投弹命中率接近80%，强击机对地面目标的射击命中率达到85%。轰炸航空兵部队还利用航空侦察和投宣传弹的机会，组织中队以上干部到战区上空察看地形和预定轰炸目标。歼击航空兵以截击小速度、低空目标为中心课题加强训练，作战能力有了提高。在此基础上，空军前指组织了歼击、轰炸、强击航空兵的协同演习。

1954 年 12 月中旬至 1955 年 1 月上旬是三军合练阶段。陆、海、空军参战部队在近似一江山岛的地区，按照先分段演练、后综合演习的程序，多次研究和演练了联合渡海登陆作战的组织指挥和协同动作。通过合练，提高了领率机关的组织指挥效能和整体打击能力；陆、海、空军参战部队对协同作战有了更多的了解，总结出一些协同的方法。为检验各军兵种合练的效果，各参战部队在张爱萍[①]统一指挥下，于 1 月 6 ~ 14 日在大、小猫山地区，成功地进行了由陆、海、空军参战部队参加的模拟一江山岛作战的联合登陆演习，进一步增强了广大指战员完成任务的信心。

参战部队和地方政府积极进行战场和物资准备。空军抢修了宁波栎社、路桥等前线机场，建立了各级指挥引导网，设立了辅助指挥所。海军抢修了头门山、蒋儿岙临时码头，检修了港湾码头设备和舰船。陆、海军部队在石浦港设置了起渡场，在头门山岛构筑了观察所、炮兵阵地和多种掩蔽部，在高岛开设了鱼雷艇临时基地。华东军区组织人员突击抢修 77 艘舰船，并将一个营的 M－13 火箭炮安装在中型登陆艇和渔轮上。联合后方勤务部开设了后方基地、补给点和交通指挥所。人民群众踊跃支前。浙江省副省长杨思一领导的支前委员会，在沿海 15 个县内组织动员 3.36 万多人的支前队伍，征集 5940 副担架和一批海上救护船及大量物资。上海市动员

① 1954 年 10 月 31 日，张爱萍被任命为副总参谋长。

110 名海员，支援解放军作战。

三、夺取战场的制空权、制海权

1954 年 11 月 1 日，参战部队开始实施第一阶段作战计划，开展夺取制空权、制海权的斗争，从空中和海上对战场实施封锁。

国民党军在大陈地区没有机场，加上飞机装备陈旧，无法突击人民解放军空军的基地，无力通过大规模的空战，夺取战场的空中优势。人民解放军空军由于受政治和技术双重因素的制约，也不能采取以突击台湾岛上机场的方式消灭国民党空军的力量。双方只能以单双机或小机群活动的方式，在浙东沿海岛屿上空展开空中争夺。这种空中争夺战早在 1954 年 3 月即已进行。在人民解放军空军和海军航空兵的有力打击下，至 7 月，国民党空军被迫停止昼间到大陈海域上空进行活动。此后，国民党军飞机偶尔夜间出动，但只要一发现人民解放军飞机起飞截击，即迅速撤离。因此，实际上在一江山岛登陆作战的准备过程中，一江山岛以北地区的制空权已基本掌握在人民解放军手中，保证了参战部队在穿山半岛隐蔽进行战前训练。

从 11 月 1 日至 1955 年 1 月 10 日，空军和海军航空兵先后 8 次共出动飞机 226 架次，对大陈、一江山等岛屿进行轰击，达到封锁敌占岛的目的。

人民解放军空军和海军航空兵、舰艇和岸炮部队，积极打击国民党海军舰艇。

1954 年 10 月下旬，人民解放军海军观通站经过不断的观察，即摸到了经常到温州湾、三门湾和台州湾一带窜扰的国民党海军护卫舰“太平”号①夜间巡航的规律。25 日，张爱萍亲自登上高岛，核实这一情报，定下攻击“太平”号护卫舰的决心。11 月 1 日，人民解放军海军鱼雷艇第 31 大队的 6 艘鱼雷艇由定海起航进至高岛。

---

① “太平”号护卫舰是国民党海军的主力舰之一，排水量为 1430 吨，舰上有官兵 200 余人。

海军鱼雷艇在海上隐蔽待机 13 个昼夜后于 14 日零时 5 分，4 艘鱼雷艇立即出动，对活动在一江山岛东北海面的“太平”号实施攻击，将这艘国民党海军的主力舰击沉。人民解放军海军鱼雷艇部队取得作战的首次重大胜利，也是人民海军海战史上第一次重大胜利，初步展示了海军鱼雷艇部队这一新兵种的实战能力。

1955 年 1 月 10 日，浙江东南沿海海域风急浪高，气候恶劣。人民解放军空军出动飞机 130 余架次，4 次突击大陈港，击沉“中权”号坦克登陆舰，重创“衡山”号修理舰，击伤“太和”号护航驱逐舰等，共击沉、击伤国民党军军舰 5 艘。由于战绩突出，轰炸航空兵副师长张伟良、中队长宋宗周，强击航空兵飞行员刘健汉，被空军授予“二级战斗英雄”称号。同一天，人民海军鱼雷艇部队击中国民党军“洞庭”号炮艇，次日该艇沉没。

经过连续两个多月的打击，人民解放军掌握了战场的制空、制海权，国民党军舰艇白天不敢在大陈锚地停泊，飞机也不敢飞临大陈上空。一江山岛守军几乎陷入孤立无援的境地。

四、三军密切协同，解放一江山岛

一江山岛渡海登陆作战，涉及复杂的国际背景，中共中央和中央军委在决策时慎之又慎，在对美斗争中始终坚持“有理、有利、有节”的原则。中央军委指示华东军区，在轰炸大陈岛和进攻一江山岛时，要严格执行涉外政策，不要向美机美舰主动出击，但如它们侵入中国领空、领海，向我发起攻击时，则要抓住战机坚决反击。华东军区和浙东前指对美国可能的军事干涉，作了多种设想和充分准备。在美国和台湾国民党当局酝酿已久的《共同防御条约》即将签字、企图将干涉中国内政合法化的时候，中央军委决定给国民党集团更加有力的打击。1954 年 11 月 30 日，总参谋长粟裕指示华东军区，“我们必须积极打击敌人，并应在十二月二十日左右攻取一江山”。1954 年 12 月 2 日，美台《共同防御条约》签订后，对于美国政府制造台海紧张局势、严重干涉中国主权和内政的行为，中华人民共和国外交部长周恩来于 12 月 8 日发表声明，严正指出：

美台《共同防御条约》是一个侵略性的战争条约，根本是非法的、无效的。12 月 1 日，华东军区上报《进攻一江山岛作战计划方案》。11 日，毛泽东在审阅该方案时批示："因美军正在浙东海面作大演习，攻击一江山时机目前是否适宜，请加考虑。"经研究，中央军委决定 1955 年 1 月实施一江山岛登陆作战计划，通过一定的军事行动显示自己在维护国家统一问题上的意志和决心，打击美蒋的气焰。

1955 年 1 月 12 日，中共浙东前指委员会召开扩大会议，决定在 13～19 日完成最后的战斗准备工作。14 日，浙东前指正式下达作战命令。从 16 日起，陆、海、空军参战部队开始展开，战役进入第二阶段。

16 日中午，张爱萍决定 18 日发起攻击，并报告总参谋部和华东军区。总参谋部于 17 日回电："我们认为一月十八日攻击一江山为时过早，必须继续充分准备，在气象良好情形下确有把握时实施。过急发起进攻受挫后将会造成不良影响，于我很不利。总之应以准备充分、气象良好［为好］，攻击时间可自由选择，甚至推迟到二、三月亦可。"根据气象预报，17～19 日三天浙东沿海为良好天气，适宜登陆。张爱萍打电话给副总参谋长陈赓，建议按原计划发起渡海登陆作战。陈赓将情况报告中央军委后，彭德怀根据毛泽东的意图，同意张爱萍按原计划实施的建议。

1 月 18 日，人民解放军华东军区陆、海、空军参战部队指战员，发起一江山岛联合渡海登陆作战。

上午 8 时整，人民解放军开始实施第一次火力准备。空军 3 个轰炸机大队和 2 个冲击机（即强击机）大队在歼击机掩护下，飞抵一江山岛和大陈岛上空，对岛上重要目标进行猛烈轰炸扫射。9 时后，50 余门火炮猛烈轰击一江山岛上的目标区。在人民解放军猛烈的轰炸、炮击下，国民党守军指挥系统瘫痪，官兵仓皇躲避。12 时 15 分～13 时 22 分，登陆输送队第一、第二梯队 70 余艘登陆艇，满载着 5000 多名指战员，在空中、地面、海上火力的有力掩护下驶向展开区。

14 时，第二次火力准备开始。船载的 10 门火箭炮对北江岛进行第二次齐放，空军轰炸航空兵 3 个大队又 1 个中队，对南、北江岛各主要阵地再度猛烈轰炸，强击航空兵 2 个大队对登陆地段的前沿阵地进行轮番俯冲轰炸和扫射。14 时 20 分，登陆突击发起。火力支援舰艇一直开到离岸五六百米处抵近射击，掩护步兵登陆冲击。炮兵利用强击机暂时离去的间隙，进行最后一次火力急袭。登陆艇上的轻重机枪也相继开火。喷火兵以猛烈的火焰攻击岛屿上守军火力点。陆军与海军之间，陆军与空军之间，步兵与炮兵之间，海军与空军之间，协调一致，保证了登陆部队顺利上陆。在南江岛登陆突击中，第 180 团第 2 营第 5 连重机枪班班长吕有库多次负伤，仍顽强坚持战斗，掩护战友冲上岛岸。吕有库因流血过多，壮烈牺牲。战后，他被授予“二级战斗英雄”称号。

在纵深战斗中，由于受到地形限制，一些登陆分队的战斗队形被割裂；加上事先不可能完全掌握岛上守敌所有火力点的分布情况，上岛后遇到敌猛烈火力压制，因而登陆部队伤亡增大。敌我双方出现胶着状态。登陆部队指挥员及时改变战术，采取灵活的小群战术，主动协同，向纵深内预定的方向勇猛穿插。登陆部队在战斗中充分利用喷火器的独特作用，消灭敌各种火力点。

登陆突击第一梯队攻占一江山岛各主要高地后，第二梯队立即投入歼灭最后一批支撑点的战斗。指战员们边打边喊话，发动政治攻势，残存的守敌见大势已去，纷纷缴械投降。

一江山岛渡海登陆作战，历时 10 个小时，共击毙国民党军 519 人、俘虏 567 人，击沉军舰 3 艘、击伤 4 艘。人民解放军阵亡 393 人。一江山岛被一举攻克后，浙东前指于 1 月 19 日派出飞机轰炸大陈岛。1 月 20 日，海军鱼雷艇部队击伤国民党海军炮舰“宝应”号。

一江山岛被人民解放军攻占后，美国政府从 1 月 19 日起，先后调遣 57 艘舰艇包括 6 艘航空母舰到大陈岛以东海面、出动 2200 余架次飞机到大陈岛附近上空，炫耀武力，并威胁要使用原子弹。同时，美国政府要求联合国出面“斡旋”，并通过英国外交大臣艾登给中国政府写信，要求“停战”。

面对美国的战争威胁，中国政府毫不示弱。1 月 24 日，周恩来代表中国政府发表声明，指出：“中国人民行使自己的主权，解放中国大陆和许多沿海岛屿的行动，从来没有引起远东局势的紧张。仅仅由于美国政府侵占台湾，庇护蒋介石卖国集团，并不断对中华人民共和国进行颠覆活动和战争威胁，才造成目前台湾地区的紧张局势。”中国政府和人民坚决反对美国干涉中国的主权和内政，绝不能同意实行所谓“停火”。

同时，在军事方面，中国政府采取慎重的方针，中央军委指示暂缓进攻大陈岛，但继续实施猛烈轰炸。美国强硬的政策没有奏效，怂恿联合国斡旋停火，玩弄“停火”阴谋也没有成功。在中国政府毫不妥协的立场面前，美国方面未敢轻举妄动。

1 月 30 日，浙东前指下达进攻大陈岛的作战预令。国民党当局为避免更大损失，2 月 5 日决定从大陈岛等浙东沿海岛屿撤退。至 25 日，国民党军在美国海、空军的掩护下全部撤往台湾。至此，浙东沿海岛屿全部解放。

一江山岛渡海登陆作战是人民解放军首次陆、海、空三军联合作战，虽然规模较小，但其意义重大。一江山岛渡江登陆作战，是对人民解放军现代化、正规化建设成效和合成作战能力的综合检验，标志着人民解放军现代技术条件下的作战能力有了显著提高。一江山岛渡海登陆作战的胜利，改变了台湾海峡的斗争形势，取得了陆、海、空三军联合渡海登陆作战的宝贵经验。一江山岛渡海登陆作战向全世界宣告：中国人民在什么时候、以什么方式解决台湾问题是中国的内政，不容外国干涉，中国人民也决不会屈服于外部势力的军事威胁。

第七节　加强新形势下的政治工作

全国军事系统党的高级干部会议以后，人民解放军现代化、正规化建设全面展开，许多新制度纷纷出台，各项工作相当繁重。人民解放军发扬政治工作的优良传统，结合形势、任务，积极开展政治工作，保证了义务兵役制、薪金制、军衔制等新制度的实行，保证了精简整编、正规军事训练及作战等各项任务的完成。

一、加强对部队干部的教育、管理

新中国成立初期，人民解放军即根据毛泽东在中共七届二中全会上对全党提出的警示，进行了保持艰苦奋斗作风、保持战斗意志的教育，但仍有一些军队干部骄傲自满起来，不注意对自己思想的改造，在资产阶级糖衣炮弹面前败下阵来。干部居功自傲、违法乱纪的现象时有发生。鉴于军队干部特别是高级干部肩负着重大的责任，中央军委和总政治部特别重视对他们的教育和管理工作，并从思想教育和组织制度两个方面着手解决干部中存在的问题。

1954 年 2 月，中共七届四中全会揭露和批判了高岗和饶漱石在 1953 年全国财经工作会议和第二次全国组织工作会议及其前后的分裂活动，通过了根据毛泽东建议起草的《关于增强党的团结的决议》。2 月 12 日，中共中央发出通知，要求各级党组织认真传达和学习中共七届四中全会精神，并在学习讨论中联系领导方面的缺点加以检讨，特别是对于党的团结和集体领导制度的检查。

根据中共中央的指示，总政治部向全军发出《关于在军队中传达和学习第七届中央委员会第四次全体会议文件的规定》，指出：“自全国大陆胜利解放以来，我们军队中严重地滋长着损害党的团结和党的集体领导的个人主义的居功骄傲情绪”，要求各级党委以严肃认真的态度学习中共七届四中全会文件，采取自我批评为主的方法，检查这方面存在的缺点、错误。各级党委相继召开常委会、党委扩大会或党代表大会展开讨论，进行思想检查。参加华东军区党委扩大会议的289人中有210人作了有关团结问题的检查，45人在会上发言作了自我批评。东北军区各级党委在学习中，有90.7%的成员不同程度地检查了“老子打天下”的居功骄傲情绪和计较个人地位、荣誉等个人主义观念，加强了党内外的团结。防空部队将学习中共七届四中全会决议列为第二季度的中心工作，中共防空部队委员会从3月底至4月底分别召开常委会和全委会，检讨党内的团结和集体领导问题。全军各大单位党委都作出了加强团结的决议。

7月20日，彭德怀向中共中央报告部队中存在的几个亟待解决的问题，其中之一是部分高级干部滋长着个人生活放荡、腐化堕落的现象。罗荣桓在中央的一次会议上提出建议，应该发布一个专门指示，解决少数高级干部无视党纪国法、腐化堕落、不接受群众批评的问题。8月8日，中央军委和总政治部发出《关于制止某些高级干部腐化堕落违法乱纪行为的指示》，点名批评了一些高级干部的严重错误，决定对全军高、中级干部的生活作风和道德品质状况进行一次严格检查。中央军委和总政治部指出：在胜利之后，某些高级干部经不起资产阶级思想的侵蚀，滋长了极端严重的个人主义，骄奢淫逸，腐化堕落，损害了党和军队的声誉和革命事业，必须严肃处理。对那些明知故犯、屡教不改的人，不论其职位多高，必须给以纪律制裁。对那些包庇犯有重大错误干部的组织和个人，也要进行必要的查究。中央军委和总政治部强调要加强党对高级干部的领导与监督，开展党委内部和高级干部之间的批评与自我批评，严肃党的纪律，保证一切党的高级干部在各方面接受党组织和群众的监督。

根据中央军委和总政治部的决定，全军师以上党委专门召开会议，研究贯彻落实，开展批评与自我批评。至1955年10月，全军查出犯有道德品质错误的高、中级干部160余人。根据犯错误的性质和情节轻重，分别给予批评教育和党纪处分。除开展教育和进行组织处理外，各大单位还结合实际总结了经验教训，把反对腐化堕落、道德败坏确定为纪律检查工作的一项经常性任务，对高、中级党员干部的监督和管理工作得到了加强，挽救了犯错误的同志，也使其他干部受到了一次深刻的警示教育。

1955 年 3 月召开的中国共产党全国代表会议，决定将中央和地方党的纪律检查委员会相应改为中央和地方党的监察委员会。根据会议决定，总政治部于同年 9 月 17 日发出《关于军队成立监察委员会的通知》，规定全军在团以上单位成立党的监察委员会。各级监察委员会由 7 ~ 15 人组成，师以上单位党的监察委员会由 3 ~ 7 人组成常务委员会，负责委员会的经常工作。各级党的监察委员会在上级党的监察委员会和同级党委的领导下进行工作。军队党的各级监察委员会不专设办事机构，其日常工作由各该级政治机关组织部门的监察处、科、助理员①办理。

11 月，经中共中央批准，中国共产党解放军监察委员会（简称解放军监委）成立。由罗荣桓、谭政、宋任穷、黄克诚、陈赓、彭绍辉、萧华、徐立清、周纯全、邱会作、余秋里等 11 人组成，罗荣桓任书记，谭政、宋任穷任副书记。解放军监委在中央监委、中央军委及总政治部领导下负责全军党的纪律检查工作，由总政治部组织部具体承办其日常工作。解放军监委工作重点在于加强对各级党组织和党员干部特别是对高级干部的监督，主要监督他们有无违反党的路线、政策、章程和违犯党的纪律、国家法律、法令的行为。1957 年 9 月，解放军监委根据中国共产党第八次全国代表大会通过的党章，结合军队实际情况，制定了《关于军队各级党的监察委员会工作概则（草案）》，对监委的领导体制、任务、职权以及工作制度都作了具体规定。

二、过渡时期总路线的宣传教育

1953 年 6 月 15 日，毛泽东在中央政治局会议上，首次提出了党在过渡时期的总路线的基本内容。8 月，毛泽东在审阅周恩来在全国财经会议上的结论时，第一次对过渡时期总路线作了比较完整

① 由原政治机关组织部门的纪律检查处、科、助理员改称。

的表述。12 月，毛泽东在审定中共中央宣传部编写的关于党在过渡时期的总路线的学习和宣传提纲时，对这一表述又作了文字修改，将它确定下来，即：“从中华人民共和国成立，到社会主义改造基本完成，这是一个过渡时期。党在这个过渡时期的总路线和总任务，是要在一个相当长的时期内，逐步实现国家的社会主义工业化，并逐步实现国家对农业、对手工业和对资本主义工商业的社会主义改造。”

中国共产党在过渡时期的总路线是国家建设和发展的指南，也是国防和军队建设的指南。1953 年 12 月，党在过渡时期的总路线正式公布后，中共中央决定在全国范围内深入开展过渡时期总路线的宣传教育，将中共中央宣传部编写的《为动员一切力量把我国建设成为一个伟大的社会主义国家而奋斗——关于党在过渡时期的总路线的学习和宣传提纲》，下发供全党学习。12 月 7 日，总政治部发出《关于在部队干部战士中大张旗鼓地宣传党在过渡时期总路线的通知》。1954 年 1 月，中央军委和总政治部在《关于一九五四年全军政治工作任务的指示》中指出：“在全军范围内大张旗鼓地宣传党在过渡时期的总路线，深入地组织关于党的总路线的系统的学习，并在干部中进行关于增加党的团结的教育，使之成为完成部队各项任务的动力。宣传和学习总路线的目的，就是要提高全军人员社会主义、共产主义的觉悟，使之懂得我国社会主义工业化的前景，我军对于巩固工农联盟的保证作用；厉行节约，发扬艰苦朴素、全心全意为人民服务的优良传统，批判与克服资产阶级的思想及其影响，彻底克服‘党内的骄傲情绪，以功臣自居的情绪、停顿起来不求进步的情绪，贪图享乐不愿再过艰苦生活的情绪’；和全国人民一起为把我国建设成为一个伟大的社会主义国家而斗争。”总政治部根据中央宣传部的宣传和学习提纲，结合军队的实际，编写了宣传要点和题为《为建设一个伟大的社会主义国家而奋斗》的政治教材。

根据中央军委和总政治部的部署，全军从 1953 年冬至 1954 年春开展了党在过渡时期的总路线的学习教育。为深入理解党在过渡时期总路线，全军高、中级干部按照中央军委和总政治部的要求，认真学习中共七届二中全会决议、毛泽东在七届三中全会上的报告《为争取国家财政经济状况的根本好转而斗争》、周恩来在 1953 年夏季全国财政经济工作会议上所作的结论、中共中央宣传部编写的关于党在过渡时期的总路线的学习和宣传提纲，以及中共七届四中全会文件。普通干部则系统学习了中共中央宣传部编写的关于总路线的宣传和学习提纲。在战士中也按照总政治部编写的政治课本进行了宣传教育。全军在过渡时期总路线宣传教育活动中，还与学习全国军事系统党的高级干部会议精神相结合，明确将学习全国军事系统党的高级干部会议精神作为总路线教育的一个重要内容。总政治部编印了《为把我军建设成优良的现代化革命军队而奋斗》的宣传提纲。在学习教育中，全军还进行了以干部为重点对象的思想检查，引导指战员将党在过渡时期总路线的精神与党的具体政策相结合，与部队的现代化建设实际相结合，与自身的实际相结合，开展整风，检查自己的思想和作风，集中反对资产阶级个人主义思想，以及居功骄傲、骄惰、骄奢、骄横的行为。

全军对这次教育进行了认真组织，从大军区级党委到团级党委都成立了学习小组。全军共培训 4 万余名宣传骨干，一大批团以上干部深入基层进行宣讲。各部队普遍开展了“争当保卫总路线、服从总路线的标兵”的竞赛活动，利用各种宣传工具大力宣传、组织指战员到工厂和农场参观、请地方干部或劳动模范来部队作报告等多种形式，配合这次教育，收到较好的宣传学习效果。

通过学习，全军官兵对党在过渡时期的总路线和军队建设的总方针、总任务有了全面了解。官兵们认识到，军队执行党在过渡时期总路线的首要任务，就是要将人民解放军建设成为世界上最优良的现代化的革命军队；军人学习总路线的主要目的和联系实际的首要重点，是贯彻全国军事系统党的高级干部会议的精神，保证国防建设、军事训练、精简整编及警备勤务等各项任务的完成；加强党的领导和增强党的团结是实现总路线的根本保证。"一切为了社会主义，一切为了现代化革命军队建设"的思想逐步深入人心，大大激发了全军官兵的使命感和责任感。

三、马列主义基本理论教育

新中国成立后，人民解放军一直将马列主义基本理论教育作为军队政治建设的一项重要内容。自1951年起，开始在全军干部中开展马列主义的基本理论教育。1954年和1955年，全军干部按规定学完马列主义基本课程的人数分别为61.8%和82.3%。

1955年4月，中共中央批准中央宣传部《关于召开干部理论教育工作座谈会的报告》，对全党干部理论教育的内容、学习课程、制度和方法作出规定。同年11～12月，总政治部召开全军第五次宣传工作会议，贯彻中央的指示精神。会议讨论了全军干部士兵政治文化教育的长远规划和1956年部队政治文化教育计划等问题。1956年1月，总政治部根据中共中央颁布的对干部政治理论教育的规定，发出《关于执行中央对干部政治理论教育的新制度的指示》，对军队各级干部政治理论学习的内容作出调整，规定：从1956年起，少校以上军官在5年内学完中共党史、联共（布）党史、政治经济学、辩证唯物论和历史唯物论、党的建设等5门课程；尉级军官一般在3年内学完政治常识、理论常识和党的基本知识等3门课程；政治理论水平较高的少将以上军官，主要学习政治经济学、辩证唯物论和历史唯物论两门课程，2年内学完。每个军官每年应学完一门课程。学习5门或3门课程的军官一般应具备初中毕业文化水平（主要是语文）。凡没有达到这个水平的军官，以学习文化为主，待具备初中水平以后再参加正规的理论学习。对于担负作战及海防、边防任务的部队，干部政治理论学习的时间可以适当延长。

为保证上述目标的实现，总政治部于同年2月又发出《关于在职军官政治理论学习的两个暂行办法（草案）的通知》，规定在职干部的理论教育主要采取集训和举办马克思主义夜校两种方式。

各部队根据总政治部的决定和通知，迅速制订出学习计划，印发教材，组织培训或聘请教员。各级党委认真动员部署，一个学习马克思主义理论的热潮在全军掀起。南京军区在全军率先举办高级干部自修班，成都军区和四川省委联合举办自修班。驻京部队抽调150名高级干部参加中央直属党委举办的高级干部离职自修班学习。从1956年4月起，全军师以上单位普遍开办短期集训班。有条件的师以上单位和军事院校普遍举办了马克思主义夜校。至1956年夏，全军马克思主义夜校达1178所，基本上达到团级单位有一名初级教员、师级单位有一名中级教员、军级单位有一名高级教员的要求。据沈阳军区第23军统计，仅1956年就有1959名干部参加了短期集训，占干部总数的51%。全军在马克思主义夜校学习的干部最多时达到25万余人。全军干部还普遍选读了已出版的《毛泽东选集》第一、第二、第三卷。许多文化程度较低的干部则边学文化边学毛泽东著作。对战士的政治教育主要采取上政治课的方式，进行“中国共产党”、“中国人民解放军”、“中华人民共和国”、“世界上的两个阵营”等基础知识的教育和劳动创造世界、劳动人民是社会的主人、阶级与阶级斗争、为谁当兵为谁打仗等教育，使全军官兵的马列主义理论水平有了较大的提高。

四、开展正规军事训练中的思想政治工作

中国人民解放军展开正规军事训练后，军事训练成为部队长期的、经常性中心工作。从思想上、政治上保证部队繁重的军事训练任务的完成，是军队政治工作的基本任务之一。

中央军委和总政治部在《关于一九五四年全军政治工作任务的指示》中要求，政治工作“进一步和各项业务技术相结合，克服政治工作上的一般化的毛病，保证完成正规的军事、政治训练计划”。“政治工作首先应加强对各项业务技术训练的具体思想领导，反复宣传正规训练的意义和目的，及时批判和克服各种抵触思想，动员全军把进行正规训练和学习业务技术当成是严重的政治任务去完成。”“防止并克服某些干部中单纯军事观点或技术脱离政治的偏

向，切实提高部队训练的效果。”①

根据中央军委和总政治部的指示，各级党委、政治机关和干部，深入宣传正规训练的重大战略意义，明确搞好军事训练，提高部队战斗力，是履行人民军队根本职能的需要；联系国际国内形势，明确加强正规训练是建设现代化正规化革命军队，保卫社会主义建设，维护亚洲及世界和平的需要；结合现代化建设的实际，教育指战员认清部队武器装备必然继续改善，要发挥新武器装备的作用必须精通军事技术，掌握使用现代化装备的本领。通过反复深入的教育，使广大指战员更深刻地认识到进行正规训练的重大意义，从而提高了他们进行军事训练的积极性和主动性。

各级党委和政治机关结合部队的思想情况和训练任务，制订训练中的政治工作计划，有的放矢地做好思想发动工作。首先是搞好开训动员，把思想动员列入军事学习、政治教育计划中；其次是搞好训练阶段转换动员，向指战员们讲清新阶段的任务和注意的问题；第三是搞好课目动员；第四是搞好训练现场小动员。政治工作干部深入军事训练现场，跟班作业，研究和摸索正规训练中思想政治工作的经验和规律，有针对性地开展宣传鼓动工作。要求党团员积极参加训练，成为掌握军事技术、能熟练使用手中武器的模范，以他们的模范带头作用，推动整个部队训练工作的开展。在每个阶段训练任务完成之后，及时总结训练中的政治工作经验。这种深入训练实际的工作方法，增加了政治工作的针对性和实效性。

为提高政治工作干部的军事素养，总政治部于1956年2月专门对全军政治工作干部的军事学习作出规划，要求各级政治工作干部在两年内学会各自军兵种的一种到几种武器的射击技能，学会小分队的战术动作和组织方法，学会本级的和有关的战役课题，为做好

① 中央军委和总政治部：《关于一九五四年全军政治工作任务的指示》，1954年1月。

训练中的政治工作创造条件。各部队政治工作干部在集训中迅速掀起学习军事的热潮，各军兵种都涌现出一些既懂政治又懂军事，既会做思想政治工作又会抓军事训练的优秀政治工作干部。

五、整顿党支部，加强基层党组织建设

营、连的党委、支部和各级机关的党支部，是中国共产党在人民解放军中的基层组织。加强基层党组织建设，使之成为坚强的战斗堡垒，是军队党的建设的重要环节。

经过1952年“三反”和整党后，党的支部工作比过去有进步，但作为巩固战斗力的堡垒来要求，尚有很大差距。存在的主要问题是：有些党支部对待部队存在的不良倾向和违法乱纪现象表现得软弱无力；有的单位党的骨干与党员群众之间、党员与非党群众之间存有隔阂；有些单位在执行各项任务中，党支部的领导作用、党员的模范作用发挥得不够好。

针对这种情况，中南军区率先从1953年10月开始分三期对全军区党支部进行整顿。整顿后，支部建设出现了新的变化，支部对训练任务和其他任务的领导作用以及支部委员的集体领导有所加强，党内关系和党群关系大为改善，支部骨干的思想水平和工作能力有显著提高，支部的民主生活趋于活跃，批评与自我批评风气渐浓，党员参加支部工作的积极性亦有提高。中南军区政治部起草了《连队支部工作纲要》。内容包括10条：连队党支部的性质和作用；连队党支部的工作职责及支部与行政的关系；连队党支部的集体领导与工作方法；连队党支部对正规训练的领导与保证；连队党支部的经常工作；党支部的计划、检查、总结工作制度；支部大会和支部委员会；支部书记和支部委员的工作；党的小组及小组长的工作；健全支部的组织。这份文件对巩固整顿支部成果，进一步加强基层党支部的建设起到了积极的作用。1953年秋，总政治部肯定并在全军推广了中南军区整顿党支部的做法和经验。

1954年1月，总政治部将中南军区第一期整顿支部工作的经验批转全军参考学习，将整顿提高党支部，加强党支部建设，作为

1954 年全军政治工作的重要任务之一。

根据总政治部的要求，全军从 1954 年春起，分期分批开展整顿党支部的工作。在整顿过程中，总政治部始终加以指导。总政组织部于 1954 年 5 月发出《关于进一步加强党支部工作建设的意见》，7 月又下发《关于机关党支部建设的意见》，对党支部建设提出要求，主要是：（1）学习支部工作条例，明确支部工作的职责和范围，联系实际，检查工作；（2）加强党对群众的思想领导和党的思想教育；（3）发扬民主，加强支部的集体领导；（4）密切党与群众的联系，发挥党员的模范作用。对机关党支部的工作也提出了具体要求，主要有：领导和组织学习，进行思想领导，关心机关人员的身心健康，协助加强对机关人员的管理教育。

至 1954 年底，全军共整顿党支部 6909 个，其中连队党支部 5011 个（内有舰艇党支部 105 个、飞行大队党支部 191 个）、机关党支部 1457 个、学校党支部 441 个。

1955 年 6 月，总政治部召开整顿支部工作座谈会和全军组织部长会议，总结了一年多的整顿支部工作，决定从 1955 年 7 月 ~ 1956 年 3 月继续对全军未进行整顿的 3.1 万个党支部进行整顿。

此后，全军展开大规模的支部整顿工作。6 月下旬和 7 月上旬，各军区和各院校以政治工作会议或组织工作会议的形式，传达全军组织部长会议精神，布置整顿党支部的工作。全军各单位根据总政治部的要求，修订了原来的整顿支部计划，成立“整支”办公室，并组织“整支”巡视组对所属部队的“整支”工作进行巡回检查，以及时掌握“整支”情况、贯彻“整支”方针、纠正工作中的偏差、及时总结交流经验。至 1956 年 3 月，全军大规模的整顿党支部工作基本结束。

这次整顿党支部工作，是在各级党委统一领导下对党的基层组织实施民主检查的一次整风运动，从整顿思想、整顿作风入手，加强了支部建设。通过整顿，大多数基层党支部真正成为现代化、正规化革命军队建设中的战斗堡垒。

六、创办《解放军报》

为了加强对全军部队思想政治领导和宣传工作，推动部队各项建设，总政治部于1955年2月16日向中央军委提出筹办全军性报纸——《解放军报》的建议。《解放军报》的任务：第一是协助总部各领导机关加强对部队的高度集中统一的领导，使中共中央、中央军委和总部各机关的领导意图更加迅速地、准确地传达到各个部队中去；帮助领导机关随时了解下情，发现和解决部队中存在的问题。第二是多方面地介绍先进人物和先进经验，宣传部队官兵对国家建设和军队现代化建设的积极性和创造精神，批判和克服各种消极因素；交流各军兵种、机关、部队、学校的经验，使军队各个部分得以互通气息，互相学习，以适应现代化建设中诸军兵种协同一致的需要。第三是帮助全体军官学习马克思列宁主义，学习党的路线政策，学习人民解放军的优良传统和苏联先进军事科学，学习各种科学文化知识，以提高军官的素质，保证部队战斗力的不断增强和建军作战任务的完成。总政治部提出：《解放军报》先从对开四版三日刊办起，以后视条件和需要逐步改为隔日刊或日刊；该报为军队内部报纸，以尉级以上军官为主要对象，发至排以上单位；参照苏联顾问意见及中央各报社经验，报社编制人员预定为205人。总政治部还提出：《八一杂志》与报纸在工作领导上统一起来，但在报社内专设杂志编辑部编辑《八一杂志》。中央军委批准总政治部的建议。

中央军委机关报《解放军报》，经过3个月的试版，于1956年1月1日正式出版发行，每周出三期。《解放军报》在人民解放军的革命化、现代化、正规化建设中肩负着重要的历史使命。

第八节　建立现代国防工业基础，大量仿制武器装备

50年代中期，中国国防科学技术、国防工业迅速发展，武器装

备的仿制、研制全面开始并取得很大成绩，保证了人民解放军由单一陆军向陆、海、空诸军兵种合成军队发展的基本需要，并为国防科技和国防工业的进一步发展奠定了良好的基础。

一、大规模建设国防工业

1951 年 12 月，毛泽东在修改中央一份文件时就指出："为了完成国家工业化，必须发展农业，并逐步完成农业社会化。但是首先重要并能带动轻工业和农业向前发展的是建设重工业和国防工业。""重点是用一切方法挤出钱来建设重工业和国防工业。"[①]

《中华人民共和国发展国民经济的第一个五年计划（1953 ~ 1957）》[②] 提出：为建立国防现代化的初步基础，增强国防力量，在第一个五年计划期内，必须大力进行国防工业的建设。基于这种认识，在国家第一个五年计划中，国防工业在重工业中占有十分突出的位置。陈云在向中央报告第一个五年计划编制情况时说："为了实现发展国防工业的计划，很多民用工业就必需跟上"，"有些民用工业，实际上也是为了配合国防工业而建立的"。"这种情况的存在，是由于外国是在已经发展了的工业水平上搞国防工业，而我国工业落后，基础太差，但又必须迅速地发展国防工业。这样，就不可避免地要采取目前的办法。迅速发展国防工业，用力赶一赶，对提高我国工业技术水平是有好处的。"[③]

（一）确定国防工业发展重点

1954 年 9 月，总参谋部兵器装备计划部[④]依据国家经济发展的状况、战略方针和各军兵种在未来反侵略战争中的作用，提出了

---

① 毛泽东对《中共中央关于实行精兵简政、增产节约、反对贪污、反对浪费和反对官僚主义的决定》的批语和修改，1951 年 12 月 1 日、2 日。

② 《中华人民共和国发展国民经济的第一个五年计划（1953 ~ 1957）》，1955 年 3 月获中共中央批准，1955 年 7 月 30 日经一届人大二次会议正式通过。第一个五年计划是从 1953 年到 1957 年，简称"一五"计划。

③ 《陈云文选》（1949—1956 年），239 页，北京，人民出版社，1984。

④ 1955 年 8 月，改称总参谋部装备计划部。

《关于军队装备建设远景方案的轮廓（1953～1967年）》。50年代中期中央军委确定建设的重点为：军种建设以空军为重点，因为它在未来战争中，对于有效地配合陆、海军作战，掩护后方组织动员和生产运输具有重大作用；兵种建设，陆军以炮兵、装甲兵为重点，海军以建设潜水艇和鱼雷快艇部队为主，空军以歼击机部队为重点。

在第一个五年计划期间，中国在建设重工业的同时，在苏联帮助下，大力建设自己的国防工业包括飞机、坦克、大炮等制造工厂。根据1953年5月中苏两国签订的《关于苏维埃社会主义共和国联盟政府援助中华人民共和国政府发展国民经济的协定》，苏联援助中国建设141个重点工程（后中苏两国政府又签订补充援建协定，使援建项目增加到156项）。苏联援建的156个国家大型骨干建设项目（实际施工的有150项）中，有航空、兵器、无线电、造船等国防工业建设项目44个，与国防工业有密切关系的能源、交通、钢铁、有色金属、重型机械、化工等基础工业项目50个。这些工程规模大、技术水平高、建设投资额大，对改变中国国防工业的落后面貌，保证国防工业与配套基础工业协调发展，具有重大意义。

在1953年和1954年前期建设准备的基础上，从1955年开始，大规模建设工程展开。由于新建项目多、工程量和投资额巨大，要完成如此大规模建设工程，难度相当大。根据国家国防建设的总体部署和军队现代化建设的重点，国防工业建设采取集中力量打歼灭战的办法，以坦克和航空配套项目为重点，集中人力、物力、财力，分批进行建设。

（二）发展军事航空工业

从50年代初期起，航空工业就成为国防工业建设的重点。包括飞机制造厂、航空发动机制造厂和机载设备制造厂在内的13个项目，是航空工业“一五”计划大规模建设的重点，这些构成了航空工业的第一批骨干企业。

1954～1955年，重点建设了生产教练机的南昌飞机制造厂、生产活塞式发动机的株洲航空发动机制造厂、生产喷气式歼击机的沈阳飞机制造厂和生产喷气式发动机的沈阳航空发动机制造厂。其中，除沈阳航空发动机厂是依靠老厂支援建设的新厂之外，其余3个厂都是由原来的修理厂改扩建而成的。这几个工厂建成后，从1956年起，重点转移到配套的辅机厂（即机载设备厂）的建设，主要有：西安的飞机附件和发动机附件厂、陕西兴平的航空电气厂和机轮刹车附件厂、宝鸡的航空仪表厂。“一五”期间，重点建设的航空工业13个项目有8个提前一至一年半完成，4个如期完成。

50年代，还分期建成飞机、航空发动机、航空材料、工艺及飞行试验等专业研究、设计机构。1953～1955年间，空军选调上千名具有一定实际工作经验的干部加强航空工业部门。这批干部后来大都成了航空工业部门的领导和生产、技术上的骨干力量。

由于党和政府的高度重视和正确的决策，以及全国经济建设高潮的有力推动，航空工业取得了第一个五年计划建设的丰硕成果。航空工业的物质技术基础发生了重大变化。至1959年，航空工业已从初创时只有几个修理厂、发展成为拥有29个直属大型企业；从只能搞飞机修理的比较小的行业，发展到具备成批制造活塞式教练机、运输机和喷气式歼击机能力的新兴产业部门。

（三）发展兵器工业

1955年4月，彭德怀、聂荣臻向中共中央报告：陆军武器装备薄弱的是大口径火炮和弹药以及军用牵引和运输车辆，建议通过建设或改建相应的工厂解决这一问题。中共中央批准了他们的建议。

为实现制式化生产，首先按专业化对老企业进行全面调整，然后在此基础上，每个企业以承担制式武器弹药的生产为目标，确定一种或几种产品进行全面技术改造。其中，轻武器和一般弹药厂改造量小，火炮、火炸药厂改造量比较大。列为国家重点改造（实为改建、扩建）的项目有33个企业。这批重点项目根据各自的条件，按照苏联提供的产品技术要求进行了改建扩建。1957年，国家加强基础工业建设，减少了国防工业基本建设的投资，相应调整了兵器工业的建设规模和进度，压缩了5个厂的建设规模，撤销了3个建设项目，推迟建设的有炸药厂，炮弹弹体厂，单、双基无烟药厂，炮弹厂。在此期间，为加强科技力量，新组建了化工、火炮、枪械、坦克、坦克发动机、光学仪器等研究所。至1959年，兵器工业已有53个直属大中型企业，陆续建成坦克、大口径火炮、炮弹和特种引信、水中兵器、光学瞄准具及防毒器材等工厂。

经过全面技术改造，兵器工业得到较大发展。在"一五"期间，火炮生产由过去只能生产旧式82毫米口径迫击炮、70毫米口径步兵炮、75毫米口径山炮，到已能生产新型的大口径榴弹炮、中口径加农炮和小口径高射炮等多种火炮；枪械生产由过去只能生产旧式步枪、机枪，到已能生产步枪、冲锋枪、机枪、高射机枪等制式枪械；炮弹生产由过去只能生产旧式前膛炮弹和少量旧式中小口径后膛炮弹，到已能生产以后膛炮弹为主的各种中大口径的炮弹；各种引信生产能力增加了16倍；无烟药生产能力增加了10倍，炸药生产能力增加了6.3倍。

（四）发展军事造船工业

1954年，中央军委根据毛泽东提出的海军建设基本方针和任务，确定海军15年造船远景规划为30万吨，作为国家发展造船工业的根据。造船方针是：先艇后舰（但同时着手建设建造护航舰及驱逐舰的工业），着重发展潜水艇及快艇、驱潜艇为主的原则。1954年3月，苏联造船专家委员会来华，为帮助中国建造苏联转让舰艇进行调研、规划和准备工作。苏联专家认为，中国船舶工业原有的6家船厂经过必要的改造和扩建后，可以承担建造转让舰艇的任务。6月，国家计划委员会批准苏联专家委员会的报告和建议。1955年1月，在聂荣臻主持下，召开研究海军5年造船计划的会议。第一机械工业部（简称一机部）部长黄敬，海军副政治委员苏振华、海军副司令员罗舜初，总参谋部兵器装备计划部部长万毅等出席了会议。此时，海军共有各型舰艇近600艘，吨位为7万余吨，但是大多比较陈旧落后。聂荣臻提出，重点对武汉、上海、安徽、广东的造船厂进行技术改造，使它们具备仿制生产鱼雷快艇、猎潜艇、潜艇、护航驱逐舰等的能力。经会议研究，形成方案上报，获得中央批准。1956 年后，新建了水中兵器、高速及中速船用柴油机、蓄电池、航海仪表等工厂，并开工建设大型舰艇制造厂。与此同时，还陆续组建了船舶设计、水中兵器、水声、导航、船用动力等科研设计机构。至 1959 年建成了船舶、动力、水中兵器及导航仪表等大型直属企业 13 个，已具备建造中小型军用舰艇及仿制生产水中兵器的技术能力。

（五）发展无线电电子工业

无线电电子工业是"一五"计划期间国防工业建设的重点之一。1953 年后，开工建设的有电子管、无线电元件、飞机电子设备、高炮炮瞄雷达、高炮指挥仪、警戒引导雷达、通信机、自动电话交换机工厂及无线电器材联合厂等 9 个重点项目。1958 年，又重点建设了机载火控雷达、轰炸瞄准雷达、敌我识别设备、航空电台、导航设备、特种电子管、元器件、大功率电台、测量仪器等 10 个工厂和晶体管生产车间。同期，还陆续建设了亚热带电信器材、通信、元件、雷达、电真空、化学电源、半导体、计算机等研究机构。至 1959 年，无线电电子工业已有直属企业 39 个，还有几十个由地方管理、主要生产军用无线电设备的企业，生产能力和技术水平都比新中国成立初期有显著提高，已经初步具有制造陆、海、空军军用电台和飞机、舰艇、坦克需要的电子设备以及防空警戒雷达、炮瞄雷达的能力。

国防工业建设贯彻"军民结合、平战结合"的方针，经过 10 年的艰苦创业，全面改造了老企业，新建了一批骨干企业，初步形成了研究、设计、生产相配套的国防工业体系，不仅具备了仿制和生产常规武器装备的能力，并在仿制的基础上开始自行设计的尝试，从而改变了新中国成立初期国防工业比较薄弱的状况，为人民解放军的现代化建设奠定了较好的物质基础。至 1959 年底，中国共建成大中型国防工业企业 100 多个，独立的科研设计机构增加到 20

多个，共有金属切削机床 6 万台，职工 70 多万人。其中技术人员 3.3 万人，是 1952 年的 7.3 倍。国防工业布局初步得到改善，形成了沈阳、北京、太原、西安、成都、重庆、兰州等国防工业企业比较集中的生产基地。

二、武器装备仿制取得新成绩

（一）陆军武器的仿制

兵器工业从 1953 年开始转入仿制生产制式武器装备的新时期。中央军委兵工委员会确定的制式武器是以苏式装备为主体的。开始仿制生产的是苏联已停产的旧型号枪炮，和人民解放军服役枪炮，即与从苏联购买的 36 个师步兵轻武器、60 个陆军师装备型制相同。至 1954 年底，兵工企业投入批量生产的有手枪、冲锋枪、步枪、马枪、轻机枪、重机枪、坦克用机枪、12.7 毫米口径高射机枪、82 毫米口径迫击炮、76.2 毫米口径野战炮、152 毫米口径榴弹炮。1954 年，76.2 毫米口径野战炮和 122 毫米口径榴弹炮仿制成功，开创了中国自行制造大口径火炮的历史。10 月 25 日，毛泽东写信嘉勉仿制成功 122 毫米口径榴弹炮的一二七厂和 76.2 毫米口径野炮的二四七厂，指出“这对建立我国的国防工业和增强国防力量上都是一个良好的开端”。1956 年试制成功五六式 152 毫米口径榴弹炮和 85 毫米口径加农炮。152 毫米口径榴弹炮最大射程 1.24 万米，从而奠定了新中国大口径榴弹炮的制式系列。

1956 年，中国仿制生产了大量的五六式半自动步枪、冲锋枪和班用机枪，替换五三式步枪、五四式冲锋枪和五三式轻机枪，步兵班的枪械型号进一步统一，枪弹也由原来的两种统一为一种。五六式枪械的战术技术性能，普遍优于五三式、五四式。步枪的重量减轻了 14%，战斗射速提高了 3 倍；冲锋枪的射程翻了一番，初速提高了 42%；轻机枪的重量减轻了 17%，容弹量提高了 1.13 倍，战斗射速提高了 88%。这次换装后，步兵班用的武器不仅比较轻便灵活，而且火力大大加强，并且便于补给和作战。

1954～1956 年，中国仿制成功 57 毫米口径反坦克炮、76.2 毫米口径和85毫米口径加农炮、120毫米口径迫击炮、37毫米口径高射炮和40毫米口径火箭筒，同时，改进了75毫米口径无坐力炮。1957年，国务院军工产品定型委员会批准五六式152毫米口径榴弹炮等14种枪械火炮定型。至1959年，中国陆续试制成功五九式中型坦克、五九式130毫米口径和152毫米口径加农炮、五九式57毫米口径和100毫米口径高射炮等新型武器。

除此之外，中国还仿制或自行研制了其他一些武器装备。1955年仿制成功的五五式37毫米口径高射炮曳光杀伤榴弹和曳光实心穿甲弹。1958年仿制成功并定型生产的五八式轻喷火器。1954年，南京雷达研究所在成功对苏式П-3A雷达进行功能仿制（定名为314甲型雷达）的基础上，改变发射机频率和天线，增加平面位置显示器，研制成功314乙型雷达。雷达研究所研制的中远程警戒雷达于1956年3月定型生产，定名为406型雷达。这种雷达探测距离远、维修方便、性能可靠，深受部队欢迎，成为雷达部队50年代的骨干装备。

由于武器装备的改善，人民解放军陆军的火力迅速增强。以一个步兵师装备的压制火炮为例，新中国成立时，装备压制火炮较多的师有：75毫米口径山炮、70毫米口径步兵炮、120毫米口径迫击炮各12门，81毫米口径迫击炮27门，60毫米口径迫击炮85门，共计148门。全师火炮一次齐射的弹丸重量为594公斤。至1956年，步兵师则有：122毫米口径榴弹炮、76毫米口径加农炮各12门，120毫米口径迫击炮30门，82毫米口径迫击炮81门，共计135门。虽然火炮数量上减少了，但由于增加了大口径火炮（120毫米以上口径的火炮就增长了2.5倍），使火力增强了。全师火炮一次齐射的弹丸重量已达1070公斤，最大射程增大近5000米。

（二）飞机的仿制

在人民解放军空军和海军航空兵创建初期，航空兵的装备主要是向苏联购买。至1955年底，中国共进口和接收各型苏式飞机约5000架（其中作战飞机约4000架），装备空军4400余架，装备海军航空兵500余架，使空军和海军航空兵初具规模。

进口飞机只能解燃眉之急，要建设强大的空军，必须走飞机国产化的道路。1954年7月，南昌飞机制造厂仿制成功雅克-18型初级教练机，[①] 实现了从修理到制造的过渡。毛泽东于8月1日特意致函祝贺首次仿制飞机的成功，指出："这在建立我国的飞机制造业和增强国防力量上都是一个良好的开端。希望你们继续努力，在苏联专家的指导下，进一步地掌握技术和提高质量，保证完成正式生产的任务。"[②] 8月26日，彭德怀批示同意初教-5型飞机成批生产。同月，株洲航空发动机厂试制M-11型航空发动机成功。10月25日，毛泽东给该厂全体职工复信，祝贺该厂试制第一批M-11型航空发动机成功。

11月，聂荣臻两次主持会议，与财政部长薄一波、第二机械工业部（简称二机部）部长赵尔陆、总参兵器装备计划部部长万毅、军械部部长陈锡联、空军副司令员王秉璋等共同研究空军武器装备问题。会议决定由仿制米格-15型歼击机改为仿制米格-17型歼击机。随后，中央军委作出争取到1957年能仿制生产出20架米格-17型歼击机，并且在6年内争取每年能大批量仿制生产这种型号飞机的决定。1955年初，沈阳飞机厂开始仿制米格-17型歼击机。[③]

1956年8月，米格-17型歼击机仿制成功，中国一跃成为世界上少数几个能够制造喷气式飞机的国家。1958年12月，哈尔滨飞机厂和航空发动机厂仿制成功直5型直升机。1958年7月，中国自行设计制造的第一架喷气教练机歼教-1型首次试飞成功。同年8月，中国自行设计制造的第一架初教-6型初级教练机在南昌首次试飞成功。

① 命名为初教-5型教练机。这种飞机低空最大平飞速度每小时248公里，实用升限4000米。

② 《建国以来毛泽东文稿》第4册，527页，北京，中央文献出版社，1990。

③ 命名为"五六式"歼击机，后改称歼-5型飞机。该型飞机平飞最大速度每小时1145公里，实用升限1.66万米，最大航程2120公里。

（三）舰艇的仿制

按照1953年6月4日中苏两国政府签署的关于海军订货和关于在建造军舰方面给予中国以技术援助的协定的规定，苏联政府在1953年至1955年期间交付中国舰艇81艘，计2.8万吨，其中成品舰艇32艘，计1.45万吨；交付一批岸（舰）炮、鱼雷、水雷、深水炸弹、炮弹和通信、雷达、海道测量以及航海、防化、防险救生等器材设备。这个协定还规定，中国向苏联购买5种型号舰艇及其制造权，即由苏联提供的6601蒸汽轮机动力护卫舰、6602木质鱼雷快艇、6603中型鱼雷攻击潜艇、6604大型柴油机动力猎潜艇和6605基地扫雷舰（后又增建6610基地扫雷舰）的制成品以及配套设备和原材料，并转让组装技术，由中国船厂自行装配建造。这批转让制造的5种型号舰艇共计116艘，4.3万余吨，其战斗性能相当于世界上20世纪40年代末50年代初的水平。

国家计划委员会和一机部选定江南造船厂、沪东造船厂、求新造船厂、芜湖造船厂和武昌造船厂等5个工厂为装配制造工厂，同时确定在广州新建造船厂承担部分转让制造任务。1954年4月苏联政府派专家给予帮助。从1954年下半年起，5种型号舰艇的材料、设备分批分期发运到各工厂，开始了装配制造工作。1955年12月，芜湖造船厂制造的第一艘木质鱼雷快艇下水，并利用苏联转让的鱼雷快艇线，研制出55甲型钢壳炮艇。此为海军第二代巡逻艇。1956年3月，上海求新造船厂建成大型猎潜艇首艇。在江南造船厂装配制造的中型鱼雷潜艇首艇于1955年4月在该厂开工。1956年1月10日，毛泽东在国务院副总理兼上海市市长陈毅的陪同下，亲自到江南造船厂视察正在组装的中国第一艘中型潜艇，给职工们以极大的鼓舞。同年3月鱼雷潜艇下水，1957年10月建造成功。

至1955底，海军自行设计建造各型巡逻艇、登陆艇、运水船、自动驳船等共计236艘，1.2万余吨。

中国除仿制大批苏式武器装备外，还进口和接收了一批苏式武器装备。据统计，从新中国成立至1955年底，中国共进口和接收苏式武器装备，包括各种枪 80 余万支（挺），炮 1.1 万多门，坦克装甲车 3000 多辆，飞机约 5000 架，舰艇约 200 艘（含转让制造部分），雷达和探照灯 1400 多部，无线电和有线电通信机 1.2 万多部，舟桥 15 套，主要工程机械 500 多部，防化专用车 100 多辆，还有各种弹药和配套装备。人民解放军利用进口和仿制生产的武器装备，共换装和新装备了 106 个步兵师，9 个骑兵、守备、内卫师，17 个地面炮兵师，17 个高射炮兵师，4 个坦克、机械化师，33 个航空兵师，9 个舰艇支队。至此，海军和空军的装备已初具规模；陆军各技术兵种的装备得到迅速发展，步兵的绝大部分旧式杂乱武器装备被淘汰，主要武器装备按编制配齐，基本上实现了武器装备制式化。

50 年代，苏联卖给中国武器装备，提供技术资料，派专家到中国，提出武器装备发展的建议，为人民解放军的武器装备建设作出重要贡献。中国通过仿制，掌握了设计、制造技术，仿制成功一大批武器装备，使人民解放军武器装备水平在比较短的时间内得到较全面的提高。

从全国军事系统党的高级干部会议，到 1956 年 3 月中央军委扩大会议召开前的这一阶段，是人民解放军现代化、正规化建设全面展开的最初阶段。人民解放军根据中共中央、中央军委的决定和部署，按照建设现代化正规化革命军队的总方针和总任务，以正规化建设为突破口，调整体制编制，建章立制，开创了军队现代化、正规化建设蓬勃发展的良好局面。

根据国防和军队建设的需要，以及国家领导体制的变化，设立中华人民共和国国防委员会和国防部，重新建立中共中央军事委员会，加强党对军队的绝对领导。调整、充实总部和军区领导机构，在总参谋部、总政治部、总干部部、总后勤部的基础上增建了训练总监部、武装力量监察部、总财务部、总军械部，形成“八总部”领导体制；东北、华北、西北、华东、中南、西南等 6 个大军区，调整为沈阳、北京、济南、南京、广州、武汉、成都、昆明、兰州、新疆、内蒙古、西藏等12个军区（后又增设福州军区），军区领导机关初步成为合成军队的战役指挥机构。进行精简整编，定型定额，减少陆军特别是步兵的数量，加强特种兵建设，陆、海、空三个军种调整为陆、海、空、防空、公安五个军种；实行义务兵役制、军衔制、薪金制等一系列新制度；按照“五统四性”的要求，加强部队正规化建设，部队面貌焕然一新；大抓以干部训练为中心的军事训练和院校教育，组织以辽东半岛抗登陆战役演习为代表的战役演习和战役集训，丰富了各级指挥员的现代战争知识，提高了各级指挥员和司令机关的组织和指挥能力，有力地推动了部队的现代化建设；建立国防科技工业事业，开展武器装备仿制和研制工作，奠定国防科技工业的重要基础。同时，人民解放军履行自己神圣职责，积极开展东南沿海军事斗争。陆、海、空三军首次进行联合作战，夺取一江山岛渡海登陆战役的胜利，使浙江东部沿海岛屿全部获得解放。

第二章　确立积极防御战略方针，加强军队质量建设

第一节　积极防御战略方针的确立

1956年3月，中央军委召开扩大会议，确立了积极防御战略方针，并对贯彻积极防御战略方针提出了基本要求。

一、积极防御战略方针的确立及其基本内容

朝鲜战争结束后，国际形势虽趋于缓和，但“帝国主义势力还是在包围着我们，我们必须准备应付可能的突然事变”[①]。为了做好未来反侵略战争准备，加强国防和军队建设，迫切需要制定一个保卫社会主义祖国的战略方针。

早在抗美援朝战争期间，毛泽东就提出过反侵略战争的战略方针问题。1955年4月，彭德怀在向中共中央书记处会议汇报关于反侵略战争准备和作战计划时提出：“为了切实执行宪法赋予我军的光荣任务：‘保卫人民革命和国家建设成果，保卫国家的主权、领土完整和安全’，在我们武装力量统帅部机关面前，就首先提出必须解决战略方针的问题。”[②] 在这次中央书记处会议上，毛泽东明确指出，中国的战略方针是积极防御，决不先发制人。1955年下半年，明确战略方针和国防建设问题，提到了中共中央、中央军委的议事日程。在1956

① 《毛泽东文集》第6卷，392页，北京，人民出版社，1999。

② 《彭德怀传》编写组：《彭德怀传》，535页，北京，当代中国出版社，1993。

年中央军委扩大会议开幕前夕，彭德怀组织人员起草《关于保卫祖国的战略方针和国防建设问题》的报告，并给毛泽东写了一封信，说明此次会议讨论战略方针问题，同国家经济建设关系极为密切，建议邀请一些政府部门的负责人参加。毛泽东批准了这个建议。

1956年3月6～15日，中央军委在北京召开扩大会议。参加会议的有中国人民解放军各总部、各军区、各军兵种领导，苏联军事总顾问、副总顾问等。国务院副总理李富春、李先念，国家建委主任薄一波、交通部副部长王首道、铁道部部长滕代远、一机部部长黄敬、二机部部长赵尔陆、冶金工业部部长王鹤寿、石油工业部部长李聚奎等应邀出席会议。这次军委扩大会议着重讨论和确定了保卫祖国的战略方针和国防建设问题。会上，彭德怀代表中央军委作了《关于保卫祖国的战略方针和国防建设问题》的专题报告。明确提出：为了有效地防御帝国主义的突然袭击，保卫人民革命和国家建设的成果，保卫国家的主权、领土完整和安全，在未来反侵略战争中，应采取积极防御的战略方针，并对中国实行积极防御战略方针的依据和具体内容作了系统阐述。

中国社会主义的性质和根本政策，决定了中国的战略方针只能是防御的，而不是进攻的。彭德怀在报告中指出：确定军事上的战略方针，必须根据军事服从政治的原则，从政治方面以及中国的实际情况来考虑。从国家的性质来说，中国是工人阶级领导的，以工农联盟为基础的人民民主国家，是社会主义的国家，是不应当对别的国家发动战争的。从中国的总任务来说，需要团结全国人民，争取一切国际朋友的支持，把国家建设成一个伟大的社会主义国家，并且努力保卫国际和平和发展人类的进步事业。因此，是不需要对别的国家发动战争的。从中国处理国际事务的和平外交政策来说，中国主张和不同社会制度的国家和平共处，主张以和平共处五项原则①来建立国与国之间

① 和平共处五项原则：一、互相尊重领土主权（后来改为“互相尊重主权和领土完整”）；二、互不侵犯；三、互不干涉内政；四、平等互利；五、和平共处。这是中华人民共和国处理国际关系的基本准则。

的关系，主张以谈判的方式而不是用战争的方式来解决国际争端。中国的国家性质、任务和外交政策都很清楚地说明，人民解放军在战争爆发前的战略方针应当是防御的。

中国的国情和军力均不具备战略上速战速决的条件，也决定了中国不能实行战略上先发制人的进攻战略。彭德怀指出，在战略上采取先发制人的手段，虽然可以利用新式武器大量破坏对方的军事设施、国防工业和经济中心，甚至可以破坏对方的深远后方，但是无法毁灭对方的一切潜在力量。特别是对于大国，对于具有充分准备的国家，更是不可能依靠新式武器和突然袭击手段达到迅速结束战争的目的。战争胜负，最终还是由国家的政治制度、经济制度、生产力发展的程度、人民对战争的态度，以及军队士气、数量和质量、指挥员组织能力等等因素来决定的。根据中国现时生产力发展水平和军队技术装备状况，在未来战争中采取速战速决的战略方针是不可能的。采取速决的战略方针，就要依靠具有超过帝国主义的军事技术力量。中国的政治、经济制度、人民的觉悟程度以及军队的士气等因素，比任何帝国主义国家都优越。但是，中国的工业化程度、军队装备的数量、质量和科学技术水平等因素，远远落后于帝国主义。在这种情况下，要求整个战争速战速决是脱离实际的。因此，人民解放军必须进行持久作战的准备，实施积极防御的战略方针。

在战略防御中，积极防御是相对消极防御而言的，两者有着本质区别。彭德怀指出，积极防御战略方针强调战略上积极准备和战役战术上的积极进攻，而消极防御在战争爆发前既不从积极方面设法制止战争的爆发或推迟战争的爆发，在战争爆发之后也不善于在战役战术上采取积极的行动打破敌人的进攻，只是企图用消极防御或单纯防御的方法来阻挡敌人的进攻，其结果只能是使自己陷于被动挨打的地位。彭德怀强调：采取积极防御的战略方针，要求在战争爆发前，加强反侵略战争准备，不断增强中国的军事力量，采取积极措施制止或推迟战争的爆发。当帝国主义不顾一切后果向中国发动侵略战争的时候，人民解放军要能够立即给予有力还击，并在预定设防地区阻止敌人的进攻。要达到上述目的，人民解放军必须在沿海重要地区构筑坚固工事，进行充分的战争准备；为随时应付帝国主义的突然袭击，国家的基本工业建设不要过于集中，国土防空工作要有重点有计划的建立；对于防原子武器、氢武器以及其他新式武器的教育，不仅要在军队中进行，而且还要在学校、工厂和城市居民中逐步进行；加强侦察手段，能够预先发现敌人发动战争和使用大规模杀伤武器的征候，以便减少帝国主义突然袭击所带来的破坏和损失，保证第一线部队能够迅速进入战斗，掩护全国人民由平时转入战时状态；在战略部署上，应掌握强大的机动部队，以便在战争一旦爆发后，能够在战役和战术上适时组织积极的反攻和进攻，配合守备部队消耗和消灭敌人，完成战略防御任务。只有采取积极的而不是消极的防御方针，才能在战争初期将敌人的进攻阻止在预定的设防地区，把战线稳定下来，打破敌人速战速决的计划，迫使敌人同人民解放军进行持久作战，以便逐渐剥夺敌人在战略上的主动权，使人民解放军逐渐转入战略上的主动，由战略防御转入战略进攻，最后彻底打败敌人。

积极防御战略方针的基本内容，充分体现了毛泽东积极防御战略思想，回答了反侵略战争战略指导的基本问题。

二、贯彻积极防御战略方针的基本要求

彭德怀认为：“战略方针很重要，关系整个战争的胜负。但是战略方针本身，只是个抽象的东西，如果没有各种具体措施，仍然不能使战争达到胜利。”① 为使积极防御战略方针得到贯彻落实，中央军委扩大会议对作战指导原则、国防建设等问题提出了具体要求。

（一）确定作战指导基本原则

根据积极防御战略方针，会议确定了人民解放军的作战指导原

① 彭德怀同苏联顾问的谈话记录，1958年4月6日。

则是：（1）在战略上、战役上，基本部署必须有重点地作大纵深梯次配备，层层掌握机动部队。从陆军方面来说，在全国范围内，这种机动部队的总和一般应不少于总兵力的3/4，第一线海岛和海岸重点的固定守备部队，一般不应超过总兵力的1/4。无论是机动部队还是守备部队的兵力、兵器，都必须适当分散和疏散配备，必须严格隐蔽和伪装，特别要加强机动部队的运动能力，以便能适应战争需要迅速集中。（2）在各主要的设防地区部署守备部队和要塞部队，并根据实际情况，加强这些部队的必要装备和一定储备，实施专门训练，充分发扬和增强其坚守阵地的决心和信心。一旦战争爆发，这些部队必须固守预设的坚固阵地，顽强抗击敌人，消耗和消灭敌人，制止敌人进攻。只要各个主要设防地区都这样做了，就可以挡住敌人突然袭击的头几个波浪，取得时间，为以后的作战行动创造有利条件。（3）在战争初期必须准确判明敌人的主要突击方向，主要的战略机动部队，只能用于主要方向和带有决定性的时机，不能轻率投入作战，以免陷于被动。（4）防御地区的机动部队和守备部队必须密切配合作战。守备部队必须树立独立作战的思想，特别在战争初期，要为机动部队歼灭敌人争取时间，创造条件；机动部队和各军兵种部队必须积极、主动支援守备部队的防御战，以打垮敌人的登陆行动，打破敌人包围守备部队的企图。

（二）提出国防建设的要求

关于战场准备问题。会议要求，为了有准备地防御敌人突然袭击，必须在沿海和边防各重要地区构筑防御阵地。考虑到中国幅员辽阔，边境线漫长，到处设防是不可能的，必须全面筹划，重点建设，逐步进行。国防工程构筑计划，分轻重缓急，按照“先前沿后纵深，先重要点后次要点，先主要地区后次要地区”的原则，有计划地组织施工。在重要的海岛、港口、近海的交通枢纽、近海的政治经济中心城市以及重要的战术支撑点，应当构成环形防御阵地，准备在敌人的包围分割情况下能独立坚守。对这些国防工事的技术设计和战术要求，尽可能做到隐蔽和坚固，并注意对核武器和化学武器进攻的防护。朝鲜战争经验证明，坑道工事对于劣势装备军队抵抗优势装备军队的进攻，是行之有效的。因此，要求凡是地形许可的地方尽量构筑坑道工事，发挥坑道工事的作用。各级合成军队指挥机关，重要城市的防空司令部和通信系统，应当构筑坚固的指挥所和通信枢纽部，使各级作战单位在战时能保持联络畅通和指挥不间断。在各个重要城市构筑军队指挥所时，必须把地方党和政府机关战时办公场所计划在内。所有国防工事的构筑，都必须力求实用，并尽量节省经费。

空军除修建平时需要的机场外，对于战时需要的机场应当事先做好计划，先行勘测地形，准备好技术资料。在可能的情况下，某些机场可以在平时完成主要工程，战时增加附属设备。对于交通运输建设，除根据国防需要已向国家提出修建铁路、公路和运河的全面建议外，还应根据战时需要提出修建隧道、迂回路、专用支线以及疏浚河道、修建水库堤坝的计划，请求国家机关考虑，预作安排。某些公路可作为飞机临时迫降场，亦应当预做调查准备。对于战略和战役的各种仓库、油库、野战医院、军械修理厂、弹药装配厂的建设，军械、军需物资的转运、储备、补给等基地，都应按战时需要通盘计划。

考虑到战争爆发后，敌人的空袭和使用核武器等情况，因此，政治经济中心、工业基地、海军基地、空军基地、交通要点和陆军集结地区，在布局上必须采取分散的原则，在建设上也应尽可能地采取一些预防措施。

关于战争动员问题。未来战争规模之大是前所未有的，战时需要动员人力和物力的数量也将是非常庞大的，不仅要保证战时迅速扩建部队的需要，而且要保证战时人力、物力巨大消耗的补充。为了应付突然事变，保证战争的需要，就必须在平时做好应付战争的动员准备工作。否则，一旦战争爆发，临时准备就会措手不及，虽然国家拥有雄厚的人力、物力资源，也难于发挥它的作用。因此，会议要求，必须在军队系统内部及早建立各级动员机构，建立动员工作业务和制度，以便根据作战的需要，争取在1957年拟出第一个完整的全国战时总动员计划。必须在平时培养和储备足够数量并具备相当水平的指挥军官和技术军官。对于人民解放军平时增建机构所需要的、战时扩建部队所需要的、每年军官退役所需要补充的各种军官，应当全面加以计划，根据军队建设的发展，有计划地进行培养。此外，还要注意培养某些特殊作战地区（如海南岛、云南、广西少数民族地区）的当地干部和民族干部。对现有受过战斗锻炼的、有培养前途的下级军官和士兵，应尽可能地加以保留，有计划地培养和提拔。在技术兵中，应当坚决把那些已经掌握了技术，忠实于革命事业的优秀人员提拔起来。战时需要干部的数量很大，单靠部队内部培养是不够的，必须在军队以外有计划地培养和储备预备役军官，尤其是技术军官。要迅速建立预备役军官登记制度，对退伍的军官进行预备役登记，对正在非军事部门服务的适合担任军官职务的人员，也要进行登记，并有计划地对预备役军官和高等学校学生进行军事训练。应当逐步在国民经济各有关部门中积蓄一部分预备技术兵员和技术军官，并有计划地进行培养。同时必须建立预备役登记制度，有步骤地把每年退伍的士兵和每年征集多余的应征公民登记起来并编入预备役，每年的适当季节对他们进行一定的训练，以保证战时兵员的需要。

战争初期，国家工业由平时转为战时生产，大约需要6个月时间，因此，应以保证战争初期6个月的军队扩编和作战消耗补充的人力、物力为标准，拟制完整的武装力量动员计划。这个计划包括：战时军队组织扩大计划、军官士兵的补充计划、装备物资保证计划、财务保证计划、动员运输计划、医疗卫生保障计划等。然后向政府动员部门提出各种武器弹药、工程技术装备、燃料、粮食、服装等计划申请书，以便政府着手拟制整个国民经济的动员计划，为满足军队战时的需要，预作安排。平时做好准备，包括做好必要的武器装备和作战物资的储备。

关于军事科学研究工作。一方面，未来战争不仅与过去的国内战争和抗日战争的情况不同，也与苏联卫国战争的情况不一样。大量毁灭性的武器如核武器、化学武器、细菌武器和导弹等在战争中的广泛应用，必将引起军事学术和技术上一系列的变化。另一方面，人民解放军建设已由初级阶段进入高级阶段，在军事学术和技术方面面临着许多新的问题。为了适应军队建设事业的发展，摆脱技术装备上的落后状态，适应未来战争的需要，会议要求，必须积极地有计划地逐步开展人民解放军自己的军事科学研究工作，着重研究战略、战役、战术、战史和军事技术。

在战略、战役、战术和战史研究方面，既要学习苏联的先进军事科学，又要重视人民解放军的战争经验；既要学习苏联的建军经验，又要继承和发扬人民解放军的优良传统；既要反对骄傲自满和墨守成规，又要反对完全不符合实际情况的机械搬运，使学习苏军先进经验与研究人民解放军自己的优良传统和经验，有机地结合起来。此外，为了战胜敌人，还必须研究帝国主义，主要是美帝国主义的战争潜力、备战措施、战略、战术和技术及其特点。

在军事技术研究方面，主要是研究和直接学习苏联和各人民民主国家的一切军事技术成就，并且吸收资本主义国家的各种技术发明，与全国工业、科学系统的研究工作很好的分工和协作。争取尽快赶上技术先进国家军队的装备水平。必须积极着手研究中国尚不能生产的新式武器（如核武器、导弹和其他新式武器等）的设计制造问题。在尚未掌握这些新式武器以前，应当研究在使用核武器和化学武器条件下的作战和防护问题。军队医务部门必须注意研究在敌人使用核武器、化学武器、细菌武器等条件下的战场救护和治疗问题。此外，还应当逐步开展对人民解放军现有武器、器材、被服、装具的研究，以求得不断改进。

为开展军事学术和军事技术两方面的研究工作，一是人民解放军的军械部门和各技术兵种必须逐步建立自己的军事技术研究机构，建议在国务院和国防部直接领导下筹建航空和导弹研究机构，并准备筹划核武器研究机构。二是应适当加强现有的军事科学条令部，使之能够胜任领导全军的军事学术的研究工作。三是对于人民解放军现有的一些高级知识分子、高级技术人员以及某些确有才学的旧军官，只要他们不是反革命分子，都要大胆使用，提拔他们中的积极分子。对研究工作有贡献的人员，给予必要的奖励或授予一定的学位和学衔，保证研究所需经费。

1956 年中央军委扩大会议确定的积极防御战略方针，第一次完整解决了中国反侵略战争战争指导的基本问题，为国防和军队建设提供了正确的指导思想和基本依据。对和平时期指导国防建设、军队建设和进行反侵略战争准备，统一全党全军干部思想，具有重要意义。

第二节　进一步裁减军队数量，提高军队质量

一、阐明和平时期国防建设和经济建设的关系

1956 年，随着中国对农业、手工业和资本主义工商业社会主义改造的基本完成和国际形势趋于缓和，中共中央和毛泽东开始探索中国社会主义建设的发展道路问题。为即将召开的中国共产党第八次全国代表大会做准备，毛泽东经过充分的调查研究，于 1956 年 4 月 25 日在中共中央政治局扩大会议上作了重要讲话，即著名的《论十大关系》。毛泽东指出："现在，新的侵华战争和新的世界大战，估计短时期内打不起来，可能有十年或者更长一点的和平时期。""认为原子弹已经在我们头上，几秒钟就要掉下来，这种形势估计是不合乎事实的。"[①] 毛泽东在讲话中，将经济建设和国防建设的关系作为十大关系之一进行了专门阐述，指出："国防不可不有。现在，我们有了一定的国防力量。经过抗美援朝和几年的整训，我们的军队加强了，比第二次世界大战前的苏联红军要更强些，装备也有所改进。我们的国防工业正在建立。自从盘古开天辟地以来，

① 《毛泽东文集》第 7 卷，26 页，北京，人民出版社，1999。

我们不晓得造飞机，造汽车，现在开始能造了。我们现在还没有原子弹。但是，过去我们也没有飞机和大炮，我们是用小米加步枪打败了日本帝国主义和蒋介石的。我们现在已经比过去强，以后还要比现在强，不但要有更多的飞机和大炮，而且还要有原子弹。在今天的世界上，我们要不受人家欺负，就不能没有这个东西。怎么办呢？可靠的办法就是把军政费用降到一个适当的比例，增加经济建设费用。只有经济建设发展得更快了，国防建设才能够有更大的进步。”

毛泽东谈到，“1950 年，我们在党的七届三中全会上，已经提出精简国家机构、减少军政费用的问题，认为这是争取我国财政经济情况根本好转的三个条件之一。第一个五年计划期间，军政费用占国家预算全部支出的百分之三十。这个比重太大了。第二个五年计划期间，要使它降到百分之二十左右，以便抽出更多的资金，多开些工厂，多造些机器。经过一段时间，我们就不但会有很多的飞机和大炮，而且还可能有自己的原子弹”。

毛泽东指出：“这里也发生这么一个问题，你对原子弹是真正想要、十分想要，还是只有几分想，没有十分想呢？你是真正想要、十分想要，你就降低军政费用的比重，多搞经济建设。你不是真正想要、十分想要，你就还是按老章程办事。这是战略方针的问题，希望军委讨论一下。现在我们把兵统统裁掉好不好？那不好。因为还有敌人，我们还受敌人欺负和包围嘛！我们一定要加强国防，因此，一定要首先加强经济建设。”①

毛泽东的重要论述，对正确处理国防建设和经济建设的关系具有重要指导意义，其基本思想是：国防不可不有，不但要有更多的飞机大炮，还要有原子弹，否则中国就会受欺负，经济建设就没有安全保证；只有经济建设发展得更快了，国防建设才能有更大的进步，因此，要加强国防建设，就一定要首先加强经济建设。这是新

① 《毛泽东文集》第 7 卷，27～28 页，北京，人民出版社，1999。

中国成立以来，中国共产党首次系统地阐明了国防建设和经济建设的关系，反映了中国共产党对和平时期国防建设基本规律的认识。这是一个重大的战略问题，只有解决这个问题，才能正确把握国防建设的发展规模和规划，保证国防建设和经济建设的健康发展。

二、贯彻中共八大精神，中央军委作出裁减军队数量加强质量的决定

1956 年 9 月召开的中国共产党第八次全国代表大会，正确地分析了国际国内形势，认为：中国共产党彻底地完成了资产阶级民主革命，又取得了社会主义革命决定性胜利；国际局势已经趋向缓和。据此，会议确定全党和全国人民的主要任务是，要动员和调动一切积极因素，集中力量解决先进的社会制度同落后的社会生产力之间的矛盾，“把我国尽快地从落后的农业国变为先进的工业国”①。为了实现这个伟大的历史任务，会议决定采取的措施之一，是把军政费用在国家财政支出中的比重，从第一个五年计划期间占 32%，降低到第二个五年计划期间占 20% 左右。根据上述精神，在第二个五年计划期间，国防费用平均降到了占国家财政开支的 13% 左右。

此时，人民解放军的总员额为 383 万人，规模仍然偏大，况且有限的军费维持如此规模的军队，则无法实现军队的重点建设，从而也无法保证军队质量和战斗力的提高。在向苏军学习过程中，建立了八大总部，组织机构庞大，部门重叠，分工过细，造成“条条与块块”的矛盾，“严重地妨碍了各部门之间、上下之间的协调和配合。很多日常工作彼此一商再商，却长期悬而不决，更多的情况是各行其是，致使全军任务繁多，应接不暇，各级很难根据自己的情况来布置工作”，“给全军的工作带来了极大的混乱，助长了主观主义和官僚主义领导作风的发展。结果就形成了管不了，无人管，

---

① 中共中央文献研究室编：《建国以来重要文献选编》第 9 册，341 ~ 342 页，北京，中央文献出版社，1994。

受不了的局面”。“机关的过多和机关的过大，是有害而无利的”。[1]再则，干部数量过多，至1957年初，部队现有和正在培养的干部总数已经达到100万人以上，而应编干部数是62万人，严重超编。全军综合性和专业院校有106所，预备学校有52所，文化学校有73所，每年有几万学员毕业到部队担任军官，而部队编制很难容纳这么多毕业军官，造成人力、物力浪费。

1957年1月7~27日，中央军委在北京召开扩大会议，贯彻中国共产党第八次代表大会精神，决定进一步裁减军队数量，调整组织编制，加强国防建设，走质量建军的道路。参加会议的有各总部、各军区、各军兵种的负责人共114人。会议由中央军委委员、国防部部长彭德怀主持，中央军委秘书长黄克诚代表中央军委作《关于裁减和整编军队问题的报告》，总政治部主任谭政作《关于训练中群众路线》的发言，副总参谋长张爱萍作《关于裁减和整编军队问题的补充发言》。1月26日，彭德怀对会议作总结发言。会议讨论并通过了中央军委《关于裁减军队数量加强质量的决定》。决定“在裁减军队数量加强质量的原则下，将人民解放军员额裁减三分之一，即从383万人中裁减130万左右，保持250万人或者更少一些的常备军队”。同时，调整全军的组织编制，把原来的陆军、海军、空军、防空军、公安军五个军种，改为陆军、海军、空军三个军种。裁减整编以后，一是在保持一定数量的前提下，重点加强空军、海军、防空部队和现代化的国防工业建设，加强对新式武器装备的研究，不断改善人民解放军的技术和装备。二是配齐在编干部，保持一定预备干部，特别是有作战经验和有专业技术的干部。办好军事院校，注意对干部的培养和教育，提高干部的军政素质。三是加强预备役工作。四是加强边防、内防建设，有计划地进行国防工程建筑。

《决定》指出：“这次裁减的特点是数量多、范围大，涉及各个

① 《黄克诚军事文选》，634~635页，北京，解放军出版社，2002。

方面、各个系统。因此在工作上必须通盘考虑、周密计划，根据重点裁减，逐步完成的原则，通过裁撤、合并和转为平时编制的方式，达到裁减数量加强质量的目的。裁减的重点应当是：陆军部队（包括公安部队）；技术兵种中尚未装备起来或者使用陈旧装备的部队；各种平时没有迫切需要的勤务部队；军队可以不办的和举办过多的学校；工作任务重叠或者不必单独设立的机关部门，以及全军中的其他非必需的单位和人员。除了上述几个方面有重点的裁减之外，全国战斗部队必须由战时编制转入平时编制。缩减具体人员的原则，又应当是：士兵多减、干部少减，没有技术的多减、有技术的少减，没有战斗经验的多减、有战斗经验的少减。裁减的步骤，必须采取逐步实现的办法。在全军范围内，要求在1957年内缩减到320万人，在1958年内缩减到280万人，然后再根据国际形势进一步好转（如果那时确有进一步好转的形势的话），把全军缩减到250万人或者更少于这个数目。各地区、各系统也必须根据统一规定的缩减数字，定出全面计划，逐批缩减。”

关于加强军队质量建设问题，《决定》指出：“根据现代战争的需要，我们必须加强技术兵种的建设，特别是空中力量和防空力量的建设。必须在全军范围内加强军事技术和军事学术的研究工作，适当加强军事技术、学术的专门研究机构和设备，提倡全军官兵在实践中的研究和创造精神。必须努力提高指挥员的质量，加强技术干部的培养，加强全军的训练工作，加强预备役的组织和训练。只有这样，才能更有效地应付可能发生的突然事变。”

《决定》对裁减军队工作提出了要求，指出：“这次裁减军队，是我军当前一项重要的政治任务，也是一件极端复杂的工作，各级领导机关对此必须给予高度的重视。既要进行细致的组织工作，又要进行深刻的思想动员工作。任何草率从事的态度，都可能造成混乱和引起不良后果。在整编中对于所有的编余军官和士兵，必须进行妥善的处理和安置，使他们有工作做，有学校住，生活有保证。对其中大批的转业人员尤须慎重处理，事先和地方党政部门商妥，取得他们的领导、帮助和支持。这样，才能够保证这一重大任务的顺利完成。”

会后，全军各大单位认真传达贯彻会议精神，依据中央军委的决定，制订各自的精简整编实施方案。

三、恢复三总部领导体制

1955 年形成的“八总部”领导体制，对加快军队正规化、现代化建设和完成各项战备工作具有积极作用。但在实践中也暴露出机构庞大、部门重叠、分工过细等问题。特别是部门之间的工作缺乏统筹安排，政出多门，造成部队工作忙乱，使部队的建设受到一定影响。中央军委在《关于裁减军队数量加强质量的决定》中指出：“从我军的实际情况来说，由于数量庞大，组织编制不合理所产生的人力、财力的浪费，都是很严重的。”因此，1957 年 1 月中央军委扩大会议决定撤销总军械部将其划归总参谋部，撤销总财务部将其划归总后勤部，总政治部干部部划归总干部部，同时精简训练总监部和武装力量监察部机构，各总部下属某些性质相同的部门实行合并。

据此，1957 年 4 月 1 日，总政治部将干部部并入总干部部，文化部、青年部分别并入宣传部和组织部。5 月 15 日，总财务部撤销，并入总后勤部，并重新任命了总后勤部的领导，洪学智任部长，余秋里任政治委员，张令彬、邱会作、饶正锡、唐天际、张贤约任副部长，邱会作（兼）、李耀、李雪三任副政治委员。7 月 1 日，总军械部撤销，改称总参谋部军械部。

1958 年 7 月，中央军委扩大会议通过《关于改变组织体制的决议（草案）》，指出，人民解放军的组织体制仍然存在着机关庞大、部门过多、组织重叠、分工机械的现象。因此，有必要对军队的组织体制进行某些改革。决定中央军委下设总参谋部、总政治部、总后勤部三个部门，作为军委的工作机关，在军委统一领导下负责各部门主管的工作。将训练总监部、通信兵部、防化学兵部划归总参谋部；将总干部部、军事法院、军事检察院划归总政治部；将总参谋部军械部改属总后勤部；撤销总参谋部警备部；撤销省兵役局，将其并入省军区司令部；将县、市兵役局改称县、市人民武装部。

按照中央军委的决定，10 月 1 日，总干部部正式撤销。在总政治部建制下成立干部部。11 月 1 日，武装力量监察部正式撤销，将军事、政治、后勤监察工作分别划归总参谋部、总政治部、总后勤部管理。12 月 11 日，训练总监部正式撤销，将训练总监部所属各部局整编为军事训练部、学校管理部、出版部，纳入总参谋部编制。1959 年 3 月 1 日，总参谋部军械部改属总后勤部建制。

恢复三总部领导体制后，除 1957 年 5 月已任命总后勤部领导成员外，又任命总参谋部、总政治部领导人。总参谋长：粟裕（1958 年 10 月黄克诚接任），副总参谋长：张宗逊、李克农、陈赓、王震、许世友、邓华、彭绍辉、张爱萍、杨成武、韩先楚；总政治部主任：谭政，副主任：傅钟、萧华、甘泗淇、刘志坚。

总参谋部、总政治部、总后勤部三总部领导体制，更加符合中国的国情和军情，有利于加强军队的统一指挥和对现代化、正规化建设的领导。这种领导体制一直延续到 20 世纪 90 年代末期。

四、五个军种调整为三个军种，建立精干的常备军

根据 1957 年中央军委扩大会议决定，将陆军、海军、空军、防空军、公安军五个军种改为陆军、海军、空军三个军种，防空军与空军合并，撤销公安军军种番号及其领导机构。

公安部队成立以来，在维护国家社会治安、肃清武装匪特、保卫边海防斗争以及抗美援朝战争中，取得了很大成绩，作用是显著的。但公安军执行的任务，与人民解放军历史上省军区、军分区的地方部队所担负的任务，没有实质上的差别。在全国普遍建立了省军区、军分区系统和社会治安日益好转的情况下，为减少机构，建设适合中国情况的军事组织制度。中央军委决定：撤销公安军的番号，将边防、内卫、城防部队交归省军区、军分区和城市警备部门领导指挥；将看守监狱和劳改犯人、守卫工厂、仓库和警卫国家机关的部队，凡是可以改为警察的部分，改编后连同所担负任务一道

拨归国家公安部门；不能改为警察的部分一律归省军区、城市警备部建制，其任务亦由省军区和城市警备部负责。

公安军从1957年3月开始整编工作。同年9月1日，原公安军领导机构改编为总参谋部警备部，负责对全军担负内卫、边防任务部队的业务指导，领导管理直属警备部的部队和院校。至1958年底，按整编方案规定，基本上完成了向地方公安部门的移交工作。12月31日，总参谋部警备部和机关随之撤销，其人员分别编入北京卫戍区和公安部民警局。1959年1月1日，移交地方的公安部队统一改为人民武装警察部队，由人民解放军编制序列改归国家公安部门领导。

随着空军歼击航空兵的成长壮大，防空军和空军两个军种同时担任防空任务，不仅机构重叠，而且指挥不便。为彻底解决空军和防空军在指挥上的矛盾，减少机构和人员，1957年中央军委扩大会议讨论决定，将防空军合并到空军。

1957年2月21日，中央军委正式作出防空军与空军合并的决定。3月4日，中共空军、防空军委员会召开联席会议，研究空军、防空军合并的具体事宜，确定：原防空军的高射炮兵、探照灯兵和雷达情报兵的指挥机构和部队予以保留，空军原有的雷达部队编入雷达情报兵，这3个兵种直接归合并后的空军司令部建制；防空军和空军的同类业务部门进行合并；防空军和空军的各级防空作战指挥所，合并成统一的防空作战指挥所；防空军的学校予以保留。5月17日，防空军和空军直属机关正式合署办公。空军机关在原有基础上又增设了高射炮兵指挥部、雷达兵部、探照灯兵部。合并后，空军共有地面防空部队高射炮兵11个师部、36个团，雷达部队25个团，探照灯部队6个团。

根据1957年中央军委扩大会议通过的《关于裁减军队数量加强质量的决定》和全军组织编制调整方案要求，陆军在整编中，步兵师一律改成平时编制，分为满员师和简编师两种，满员师9000～1万人，简编师7000人。部署在沿海及西藏地区的步兵师按满员师编制，其他地区的步兵师则实行简编师编制。至1958年底，陆军编制人数约占全军总定额的54.6%。其中步兵师约有35%为满员师，其余均为简编师。铁道兵在整编中撤销两个军部。海军在整编中，撤销了陆战师，将海军陆战师改编为守备第11师。海军、空军和陆军各兵种领导机关下设的机构，也进行了精简和撤并。

从1956年11月~1958年底，全军成建制集体转业或移交地方的有1个军部、46个师、30余所医院和30余所院校。全军总人数在1956年的基础上精简了36%，减至240万人左右。这是新中国成立后中国人民解放军人数最少的时期。国防费在国家的财政支出中所占的比例，也从1956年的20%下降到1958年的12.2%。

经过精简整编，人民解放军海军、空军以及陆军技术兵种的比重增加，在编制体制和作战指挥上已初步达到了战略合成的要求，各军兵种的比例进一步趋向合理。到1958年，空军占全军总人数的12.2%，海军占5.8%，炮兵占4.8%，装甲兵占2.3%。步兵师的编成内兵种人数，1958年与1950年相比，步兵由61.1%下降到42.33%，炮兵由20.42%上升到31.89%，工程兵由1.62%上升到4.36%，通信兵由3.63%上升到3.78%，装甲兵达4.73%，防化兵达1.2%。全军的数量虽然比以前大大减少，但质量却有了很大的提高。同时，减少了军费，有力地支援了国家的经济建设。另外，经过精简整编，进一步明确了中央军委、国防部和各总部、各大军区、各军兵种、各院校的基本任务和职责，克服了机关臃肿、层次过多的问题，提高了工作效率。

五、高等军事学院和军兵种学院及其他院校的调整

军事学院至1954年已初具规模，有高级速成、基本、战役、政治、情报、炮兵、装甲兵、海军、空军、函授等10个系（1955年12月成立战史系）。但是，军事学院的建设还满足不了各军兵种快速发展的要求。1954年12月28日，刘伯承向中央军委提出在军事学院战役、高级速成、海军、空军、炮兵、装甲兵等6个系基础上分建6个学院的报告。刘伯承提出：“军事学院已初具规模，但远

不能适应我军现代化建设的发展及现代化战争的规模，尤其是学院的机构庞大复杂，职责不专，而其技术兵系组织更不健全。各技术兵司令部领导精力不够集中，从而工作也不够确切，长此以往将误国防大事。为此，特提出分建六个学院的建议。其一，创办高等军事学院。以军事学院的战役系为基本系，以高级速成系军级班为其速成班，院址在北京。这样，在军委、总参谋部领导下，便于研究与学习与国防密切联系的战役法、战略等科目。其二，政治学院已经由总政治部筹办，建议军事学院政治系合并到政治学院。其三，创办各兵种学院。以军事学院海军系、空军系、炮兵系、装甲兵系为基础，分别创办海军学院、空军学院、炮兵学院、装甲兵学院。各兵种学院创立后，隶属于各该兵种司令部领导。”刘伯承还请军委考虑是否将军事工程学院有关各兵种的工程系也划归有关军兵种学院。中央军委赞同刘伯承的建议，责成有关部门开始研究军事学院分院的问题。

1955 年 2 月 19 日，副总参谋长、训练总监部副部长兼军事学院和学校部①部长张宗逊向军委提出筹建高等军事学院的初步方案，对学院收生定额、编制机构、干部配备、校舍建设和筹备小组具体人选等提出建议。刘伯承也于 3 月 2 日向军委提出筹建高等军事学院的几点意见。刘伯承建议选在北京城西北郊的黑山扈，因此处离中央军委和中共中央党校等高等学院较近，便于接受中央的领导，便于聘请教员兼课和实验。同年 4 月 7 日，彭德怀就筹建高等军事学院问题向毛泽东和中共中央提出报告，经中央书记处审议批准。随后，组成高等军事学院筹备委员会，张宗逊任主任，洪学智任副主任，宋任穷、甘泗淇、王尚荣、唐延杰、苏静、董汉炳为委员。高等军事学院的筹建工作在筹委会的领导下加紧进行。

军兵种学院的筹建工作也陆续展开。经中央军委批准，海军于

① 1952 年 11 月 7 日，以军委军训部军校管理局为基础，成立军委军事学校管理部。1954 年 4 月 21 日，军委军校部改归训练总监部建制领导，称军事学院和学校部。

1955 年 12 月开始筹建海军军事学院，[①] 空军于 1956 年 2 月开始筹建空军学院，炮兵于 1955 年 5 月开始筹建炮兵学院，装甲兵于 1955 年 8 月开始筹建装甲兵学院。

经过几年的筹备，1957 年 8 月，以军事学院战役系、战史系为基础，在北京成立高等军事学院，刘伯承任院长兼政治委员（因病未到职，由叶剑英兼任院长），陈伯钧任副院长，李志民任副政治委员。学院的任务是培养全军正师级以上军事、政治、后勤干部，高级参谋及军事理论人员，以提高他们的马克思列宁主义政治、军事理论水平，以及组织指挥现代化诸军兵种军队的作战能力。

同年 7 月，以军事学院炮兵系为基础，在河北宣化成立炮兵学院，炮兵司令员陈锡联兼任院长，高存信、贾陶任副院长，刘春任副政治委员。学院的任务是培养全军炮兵营以上中、高级指挥员及参谋人员。10 月，以军事学院海军系为基础，在南京成立海军军事学院，海军副司令员方强兼任院长和政治委员，谢立全任第一副院长，林遵、朱军任副院长，雷永通任副政治委员。学院的任务是培养海军中、高级军政指挥干部。1958 年 6 月，以军事学院装甲兵系为基础，在山西大同成立装甲兵学院，装甲兵司令员许光达兼任院长，张文舟、黄鹄显、谢锐任副院长。学院的任务是培养装甲兵师、团级军事指挥员和营、连级政工干部。9 月，以军事学院空军系为基础，在北京成立空军学院，空军副司令员刘震兼任院长和政治委员，空军副司令员常乾坤兼任副院长，沙克、沈启贤任副院长。学院的任务是培养空军中、高级军政指挥干部。

与此同时，中央军委对全军初、中级指挥院校和专业技术院校进行了精简和调整。1956 年以后，随着官兵文化水平的提高和国民教育的发展，文化教育任务减少，因此，大幅度削减了预备学校和文化学校。至 1958 年，人民解放军预备学校由 1956 年的 52 所减为 7 所，文化学校由 1956 年的 73 所减为 31 所。

---

① 1960 年 10 月改称海军学院。

1958年12月，根据中央军委的决定，南京总高级步兵学校和军事学院合并，称“中国人民解放军军事学院”。院长廖汉生，政治委员王平，副院长张震、陈庆先、张藩，副政治委员刘浩天。至1959年，全军保留汉口和石家庄2所高级步兵学校，将1955年的12所步兵学校调整为10所，分别设在昆明、南京、信阳、锦州、洛阳、石家庄、南昌、桂林、天水、重庆。

炮兵院校形成常规和特种两种体系。常规院校除炮兵学院外，保留了南京、郑州两所地面炮兵指挥学校、武昌高射炮兵学校、重庆炮兵侦察学校、沈阳炮兵政治干部学校和南京炮兵预备学校。随着导弹部队的建立和发展，1959年4月，将武威步兵学校改称为武威导弹技术学校，11月，将西安炮兵学校改建为炮兵高级专科学校。此外，1957年5月，将高级通信兵学校与沈阳通信兵学校合并，称高级通信兵学校。9月，海军以快艇学校和联合学校的兵器、机械、舰务3所分校为基础成立海军高级学校。1956～1959年，空军组建第13、第14、第15、第16、第17航空学校和空军通信学校，撤销原防空军的技术学校，同时调整部分院校的培训任务。后勤院校也进行了调整。1958年6月，军需、财务等学校合并组成武汉后勤学校，培训诸军兵种中、初级后勤指挥和专业勤务干部。在此前后，还将长春第1军医大学及3所军医学校和1所兽医大学移交给地方，并撤销了1所军医学校。在院校调整过程中，对各学校的专业设置也进行了调整。

经过精简调整，至1959年，全军院校从1956年的231所减少到129所，总人数约为25.3万人。院校的数量和结构更加趋于合理，一个包括指挥、政治、后勤和专业技术院校在内的初、中、高级院校相衔接的军事教育培训体制初步形成。1949～1959年，全军院校为部队输送了26.9万多名干部，对提高部队的军政素质，促进部队正规化、现代化建设起到了重要作用。

六、成立军事科学院和各级军事科研机构

人民解放军在长期的革命战争中积累了丰富而又宝贵的建军和

作战经验，但是缺乏科学、系统、全面的研究和总结。新中国成立后，人民解放军的训练和教学主要是采用苏军的各种条令和教材。人民解放军现代化、正规化建设，迫切需要总结自己的经验，编写自己的军史和战史，编写出符合中国国情军情的作战条令。此外，现代科学技术日新月异的发展，特别是尖端科学技术的发展及在军事上的运用，给军事科学发展带来许多新的变化，都需要认真研究。

为系统研究马克思列宁主义军事理论和毛泽东军事理论，总结古今中外的战争经验，尤其是人民解放军的建军和作战经验，编写合成军队的条令条例，探索现代条件下武装力量建设和人民战争的规律，以适应国防现代化建设和未来反侵略战争的需要，自1955年起，中央军委领导多次召开会议，讨论酝酿成立军事科学研究的专门机构。1956年9月，叶剑英向中央军委和毛泽东提出建立军事科学院的建议，以便全面系统地开展军事科学研究工作，同时，统一计划、协调和指导全军的军事科研工作。这一建议得到中央军委和毛泽东的批准。

1956年12月3日，中央军委批准成立以叶剑英为主任，彭绍辉为副主任，张宗逊、张令彬、韩练成、陶汉章等为委员的军事科学院筹备委员会，具体负责军事科学院的筹建工作。筹备委员会研究制定了军事科学院的组织规程和编制体制，提出了军事科研任务和指导思想，有计划地选调了干部，并选择确定了军事科学院的院址。

1957年4月22日，中央军委决定军事科学院以训练总监部军事科学条令部为基础组建。5月20日，军事科学院筹备委员会向中央军委建议：以训练总监部军事科学条令部、总参谋部作战部战争经验研究处一部分和训练总监部出版部图书馆为基础，组成军事科学院。7月25日，中央军委正式批准军事科学院的组织编制，设军事史、军事学术、军事技术3个学部和学术秘书处、院办公室、行政事务管理处、政治处、干部处、翻译处等部门。10月24日，国防部发布命令，正式命名军事科学院的全称为“中国人民解放军军事科学院”。11 月 4 日，国防部奉国务院总理周恩来的命令，任命叶剑英为军事科学院院长兼政治委员，宋时轮为第一副院长，彭绍辉为副院长。

1958 年 1 月 8 日，成立中共军事科学院临时委员会，由叶剑英、宋时轮、彭绍辉、杨至成 4 人组成，叶剑英任书记。1 月 11 日，叶剑英主持召开临时党委第一次会议，重点讨论军事科学院工作计划大纲。叶剑英对有关建院工作，如营房建设、组织建设、制度建设、班子配备、干部学习以及同驻外武官建立科学研究的联系等问题，发表了指导性的意见。

同年 1 月 25 日，国防部批准军事科学院的组织规程，对军事科学院的性质、任务、科研工作方针、组织编成及基本成员称谓作出了具体规定。同时将军事科学院的编制调整为：政治委员办公室、计划指导部、院务部、学术秘书处、战史研究部、战争理论研究部、战役研究部、战术研究部、外国军队研究室等部门。

经过一年多的筹备，1958 年 3 月 15 日，军事科学院在北京成立。叶剑英在成立大会上讲话指出：军事科学院是研究军事科学的一个机关，是学习、研究、生产统一的机关。它的任务就是要解决军事科学问题，生产全军迫切需要的产品。中国有中国的特殊情况，要创造性地把自己的东西搞出来。我们有几十年的战争经验，以现有装备、将来的发展做依据，可以编出自己的东西。军事科学不同于自然科学，它是研究战争的理论科学。世界上有很多理论，有的不一定是科学，马列主义军事理论是真正的科学。他勉励全院同志虚心学习，刻苦钻研，密切联系实际，深入调查研究，实事求是，攀登科学大山，努力成为军事科学家。在党的领导下，以谦虚的态度，革命的干劲，团结一致，完成军事科学研究任务。

军事科学院直接隶属中央军委和国防部领导，是全军军事科学的研究计划指导机关和学术研究机关，一方面计划指导全军军事科学研究工作；同时从事综合性的军事学术的研究工作。

关于军事科学院的工作方针，叶剑英在 1958 年 5 月 25 日给毛泽东的信中提出："以不破不立的思想，抱敢想、敢说、敢做的精神，采取厚今薄古、学习与独创、研究与生产三者相结合的方法，以马克思列宁主义、毛泽东同志的著作为指针，广泛地利用现代科学技术的成就（特别是学习苏军的军事科学技术的新成就），从我国、我军的实际情况出发，以美帝国主义为作战对象，研究出适合我军在未来战争中所需要的战术、战役的指导思想及作战方法。编写出我军的作战条令和我军战史。"①

军事科学院的主要任务是：（1）在中央军委直接领导下，组织、计划、指导全军军事科学研究工作，并把全军的军事科学研究与军事科学院综合性的军事学术研究紧密地结合起来；（2）学习研究毛泽东同志的军事著作，由近而远地系统地总结人民解放军的建军经验和战争经验，编写人民解放军的军史、战史；（3）认真学习苏军军事科学，吸取苏军先进经验，积极从事理论研究和应用研究，结合中国的自然、地理条件、人民解放军编制装备和敌军特点，通过现场实验编写人民解放军的作战条令；（4）逐步地研究和解决人民解放军在军队建设、国防建设、军事训练中所提出的军事学术问题，把军事科学研究工作与人民解放军建设的实践密切结合，以促进军队现代化建设的进行；（5）研究人民解放军主要作战对象的战争潜力、备战措施、战略战术及其特点，向全军提供这一方面的研究资料；（6）建立军事科学研究的编译工作，系统地向全军介绍苏军先进经验；（7）整理中国的近代军事史料，研究中国的古典军事著作和研究第一、第二次世界大战各国的军事经验，吸收其中有用的东西，加以选择利用。②

军事科学院成立后，中央军委和国防部又陆续任命一批高级将领担任院领导职务。1958 年 5 月 6 日～1960 年 12 月，先后任命杨

① 《叶剑英军事文选》，356 页，北京，解放军出版社，1997。

② 《中国人民解放军军事科学院组织规程》，1958 年 1 月 8 日。同年 1 月 25 日国防部批准。

至成、粟裕、王树声为副院长，王新亭、钟期光为副政治委员。

与此同时，军事科学院的组织机构不断进行调整和完善。1959年3月23日，为加强对外国军事的研究，经中央军委批准，外国军队研究室升级为外国军队研究部。4月22日，军事科学院成立院办公室，将计划指导部的职责、编制并归院办公室。政委办公室改称院政治部。12月28日，为增强人民解放军高级干部对现代战争各门科学技术知识的全面了解，中央军委批准军事科学院筹建军事技术研究馆（后改为军事技术直观教研馆）。1960年1月6日，国防部批准军事科学院机构设置调整为：秘书处、政治部、院务部、组织计划部、战争理论研究部、战役研究部、战史研究部、战术研究部、外军研究部等部门。8月，军事技术研究馆正式列入军事科学院编制。

军事科学院的成立，标志着中国军事科学研究跃上了一个新的台阶。从此，人民解放军有了专门从事军事科学研究和组织协调全军军事科学研究的机构。

1959年1月12～28日，全军第一次科学研究工作会议召开。国防部长彭德怀到会并讲了话，彭德怀指出："军事科学研究工作非常重要"，"军事科学研究工作是经常的、长期的，只要军队存在一天，军事科学就不能取消，如果忽视这个研究，我们就会落后"。叶剑英作会议总结发言，对军事学术研究和编写条令工作提出三项要求：一是要加强对科学研究工作的领导；二是建立健全科学研究的专业机构；三是研究与实验相结合。会议进一步明确了科学研究工作的方针：以毛泽东同志的军事思想为指针，以保卫祖国的战略方针为主要依据，以总结我军经验为主，有选择地吸取苏联和其他国家的经验，并认真地研究敌人，从我国我军的现实情况出发，并照顾到今后可能的发展。这次会议还通过了《关于加强全军科学研究工作组织建设的建议》，后经中央军委批准。根据这个建议和叶剑英提出的"研究机构系统化、研究干部专业化、研究工作经常化"的要求，各军区、各军兵种分别成立军事科学研究部（或在司令部下设军事科学研究处或室)，各院校下设研究室（处或科），省军区和野战军作训处设科学研究科，各作战师作训科设1～3名专职科研参谋。军事科学研究工作在全军逐步开展起来，并取得可喜的研究成果。在研究工作的实践中，逐步建立和完善军事科学学科体系，培养和锻炼了一大批军事科学研究专业人才，逐步摸索和总结出一整套符合科研规律的研究方法，为全面开展军事科学研究工作奠定了良好的基础。

七、改革训练管理方法，提高技术战术训练水平

为贯彻积极防御的战略方针，1957年中央军委扩大会议提出了新的训练方针："逐步提高现代军事技术，学会在新式武器条件下及夜间和复杂条件下诸兵种合同作战，随时准备应付突然事变。"全军认真贯彻这一训练方针，大批干部通过军事院校的培养和深造，系统地掌握现代战争和技术知识。部队的训练质量有了显著的提高。

（一）改革军事训练管理方法

在正规军事训练初期，人民解放军实行高度集中统一的军事训练管理方法，年度训练任务和计划，由中央军委或国防部自上而下，逐级下达或制定。各项训练严格按照全军统一的计划和大纲，以及有关的条令、教范、教程进行。全军自下而上地总结上报训练情况，国防部组织校阅团，检查考核部队训练任务的完成情况。这种高度集中统一的训练领导和管理体制，对于刚由战争转入正规训练的人民解放军来说，是正确的、必要的，但随着训练的深入发展，其局限性也逐渐明显。

1956年10月，中央军委召开全军训练委员会扩大会议。叶剑英在会上指出："我国的国土很大，国防线很长，各军区所担负的具体任务不完全一样，加上东西南北、春夏秋冬这些自然条件的差异，全军不能使用一个统一的实施计划。因此，统率部的训练机关，只能够掌握全军的训练纲要；至于具体实施的训练计划，应由

各军种、各兵种因时、因地、因任务的不同，自行拟制。”[1] 以往训练由“国防部颁发训练命令，训练总监部颁发训练计划纲要和组织指示，这三部文件实际上是三大本书，达十余万言；另外各兵种尚有训练计划和组织指示，内容多，重复，前后矛盾，下边很难执行。除此而外，各军区、军种、军、师、团要照例下达这些文书，内容多系逐级抄转，浪费人力、物力和时间，造成计划文书泛滥，并给部队增加繁重的负担”。因此必须简化训练计划文书，“训练总监部只制定年度训练计划纲要，以国防部长简短的训令形式颁发执行，以及军委各总部的综合性工作计划和训练物质保障计划；各兵种不再单独下发训练计划，只下达专业训练法指示；各军区、各军种下达组织指示，或以命令形式颁发训练实施计划。军以下均按此原则简化文书”[2]。1957 年 1 月，训练总监部在中央军委扩大会议上提出因地制宜的若干问题，即：训练任务的区分，由各军区、各军种根据训练总监部颁发的战斗训练纲要，结合本地区实际，自行区分各部队的训练任务，确定训练任务的分量；除训练总监部规定训练时间及年度训练的概略起止时间外，年度训练的具体起止时间、训练期和阶段的区分由各军区、各军种规定。同时对几个主要的训练制度作了较大调整。

据此，人民解放军改变了训练管理方法，按照“统一领导，分级管理，按级负责”原则组织训练，大大调动了广大指战员的积极性、创造性。

（二）开展优秀射手和技术能手活动，加强战术训练

1956 年 2 月，总政治部召开的青年工作会议倡议在全军开展创造优等射手和技术能手运动。6 月 2 日，总政治部发出《关于创造优等射手和技术能手问题的指示》，要求各级党委和政治部加强对运动的领导。创造优等射手和技术能手活动的广泛开展，激励了广

① 《叶剑英军事文选》，316～317 页，北京，解放军出版社，1997。

② 《叶剑英军事文选》，324～325 页，北京，解放军出版社，1997。

大官兵勤学苦练的热情，调动了他们的积极性和创造性。这一活动有力地促进了全军各部队以射击为主的技术训练，使各种武器的射击成绩上升很快。至1957年，步兵的步骑枪、冲锋枪、轻机枪、重机枪4种武器实弹射击成绩，全军总评优秀，其中60%的师各种枪射击均取得优秀成绩。炮兵各炮手能熟练地操作火炮，熟悉火炮的性能、构造、维护及保养方法，并能够在各种发射阵地上实施射击，射击的精度和速度全军总评良好。装甲兵学会了通过各种障碍的驾驶技术，掌握了战斗驾驶技能和夜间驾驶技能，实弹射击全军总评优秀，各项技术全面优秀的团比1956年增加1倍。工程兵、通信兵、防化兵等技术兵种，能熟练地使用本兵种的各种装备和器材，能在一般战斗情况下，完成所担负的保障任务。海军各兵种较熟练地掌握了一般条件下的战斗技能，潜艇、快艇等部队的鱼雷攻击命中率接近100%，各种枪、炮射击命中率达90%。空军大部分飞行部队，进行了昼间复杂气象和夜间简单气象条件下的训练，有的还进行了夜间复杂条件下的训练，能在复杂气象条件下完成各种战斗任务。全军共涌现出优等射手和技术能手近百万名。经过几年的努力，技术训练取得了较好的成绩，改变了全军技术训练落后的状况。

按照国防部颁布的1956年度战斗训练任务训令和训练总监部1957年度战斗训练纲要的精神，全军以“战术为经、技术为纬”的原则，以更多的时间和精力进行了战术训练。步兵师每年除完成单兵到师的攻防基本科目外，有些部队还组织了原子条件下的训练。各技术兵分队在技术训练的基础上，有计划地参加步兵部队的战术演习，提高部队的合同作战能力。炮兵着重提高排、连、营、团（群）训练水平，进行伴有战术背景的实弹射击。装甲兵实施高速度进攻训练，以及支援步兵作战的战术动作。空军实施单机到团的空战、轰炸以及协同陆军作战的训练。海军以合同训练为中心，加强海上训练，从单舰单艇起步，水面舰艇还进行了与潜艇、航空兵和陆军的协同作战训练。

1956年初，训练总监部在北京先后举办两次战术射击集训。5月20日~6月20日，又在河南明港组织了战术法集训，受训干部645人。同时，有的军区还组织了师、团规模的实兵战术演习。全军还着重研究了方面军抗登陆战役问题，沿海军区结合预定战役方向组织了集团军海岸防御战役课题的集训和演习，成都军区组织了进攻战役集训。1957年11月15日~12月4日，中央军委在上海组织高级干部方面军抗登陆战役集训，参观见学的高级干部达300余人。

1956~1958年，院校教学主要突出基础理论教育和基本技能训练。初级指挥院校，主要进行军事、政治和文化基础教育，系统学习军事理论、军事地形学、军兵种知识、“三大条令”、“五大技术”① 和单兵到营的战术。中级指挥院校，主要是系统学习营到集团军的战术，战役法及苏军十大战役等。步兵学校、高级步兵学校，把战术教育确定为军事教育科目的重点。高级指挥院校，全面学习战略原则、战役法、从师到方面军的战术，以及毛泽东军事思想、军事学术史、古今中外的军事名著等。后勤院校，主要学习军事理论、后勤指挥、专业勤务和专业技术。专业技术院校和医学院校，主要进行基本理论、基础知识教育和基本技能训练。

另外，人民解放军还与苏联、朝鲜两国军队共同组织军事演习。1956年4月，中苏空军进行了实兵拦截演习，由苏联空军出动目标机，中国空军出动拦截机演练攻击战术。1957年7月，中苏空军进行联合防空演习，演练各级指挥员和指挥所的指挥引导能力、雷达部队抗干扰发现目标的能力以及歼击航空兵攻击空中目标和外场着陆的能力。8月，中、苏、朝三国军队在中苏沿海地区举行以陆军为主，海军舰队和空降兵协同，歼灭敌人濒海集团的方面军进攻战役首长司令部现地演习。与此同时，有的军区还组织了师、团

① “三大条令”，指《队列条令》、《内务条令》、《纪律条令》。“五大技术”，指射击、投弹、刺杀、土工作业、爆破。

规模的实兵战术演习。

通过正规军事训练，人民解放军建立了正规的秩序，熟练地掌握了新的武器装备，并基本上掌握了与新装备相适应的战术。高级干部通过战役集训和参加诸军兵种的战役演习，提高了现代条件下组织指挥作战的能力。

第三节　开展整风运动和反右派斗争

一、开展整风运动

1956 年社会主义改造基本完成之后，国内形势以及阶级关系发生了很大变化。阶级矛盾已不再是社会的主要矛盾，正确处理人民内部矛盾成为国家政治生活的主题。因此，毛泽东提出正确处理人民内部矛盾的问题，目的是调动一切积极因素投入到社会主义建设的伟大事业中去。但是，共产党内许多同志并不了解这种新情况和新任务，也有些同志经不住执政党地位的考验，在胜利形势面前滋长了骄傲自满的情绪、特权思想以及脱离群众和脱离实际的官僚主义、宗派主义和主观主义的不良作风，在不同程度上影响了党与群众的关系。为了纠正这种现象，加强党的建设，改进党的作风，中共中央决定在全党开展整风运动。

1957 年 4 月 27 日，中共中央发出《关于整风运动的指示》，指出：这次整风运动应当以毛泽东 2 月在扩大的最高国务会议上和 3 月在中央召开的全国宣传工作会议上所作的两个报告为指导，把正确处理人民内部矛盾的问题作为整风的主题，按照“从团结的愿望出发，经过批评与自我批评，在新的基础上达到新的团结”的方针，在全党重新进行一次深入的反官僚主义、反宗派主义、反主观主义的整风运动，提高全党的马克思主义思想水平，改进作风，以适应社会主义改造和建设的需要。《指示》强调，这次整风运动，应该是既严肃认真又和风细雨的思想教育运动，应该是恰如其分的批评与自我批评的运动。采用同志间谈心的方式，而不要开批判大会或斗争大会。对于在整风运动中检查出来犯了错误的人，不论错误大小，只进行积极的、耐心的帮助，达到“惩前毖后，治病救人”的目的，一概不给以组织上的处理。

为贯彻中共中央《关于整风运动的指示》，5月8～15日，总政治部召开由各总部、军区、军种、兵种和院校负责同志参加的整风座谈会议。会议对军队所存在的矛盾进行了分析研究，对如何进行整风的问题进行了讨论。认为军队中较为突出的矛盾：一是官兵关系问题，这是军队内部的主要矛盾；二是领导机关与部队、领导干部与被领导干部之间的矛盾；三是军民、军政关系的矛盾。军队中的矛盾，主要表现为官兵关系和军民关系的矛盾。而这两个主要矛盾又同领导机构与部队、上下级领导干部之间的矛盾密切相关。会议认为：这是人民内部矛盾在部队的直接反映。人民解放军由战争环境转入和平环境，由扩大发展转变到紧缩编制、裁减人员；由装备落后的低级阶段过渡到掌握现代技术的新阶段。这些大的变化，使部队的内部矛盾有了新发展。但从领导角度来看，领导机关和干部的思想作风上的主观主义（主要是教条主义）、官僚主义和宗派主义，则更加发展和加深了这些矛盾。因此，会议确定以反对教条主义、宗派主义、官僚主义为整风的主要内容。整风目的是要学会正确处理人民内部矛盾，克服主观主义（主要是教条主义）、官僚主义和宗派主义的错误。重点解决官兵之间、上下之间、军民之间的矛盾。对象首先是团以上领导干部。全军整风采取自上而下分批进行：第一批为团以上领导和机关干部，第二批为营以下分队干部。每批整风分为学好文件，掌握思想武器；发扬民主，检查批判，分析矛盾，弄清是非；总结研究改进工作，提出处理解决矛盾的方案和意见三个阶段。会议要求，在整风中加强指导，坚持和风细雨的方针，强调思想问题不能采取强制手段，坚持整风和工作两不误。

会后，整风运动迅速在全军展开。团以上党委、机关组织大家认真学习整风文件，掌握思想武器，反复进行思想动员，宣传解释中共中央关于开展整风运动的指示精神，要求大家解除顾虑，以对党对人民对军队建设负责的精神，畅所欲言，坦率提意见，勇于揭露矛盾和问题。各级党委、机关还以召开小组会、进行个别谈心、到部队和地方召开各种座谈会等形式，广泛征求意见，冷静地听取批评。广大指战员对领导干部和领导机关脱离实际、脱离群众的主观主义、官僚主义、宗派主义，进行了坦率的揭露和批评。各级领导干部、领导机关从政治上、思想上进行了普遍的检查，并在听取群众意见的同时进行整改。许多领导干部深入基层，与士兵同吃、同住、同劳动，关心群众的疾苦；许多单位建立了首长接见士兵的制度，耐心听取群众的意见，研究解决了许多实际问题。

1957 年 6 月 4 日，总政治部主任谭政经过调查研究，形成《关于当前部队官兵矛盾和军民矛盾的考察报告》。为从根本上改善官兵关系，防止和避免矛盾的扩大，报告有针对性地提出 12 项措施：(1) 建立士兵代表会议制度；(2) 认真严肃地处理士兵的控诉、要求和建议，保证士兵的控诉权；(3) 对落后分子实行教育改造的方针；(4) 对犯错误的士兵处分和批评的方式，应采取个别教育处理；(5) 连队实行干部与士兵一起劳作的制度；(6) 加强对军官家属的管理教育；(7) 改善新兵的管理教育，新兵军事生活的养成，应采取有步骤的诱导办法；(8) 各部队自行规定的制度，凡不当的应废止；(9) 加强干部的法制教育，使之严格遵守法制；(10) 步兵学校、军士教导营要增设“怎样带兵”一课；(11) 加强思想教育工作，在士兵中经常进行遵守纪律，服从命令，尊重干部，忠于职守的教育；(12) 各级领导干部要多到下面去活动，实行就地解决问题的原则。

《考察报告》对改善军民关系提出了 8 项措施：(1) 军队要有人出席或列席驻地的各级人民代表大会，听取人民的意见；(2) 军队的师、团或分散部队的营、连，应与驻地附近的合作社建立固定的联系，经常给予支援，及时处理军民纠纷；(3) 军队占用的土地、划分的禁区和借用的民房，要逐个检查，适当调整与紧缩，住民房应按规定付房租；（4）靶场射击对人民生产有妨碍时，应同当地政府、合作社商定打靶的时间和地点，求得军事训练和人民生产两不误；（5）教育部队严格分清敌我，不要把人民群众当作盘查、打击的对象；（6）协同地方加强军事宣传，使地方干部和人民群众了解军队；（7）海边防警卫的各种制度，凡不利于团结人民、对敌斗争的均应改变，凡可交给地方做的应交给他们去做；（8）教育军官找恋爱对象时，不要到中学去找正在求学的女学生，不要以金钱物资作恋爱手段，不要破坏人家的婚约，结婚后要教育家属过俭朴的生活。

6月13日，中央军委批发了谭政的《考察报告》。各部队按照中央军委的要求，结合本单位、本地区的情况，对报告中提出的改善官兵关系、军民关系的措施，进行了认真的研究，制定了贯彻落实的措施。全军开始出现改善官兵关系、上下关系、军民关系，增强内外团结的大好形势。

但整风运动中也出现了一些问题。如少数人要求开大会，认为和风细雨不能解决问题；有的企图拒绝领导，说现在的领导是被整对象，不能领导整风，应由他们来领导；有的想请外单位的人来帮助整风。针对这一情况，谭政于5月31日再次重申，整风的目的是要巩固党的领导，巩固人民民主专政，巩固社会主义。对于军队来说是巩固军队的战斗力，而不是涣散军队的战斗力。要求各单位在整风中注意以下几点：（1）和风细雨的方针必须坚持，不能动摇。（2）必须有坚强的领导。放弃领导，是不对的；拒绝领导，也是不对的。（3）对墙报尤其是大字报，采取既不提倡也不禁止的方针。要指定地方贴，不要乱贴，不许贴到营房外面去。（4）整风活动限于在自己机关的范围内，不要向外串连，也不许外面的人来机关串连。（5）要组织核心力量。（6）一定要掌握整风、工作两不误的原则。根据这一指示精神，各级党委加强对整风运动的领导，严格掌握政策，及时纠正了整风中出现的问题。总体上看，军队的整风形势是好的。

二、开展反右派斗争

在全党认真贯彻中共中央关于开展整风运动的指示，军队团以上党委和领导机关，地方县以上及大专院校党组织积极领导党员学习文件的同时，广大群众和党外民主人士提出了大量的批评和建议。这些批评和建议基本是诚恳的和正确的，对于改进党的工作和干部作风，加强党同群众的联系，有着重要的意义。但是，有极少数人，乘所谓“大鸣”、“大放”、“大民主”之机，大肆散布否定党的领导，否定社会主义制度的言论，向党和新生的社会主义制度发动进攻。他们把共产党在国家政治生活中的领导地位攻击为“党天下”，公然提出共产党退出机关、学校，要求“轮流坐庄”，妄图取代共产党的领导。他们极力抹煞社会主义改造和建设的成绩，根本否定社会主义制度的优越性，把人民民主专政制度说成是产生官僚主义、宗派主义和主观主义的根源，叫嚣“根本的办法是改变社会主义制度”。

这些反党反社会主义的言论，引起了中共中央和毛泽东的警惕。5月，毛泽东写了《事情正在起变化》一文，发给党内干部阅读。6月8日，中共中央发出《关于组织力量准备反击右派分子的进攻的指示》。强调“这是一个伟大的政治斗争和思想斗争”，“总之，这是一场大战（战场既在党内，又在党外），不打胜这一仗，社会主义是建不成的，并且有出‘匈牙利事件’[①]的某些危险”。[②]

根据中共中央和毛泽东的指示与部署，反右派斗争陆续在全国展开。以正确处理人民内部矛盾为主题的整风运动，由党内整风转向全国规模的群众性的急风暴雨式的反右派斗争。

6月14日，总政治部发出《关于进行反击右派的教育和声援反

① 1956年匈牙利发生的政治事件。10月至11月，匈牙利布达佩斯等地发生罢工、游行示威和骚乱。

② 《建国以来毛泽东文稿》第6册，497页，北京，中央文献出版社，1992。

击的指示》。指出："军队在这个时期内的任务，就是：要利用反动派进攻我党的事实来教育干部和士兵，使他们提高警惕，认识反动派的阴谋和凶恶面孔，认识新的形势下的阶级斗争。在这个斗争中，必须站稳立场，明辨是非，不要为反动派的花言巧语所迷弄，迷失方向。""在讨论中，对于党反击反动派的作法和人民日报社论和文章的某些论点，持有不同意见的和怀疑的甚至反对的人，应当让他们说出来，以便暴露思想，以便辨别哪是属于观念糊涂，立场不稳；哪是真正的反动派。对前一种人应当采取教育的方针，用批评与自我批评，帮助他们辨别是非，提高觉悟，对后一种人则是暴露和孤立他们。当然真正的右派分子在军队内是极少的，不能乱划，要防止乱划。"《指示》还要求，在进行这一教育时，要防止某些人借此来压抑群众对领导提意见的积极性。适当的办法是让群众的意见提完，或告一段落后再进行，或交叉进行。士兵的教育，可采取由领导根据统一的提纲向部队作报告，然后以班排为单位组织讨论。

7月6日，《解放军报》发表了《积极参加反右派斗争》的社论。要求全军一定要把这场激烈的阶级斗争，当作是一本最生动活泼的马列主义课本来学习，一定要从这场斗争中学会识别任何狡猾敌人的能力，提高自己的警惕性，学会在思想战线上、政治战线上进行阶级斗争的本领。全军每个人，一定要积极参加这一斗争，一定要学好这堂课。军队的整风运动陆续改变原来的部署，开始反右派斗争。首先在群众中进行公开动员，说明这场斗争不是一般工作上的争论，也不是在一般问题上的不同见解，而是社会主义和资本主义两条道路的斗争，是巩固社会主义制度消灭资本主义制度的斗争，是属于敌我矛盾方面的斗争。

1957年9月20日~10月9日，中共中央召开扩大的八届三中全会，总结前一段整风反右的经验。这次会议改变了中共八大所做的国内社会的主要矛盾已经不再是工人阶级和资产阶级的矛盾，而是"人民对于经济文化迅速发展的需要同当前经济文化不能满足人民需要的状况之间的矛盾”的正确论断，会议错误地肯定了“四大”（大鸣、大放、大辩论、大字报）是最革命、最生动、最民主的群众斗争形式。这次会议背离了八大的正确路线，为“左”倾错误的进一步发展开辟了道路。

尽管党中央、毛泽东试图把反右派斗争在政治上打击的范围尽量缩小到极右派，加大争取中间派的力度，但由于党对这时的整个阶级斗争的形势作了过分严重的估计，群众运动一经广泛发动便往往很难加以控制，反右派斗争被严重地扩大化了。

在反右派斗争中，不少地方和部门分别拟定了一些划分右派分子的标准，并要求中共中央予以审查批准。中共中央认为有必要制定一个统一的标准，以免各单位在划分右派分子时出现畸轻畸重的现象。10 月 15 日，中共中央发出了《关于“划分右派分子的标准”的通知》。规定划定右派分子的标准是：1. 反对社会主义制度。2. 反对无产阶级专政、反对民主集中制。3. 反对共产党在国家政治生活中的领导地位。4. 以反对社会主义和反对共产党为目的而分裂人民的团结。5. 组织和积极参加反对社会主义、反对共产党的小集团；蓄意推翻某一部门或某一基层单位的共产党的领导；煽动反对共产党、反对人民政府的骚乱。6. 为犯上述罪行的右派分子出主意，拉关系，通情报，向他们报告革命组织的机密。另外，《通知》还具体规定了划分为极右分子和不应划为右派分子的标准。

9 月 12 日，总政治部根据中共中央的精神，作出了《关于划分右派分子的标准的规定》。具体规定了划分为右派分子的 7 条标准：1. 公开发表或暗中散布反党、反社会主义言论，对党和国家的重要政策，历次政治运动进行恶毒攻击的，应划为右派分子；由于认识模糊和立场不稳，只是对党的个别重要政策措施有过怀疑、不满，经教育后有所醒悟的，不应划为右派分子。2. 故意夸大党和国家工作中的错误缺点，污蔑党的组织和领袖，丑化老干部和党、团员积极分子，企图否定革命事业的成就，否定社会主义制度的优越性，否定党的领导的，应划为右派分子；从善意出发，对本单位的领导人和积极分子提出过批评，即使意见偏激，言词讽刺的，也不应划为右派分子。3. 在这次运动中组织串连，到处点火，挑拨煽动，或者在幕后策划，或者积极支持右派，为右派辩护的，均应划为右派分子；被右派分子利用，有过某些错误行为，或因一时糊涂，发表过若干同情右派的错误言论，事后能很快悔改，并积极参加反右派斗争的，不应划为右派分子。4. 肃反和其他政治运动中的斗争对象，对党极端仇恨，利用整风积极向党攻击的，应划为右派分子；因肃反或其他运动被错斗，抱有委屈，这次整风中有过某些不满和不妥的表现，经解决问题和教育以后，能够收敛和检点自己的行动，积极向党靠拢的，不应划为右派分子。5. 历史上的反革命分子和其他坏分子，或者他们的家属被镇压、被管制的分子，平时表现不好，在这次运动中又有反动言行的，应划为右派分子；上述两类人员，如果平时表现尚好，整风中又安分守己，未向党进攻的，不应划为右派分子。6. 在这次运动中，有意供给右派分子以党的、国家的、军事的机密材料，投靠右派，与右派一道向党进攻的，应划为右派分子；在整风"鸣放"中，由于本人的怯懦，在右派的攻击下，吐露了党的机密的，如事后能承认错误，政治上无不良表现的，可以不以右派论。7. 在这次整风"鸣放"中，虽未公开发表反动言论，但平时谬论甚多，政治立场一贯反动，屡教不改的，亦应划为右派分子。规定要求进行过右派排队的单位，依据上述标准重新核对，应升者升，应降者降，务求做到实事求是，既不漏掉，也不错划。

应该说，中共中央和总政治部的规定是很明确的。中共中央在《关于"划分右派分子的标准"的通知》中，提醒党的各级领导机关应注意以下几个问题：一是无论右派是划多了的或是划少了的单位，都应该按照正确的标准及时地实事求是地予以改正。二是为了正确地划分右派分子，除了要有适当的标准，还要有适当的审批手续。凡是单位确定的右派分子的名单，必须报告县一级或县一级以上党的领导机关审查批准。高级知识分子、重要民主人士中的右派分子的名单，必须报告省一级或省一级以上党的领导机关审查批准。三是上级领导机关必须认真审查所属单位上报的右派分子名单，力戒浮夸和片面性。同时，还必须经常主动地抽查和调阅右派分子的详细材料，及时纠正其中偏宽偏严的错误。但在当时的政治气氛下，各单位不可能正确理解和执行规定，加之一些条文的规定不易把握，致使反右扩大化的趋势不但未扭转，反而更发展起来。这样，就把一大批人错划为右派分子，伤害了许多好同志、好干部，其中有相当数量的知识分子。全军共有 5885 人被划为右派分子。[①] 另外，还有 1 万多人被划为“中右分子”。他们当中的许多人在政治上曾被错误地定性为“反动派”、“阶级敌人”，行政上给予劳动教养、监督改造、留党察看、降职降薪等严重处理，并长期株连亲友和家属子女，造成了不幸的后果。

反右派斗争到 1958 年夏季基本结束。在当时的形势下，对某些严重违反社会主义利益，损害军队建设的错误言论进行批评，对极少数向党、向社会主义进攻的右派分子给予反击和批判，进行坚持社会主义道路的教育，是完全必要的。但是，由于党的领导对阶级斗争形势估计过于严重，不适当地采取群众运动的方式，运用“大鸣、大放、大争、大辩”的错误形式，形成了大规模的急风暴雨式的阶级斗争，把大量的人民内部矛盾当作敌我矛盾，把许多正常的甚至是善意的批评和建议，看成右派向党、向社会主义的进攻，使反右派斗争严重地扩大化。

反右派斗争严重扩大化的错误，影响了社会主义的建设事业，特别是科学文化事业的健康发展，破坏了社会主义的民主和法制，违反了开展整风以提高正确处理人民内部矛盾能力的初衷，给党和国家造成了重大的损失。就军队而言，反右派斗争扩大化的错误同地方一样严重。只是由于这些错误主要发生在机关、院校、文化团

① 1979 年经总政治部复查，全军划为右派分子的人数为 5885 人，其中属于错划的、予以改正的 5799 人，占总数的 98.5%；不予改正的 29 人，占 0.5%；下落不明或以后犯罪被判刑而未予复查的 57 人，占 1%。

体中，对于全军来说，仍然是局部性的问题。

三、进行专题整改

全军反右派斗争基本结束后，按照中共八届三中全会决定的整风部署，即转入整风第三阶段，主要进行专题整改。

1957 年 11 月 22 日，总政治部副主任萧华在驻京单位整改工作座谈会上指出："整改阶段对于争取整风运动的全胜具有决定性的意义。整改工作搞得好，就会使反右派斗争彻底胜利，并能巩固斗争的成绩。""此次整风中，必须抓住带根本性的、关系军队长远建设利益的问题和各单位比较重大的问题。""整改中领导上要明确目的性，必须抓住整改的主要方向，在适当火候，把'乱箭齐发'的一般鸣放高潮，引导到带根本性的具有重大意义问题的鸣放上来。"1958 年 1 月 8～18 日，总政治部召开全军政工会议，讨论整改问题。会议根据军队的情况，确定从 8 个方面进行整改，即：反对浪费、精简机构、干部下放、家属返乡、改造思想、整顿纪律、改进作风、调整关系。会议强调"提倡革命干劲，打掉官风，肃清暮气，用革命的劲头搞好整改"。

全军的专题整改，在"左"的思想指导下，采取了群众运动的形式，运用了"大批判开路"的错误做法。1 月 22 日，《解放军报》发表题为《深入整改》的社论，说整改以来，"千百万张大字报向官僚主义开火，向一切腐朽的资产阶级开火"，提出"整改是一种革命的狂风暴雨，必须要有革命干劲"，对 8 个方面问题"必须组织专题辩论"，对先进典型要宣传，对落后典型要揭发批判。在群众性的政治压力下，各项专题整改相继进行，并将家属还乡、干部下放劳动作为整改的重点。

1957 年 11 月 21 日，总政治部向全军发出《关于动员军官家属还乡参加社会主义建设的指示》，指出：随军家属还乡生产，有利于军队建设、密切官兵关系和军民关系，有利于军官本人的工作、学习和进步，有利于家属劳动就业、增加收入、节省开支，有利于军官子女的培养、锻炼和教育，并且必将在多方面产生积极的政治作用。《指示》规定，除新中国成立前随军的家属、有工作岗位的家属及红军时期入伍已无家可归的尉官家属外，其他干部家属均动员其回乡参加劳动生产。

遵照总政治部的指示，各部队党委、政治机关着重抓了以下几项工作：第一，反复、深入、细致地做好思想工作。针对“大家走我就走”、“谁动员谁先执行”、“要叫离队就离婚”、等待观望、互相攀比等思想情绪，通过摆事实、讲道理，使干部家属明确回乡参加生产劳动可以减少部队的负担，提高工作和学习效率。在进行思想教育中，许多部队首先进行试点、抓好典型，大力表扬先进人物，宣扬劳动光荣的思想，提高家属参加劳动生产的积极性。第二，坚持有计划、有步骤、分期分批、稳步处理的原则。如先动员那些有家可归或家在部队驻地附近的，以及孩子少、年轻力壮又没有工作的家属等，在做好思想工作的基础上，认真组织，妥善处理。第三，妥善解决军官家属还乡生产中的实际困难。各级党委、政治机关以认真负责的精神，对那些应当解决而又可能解决的困难，积极帮助解决。如有的家属还乡路费和安家资金有困难，或预借薪金或适当予以救济、补助，采取多种办法帮助解决；家属回乡没有房子的，即帮助同地方取得联系，予以妥善解决；对于身体弱、子女多的家属，批准军官一定假期，以便沿途护送；等等。经过普遍地宣传解释和耐心细致的思想工作，广大军官家属有的单独回乡安家落户，参加生产劳动；有的随转业、复员的爱人一道到组织上重新分配的新岗位，参加社会主义经济建设。

在动员家属还乡的过程中产生了一些问题，主要是部分年龄较大的校官家属回乡后，生活上发生一些困难。对此，总政治部于1957年12月发出《关于家属工作两个问题的通知》。《通知》指出：鉴于校官中的大部分人参军已较久，其配偶的年龄较大，子女较多。在战争年代里，他们当中的许多人为了服从战争的需要，曾自觉推迟了结婚的时间等情况，可以允许校官家属跟他们的丈夫在一起，不必动员还乡。至1958年1月，全军还乡参加生产劳动、安家落户的干部家属达 35 万多人。

在动员家属还乡的同时，1958 年 1 月 24 日，中央军委发出《关于动员十万干部转业复员参加生产建设的指示》，指出：根据 1957 年 1 月中央军委《关于裁减军队数量加强质量的决定》和中共八届三中全会号召减少脱产人员动员大批干部上山下乡参加劳动生产的精神，中央军委决定在一年内（即 1958 年内），从人民解放军现有干部中精简 10 万人，除地方机关可能接收一部分并分配工作外，基本上应是动员他们转业复员参加生产建设。这样做有以下几点好处：第一，能使人民解放军干部的数量同编制员额相适应，以便节省军费开支，加强国家的社会主义建设；第二，有利于克服目前人浮于事的现象，有利于精简机构，提高工作效能和干部质量；第三，可以使需要从事劳动生产锻炼的人，能有机会从事劳动生产锻炼；第四，使那些不能长久在部队工作的干部能够及早就业，利于他们到国家建设需要的地方去发挥作用，也可以使一些老弱病残丧失工作能力的人得到适当的安置。中央军委要求各级党委在干部中进行深入动员，广泛发动群众；要采取个人报名申请领导批准的方式，使领导与群众相结合，一般号召与具体指导相结合。《指示》强调要进行充分的思想政治工作，做到思想动员十分成熟。对少数思想不通的同志，不要急于勉强走；有具体困难的，要让他们摆出来，以利于真正打通思想，提高觉悟；凡是要求合理又可能解决的问题，应妥善地加以解决。

遵照中央军委和总政治部的指示精神，各部队党委成立了临时专门机构，指定主要领导干部负责，统一领导部队的复员转业工作，反复向干部宣传解释中共八届三中全会关于减少脱产人员、动员大批干部上山下乡参加生产劳动的指示，讲清动员干部复员对推动军队现代化建设的意义。同时，依靠各级党组织、政治机关开展耐心细致的思想工作，并把思想教育和帮助干部解决实际困难结合起来，同地方有关部门密切配合，根据干部的政治条件、业务能力、身体状况等，分配他们适当的工作。

随着整风运动的深入，在原三个阶段的基础上又增加了一个阶段，主要是学习文件，批评反省，提高自己的思想水平。这一阶段整风的基本内容是贯彻中共八大二次会议精神，推动军队工作的“大跃进”。机关主要以反对官僚主义、主观主义、宗派主义；连队着重反对个人主义、平均主义、自由主义和本位主义。各级在学习中共八大二次会议文件和其他整风文件的基础上，重点检查所谓右倾保守思想和个人主义。组织鸣放辩论，开展批评与自我批评。在此基础上，个人写出整风思想总结，提高思想水平。

至此，全军整风运动基本结束。由于反右派斗争扩大化的影响，这次整风没有完全达到预期目的。

第四节　国防科研全面展开

新中国成立后，美国政府凭借手中的原子弹，对中国进行核讹诈和核威胁。为了打破帝国主义的核垄断、核讹诈，保卫国家安全，维护世界和平，中共中央决定，必须尽快地掌握国防尖端技术，发展自己的导弹核武器，拥有有效的自卫核威慑力量。

一、中共中央作出发展国防尖端技术的决策

1952 年 5 月，在周恩来主持下，朱德、彭德怀、聂荣臻、粟裕等中央军委领导在研究国防建设五年计划时，就酝酿过发展特种武器问题。1953 年，著名核物理学家钱三强提出发展原子能的建议。1954 年 8 月 20 日，彭德怀向钱三强询问了发展原子能事业的必需条件等问题。钱三强做了讲解，并希望彭德怀能向党中央反映，争取早建。

从新中国成立至50 年代中期，中国的国防工业、基础工业和科学技术都有了较快的发展。在尖端技术领域，已汇集了一些优秀的高水平的科学技术专家。在原子能科学技术方面，已开展了一些科学实验和理论研究工作，铀矿资源勘探工作已着手进行。在火箭和喷气技术方面，已经具备了生产喷气式飞机的条件，开展了火箭技

术的初步研究，积累了一些经验。同时，苏联政府也表示愿意在原子能和导弹技术方面给予援助。

中共中央和毛泽东高瞻远瞩，不失时机地把发展国防尖端技术提上了国家议事日程。1955 年 1 月 15 日，毛泽东主持召开中共中央书记处扩大会议，专门讨论发展原子能事业问题。会议听取李四光、钱三强等科学家的汇报，在对中国资源、人才、工业条件分析的基础上，作出了发展原子能事业、研制原子弹的决定。会后，在北京大学创办技术物理系，在清华大学创办工程物理系。同年 2 月 18 日，彭德怀向中共中央提出“要逐步研究和争取生产核武器”的建议。为加强领导，7 月 4 日，中共中央指定陈云、聂荣臻、薄一波组成三人小组，负责指导原子能事业的发展工作。以薄一波为主任、刘杰为副主任的国务院第三办公室，负责具体管理并统筹规划核科技、核工业的发展和建设工作。1956 年 3 月 6 日，彭德怀在中央军委扩大会议上明确提出：在军事技术研究方面，要争取尽快赶上技术先进国家军队的装备水平。必须积极着手研究中国目前尚不能生产的新式武器，如核子武器、导弹和其他新式武器的设计制造问题。彭德怀建议在国务院和国防部直接领导下积极筹建航空和导弹研究机构，并准备筹划核武器研究机构。4 月，毛泽东在《论十大关系》的讲话中提出：“我们现在已经比过去强，以后还要比现在强，不但要有更多的飞机和大炮，而且还要有原子弹。在今天的世界上，我们要不受人家欺负，就不能没有这个东西。”① 毛泽东还提出了降低军政费用，发展国防尖端科技的意见。为领导原子能研制工作，同月，国务院成立和平利用原子能委员会，陈云任主任，郭沫若、李富春、李四光、宋任穷任副主任，刘杰任秘书长。11 月 16 日，第一届全国人民代表大会常务委员会第 51 次会议决定成立第三机械工业部（简称三机部），主管核工业建设和发展工作，宋

① 《毛泽东军事文集》第 6 卷，365 页，北京，军事科学出版社、中央文献出版社，1993。

任穷任部长，刘杰、袁成隆、刘伟、雷荣天、钱三强任副部长。此后，中国的核工业在全国支援下，规划和建设工作迅速展开。

在中共中央作出发展原子能事业、研制原子弹决策之后，国务院和中央军委即开始研究发展导弹技术的有关问题。1955年10月，著名科学家钱学森从美国归国后，彭德怀与钱学森讨论了研制近程导弹等问题。12月，中央军委在收到军事工程学院火箭武器教授会任新民等人对研制火箭武器和发展火箭技术的建议后，彭德怀、黄克诚又指派总参谋部装备计划部部长万毅和钱学森详细分析了研制导弹武器的有利条件与需要解决的问题。随后，彭德怀与陈赓在1956年初会见苏联军事总顾问时，提出请苏联向中国提供火箭制造方面的图纸资料问题。1月20日，彭德怀主持中央军委会议，讨论总参谋部提出的《关于研究和制造火箭武器的报告》。会议决定向中共中央提出研制导弹的报告。彭德怀指出："我们要解决火箭防空、海上发射火箭等问题。目前即使没有别人的技术帮助，我们也要自己研究。"① 与此同时，二机部部长赵尔陆也向国务院提出关于研制导弹的建议报告。2月17日，钱学森应周恩来的要求，写出《建立我国国防航空工业意见书》，对中国发展航空及导弹技术，从领导、科研、设计、生产等方面提出了建议。随后，中央军委多次召开会议讨论关于发展航空火箭技术与制造导弹问题。3月14日，周恩来主持召开专门会议，研究组建国防部航空工业委员会事宜，以具体领导该项工作。4月13日，国防部发出通知，国务院决定成立国防部航空工业委员会（简称航委），聂荣臻任主任，黄克诚、赵尔陆任副主任，王士光、王诤、安东、刘亚楼、李强、钱志道、钱学森任委员，安东兼任秘书长。

4月17日，聂荣臻主持召开航空工业委员会第一次会议，研究航空工业委员会的方针、任务以及工作程序等问题。会后，聂荣臻向周恩来和中央军委写了报告，指出："航空工业委员会的方针与

① 王焰主编：《彭德怀年谱》，612页，北京，人民出版社，1998。

任务，不是研究解决技术方面的问题，而是研究确定与掌握航空工业的发展方向，支持与保证、检查与督促航空工业任务的贯彻执行，研究解决工作进行中的重大问题，并且密切各方面的联系，以求得相互协作与广泛的支持。”航空工业主要是研究制造飞机、火箭和导弹。航空工业的发展方向，“应首先集中仅有的技术力量用于火箭、导弹的研究和制造。首先是研究制造短、中程的火箭、导弹”。5月10日，聂荣臻向国务院、中央军委提出《关于建立中国导弹研究工作的初步意见》，对导弹研究工作的基本任务、组织机构、科技人才培养等问题提出意见，建议成立导弹管理局和导弹研究院等研究机构。

5月26日，周恩来出席中央军委会议，代表中共中央宣布发展中国导弹武器的决定。周恩来指出：“导弹研究工作应当采取突破一点的办法，不能等待一切条件都具备了才开始研究和生产。要动员更多的人来帮助和支持导弹的研制工作。这项工作所需的技术专家和行政干部，同意从工业建设、高等教育、科学研究等部门和军队中抽调，军队要起模范作用。”[①] 会议责成航空工业委员会负责组建导弹管理局和导弹研究院。10月15日，聂荣臻在给周恩来的报告中，明确提出：“我们对导弹的研究制造应采取自力更生为主，力争外援和利用资本主义国家已有的科学成果为辅的方针。”[②] 航空工业委员会成立后，中国的国防科学技术和国防工业进入到一个新的发展阶段。

为尽快掌握导弹、原子弹等新式武器的研制技术，缩短初创时期的摸索过程，1957年9月7日，国务院副总理聂荣臻率领中国政府代表团赴苏联谈判。10月15日，两国政府在莫斯科签署《关于生产新式武器和军事技术装备以及在中国建立综合性原子能工业的协定》（简称国防新技术协定）。协定的主要内容包括：苏联在

① 中共中央文献研究室编：《周恩来年谱（1949～1976）》上卷，581页，北京，中央文献出版社，1997。

② 《聂荣臻军事文选》，395页，北京，解放军出版社，1992。

1961 年底前向中国提供导弹样品和有关技术资料，派遣技术专家帮助中国仿制导弹。提供导弹研制和发射基地的工程设计，增加火箭专业研究生名额。苏联保证供给中国 РДС2 型原子弹的全部资料；提供训练和战斗用的成品样品；帮助设计试验靶场和培养有关专家。协定还就苏联向中国提供制造氢弹技术资料、生产和装配原子弹的工厂等作了具体规定。

10 月 4 日，苏联成功发射了世界上第一颗人造地球卫星。中国一些著名科学家积极倡议开展人造卫星研究工作。1958 年 5 月 17 日，毛泽东在中国共产党第八次全国代表大会第二次会议上，发出“我们也要搞人造卫星”的号召。5 月底，聂荣臻召集航空工业委员会成员，讨论研制人造卫星问题。决定由中国科学院副院长张劲夫、国防部第五研究院副院长王诤组织专家制定人造卫星发展规划，由中国科学院承担人造卫星研制任务。与此同时，二机部、[①]海军先后提出研究导弹核潜艇的建议。6 月 18 日，当中国的第一座研究性原子能反应堆开始运转时，聂荣臻又召集海军副司令员罗舜初、总参谋部装备计划部部长万毅、二机部副部长刘杰和一机部副部长张连奎等，讨论发展核潜艇问题，决定由海军、一机部、二机部共同研究，并向中共中央提出建造原子动力潜艇（即核动力潜艇）的报告。毛泽东批准了这个报告。随后，由罗舜初、刘杰、张连奎、王诤等 4 人组成的领导小组，负责筹划和领导核潜艇的研制工作。

在发展中国国防尖端技术中，中共中央、国务院和中央军委始终坚持自力更生的方针。但为缩短研制过程，中国政府与苏联政府在核工业、核技术和导弹、原子弹研制等方面，签订了有关协议，并派遣留学生到苏联学习，争取苏联的援助与合作。在国家科学技

① 即原第三机械工业部。1958 年 2 月 11 日，第一届全国人民代表大会第五次会议决定：原第二机械工业部与第一机械工业部合并，保留第一机械工业部名称，任命赵尔陆为部长；原第三机械工业部，改名为第二机械工业部。

术和经济基础还很薄弱的情况下，中共中央正确处理经济建设和国防建设、发展常规武器和发展尖端武器之间的关系，进行合理安排，作出重点发展尖端技术的决策，是一项深谋远虑的重大战略决策，对中国国防科技发展和国防现代化建设具有重大意义。

二、制订国防科技发展规划

1956年1月25日，毛泽东在最高国务会议上讲话说："我国人民应该有一个远大的规划，要在几十年内，努力改变我国在经济上和科学文化上的落后状况，迅速达到世界上的先进水平。"① 同月30日，周恩来在第二届全国政协第二次全体会议上发出了"向现代科学技术大进军"的号召，并要求国家计划委员会、中国科学院和有关部门，在4月份以前，制订出1956年至1967年的12年科学技术发展远景规划。2月24日，中共中央政治局会议批准，国务院成立科学规划委员会。3月14日，科学规划委员会正式成立，陈毅任主任，李富春、郭沫若、薄一波、李四光任副主任，张劲夫任秘书长。在周恩来、陈毅、李富春、聂荣臻的领导下，数百名中国科学家和近百名苏联专家，经过半年多时间的反复研究和讨论，制订了《1956—1967年科学技术发展远景规划纲要（草案）》。该规划在征求国务院各部、委和各省、市、自治区意见的基础上，经国务院和中共中央批准后，于1957年初下发全国实施。

国家12年科学技术发展远景规划纲要，对发展科学技术的目标、方针、任务、研究工作体制、机构设置、科技干部的使用和培养等方面作了全面规划。关于发展科学技术的目标，规划指出：迅速壮大中国的科学技术力量，力求某些重要的和急需的科学领域在12年内接近或赶上世界先进水平，使国家建设中许多复杂的科学问题和技术问题能够逐步依靠自己的力量加以解决，做到更好更快地进行社会主义建设。关于发展科学的方针，规划明确提出："必

① 《建国以来毛泽东文稿》第6册，23页，北京，中央文献出版社，1992。

须执行‘重点发展，迎头赶上’的方针。”[①] 规划提出了国家建设所需要的57项重要科技任务和616个中心课题，并指出了各门科学的发展方向。总之，规划纲要为中国科学技术事业的发展勾画了一幅宏伟蓝图。

在聂荣臻副总理、张爱萍副总参谋长领导和主持下，航空工业委员会、总参谋部装备计划部、国防工业部门参加制订了国防科技发展规划，并作为《1956—1967年科学技术发展远景规划纲要（草案）》的一个组成部分。1956年3月12日，形成《关于12年内我国科学对国防的研究项目的初步意见》，将国防科技发展规划综合成航空、电子科学、热核子应用、防化与军事医学、常规武器等五大类，分别提出了发展方向和目标。国防科技发展规划，根据国家经济和技术发展的可能，以及国防现代化的需要，重点安排了原子能、喷气与火箭、电子学、半导体、电子计算机、自动控制技术等方面的任务，并列入国家科学规划12项重点任务的前列。这些任务，不仅关系到国防建设，还将带动国家的科学进步和经济发展。另外，国防科技发展规划还提出了7项具体的任务，即：国防无线电电子学新技术，防原子、防化学、防细菌，潜艇、快艇、鱼雷及水雷，装甲武器，常规武器（包括火炮、弹药与光学仪器），军事医学，基本工程研究等，并确立了几个专业技术的初步目标。在喷气与火箭技术方面，争取在12年内走上独立发展的道路；在国防电子学方面，力争在“三五”计划末期满足武器配套需要；在核技术方面，要求在“三五”计划内，跻身于国际先进行列；在常规武器方面，提高火炮、坦克的机动性、准确性，增大威力，并重点抓好两艇（潜艇、快艇）、两雷（鱼雷、水雷）以及电子、水声设备的研制和发展。国防科技发展规划，总的要求是根据国防科技的特点和中国的实际情况，建立相对独立的国防科技研究体系，在最基本与最需要的方

---

① 中共中央文献研究室编：《建国以来重要文献选编》第9册，439页，北京，中央文献出版社，1994。

面尽快接近世界军事技术发展水平，以适应国防现代化建设的需要。

在制订国防科技发展规划过程中，有关技术专家对军用飞机和导弹的发展问题，提出了三种不同意见：一些人认为，导弹比飞机优越，中国应全力投入导弹的研制；另一些人认为，中国航空工业仅有初步基础，研究设计力量还很薄弱，导弹在军事上不能全部代替飞机的作用，导弹和飞机应同时发展；还有一些人主张先搞导弹，等有了一定基础再回过头来搞飞机。1956 年 4 月，张爱萍组织有关方面专家就这个问题作了进一步讨论，认为喷气和火箭技术是现代国防科技事业的两个重要方面，原则同意导弹和飞机同时发展的意见。为此，在规划中明确提出建立并发展喷气和火箭技术，在 12 年内接近世界先进的科学技术水平，以满足国防的需要。近期首先建立包括研究、设计和试制的综合性的导弹研究机构，并逐步建立飞机方面的研究机构。

为进一步落实国家 12 年科学技术发展远景规划纲要中的国防科技发展任务，1958 年 1 月，总参谋部制订了《国防科学技术研究工作 10 年（1958 年—1967 年）规划纲要》，并经中央军委批准，列为 12 年国防科技发展的补充规划。这个规划纲要提出，以研究制造中程地地导弹和地空导弹、裂变和聚变物质装料为中心，开展陆、海、空军常规武器与战斗保障器材的科学研究工作，改变现有武器装备。

在国防科技发展规划等的制订和实施过程中，中共中央提出了“百花齐放，百家争鸣”、团结—批评—团结等正确处理人民内部矛盾的一系列方针、政策。这些方针和政策，对调动一切积极因素，特别是对改善知识分子与中国共产党的关系，发挥知识分子为社会主义事业和国防科技事业服务的积极性，起了重要作用，促使规划的主要目标得以提前实现。

国家 12 年科学技术发展远景规划纲要，包括国防科技发展规划，以及总参谋部制订的 10 年规划纲要，明确地指出了国防科技的发展方向和任务，调动了各方面的积极性，有力地推动了国防科技事业的迅速发展。

三、“两弹”事业的开端

1956年5月10日，聂荣臻在向中央军委提出的《建立我国导弹研究工作的初步意见》中，建议成立导弹管理局和导弹研究院。5月26日，中央军委同意聂荣臻的建议，确定由航空工业委员会负责组建国防部导弹管理局和导弹研究院。同年7月7日，中央军委正式批准成立导弹管理局（番号为国防部第五局，简称五局），钟夫翔任局长，钱学森任总工程师。10月8日，导弹研究院正式成立（番号为国防部第五研究院，简称五院），钱学森任院长，谷景生任政治委员。导弹研究院下设总体、空气动力、发动机、弹体结构、推进剂、控制系统、控制元件、无线电、计算机和技术物理等10个研究室，负责导弹的研究、设计、试制工作。1957年2月，按照聂荣臻关于减少层次、充实五院建设的意见，将五局的机构和人员合并到五院。

为了加速五院的建设，尽快建立一支导弹队伍，周恩来指示，导弹研究院所需要的专家和党政干部，可以从任何部门抽调。1956年6月2日，聂荣臻受周恩来委托，邀请国务院秘书长习仲勋、副总参谋长兼军事工程学院院长陈赓、国家科委副主任范长江、一机部部长黄敬、中国科学院副院长张劲夫、清华大学校长蒋南翔等33位有关领导人共同研究，并商定从二机部、中国科学院以及军事工程学院、清华大学等高等院校，选调任新民、屠守锷、梁守槃、庄逢甘等30多位专家到五院工作，和当年分配的100余名应届大学毕业生一起组成了最初的导弹研究队伍，加上随后调入的蔡金涛、黄纬禄、吴朔平、姚桐彬等专家，形成了中国发展导弹技术的第一批骨干力量。

1957年11月，中央军委决定：五院在原10个研究室的基础上，成立导弹总体与火箭发动机分院（第一分院）和控制引导系统分院（第二分院），分别承担导弹总体、火箭发动机和控制引导系统的研究工作。钱学森任五院院长兼任第一分院院长，刘有光任第一分院政治委员，刘秉彦任五院副院长兼任第一分院副院长，王诤任五院副院长兼任第二分院院长。同时经周恩来批准，将二机部211厂调给五院，改作导弹试制总装厂。1958年2月，又将通信兵部所属军事电子科学研究院划归五院建制。从1958～1959年，总政治部为五院调配几千名领导干部和技术人员；国防部从9个军区动员数千名复员军人先后到五院工作。1960年前后，有数千名大、中专毕业生，投身到导弹研制技术队伍的行列。

1958年3月，五院两个分院、火箭发动机试验站和空气动力研究所等4项工程，列为国家重点建设项目，在北京市郊加快建设。这些工程由苏联提供工业建筑的初步设计和设备，国内有关设计单位负责施工图及配套设施的设计。1959年12月，经中共中央批准，成立以罗瑞卿为主任的五院基本建设工程修建委员会，以加强对4项重点工程的领导。

在4项工程的建设中，苏联提供的初步设计图纸，只适用于两种导弹型号的仿制，而且还缺少关键性的试验项目和设备。苏联毁约撤援后，中国依靠自己的力量，进行了全部工程设计和设备研制，并按照实际需要，设计和建造了全弹试车台、全弹振动试验塔、控制模拟实验室、计算机室等工程项目。

为解决五院基本建设施工力量，1959年12月，中央军委抽调南京军区一个步兵师、兰州军区一个汽车团，沈阳军区、广州军区和铁道兵各一个团，与北京市专门组建的建筑施工和设备安装公司一起，共2万余人，展开基建大会战。至1960年底，除火箭发动机试验站尚在建设外，一分院、二分院及空气动力研究所已初步建成。累计完成各类建筑约60万平方米，为开展导弹研制工作创造了条件。

与此同时，三机部在部长宋任穷领导下，积极组建核武器研究机构。1958年1月，三机部（2月改称二机部）成立第九局，负责核武器研制的组织领导工作，李觉任局长。同年7月，二机部九局在北京组建核武器研究所，李觉兼任所长，王淦昌、彭桓武、郭永怀、朱光亚、程开甲等先后担任过该所副所长。核武器研究所主要任务是，接收消化苏联提供的原子弹教学模型和图纸，以及调集、培训人员。同时，二机部着手建设西北核武器研制基地，承担核武器的研究设计任务。1959年6月，苏联毁约停援后，核武器研究所在西北核武器研究基地尚未建成的情况下，为争取时间，进行了第一颗原子弹的前期研究工作。国防科委成立后，原子能方面的研究工作由国防科委统一领导。为便于对外协作，经中央军委批准，从1960年8月起，二机部九局改称国防科委第九研究所。

四、成立国防科学技术委员会

50年代，对国防科学技术研究工作的管理，基本分为两个部分：尖端武器装备的研制主要由航空工业委员会负责，常规武器装备的研制主要由总参谋部装备计划部负责。1956年6月，为了适应国家12年科学技术发展远景规划纲要的要求，统一组织全军科学技术研究工作，总参谋部按照国防部长彭德怀的指示，向中央军委提出《关于建立军事科学研究机构问题》的报告，建议在中央军委（国防部）之下，组建国防科学技术委员会。1957年12月，聂荣臻向周恩来提出报告，建议在国防部设立国防新技术委员会或军事科学技术委员会，负责原子能工业的建设和导弹的研究制造等工作。考虑到导弹研制工作比较复杂，国防部第五研究院对外协作较多，建议仍保留航空工业委员会。

1958年5月19日，遵照中央军委的决定，在国防部设立第五部，主管全军特种武器装备科学技术研究、设计、生产和特种部队组建及装备计划等工作，万毅任部长，安东任副部长。

1958年6月21日，毛泽东在中央军委扩大会议上再次强调研制尖端武器的必要性和可能性，指出：原子弹“就这么大一个东西，没有那个东西，人家就说你不算数。那么好，我们就搞一点。搞一点原子弹、氢弹、洲际导弹，我看有十年功夫是完全可能的”①。1958年国防科学技术研究工作在军内外广泛展开。导弹、

① 《毛泽东军事文集》第6卷，374页，北京，军事科学出版社、中央文献出版社，1993。

原子弹的研究工作展开后，各项科研试验任务十分繁重，需要在全国范围内，组织跨地区、跨部门的协作。因此，建立统管国防科学技术研究工作的机构更加迫切。为充分调动各方面的积极因素，统一组织力量，将研究设计、试制、使用三者密切地结合起来，加强国防科技研究工作的组织领导，1958 年 9 月 25 日，中央军委向中共中央提出《关于改组国防部航空工业委员会为国防部国防科技委员会的报告》。10 月 16 日，经中共中央批准，成立国防部国防科学技术委员会（简称国防科委）。聂荣臻任主任，陈赓任副主任，万毅、王诤、王鹤寿、刘亚楼、刘居英、萧劲光、陈赓、陈士榘、陈锡联、安东、宋任穷、李强、罗舜初、赵尔陆、范慕韩、许光达、张爱萍、张劲夫、黄克诚、彭涛、钱学森、韩光、聂荣臻为委员，安东任秘书长，张震寰任副秘书长。国防科委的主要任务是：贯彻执行中共中央、国务院、中央军委关于国防科学技术研究工作的方针、政策，负责对军内外国防科学技术研究工作（包括特种武器和常规武器）的组织领导、规划协调和监督检查。

1959 年 4 月 22 日，中共中央批准撤销国防部第五部，其机构和人员合并到国防科委，万毅任国防科委副主任。同日，中央军委在《关于特种武器领导管理工作的几项规定》中，明确国防科委的职责是：在中央军委（国防部）领导下，掌管全军特种武器（导弹、原子弹）的领导工作，直接组织科学研究、部队组建及装备计划，组织协调供应保障、战斗使用和训练等工作。各军兵种增设特种武器的业务机构，在技术业务上受国防科委领导。特种武器的试验由国防科委统一组织进行。其中重大试验，由国防科委提请中共中央、中央军委批准后实施。战斗使用则必须报请中央军委或中共中央批准后，由国防部命令实施。国防科委机关及其所领导的科研、试验单位的军事行政工作、党政工作和后勤工作，分别接受各总部和有关部门的领导和指导。5 月，国防部任命张崇文为国防科委副秘书长。11 月，中央军委决定罗瑞卿、杨成武、萧华、邱会作、方强为国防科委委员。1960 年 3 月，周恩来任命空军司令员刘亚楼、副总参谋长张爱萍兼任国防科委副主任。

国防科委机关以航空工业委员会、国防部第五部和总参谋部装备计划部科研处的干部以及从南京总高级步兵学校选调的干部为基础组成。1960 年 1 月，中央军委批准国防科委机关编制设 5 局、1 处、2 室，即：二局（原子武器）、三局（常规武器）、四局（无线电电子）、五局（火箭武器）、八局（干部规划）、保密检查处、办公室、政治协理员办公室，定编 131 人。原属航空工业委员会的国防科学军事情报研究所，改属国防科委建制。

根据国防科委的建议，1960 年 10 月，中央军委作出《关于特种技术部队和科学技术研究机关的领导关系的补充规定》，再一次明确：全军国防科学技术研究工作由国防科委统一领导。同时对国防科委的职责作了调整，即：组织军队同国家科研机关、各工业部门、各高等院校在国防科研工作方面的协作；制订全军国防科研、试验机构的建设、干部的培训和装备器材规划；领导和管理中央军委（国防部）直属各特种技术和武器研究机构、试验基地、学校、仓库的基本建设、专业训练和业务工作。全军各特种技术部队的科研机构、试验基地、学校、仓库的组织编制、装备规划等工作，由总参谋部负责领导，暂由国防科委兼管，同时对总参谋部负责，并以总参谋部的名义组织实施。与常规部队相同的各项工作，仍分别由总参谋部有关业务部门承办。国防部第五研究院、军事工程学院、第 20、第 21、第 22 基地的建制隶属国防部，其政治工作和干部管理由总政治部领导，物资供应由总后勤部负责。3 个基地的特种技术工程设计和建设任务，由工程兵负责。

国防科委的成立，使国防科技发展工作在中共中央、国务院、中央军委领导下有了统一的管理机构，加强了对国防科技工作的集中统一领导，有利于国防科技重大决策和一系列方针、政策的贯彻执行，从而加速了国防科技事业的发展。

中共中央、国务院、中央军委不失时机地作出发展国防尖端科学技术的战略决策，制订发展国防科学技术长远规划，成立国防科学技术领导机构和专门研究机构，坚持“自力更生为主，争取外援为辅”的方针，发扬社会主义大协作精神，尊重知识、尊重人才，集中力量研制原子弹和导弹，带动整个国防科技的发展，为以后国防科技尤其是尖端武器的发展奠定了坚实的基础。

五、建设综合导弹试验基地

在作出研制原子弹、导弹的决策后，中共中央、中央军委即着手进行导弹、原子弹试验、研制基地的选场和建设。

1957 年，中央军委决定筹建综合导弹试验靶场。从 1957 年 9 月～1958 年 6 月，先后成立以炮兵政治委员邱创成为主任的筹建委员会，以中央军委秘书长黄克诚为主任，陈锡联、陈士榘、张令彬为副主任的靶场委员会和以陈士榘为主任的勘察委员会。1958 年 1～2 月初，陈锡联率领有总参谋部作战部部长王尚荣、中国人民志愿军第 20 兵团副司令员孙继先、军械试验场场长张贻祥和总参谋部、总后勤部、有关军兵种的干部，与苏联专家一起组成的勘察队，经过对东北、华北、西北和新疆等几个地区的勘察，最后确定在甘肃和内蒙古西部接壤地区建设试验场，并在甘肃西部和新疆南部地区选定了弹着区，中共中央书记处于 3 月 3 日批准了这个方案。与此同时，中央军委还决定，以刚从抗美援朝战场撤离回国的中国人民志愿军第 20 兵团为基础，组建试验靶场机构；成立以陈士榘为首的特种工程指挥部，负责统一领导试验靶场的特种工程设计和施工。同年 6 月，中央军委决定成立导弹靶场委员会，黄克诚任主任，负责领导试验靶场的建设。1958 年 10 月 20 日，西北综合导弹试验基地正式成立，孙继先任司令员，栗在山任政治委员。

按照施工方案，陈士榘率领第 20 兵团、空军、工程兵、铁道兵、总后勤部等单位联合组成的勘察委员会，同苏联专家一起，冒着严寒和狂风，深入戈壁荒漠，踏勘数万平方公里的地区，选定了地地、地空、空空导弹试验区及其配套设施的位置。总参测绘局、铁道兵会同铁道部、地质部的工程技术勘测队，迅速展开了建场勘测工作。他们风餐露宿，克服艰苦恶劣的自然环境和生活条件，仅用3个月时间就圆满完成了上万平方公里地域的各种测量任务。遵照中央军委命令，由各军兵种和志愿军中抽调的施工部队，国家调集的兰州建筑公司、北京建筑公司等单位建设力量，陆续开赴施工现场，在特种工程指挥部部署下，展开施工大会战。特种工程指挥部按照突出重点、主急次缓、统筹安排、加速建设的施工原则，组织施工队伍架帐篷、筑地窝，冒严寒、酷暑，开山凿石，烧灰制砖，修路架桥，克服重重困难，昼夜奋战。经过两年多的艰苦施工，至1960年底，试验场的地地、地空、空空导弹试验区，各种技术勤务保障设施及弹着区等工程全部竣工，一座综合导弹试验场在戈壁荒漠建成。

根据反舰导弹试验的需要，1958年1月，罗舜初、孙继先与苏联专家组以及海军有关负责人等勘察了反舰导弹海上试验场的建场地区。3月，经中共中央书记处批准，确定在辽西地区建设西北综合导弹试验靶场海上分场。1958年9月，中央军委决定将西北综合导弹试验靶场海上分场划归海军建制。1963年底，反舰导弹武器系统海上飞行试验基地基本建成。以后，又相继建设了水中兵器、舰炮武器系统，导航、潜地导弹、电子对抗等试验场（所），逐步发展成为海军武器装备综合试验基地。

50年代初开始建设的还有东北白城军械试验靶场。1956年6月举行开场典礼，1959年春，白城靶场地面炮、步兵武器试验靶场建成。1964年11月，经中央军委批准，白城靶场改名为常规兵器试验基地。

第五节　加强战备工程建设

一、陆军设防工程建设

经过1952年和1953年勘察、设计、部署等准备，从1954年开始，按照“重点设防”、“重点守备”的设防方针和“先前沿，后纵深，先主要地区，后次要地区，以坑道工事为主有重点的”构筑原则，国防工程施工在沿海地区全面展开。绝大多数工兵部队和沿海地区的步兵军师所属工兵营以及一些步兵部队，先后投入了艰苦的国防工程建设。

1954 年 10 月，总参谋部要求“坑道工事，应考虑到抗御原子弹、氢弹和原子炮的措施”。1955 年 2 月 21 日 ~3 月 2 日，中央军委军事建筑部[①]召开全军第五次国防工程会议。参加会议的有各军区工兵司令部或建筑指挥部负责人，总参谋部、总政治部、总后勤部有关部门领导共 127 人。与会人员听取了关于工程防原子、防化学问题的讲课。总参谋长粟裕到会讲话指出：修筑的国防工程和工事，既要能隐蔽有生力量，又要能发扬火力；既要坚固耐用，又要节约经费；既要疏散配置兵力，又不能削弱火力，应从防原子着眼，加强和改善工事构筑。此后，国防工程增设了防原子、防化学、防细菌武器的设施。1958 年 2 月 28 日 ~3 月 7 日，防化学兵部组成专题小组，邀请工程兵有关人员参加，共同研究解决永久工事的防化学问题。经过研究讨论，防化学兵部向总参谋部提出了《国防工程防化战术技术要求》、《国防工程防毒使用守则（草案）》和《国防工程防化措施的建议》等 3 个文件。3 个文件颁布后，使国防工程建设有了统一的防化学战术技术标准。

在各地党与政府及人民的积极支援下，参加国防工程建设的广大指战员，以高度的劳动热情，经过顽强奋战，取得了很大成绩。至 1957 年，全国掘进坑道 43.8 万米，被覆坑道 15.7 万米，构筑掘开式工事 5725 个；修建与改建各种舰艇驻泊点 44 处，海岸炮兵连阵地 88 个。50 年代末期，沿海地区某些重要岛屿和要点的环形防御，以及某些主要战役防御方向上第一防御地带的设防基本形成。这些工程基本上达到了坚固、隐蔽、经济、适用的要求，并注意到对原子武器和化学武器的防护。

---

① 中央军委军事建筑部 1952 年成立，1956 年 2 月 24 日，改归工程兵建制，改称工程兵国防工程建筑部。1957 年 8 月 14 日，国防部批准撤销该部。1958 年 1 月 8 日，该部机构分别并入工程兵司令部和器材部。

二、海军工程建设

50年代初，根据海军的发展规划和设防部署，海军工程建设的主要任务是尽快修复原有设施，为陆续组建的海军部队提供必要保障。50年代后期，随着海军部队的发展，各种新建项目陆续上马。工程建设在内容上仍以舰船驻泊基地、机场建设为主，相应增加了岸防工程、指挥通信工程、后方仓库工程和其他工程项目；在建设规模上以中、小型项目为主，适当建设一些大型项目。在建筑形式上以洞库工程为主，适当建设一些地面工程。在施工力量组织上以海军工程部队为主，少量工程项目组织部队自建或包给地方单位施工。经过各方面的艰苦努力，陆续完成了大批新建项目，并且有重点地改建、扩建了部分原有项目，逐步形成了以中小型工程设施为主，大中小项目相结合，地下地面相结合，既利于平时训练，又适应战时需要的防御工程保障体系。

1956年，海军对工程建设（主要是基地建设）提出五个方面的要求：第一，在积极防御战略方针指导下，海军作战舰艇的停泊配系既要高度分散以防原子武器的袭击，又要能适时集中以保证部队机动。第二，主要基地建设要构成有重点的体系配置，而不应互相割裂。第三，基地不应是一个单纯的港口，而应是有空防、岸防、陆防相配合的防御核心。第四，以建设轻便的能够机动的基地为主，同时有重点地建设固定基地与地下基地。第五，在建设海军基地的同时，要考虑战时商港利用问题。1957年，萧劲光提出，基地体系的建设原则，必须保证疏散停泊，分散供应。1958年7月中央军委扩大会议《关于国防筑城的决议（草案）》指出："海军基地建设应充分利用我国沿海地形，以疏散、隐蔽和固定、机动相结合的原则，建设驻泊系统。在主要战役方向上，继续建设潜艇、快艇及各种水面舰艇的一般驻泊点，和若干水下和地面坑道式的掩蔽部，以及发展机动式的临时驻泊点的设备。"

60年代初期，海军工程建设本着永备基地与临时基地相结合，固定基地与活动基地相结合，地面基地与隐蔽基地相结合，沿海基地与内河基地相结合，利用自然港湾与开辟人工港湾相结合，以及“军民兼顾、平战兼顾”的原则，开始进行全面建设。舰艇部队一般以支队为单位建设基地，以大队为单位建设疏散停泊点；海军航空兵以师为单位建设机场，以团为单位分散配置，并注意前沿和纵深的梯次布局，每个舰队都建有二线机场；军以上指挥通信工程，一般配置在防御稳定的纵深地区；其他陆上工程设施也基本利用地形疏散建设。同时，还开始建设地下隐蔽工程，并动工兴建洞库基地。

三、空军工程建设

抗美援朝战争结束后，空军机场建设的重点转向东南沿海地区。1953 年 10 月，总参谋部下达解放沿海岛屿的作战指示，空军随即派后勤部领导带领技术人员先后赶赴福建勘选机场场址。经过反复勘察研究，最后选定机场场址。在报经中央军委和政务院批准后，修建工作迅速展开。具体修建工作由华东军区、福建省和各机场工程指挥部负责领导。在施工高峰时，一个机场有近万人，上千台机械、车辆，工程进展较快。第一批修建的福州、龙田（钢板跑道）、漳州、晋江机场于 1955 年 8 月先后竣工，第二批修建的惠安、连城、厦门、莲塘机场于 1956 年 3 月底前全部竣工，并将龙田机场的钢板跑道改为水泥混凝土跑道。

1956 年，空军还在西藏建成一个高原机场。1955 年 12 月，空军修建部领导率领工程技术人员和勘测队，进藏勘选机场。经过勘选比较，选定拉萨以北 90 公里的当雄作为场址。当雄海拔 4230 米，在这样高的地点修建机场，跑道究竟要多长，在国内外找不到可供借鉴的资料。为了求得跑道长度的准确数据，专门请钱学森教授进行理论计算，还在海拔高度与当雄相近的青海玉树机场进行了多次飞行实测。最后确定当雄机场修两条跑道，甲线跑道长 4100 米，乙线跑道长 5600 米，两条跑道的宽度均为 200 米。工程于 1956 年 5 月 11 日开工，开工后先整修了一条临时简易跑道，保证航空兵第 13 师的伊尔－12 运输机 5 月 26 日第一次试航拉萨的需要。参加当雄机场施工的单位有工程兵第102、第103团，西藏军区机械营，汽车第16团等4000余人，以及空军第5修建分部和来自西藏各地的5000多名民工。在高原缺氧条件下修建机场，人员体力消耗大，机械效率降低，施工十分困难。但是，工程技术人员、施工部队和藏族民工劳动热情很高，经过118天的艰苦奋战，机场主体工程于9月5日即全部竣工。

为适应要地防空作战的需要，空军在一些战略纵深地区加强了机场建设。1957年7月1日，经总参谋部批准，空军开始在青海柴达木盆地察尔汗盐湖修建格尔木机场。施工人员克服地层盐分大、容易膨胀等困难，将机场修建成功。格尔木机场建成后，可供运输机和轰炸机起飞降落。1957～1959年，在甘肃等地建成两个可供重型飞机使用的机场。从1962年起，空军又进一步加强甘肃河西走廊、新疆地区的机场建设，改善了这个地区的机场布局。

1960年空军开始有计划地改善现有机场的防护条件，由以往防常规武器为主转变为以防原子武器为主，先后选择几个不同类型的机场，加修了飞机疏散区、备用跑道、地下指挥所、飞行人员掩蔽部以及地下油库等防护工程。同年，修建了第一个可停放4架歼击机的掘开式地下机库。

至60年代初，空军机场建设初步形成了从沿海到战略纵深的机场网，以及与之配套的指挥引导网、情报网、通信导航网、装备修理网和后勤保障网，防护条件和营房设施有了较大的改善，并取得了高原、戈壁、盐湖、丘陵、水网、地下溶洞等条件下修建机场的经验。

四、其他战备工程建设

加强东南沿海地区的通信联络建设。1955年2月24日，华东军区批准《水底电线建设计划》。按照这个计划，建设单位采取自制水线的办法，首先在福建沿海主要岛屿与陆地之间沉设10.7公里四芯胶缆水线。与此同时，又将在上海吴淞口打捞出来的日军马来胶电缆，敷设于浙江省定海至穿山间，全长37.9公里。从而初步沟通了沿海部分主要岛屿与大陆之间的水底有线电通信。1956 年，南京军区又加强沿海的海底电缆建设，陆续以对称和同轴海缆替换马来胶缆水线，并新建了一些沟通大陈岛与部分设防岛屿的海底电缆。

改善东南沿海地区的交通运输状况。1954 年，针对美国加紧对台湾海峡的封锁，严重威胁中国大陆沿海地区安全的情况，中共中央决定在东南沿海地区修建黎湛、鹰厦两条铁路。7 月 23 日中央军委在给铁道兵的命令中指出，修建这两条铁路不仅对粉碎敌人海上封锁、解放台湾，具有重大战略意义，而且对发展沿海经济，支援国家建设，也具有重大的政治和经济意义。7 月底，周恩来召集铁道部、铁道兵领导干部进行部署。随后，彭德怀、薄一波、滕代远分别召开会议落实任务。8 月 1 日，毛泽东在中南海召见铁道兵司令员王震，听取修建黎湛、鹰厦铁路准备情况的汇报时指出，关键是快，要用抢修的精神，战斗的姿态，迅速建成通车。

黎湛铁路北起湘桂线黎塘站，经广西贵县、玉林、陆川至广东湛江，全长 315.6 公里。为了尽快完成修建黎湛铁路的任务，铁道兵决定首先集中第 1、第 2、第 4、第 6、第 10、第 11 师等 6 个师和 1 个独立桥梁团投入这一工程。将计划两年的工期缩短到一年完成。1954 年 9 月上旬部队进入工地，9 月底主体工程展开。铁道兵领导机关除少数留守北京外，全部移驻广西贵县，现场指挥，并按战时抢建铁路的要求，采取边勘测、边设计、边施工的方法进行。在广东、广西政府的支援和 10 万民工的协同下，至 1955 年 5 月 19 日，全线接轨。

1955 年 2 月 21 日，鹰厦铁路正式开工，铁道兵先后抽调第 1、第 2、第 3、第 5、第 6、第 7、第 10、第 11 师等 8 个师和 1 个独立桥梁团，投入这一工程。为加强领导，铁道兵领导机关于 5 月下旬由广西贵县移驻福建南平。闽赣两省共动员 12 万余名民工参加施工，施工高峰期军民总人数达 20 万余人。鹰厦铁路北起江西鹰潭，南至福建厦门，全长 697.7 公里。除两端地势较平坦外，其余大部蜿蜒于崇山峻岭、河川峡谷之中。要修建隧道 12.67 公里，桥梁

9.21 公里，涵渠 33.51 公里，还要修筑一条跨海长堤。沿线山高水险，地质复杂，需跨越武夷山区和戴云山区，工程任务较为艰巨。铁道兵和全体筑路员工，夜以继日地抢建鹰厦铁路线，大大加快了施工进度。1955 年 9 月 1 日从鹰潭开始铺轨，于 1956 年 12 月 9 日铺至厦门。仅用了 22 个月即全线贯通，提前一年多完成任务。1957 年 12 月 28 日，举行鹰厦铁路交接仪式。经鹰厦铁路验收交接委员会验收鉴定，认为全线工程修建迅速，造价较低，质量良好，线路路基稳固，行车平稳速度已达到设计要求，可以交付国家正式运营。

此外，铁道兵还先后完成了外福铁路和漳州铁路支线的修建任务。外福铁路起自鹰厦铁路外洋站经南平到达福州，全长 194.2 公里。由铁道兵第 1、第 5、第 10、第 11 师负责修建。1956 年 3 月 1 日，外福铁路破土动工，经过两年零八个月的艰苦奋战，于 1958 年 11 月 26 日通车。漳州铁路支线起自鹰厦铁路郭坑站，西跨九龙江至漳州，全长 11.35 公里，先后由铁道兵独立桥梁团和第 3 师负责修建。1956 年 8 月 18 日开工，于 1958 年 9 月建成通车。

黎湛、鹰厦、外福铁路以及漳州铁路支线的建成通车，改善了东南沿海地区铁路运输状况，不仅对沟通海陆联运，粉碎敌人的封锁，发展对外贸易，巩固国防，解放东南沿海岛屿和台湾具有重大的战略意义，而且对促进沿海工农业生产，发展沿海地区经济，支援社会主义建设，也具有重大的政治意义和经济意义。

西部公路建设。西部地区边防线漫长，人烟稀少，自然地理条件极其恶劣。50 年代初期人民解放军进军西藏、新疆后，逐步进驻边防要点，改变了该地区有边无防或边防薄弱的状况。为了建立巩固的西部边防，从 50 年代初开始，人民解放军在该地区展开以建设边防公路为主的军事建设。1954 年 12 月 25 日，人民解放军工兵等部队参加修建的康藏、青藏两条公路同时通车。康藏公路自雅安至拉萨，全长 2255 公里，平均海拔 3000 米以上；青藏公路自西宁至拉萨，全长 2100 公里，平均海拔 4000 米。为庆祝两公路的胜利竣工，施工部队和民工分别在西藏拉萨、西康雅安[①]和青海西宁举行了通车典礼。毛泽东为这两条具有重大国防战略意义的公路亲笔题词："祝贺康藏、青藏两公路通车，巩固各民族人民的团结，建设祖国。"

继康藏、青藏公路通车后，1956 年 3 月，新疆军区部队动工修筑新藏公路。该公路自新疆叶城起，穿越喀喇昆仑山、昆仑山和冈底斯山，途经新疆的赛图拉、康西瓦、西藏日土宗、噶大克至普兰宗，全长 1466 公里，平均海拔在 4000 米以上，中间经过海拔 5000 米冰达坂 8 座，为中国海拔最高的一条高原公路，工程十分艰巨。经新疆军区部队、生产建设兵团、交通部第五工程局、新疆交通厅等单位组成的筑路大军协同奋战，克服施工材料运输距离远、高原缺氧和严寒等重重困难，新疆叶城至西藏噶大克段于 1957 年 10 月提前一年建成通车。1958 年 5～8 月，以新疆军区阿里支队为主修通了噶大克至普兰宗的简便公路。这条公路的通车，改变了藏北高原与世隔绝的落后状态，为发展阿里地区经济，改善人民生活，以及对巩固边防、保障供应，具有重要的作用。

1956～1958 年，人民解放军认真学习贯彻中国共产党第八次全国代表大会精神，并继续贯彻落实全国军事系统党的高级干部会议确定的方针原则，现代化、正规化建设取得了显著成就。中央军委明确确立了保卫国防的积极防御战略方针，军队的管理、训练、院校教育等均全面实现了正规化。进一步调整精简了各级机关，压缩了全军的规模，使人民解放军队伍更为精干，全军的武器装备大为改观，是人民解放军历史上与发达国家军队相比，武器装备水平差距最小的时期。与此同时，人民解放军大力加强国防建设，国防工程建设全面启动，并取得明显成效，特别是组建了尖端武器研究机构，着手尖端武器的研究，为在 60 年代实现尖端武器发展的历史性突破奠定了重要基础。

---

① 西康省于 1955 年撤销，所属雅安划归四川省。

第三章 “以我为主”方针的提出和贯彻

第一节 军队建设受到“左”的思想影响和“以我为主”方针的确立

正当人民解放军继续贯彻全国军事系统党的高级干部会议精神和中国共产党第八次全国代表大会精神，全面进行现代化正规化建设的时候，1958 年夏季开始，受到党在指导思想上“左”的错误影响，军队建设在发展中出现了偏差和失误，错误开展反“教条主义”斗争。同时，中央军委提出和确立了“以我为主”的方针。

一、1958 年军委扩大会议及错误开展反“教条主义”斗争

1956 年 2 月苏共二十大批判了斯大林的错误。中国共产党借鉴苏联和东欧一些社会主义国家建设的经验，开始探索适合中国国情的中国社会主义发展道路问题。毛泽东在 4 月 25 日中共中央政治局扩大会议上作了《论十大关系》的讲话，明确提出建设社会主义必须根据本国情况走自己的道路这一根本思想。毛泽东提出：对苏联和其他社会主义国家的经验，不能盲目地学，不能一切照抄，机械搬用，要有选择地学。6 月，中共中央发出学习毛泽东《改造我们的学习》、《整顿党的作风》、《反对党八股》、《关于若干历史问题的决议》、《关于无产阶级专政的历史经验》等 5 个文件的通知，指示全党要克服实际工作中的主观主义即教条主义和经验主义，特别是克服学习马克思列宁主义和外国经验中的教条主义倾向。遵照中共中央的指示，人民解放军从 1956 年开始，在高层领导机关和军事

院校中进一步检查和纠正了学习苏军中的某些偏差。

全国开展反右派斗争后，中共中央认为，经济战线和思想战线上的社会主义革命已经取得伟大胜利，大大提高了人民群众建设社会主义的积极性，可以以更快的速度进行建设。因此，力图在探索中国建设社会主义的道路中打开一个新的局面。1958 年 3 月，中共中央在成都召开中央有关部门负责人和各省、市、自治区党委第一书记参加的工作会议。毛泽东在会上说："一九五〇年至一九五七年，在经济工作和文教工作中产生了教条主义，军事工作中搬了一部分教条，但基本原则坚持了，还不能说是教条主义。"[①] 毛泽东提出要"破除迷信，解放思想"，强调学习要和独创相结合，批评过去经济工作的教条主义，认为是在外国经验压力下，不能独立思考，没有吸取王明教条主义的教训。在毛泽东号召下，各地区、各部门争相提出"跃进"计划。毛泽东认为军队落后于形势，落后于地方，建议军委召开一次整风会。

根据毛泽东的意见，彭德怀同周恩来、邓小平商定：召开中央军委扩大会议，用整风方式，讨论军事建设中的重要问题，统一认识，理顺工作关系，改变军队冷清落后的状况。这一意见得到毛泽东批准。根据彭德怀的指示，军委秘书长黄克诚立即召集各总部领导联席会议，传达中共中央的指示，并着手军委扩大会议的准备工作。

此时，总部主管军事训练的部门和一些院校，由于对学苏军中有无"教条主义"和如何开展反"教条主义"问题存在不同的认识和分歧，正进行着一场争论。

1958 年 3 月，训练总监部为了贯彻中共中央《关于开展反浪费、反保守运动的指示》，召开机关四级干部会议，总结该部成立以来的工作。会上对学习苏军问题及其在军事训练中是否存在"教条主义"和该不该反对"教条主义"问题产生分歧。两种意见针锋

---

① 《毛泽东文集》第 7 卷，368 页，北京，人民出版社，1999。

相对。经过40余天的争论，仍没有统一认识。召开军委扩大会议的通知下发后，会议休会，未果而终。

林彪得知训练总监部四级干部会议情况后，认定以萧克、李达等为代表的一方是反对反“教条主义”的，而另一方是坚持反“教条主义”的。林彪向毛泽东报告了这一情况，建议在即将召开的军委扩大会议上，以反“教条主义”为主题，得到毛泽东同意。

5月24日，军委扩大会议召开小型会议，讨论这次会议的内容和开法。彭德怀说，这次会议的主题是整风、整编。几年来在军队工作的一些重要问题上，干部中还存在着不一致的认识，譬如对于苏军经验的学习，究竟采取什么态度；我军的军事学说和经验是否完全不适用了，编制体制是否应加以改变等，这些问题都需要进一步明确。这次会议要解决三大问题：一是建军原则，包括党的领导，军民关系，军队内部关系等问题。二是建军方针，原先提的方针是现代化正规化，后来主席提出建设优良的现代化的革命军队。现在看来，只提现代化正规化，就可能产生否定我军优良传统的偏向，事实上也一度产生过。不如提建设优良的现代化革命军队好，大家可以考虑。三是战略方针问题，它关系着军队三大方面的工作，关系着战争准备，关系着组织编制和各军兵种建设的比重，关系着训练和科学研究。

27日，军委扩大会议开幕。参加会议的人员主要是军委、总部、各军区、各军兵种领导，共365人。彭德怀在开幕式讲话中宣布了会议的任务。他说，根据中央的指示，这次会议采取大鸣大放、大争大辩的方法，要把所有的意见都说出来，讲错了可以收回，不扣帽子，不追究责任，主要是弄清是非，接受经验教训。好的经验也应该介绍，互相交流，促进进步。林彪、贺龙、罗荣桓、聂荣臻、叶剑英等也在开幕式上讲了话。

5月27日~6月7日，会议的内容没有集中到反“教条主义”问题上。但在讨论和总结过去几年工作时，一些人在发言中，点名批评萧克、李达、陈伯钧、宋时轮等主管训练和院校工作的领导同志存在着严重的“教条主义”。还有人提到，8 年来的军队建设中存在着一条“和中央军委的路线相违背的、教条主义的、军阀主义、违背人民战争、人民军队建设原则的建军路线”，这“实质上，是资产阶级和无产阶级、资本主义和社会主义、资产阶级军队和无产阶级军队建设原则的斗争在军内党内的反映”，“上述资产阶级建军思想、建军路线，是以萧克同志为代表的”。①

6 月 7 日，大会举行第二次全体会议。会上，黄克诚传达了毛泽东对如何开好此次会议的指示和邓小平的意见，会议号召全体与会人员，彻底解放思想，打消顾虑，敢想、敢说、敢于明辨是非，以反“教条主义”为纲，针对军委及总部各部的领导，通过小组会、大会、大字报、小字报等形式，把存在的问题摆出来，大鸣大放，大争大辩，把会开好，以达到增强团结、总结经验、改进工作的目的。

会议由此转向，反“教条主义”成为会议的主题。根据毛泽东的指示，于6 月 9 日发出扩大会议范围的通知，吸收全军军以上单位和部分师级单位领导参加，人员增至 1440 余人（其中列席会议 438 人）。6 月 20 日下午，召开全体大会，采取大鸣大放方式，配合大字报、小字报，使会议骤然升温，批判的矛头直指军委总部主管训练的有关领导和一些院校领导。受批判和指责的领导干部在会上作了多次检讨。

毛泽东于6 月 21 日、23 日和 29 日先后在大会和小组长座谈会上作了三次讲话。在 21 日的讲话中，毛泽东首先肯定“八年来基本上搞得好”，没有错的，但是工作有很大缺点。毛泽东回顾了中国革命的历史经验和教训，指出：我们学的是马列主义的普遍真理，中国有它的特点，有它的历史，马克思主义的普遍真理必须同中国革命具体实践相结合或统一。过去我们也照搬过，也犯过教条

① 转引自当代中国丛书《中国人民解放军》编辑部：《中国人民解放军》（上），167 页，北京，当代中国出版社，1994。

主义的错误。洋教条来了，使革命遭受过重大损失。抗日战争、解放战争并不是照外国的本本，大部分是按照实际情况打的，硬是按照战斗条令打，我就不那么信。我们参加了比第二次世界大战更厉害的朝鲜战争。胜利以后，不打仗了，办了许多军事学校，开展正规的军事训练。请了许多苏联顾问，我看产生一些教条主义，也是很自然的。现在发生了有没有“教条主义”的问题，有几种议论，详细分析靠大家努力。这次军委会议要实事求是地加以分析研究，不要夸大，也不要缩小，要坚持真理，修正错误。毛泽东说，“有这么两部分教条主义。一部分是对资产阶级军事学和管理军队的制度，认为是神圣不可侵犯的，这是一种；再就是对苏联的，或叫无产阶级的军事学和管理军队的制度，认为是神圣不可侵犯的，这在中央苏区一个时期是有的”，“解放以后又发生了教条主义。有些人就是搬外国，不加区别的搬外国，这是妄自菲薄”。在6月23日召集各小组长座谈会上说：“现在学校奇怪得很，中国革命战争自己的经验不讲，专门讲‘十大打击’（指苏军在第二次世界大战后期的反攻）。而我们几十个打击也有，却不讲。应该主要讲自己的，另外参考人家的。”毛泽东指出：“学习苏联的方针是坚定不移的，因为它是第一个社会主义国家，但一定要有选择地学，因此就要坚决反对教条主义。打倒奴隶思想，埋葬教条主义。”在6月29日第二次小组长座谈会上，毛泽东比较集中地谈了军事学院和训练总监部的问题，批评犯了“教条主义”错误。

7月1日以后，会议进一步升温，批判言辞更为激烈，有的发言甚至说一些同志想用资产阶级思想改造军队。继刘伯承、萧克之后，李达、粟裕等人也相继被点名批判。7月19日，彭德怀作了会议总结。

7月22日，大会通过了《中共中央军事委员会扩大会议决议（草案）》。《决议》指出：“会议认为，军委在过去八年多的时间内的领导基本上是正确的，工作中的成绩是巨大的，主要的。”《决议》确认：“在某些部门和某些单位，主要是训练总监部和一些院校，教条主义倾向直到最近仍然占着统治地位”，“目前时期的教条主义倾向，实际上是历史上的错误路线在某些范围内的复活”。决议错误地认为“两条路线的斗争是一个长期的艰苦的过程。为了坚持和贯彻正确路线，克服错误路线，目前的斗争必须在全军认真展开”，要求“军队各级党委和各级政治工作机关，目前要集中力量在我军工作的各方面克服错误的军事路线的影响”，“要在全军展开关于两条军事路线和个人主义的鸣放辩论，为发扬马克思列宁主义和共产主义的正气，压倒教条主义和个人主义的邪气而斗争”。

这次军委扩大会议，还通过检查8年来军队建设各项工作，讨论了军队和国防建设若干重大问题，通过了指导军队建设的若干决议。会议提出：应该抓紧当前有利的国际局势，积极地、主动地采取各种有效办法，特别是要认真节约军费、贯彻勤俭建军的方针，加快国家经济建设的“大跃进”，不应该片面地、过多地要求军队的发展。如果在这一时期内发生战争，在一般情况下，人民解放军基本上仍然应当采用歼敌于沿海地区国土上的作战指导原则。关于第二个五年计划期间军队建设发展方向和重点，会议根据裁减数量、提高质量的原则，确定积极加强陆军，重点发展空军，逐步发展海军，同时力争尽快地解决特种武器装备。会议还确定了陆军、海军、空军、机关和院校人员编制定额。要求根据战略方针和作战指导原则，加快制订作战方案，对战场准备、后备力量、军工生产、武器装备、干部培养等方面进行全面规划和计划，并对这些工作提出指导性意见。会议还重申“军队平时的中心工作就是训练”的思想，提出要办好院校，加快干部培养，加强军事科学研究，注意改善领导方法和工作方法，加强思想政治工作，等等。由于会议的主题转为反“教条主义”斗争，因而对上述问题的讨论受到较大冲击。

军委扩大会议后，全军各单位立即召开党委扩大会议或干部（党员）大会，传达贯彻会议精神。按照会议决议的要求，全军迅速展开反“教条主义”和反“单纯军事观点”的教育，采取大鸣大放、大争大辩的形式，抓住重点人和主要问题展开斗争。一些过去在学习苏军中和抓训练较积极的干部遭到批判。仅广州军区被重点批判的团以上干部就有46名，济南军区被重点批判的师职以上干部有25名，且上挂下联，批判范围不断扩大。同时，对受批判的领导干部作了组织调整。会后不久，萧克被免去国防部副部长、训练总监部部长职务；李达被免去国防部副部长、训练总监部副部长职务；刘伯承被免去高等军事学院院长兼政治委员职务；粟裕的总参谋长职务被调整。10月12日，国家主席毛泽东任命黄克诚为总参谋长；11月17日，中央军委任命武装力量监察部部长叶剑英兼任高等军事学院院长。

这次反“教条主义”斗争是错误的。会议完全背离了实事求是的原则，把学习苏军过程中难以避免的并已经基本纠正的一些偏差和军队管理、军事训练、院校教育中出现的一些缺点，夸大为严重的“教条主义”；把严格管理、按科学规律办事等一些正确的东西，说成是“单纯军事观点”；把一时局部出现的偏差，夸大为全军性错误；把本属于工作上、思想认识上的分歧，夸大为两条军事路线的斗争，因而对军队建设产生了消极影响。此后，人民军队正规化建设不提了，一些行之有效的规章制度和条令条例处于不被重视以至被废弛状态，刚刚起步的正规化建设受到挫折；自觉不自觉地排斥外国有益的东西，使军队在一个很长时期内忽视对外军经验的研究和汲取；采用过火的批判斗争方法，无限上纲、上挂下联、搞大批判等“左”的做法，伤害了一大批同志；一些负责军事训练和院校工作的同志受到过火的批判和斗争，有的受到错误处理。反“教条主义”斗争对军队建设造成的损害是巨大的，教训是深刻的。

二、“以我为主”方针的确立

在这次军委扩大会议上，毛泽东指出：“小米加步枪”的经验还是重要的，把“小米加步枪”的经验否定了是错误的。对苏联的经验要有选择地学。“应该主要讲自己的，另外参考人家的”，“人民解放军搞现代化，搞洋办法，也应该搞点土办法，例如民兵是土办法，土办法发展以后，也可以变成洋办法。‘小米加步枪’同现代化可以结合起来”。“我们打败过蒋介石、日本帝国主义、美帝国主义，有丰富的经验，把自己的经验看得那么不值钱，是不对的。要以我为主，学习别人的先进经验。同时要研究敌情、友情，过去我们就是研究敌友我情况的。”①

根据毛泽东的指示精神，会议提出“以我为主”的军队建设方针。彭德怀在会议总结中指出：“为什么要强调以我军经验为主呢？这是因为我军多年积累起来的丰富的作战、建军经验，更适合我国的实际情况。”彭德怀谈到，朝鲜战争中美军使用的武器现代化程度超过了第二次世界大战，我们是在极端困难的条件下，以劣势装备战胜优势装备的美帝国主义的。“这些经验，显然更加适合我国的情况。既然我们有更合用的经验，为什么不以我们自己的经验为主呢？”当然，“对于我军自己的经验，也必须采取分析、批判的态度进行学习”。

会议提出“以我为主”的军队建设方针，并不是说人民解放军建设在前8年没有“以我为主”，完全抛弃了人民解放军过去的经验和光荣传统。毛泽东在会前和会中都谈到：教条主义搬是搬了一些，但“建军基本原则坚持下来了”。军委扩大会议也认为，虽然在学苏军方面存在着严重的“教条主义”，但“我军的基本制度仍然坚持下来了”。

贯彻“以我为主”方针，强调以人民解放军经验为主，并不排斥学习外军有益经验，特别是苏联军队的经验。毛泽东指出：“学习苏军的方针是坚定不移的”，“我们过去学了，现在要学，将来也还要学”。“对苏军的经验是要学的，因为我们的装备是苏式的。但装备技术天天在发展变化，学苏军的技术经验也要用发展的观点去学”。陈毅在军委扩大会议的讲话中强调：“苏联的军事先进经验，

---

① 《建国以来毛泽东军事文稿》中卷，392~393页，北京，军事科学出版社、中央文献出版社，2010。

还是要学习的。我们自己采取教条主义的学习，不能怪苏联的顾问，不要去怪苏联经验本身，这是学习方法不好，苏联经验本身还是先进的。”“‘以我为主’，苏联经验和我们的经验互相补充，在苏联经验中去取得营养，取得补品来补充我们，使得我们壮大起来，不是以它的完全代替我们的。所以还是要学习苏联的经验。”1959年1月，叶剑英在全军科学研究工作会议的总结报告中，对“以我为主”方针作了全面阐释。指出：“所谓‘以我为主’，我的理解是：在我军已有的经验基础上，从客观实际情况出发独立自主的考虑问题，解决问题。‘以我为主’有主就有次，主次是对立的统一。‘我’不是孤立存在的，‘我’的对面是‘敌’，我的旁边是‘友’。因此，‘以我为主’还要有选择地学习苏联及其他兄弟国家的经验，和认真研究敌人。‘我’本身有过去、现在和将来，因此要在总结过去经验的基础上，立足于现实，着眼于将来。”① 粟裕在一次讲话中也指出：“以我为主并不是排斥学习外国经验。以我为主绝不是‘闭关自守’，闭门造车。有主就有次，以我为主正是对着学习外国经验来说的。如果根本不需要学习外国经验，也就无所谓以我为主。向苏军学习，从来就是我军坚定不移的方针。……所以，不能把以我为主理解为只有我们自己的东西才是好的，外国的东西都是不好的。”“军委扩大会议反对教条主义，不是不要我们向苏军学习，而是反对机械搬运外国经验的教条主义的学习态度。反对盲目迷信外国经验，也是为了更好地学习外国经验。”②

“以我为主”的军队建设方针，是中央军委对新中国成立后人民解放军建设实践反思的结果。它的核心是坚持毛泽东军事思想，强调在军队建设和未来作战中，要总结和发扬人民解放军几十年建军、作战经验，考虑中国国情、民族特色和地理特点。它正确地揭示了人民解放军建设和发展的规律，科学地阐明了学习外军经验与

① 《叶剑英军事文选》，378页，北京，解放军出版社，1997。

② 《粟裕文选》第3卷，395~396页，北京，军事科学出版社，2004。

自己实际相结合的相互关系，指明了建设符合自己国情军情特点的现代化革命军队的方向，是人民解放军现代化、正规化建设的经验总结，标志着中央军委对新的历史条件下如何加强军队建设认识上的深化。贯彻这一方针，对人民解放军的建设起了积极作用。

但是，“以我为主”方针又是在中国共产党“左”的错误开始滋长、全军错误开展反“教条主义”斗争中提出来的，因而在具体贯彻执行过程中，难免矫枉过正，产生过分强调自己的经验，而忽视学习借鉴外军经验的偏差。

三、“反右倾”斗争和批判“资产阶级军事路线”

在全国“大跃进”形势下，以高指标、瞎指挥、浮夸风和“共产风”为主要标志的“左”的错误严重泛滥开来。自1958年11月召开的有中央和地方部分领导人参加的工作会议（即第一次郑州会议）开始，中共中央领导全党经过9个月的努力，纠正已经觉察到的“左”倾错误，“共产风”、浮夸风、高指标、强迫命令、瞎指挥等得到初步遏制。但是，由于对错误的严重性还缺乏足够清醒的认识，纠“左”的努力，还局限在坚持“大跃进”和人民公社的“左”的指导思想的大框架内，因而形势并没有根本好转。

1959年7月2日~8月1日，中共中央在庐山召开政治局扩大会议。会议初期的基本精神是纠“左”。7月14日，中共中央政治局委员、国防部长彭德怀给毛泽东写了一封信，他在肯定1958年成绩的基础上，陈述自己对全国开展“大跃进”的意见，特别对浮夸风、狂热冒进、高指标和一些不切实际的做法提出看法。7月16日，毛泽东批示将彭德怀的信印发给与会全体人员，提出要“评论这封信的性质”。7月23日，毛泽东在大会讲话中批驳了彭德怀信中的观点，认为是右倾表现。于是，会议主题由纠“左”变为反右倾。在紧接着召开的中共中央八届八中全会上，彭德怀和赞同其意见的总参谋长黄克诚、外交部副部长张闻天、中共湖南省委第一书记周小舟等受到批判。会议通过了《关于以彭德怀同志为首的反党集团的错误的决议》和《为保卫党的总路线、反对右倾机会主义而斗争》的决议，认定彭、黄、张、周组成“反党集团”，犯了“具有反党、反人民、反社会主义性质的右倾机会主义路线的错误”，确定把彭德怀、黄克诚、张闻天、周小舟调离国防部、外交部和省委第一书记等工作岗位，同时保留他们在中央委员会和政治局中原来的职务，“以观后效”。决议提出“右倾机会主义已经成为当前党内的主要危险。团结全党和全国人民，保卫总路线，击退右倾机会主义的进攻，已经成为党的当前的主要战斗任务”①。随即在全党范围内展开了一场大规模的“反右倾”斗争。

庐山会议后，中央军委于 8 月 18 日 ~9 月 12 日由林彪主持在北京召开扩大会议，出席大会的党员领导干部共 1061 人，列席会议 508 人，大军区单位领导除留一人值班外全部参加，另有省军区、军和部分师一级的领导列席会议。会议继续揭发批判彭德怀、黄克诚的所谓“反党罪行”，并清查所谓“军事俱乐部”，号召肃清其流毒和影响。会议认定彭德怀是“反党反毛泽东的篡党篡军的野心家”，在党的历史上出现错误路线时都是跟着走的，大部分时间是反对毛泽东的。会议还追查彭德怀所谓“里通外国”问题。说彭德怀是“教条主义”的总根子，是“高岗反党集团的漏网分子、重要成员”。9 月 12 日，会议通过《中共中央军事委员会扩大会议决议》，提出要“彻底肃清彭、黄在军队中所散布的毒素和恶劣影响”。军内一批高级干部，如沈阳军区司令员邓华、总后勤部长洪学智、国防科委副主任万毅、北京军区参谋长钟伟等，也受牵连而被撤销职务。

9 月 17 日，第二届全国人民代表大会常务委员会第九次会议作出决定，任命国务院副总理林彪兼任国防部部长，免去彭德怀的国防部部长职务，任命罗瑞卿副总理兼任总参谋长，免去黄克诚的总参谋长职务。9 月 26 日，中央军委发出《关于军委组成人员的通

① 中共中央文献研究室编：《建国以来重要文献选编》第 12 册，509 页，北京，中央文献出版社，1996。

知》：中共中央政治局决定，中共中央军事委员会主席毛泽东，副主席林彪、贺龙、聂荣臻；[①] 军委常委毛泽东、林彪、贺龙、聂荣臻、朱德、刘伯承、陈毅、邓小平、罗荣桓、徐向前、叶剑英、罗瑞卿、谭政；军委秘书长罗瑞卿，副秘书长苏振华、萧向荣，军委日常工作由林彪主持。10 月 20 日，中央军委发出通知，中共中央批准在军委常委之下设立由罗瑞卿、谭政、杨成武、萧华、邱会作、萧向荣等 6 人组成的办公会议，[②] 负责处理中央军委日常事务。同时，增补萧华为中央军委副秘书长。

军委扩大会议后，全军各大单位召开四级干部会议，自上而下、先干部后普通党员，开展"反右倾"机会主义斗争的整风运动。运动分三个阶段进行：第一阶段，传达党的八届八中全会和军委扩大会议的决议，系统地揭露和批判所谓彭德怀、黄克诚反党集团的错误。第二阶段，对鸣放和专题讨论的问题，批判认证，"教育和争取大量具有右倾思想、在大风大浪中立场摇摆的中间状态的人"，进而向本单位的右倾机会主义分子展开斗争。第三阶段，根据"反右倾"斗争中提出来的带根本性的问题，进行系统地学习。与此同时，在所有基层连队中展开以保卫总路线、拥护"大跃进"和人民公社为中心内容的社会主义教育运动。

运动期间，对一些平时流露出的对"大跃进"、人民公社运动和市场供应紧张表示过疑虑和不满的干部，进行揭发批判，指责为"右倾言论"，被提到两个阶级、两条道路斗争的高度进行斗争。1959 年 11 月 27 日，中共中央批转总政治部《关于划分右倾机会主义分子的标准和处理办法》。全军划出"右倾机会主义分子 1848 人，其中团以上干部 195 人，还有许多人被划为"中右"、"二类"、"三类"人员，作为运动的重点教育和批判对象，并受到不同程度的组织处理。这场运动持续了半年多。

---

① 1966 年 1 月 8 日，中共中央决定增加陈毅、刘伯承、徐向前、叶剑英为中共中央军事委员会副主席。

② 1960 年 5 月，中央军委办公会议增补张爱萍为办公会议成员。

1960年初召开的中央军委扩大会议仍将批判彭德怀、黄克诚作为会议的内容之一，提出要彻底揭发和批判彭、黄在军事思想、军事路线、战略方针、建军方针和国防措施上的一系列错误。林彪在会议讲话中，归纳列举了彭、黄军事上7个方面“根本性的路线错误”，对彭德怀主持制定的军队建设方针、原则进行了批判或部分否定。

这场“反右倾”斗争，不仅中断了纠“左”的进程，而且使党内正常的民主生活遭到严重损害，打击和压制了党内敢于坚持实事求是讲真话的同志，助长了弄虚作假的不良倾向，使党内“左”倾思想继续发展。更为严重的是，运动中混淆了两类不同性质的矛盾，把阶级斗争扩大化的错误延伸到党内、军内；肯定了在政治运动中“以阶级立场、政治态度为标准”划分左、中、右三种人的方法，使许多人不敢讲或不愿讲真话。庐山会议及“反右倾”斗争是继反“教条主义”斗争之后，党内“左”倾错误指导思想不断发展的又一集中体现，党内斗争扩大化，伤害了一批同志，给军队工作造成了严重后果，也为林彪竭力推行“左”的一套创造了条件。

对于在这场“反右倾”机会主义运动中遭到错误批判和斗争的同志，1962年10月总政治部曾发出《关于反右倾整风运动中因错斗错划而作离队处理的干部的处理办法》，给“反右倾”运动中受到错误处理的一些同志分别平反。但在“左”倾思想发展的历史条件下，不可能对所有错批错划的人进行实事求是的改正。①

① 1980年2月5日，国务院、中央军委转发总政治部《关于贯彻执行中央对被定为右倾机会主义分子的平反、改正问题的通知的补充规定》。《规定》指出：“1959年以来反右倾斗争中，因反映实际情况或在党内提出不同意见，被定为右倾机会主义分子、右倾机会主义错误（包括“二类”、“三类”分子）或戴上其他政治帽子，过去平反、改正不彻底，或者至今没有平反、改正或者平反后又重新定性处理的，均应予复查，作出平反、改正结论。”经过复查，全军被定为右倾机会主义分子、右倾机会主义错误和戴上各种政治帽子的都先后予以平反、改正。

四、1960 年 9 月中央军委扩大会议和《关于加强军队政治思想工作的决议》

1959 年 9 月林彪主持中央军委日常工作后，迎合“左”的气候，提出并大力推行“左”的一套。从 1959 年 10 月～1960 年上半年，林彪在讲话和署名文章中，大讲“政治挂帅”，鼓吹阶级斗争，提出共产党的哲学就是对立面的斗争，“就是有了错误，要采取斗争的态度，大胆的斗，勇敢的斗”，鼓吹“兴无产阶级思想、灭资产阶级思想的斗争，始终是军队建设的重要课题”。[①] 同时极力提倡对毛泽东的个人崇拜，不断提出对毛泽东个人崇拜的口号和主张。

对林彪鼓吹和主张的“左”的一套，中央军委其他领导进行了不同程度的抵制。如在开展文化教育工作中，总政治部没按林彪说的“文化学习……一般干部只要学好算术，再学点简单代数就可以”的意见办，坚持落实在军队干部中普及中、高等教育的规划。中央军委其他领导人特别是总政治部对“左”的一套不紧跟、不照办甚至抵制的态度，引起林彪的不满。林彪指责“政治工作方向发生了严重偏差”，提出召开军委扩大会议，专门讨论政治思想工作问题。

1960 年 9 月 12 日，中央军委召开常委扩大会议，确定军委扩大会议三项议题：（1）反对修正主义[②]问题；（2）政治思想工作问题；（3）军队的组织编制、装备八年规划问题。其中以讨论政治思想工作为中心议题。林彪在会上发表长篇讲话，在指责政治工作

---

① 林彪：《高举党的总路线和毛泽东军事思想红旗阔步前进》，载《解放军报》，1959 年 9 月 30 日。

② 1956 年苏共二十大后，中苏两党对于国际共产主义运动的路线与策略，对国际形势看法和双方国际国内政策产生分歧，并逐步尖锐对立。1959 年后，苏联共产党领导人对中国施压，试图迫使中国服从“苏美合作、主宰世界”的全球战略。1960 年 4 月，中国共产党发表文章，不点名地批评苏联，并称其为“修正主义”。5 月，总政治部向全军部署了以战争与和平等问题为中心的反对修正主义教育。

“方向有些偏”的同时，提出所谓“四个关系”和“四个第一”的理论，即：在人和武器的关系上，人的因素第一；在政治工作和其他各种工作的关系上，政治工作第一；在政治工作中，思想工作和事务性工作的关系上，思想工作第一；在思想工作中，书本思想和活的思想的关系上，活的思想第一。林彪说“这是我军政治思想工作的方向，也是整个军队建设的方向”。

“四个第一”片面地夸大人的主观意志的作用，把政治工作抬高到不适当的位置，片面强调精神的作用，强调抓“活思想”，指责完整、系统的学习理论是“糊涂观念”，是抓“死的”思想，其实质是否定军队的现代化建设。

林彪的讲话在军委扩大会议预备会上对与会人员作了传达，实际上为军委扩大会议关于政治思想工作问题定了调子。9 月 14 日，中央军委扩大会议正式召开。

关于反对修正主义问题，与会人员学习中共中央有关文件，统一对国际共产主义运动有关问题的认识，号召全军很好地学习中央文件和《毛泽东选集》第 4 卷，要研究修正主义，更好地了解什么是马列主义，什么是修正主义，预防修正主义思想的侵袭，随时准备应付帝国主义的突然袭击。

关于军队的组织编制和装备八年规划议题。会议讨论了罗瑞卿《关于我军八年组织编制和装备规划的一些说明》，认为规划体现了毛泽东思想和中央的方针，既把国防建设和整个国家经济建设结合起来，又把人民解放军现代化建设和进一步革命化结合起来，规划了加速人民解放军现代化建设的宏伟远景。

会议开始不久就转向政治思想工作问题这一中心议题。林彪按照对政治工作“纠偏”的意图，引导会议把矛头指向总政治部主任谭政和其他一些领导人，指责谭政同彭德怀、黄克诚的错误路线长期“和平共处”，对上级的指示不传达、不布置，“缺乏干劲，缺乏朝气，缺乏热情”，谭政要对政治工作的严重偏差负主要责任。说谭政在总政治部内“有个圈子”。在林彪的压力下，谭政和总政治部一些领导人在会上作了多次检讨。会议经过30余天的揭发和批判，10月20日，作出《中共中央军委扩大会议关于谭政同志错误的决议》和《关于加强军队政治思想工作的决议》。军委扩大会议后，总政治部党委召开扩大会议，继续揭发批判谭政等人，诬陷谭政和总政治部其他有关领导结成“反党宗派集团”。接着，谭政的军委委员和总政治部主任职务被撤销，总政治部一些领导干部受到株连。1961年1月，罗荣桓再次担任总政治部主任。

《关于加强军队政治思想工作的决议》（以下简称《决议》），在形成过程中，与会人员进行了充分的讨论，许多军队领导人发表了很好的意见，集中了与会人员的集体智慧。毛泽东亲自对《决议》作了修改。1960年12月21日中共中央和毛泽东作出批示，将《决议》转发全国地委以上机关。毛泽东在中共中央的批示中“把毛泽东思想真正学到手”一句话的后面，亲笔加上一段话：“军队中有文化条件的干部必须研究马、恩、列、斯的经典著作。研究方法，必须是为了我们的工作需要而去作研究……不是读死书，而是领会马克思列宁主义的精神实质。读毛泽东同志的著作的方法也应当是这样。过去军队中理论研究工作的方法是读死书的方法，那是不正确的，十月军委扩大会议已指出了这一点，中央认为是正确的。”①

《决议》包括前言（即总纲）和14个问题，共2.3万余字。《决议》肯定了新中国成立11年来军队政治工作的成绩，总结了一些有益的经验。《决议》指出，毛泽东思想是军队建设的指针，也是军队政治工作的指针。《决议》肯定“古田会议决议所建立起来的我军政治工作的光荣传统，是永放光芒的”，认为1944年经毛泽东亲自主持写成的《在西北局高干会议上关于军队政治工作问题的报告》，继承了古田会议的光荣传统，是对人民解放军政治工作的

---

① 《建国以来毛泽东文稿》第9册，385页，北京，中央文献出版社，1996。

全面总结。《决议》强调要坚持党对军队的绝对领导，肯定“政治工作是我军的生命线”，重申在政治工作中要贯彻群众路线，发扬三大民主和官兵一致、军民一致的光荣传统。强调必须加强思想工作，认真进行思想教育，坚决反对各种不良倾向。《决议》认为，“连队是执行战斗、训练和一切工作任务的基层单位，政治工作必须扎根于连队。加强连队工作的根本问题，就是要发挥连队党支部的核心领导和战斗堡垒作用”。《决议》还就建立一支又红又专的干部队伍，加强军事技术、业务和科学研究中的政治思想工作，保证最大限度地发挥技术装备的作用，积极参加国家社会主义建设和做好民兵工作，如何做一个合格的政治指导员，加强党委对部队政治思想的领导等问题，提出了具体要求及实施的办法。

但是，由于这个决议是在党内、军内“左”倾错误指导思想继续发展的历史条件下形成的，是在林彪主持军委工作，推行“左”的一套东西，并错误地批判谭政，纠正所谓“政治工作方向偏”的基础上产生的，因此，《决议》从指导思想到主要观点，都有许多“左”的东西，有的是重大原则错误。如把阶级斗争作为国内社会的主要矛盾，把反对“政治上右倾”作为主要任务，把开展政治运动，抓“活的思想”，搞“大鸣大放大争辩大字报”作为思想政治教育的主要方法。特别是由于林彪在会上极力推行“四个第 ”，把它说成是“我军政治工作的方向，也是整个军队建设的方向。在新的历史时期中，我们更应当紧紧掌握这个方向”，从而把“四个第一”作为了整个军队建设的指导思想。《决议》的贯彻执行，一方面对军队建设产生了积极推动作用，另一方面也产生了许多消极后果。

第二节　总结人民军队建军作战经验，落实新的训练方针、原则

为贯彻“以我为主”方针，中央军委号召全军开展学习毛泽东军事著作活动，以毛泽东军事思想为指针，认真总结人民解放军建

军、作战经验。遵照这一思想，全军从编写条令教材、确立新的训练方针原则、改革训练内容和方法等入手，进行一系列的改革和探索。

一、学习研究毛泽东军事思想，总结建军、作战经验

1958 年中央军委扩大会议指出："毛泽东同志的军事著作，是马克思列宁主义理论和中国革命战争实践紧密结合的光辉范例。它不仅是我军三十年来建军和作战经验的结晶，而且是马克思主义军事学说的一个重要组成部分。""必须认真学习毛泽东同志的军事著作，坚决以毛泽东同志的军事思想作为今后我军建设和作战的指针。"① 从 1959 年开始，全军展开学习毛泽东军事著作活动。

总参谋部在《1959 年陆军训练纲要指示》中提出：1959 年以《中国革命战争的战略问题》、《抗日游击战争的战略问题》、《论持久战》、《战争和战略问题》、《集中优势兵力，各个歼灭敌人》、《十大军事原则》和《实践论》、《矛盾论》等文章为学习重点。此后，中央军委和总参谋部、总政治部在下达的《国防建设工作纲要》以及年度军事、政治工作等指示中，都突出强调学习毛泽东军事著作，明确提出学习毛泽东军事著作是全军干部经常的、长期的任务，各类干部的军事、政治学习和院校教育，都要以学习《毛泽东选集》为主要课程。

遵照军委、总部的指示，全军采取军集训团、营干部，师集训连、排干部的办法，分期分批集中辅导学习毛泽东军事著作。至 1960 年底，全军 90% 以上的干部参加了集训学习，其中师以上干部参加集训人数达 1.86 万人。各级各类院校普遍开设了毛泽东军事思想课。各部队在组织战役集训前，都把组织学习毛泽东军事思想作为集训的主要内容之一。为进一步推动学习毛泽东军事著作活动的开展，军事科学院组织编辑出版了《毛泽东军事文选》、《毛主席论人民军队人民战争以及人民战争的战略战术》、《马恩列斯军事文

---

① 《彭德怀在军委扩大会议上的总结》，1958 年 7 月 19 日。

摘》、克劳塞维茨的《战争论》等著作，作为全军广大干部学习毛泽东军事思想的教材和参考材料。

在学习毛泽东军事著作的同时，全军遵照1958年军委扩大会议上提出的要“系统地总结我军过去的建军、作战经验，结合对苏军经验的学习，切实研究在未来战争中适合我国特点的战略战术，为不断发展党的军事学说而斗争”的指示，开始系统总结研究人民解放军建军、作战经验。全军恢复和加强战史编写机构，建立了第一、第二、第四方面军战史编辑委员会。各军区组成战史编写队伍，收集了大量珍贵资料，展开编写人民解放军各个革命战争时期战史的工作。在一两年的时间内，即完成第二、第三次国内革命战争、抗日战争史料选编，《毛主席、中央、军委抗美援朝战争文电选编》等资料编选工作，并编写了《中国人民解放军三十年》。各军区、军种、兵种及各类院校，根据训练、教学等需要，编写了多种《战例选编》。

人民解放军在长期的革命战争中，创立了独特的人民战争理论，积累了丰富的作战经验，形成了一整套适合中国国情的人民战争战略战术。人民解放军许多高级干部，参加了第一至第三次国内革命战争和抗日战争、抗美援朝战争，组织指挥了成百上千次大小战役、战斗，其中许多战役规模和形式是古今中外战争史上罕见的，是人民解放军建军、作战经验的创造者。这些经验是人民解放军的宝贵财富，经过挖掘整理，不仅可以成为进行革命优良传统教育的好教材，而且对研究未来战争有着很重要的价值。1961年3月，中央军委发出动员全军中将以上干部总结自己经验的指示，要求全军中将以上（少将自愿）干部，把自己几十年的实战经验全面、系统、反复地进行思考，写出一篇个人的经验总结，并规定了完成时限。全军高级领导干部积极响应，撰写各类经验文章数百篇。有关部门将这些经验文章按军事、政治、后勤工作等分类，编辑了20余册《经验总结汇集》，下发部队学习。

通过学习毛泽东军事著作活动和总结人民解放军建军、作战经验，进一步确立了毛泽东军事思想在国防和军队建设中的指导地位。广大指战员充分认识和体会到，毛泽东军事思想是以毛泽东为代表的中国共产党人，运用马克思主义基本原理，吸收古今中外优秀军事遗产，结合中国的实际，经过30多年的战争和建军实践而创建和发展起来的，反映了中国革命战争和国防、军队建设的客观规律，是中国共产党和人民军队老一辈革命家、军事家集体智慧的结晶。在学习毛泽东军事思想活动中，全军初步系统地总结了人民解放军几十年形成的一系列建军作战原则，为研究现代条件下的人民战争和战略战术打下了良好的基础。

二、编写条令、条例和教材

1956年，中共中央发出“全党克服实际工作中的主观主义和经验主义，尤以克服教条主义为主”的通知后，人民解放军开始纠正学习苏军经验的偏差。1958年1月，训练总监部召开条令、教材编写工作座谈会，确定了编写条令、教材的6条原则：第一，以毛泽东的军事著作为指导思想；第二，以苏军有关条令和教令为根据；第三，把中国人民解放军的历史经验恰当地编写到教材中去；第四，以现行训练编制为依据；第五，以适应培养对象需要为目的；第六，根据中国人民解放军作战对象需要为目的。同年7月中央军委扩大会议，根据毛泽东“要集中一些有丰富工作经验和战斗经验的同志，搞出一本自己的战斗条令来”的指示，决定“首先应在最近一两年内，编写出我军自己的条令、教范和教材”。据此，1959年1月12～28日，军事科学院组织召开全军第一次科学研究工作会议，对编写人民解放军条令、条例和教材等，进行部署，并通过《1959年编写人民解放军战斗条令的报告》。经中央军委批准后，各军区、各军兵种、院校成立军事科研机构，负责编写条令和教材。

经过充分动员和准备，在中央军委领导下，由军事科学院具体负责组织，全军于三四月份陆续选调一大批战斗经验丰富、具有一定写作能力和军事学术水平的干部，组成强有力的编写队伍。据不完全统计，至1961年初，全军直接参加编写战斗条令、各种教程、教范、教令的人员有6200余人，全面展开编写条令、条例、教令、教范、教程工作。不到一年时间，就编写出一批条令、教令、教程等初稿。在几个重要条令形成初稿后，叶剑英在1959年12月底向中央军委提出《关于组织检验我军战斗条令试验性演习的建议》，被军委采纳。中央军委决定成立以叶剑英为主任、罗瑞卿为副主任，并吸收有关人员组成的演习筹委会，要求总参谋部、总政治部负责按建议所提要求组织演习部队进行试验。仅步兵战斗条令就经过三次专业会议，两次印发全军征求意见，组织85个连队和4个步兵学校做了重点试验。其他已编写的条令，也印发全军征求意见，组织试验分队进行试验、召开专业会议集中意见进行汇稿，反复加工审修。其中，对合成军队战斗概则，编写组综合全军3000余条意见，进行了6次加工修改。

经过两年的努力，至1960年底，全军即完成22种战斗条令的编写。各军区、军种、兵种和院校还组织完成了149种教程、教范和大量教材的编写。为了审查验收全军送呈军委审批的各种战斗条令，中央军委于1961年2月成立条令验收委员会，叶剑英任主任，罗瑞卿、萧华任副主任，委员由总参谋部和几个有关军区各一名领导组成。2月下旬，条令验收委员会开始工作并召开第一次会议，对《中国人民解放军合成军队战斗条令》（概则部分）、《步兵战斗条令》、《中国人民解放军飞行教令》进行审查验收。4月22日和5月1日，人民解放军第一批战斗条令由中央军委和总参谋部颁发全军试行。

在完成第一阶段条令编写任务的基础上，1961年2月23日~3月6日，军事科学院组织召开全军第二次科学研究工作会议，总结了1959~1960年两年条令编写的工作经验，并通过了《中国人民解放军1961~1962年军事科学研究工作规划纲要》，要求一定要把毛泽东思想真正学到手，认真学习、研究、运用毛泽东思想，并做出显著成绩，继续完成各种战斗条令的编审定稿工作。

至1962年初，全军编写的各种条令、条例和教范、教令及教材基本定稿。同年1月5日，中央军委下达《关于颁发和验收条令、教令、教程、教材的几项规定》，要求上半年集中力量验收合成军队战斗条令，下半年分别验收军兵种战斗条令，并对验收和颁布的权限作了具体规定。1963～1965年，人民解放军各种条令、条例、教范、教程全部陆续颁发执行，初步形成了符合中国国情和军情、具有中国人民解放军特色的条令、教程体系。

新条令、条例和教材的编写并颁布，结束了人民解放军作战、训练、执勤、教学和日常管理搬用苏军条令条例的历史。

三、按照新的训练方针、原则开展军事训练

在"以我为主"方针指导下，中央军委和总参谋部提出并确立了新的训练方针、原则，全军训练在学术思想、训练计划和内容、训练组织制度和教学方法上，都有许多新的变化。

（一）确立"以我为主"的训练方针、原则

1959年1月，总参谋部在《人民解放军1959年陆军训练纲要指示》中提出："我军今后的训练方针必须是：以毛泽东军事思想为指针，努力学习毛泽东同志的军事著作，进一步总结我军经验，更好地学习外国先进经验，以指导部队训练，提高军事训练质量。"指示强调：为了贯彻"以我为主"的训练方针，必须贯彻下述原则：（1）根据我国战略方针和作战指导原则进行训练；（2）应以我军经验为主和有选择地学习外国经验；（3）应以我军现有装备为主，并照顾未来的发展；（4）应根据我国地形特点进行训练。同时要求：经常研究敌人的编制装备和作战特点，使训练有的放矢；继续发展野营训练的方法；在训练中必须贯彻人民战争的思想；必须贯彻训练与生产劳动相结合的原则；必须进一步贯彻群众路线，开展军事训练中的群众运动；反对训练中的虚夸作风；在训练中必须贯彻党委集体领导下的首长分工负责制。1959年底至1960年初，中央军委在给中共中央的报告中进一步明确了"以我为主"方针指导下的军事训练方针和要求：（1）全军研究毛泽东的军事著作；（2）继续总结我军经验，编写出我们的条令；（3）研究原子、导弹

等条件下的作战与训练；（4）有自学能力的干部，应选读一部分马、恩、列、斯的军事理论，军以上干部还应批判地选读克劳塞维茨的军事著作。1960 年 2 月，叶剑英在军委扩大会议的发言中，对新的训练方针作了解释。叶剑英指出：以毛泽东的军事思想为指针，是我们各项军事工作的统帅和灵魂；以我军的经验为基础，是在总结我军历史经验的基础上发展我军的军事学术；研究现代战争，就是要根据现代战争的特点，把我们的训练、研究与战备紧密地结合起来；学习马、恩、列、斯的军事理论并批判地选读克劳塞维茨的军事著作，在于使我军高级干部的基本理论知识更加丰富，学术思想更加开阔，批判能力更加提高，创造能力更加发挥。这四点是一个有机联系的整体，不能把它孤立与分割。叶剑英还概括归纳了军事训练的四个对象和四个内容。四个对象，即学校训练、部队训练、机关干部训练和军外（民兵、学校、工厂等）训练。训练四个内容，一是政治教育，就是以马列主义毛泽东思想和党的路线、政策教育军队，使之成为党和人民的驯服工具；二是文化教育，文化是掌握马列主义和现代科学技术的工具，没有科学文化知识，要想进行现代战争是有困难的，因此必须大搞文化教育，使我军成为一支既有高度政治觉悟，又有高度文化科学知识的军队；三是军事教育，就是使广大官兵学习和运用部队装备的现代化武器和器材，并学习与研究现代条件下的作战方法，熟悉和掌握所属部队各种武器和器材；四是业务教育，本着做什么学什么的原则，加强业务学习，提高业务能力，以适应未来战争的需要。叶剑英还阐述了军事、政治、文化、业务四个方面之间的关系，指出：政治教育是最根本的，这是革命军队的灵魂；军事和业务教育是必不可少的，而且应该提倡干部又红又专，红专结合；文化教育则是为学习政治、学习军事、学习业务创造条件。

1961 年初，总参谋部召开全军军事训练工作会议。1961 年五六月，陆、海、空军和各军区相继召开训练会议，统一训练思想，研究贯彻新的训练方针原则，探讨新条件下的军事训练问题。叶剑英在陆军、海军、空军召开的训练会议上多次讲话，提出了许多重要思想。1961年6月22日，叶剑英在《关于军事训练问题向军委的报告》中，进一步提出在训练中要贯彻“少而精”的原则，提出必须注意四个方面：第一，突出重点，反复苦练。抓要抓关键，抓战争中最需要的东西。抓住了关键，就要反复练，经常练，勤练苦练，特别是要在复杂、困难条件下练。第二，掌握练的要领，讲究练的方法。在练的方法上需要抓住两个环节：海军要“在港（包括在岸）苦练、勤练，出海苦练、精练”；空军在“地面苦练，空中精飞”；陆军要“在营苦练，野营精练”。两个环节中，出海训练、空中飞行、野营训练是主要环节，陆、海、空军各兵种的真本事、硬功夫，最终必须在这里过硬。第三，明确练的要求，提高练的质量。一切技术训练都要为了开得动、打得准、联得上，一切战术训练都要为了合得成、摆得开、捏得紧。第四，严格遵守条令和规章制度，切实防止和减少事故。军队训练总的要求要做到：红专健结合，技术训练与战术训练结合，训练与科学研究结合，院校训练与部队训练结合，从实战需要出发；勤俭建军，勤俭练兵，各级要改进领导作风，切实加强对军事训练的领导。[①]

中央军委还确定，训练要有主有次，突出重点。全军训练重点是干部，部队训练重点在士兵，特种兵训练重点在技术。干部重于战士、技术兵重于普通兵。干部应以学战术为主，战士以学技术为主。1960年初，总参谋部制订了三年（1960～1962）全训规划。此后，又颁布1961～1962两年陆军军事训练规划。

为了加强对军事训练与学术研究工作的领导，1959年11月5日，中央军委决定成立“军事训练与学术研究小组”，叶剑英任组长，国防部副部长粟裕、副总参谋长张宗逊、总政治部副主任刘志坚任副组长。1961年7月8日，中央军委决定，撤销军事训练和军

---

① 参见《叶剑英军事文选》，523～526页、503～508页，北京，解放军出版社，1997。

事学术研究小组，成立军事训练和军事学术研究委员会，叶剑英为主任，粟裕、张宗逊为副主任，总参谋部军训部部长李作鹏为秘书长。训研委员会的职责是，负责统一管理和指导全军部队、院校的军事训练、军事学术研究和条令验收等工作。

（二）开展新条件下的军事训练

1. 狠抓基础训练和技术训练。遵照中央军委、总参谋部提出的战士应以学技术为主，要能熟练地使用自己手中的武器和器材，并继续提倡“一专多能”，特别是要大抓射击训练，要着重“培养特等射手”等指示，全军部队在组织实施训练中，突出技术基础训练，即射击技术、专业技术和连以下战术动作的训练。根据技术训练要一切为了“开得动、打得准、联得上”的总要求，以射击和专业兵种的技术训练为主，同时，加强单兵、单炮、单车的战斗动作和小分队的战术训练，苦练200米内的硬功夫。全军部队继续开展“培养特等射手”和“创造神枪手、神炮手和技术能手”活动。空军增加了空中飞行训练时间和难度，加强打得准、投得准训练；海军突出了舰艇技术专业、海上射击和出海训练。为推动全军技术训练，总参谋部于1960年5月23日下达《关于开展技术训练竞赛的指示》，并于9月在北京长辛店组织全军步兵武器射击竞赛。各军区和海军、铁道兵共14个代表队410名射手在13个科目中进行竞赛，取得较好的成绩。这次竞赛，带动了技术竞赛活动的开展。

2. 全军开展野营训练。1957年8月29日《解放军报》发表《野营训练方法应当广泛提倡》的社论，向全军介绍北京、南京、济南军区一些分队野营训练的方法。社论指出，实践证明，野营训练是全面提高部队训练质量的一种好的训练方法。这种训练方法的最大优点是能够使训练更加接近于实战情况，锻炼和提高部队的行军作战能力。野营训练不受天候限制，把平时所学到的各种科目，按照实战战术背景，采取单方或者双方对抗、分段或者连续作业的方法，从战备紧急集合开始，然后按照预定计划，组织行军、侦察、警戒、防空、防原子、防化学、渡河、宿营和各种战斗训练，这对于部队全体成员是一个全面的锻炼和提高。

同年9月，训练总监部陆军战斗训练部上报《检查0213部队军士教导营军事野营训练情况的报告》。报告说，0213部队教导营在一次历时8天的行军野营演习中，每人负重30～50多斤，往返200多公里，经过3个县境、40多个村镇，越过大小山岭7座，根据训练计划实施了12个训练课题，收到明显的成效。训练总监部对此报告作出批示，指出：野营训练方法是值得提倡的，野营训练以营或团为单位进行为宜，在一年内，营可进行1～2次，团进行1次。10～11月，军委训练委员会在北京召开扩大会议。会上，北京军区小组介绍了组织实施野营训练的一些经验。1958年后，野营训练在陆军部队中普遍开展起来，许多初、中级院校也采取了这一训练方法。

这一阶段的野营训练，各部队主要是结合战术训练和演习，本着练为战的原则，进行带实战背景的行军、宿营等战术综合训练，野营训练时间不长，通常以营以下为单位组织。

1961年6月叶剑英提出“在营苦练，野营精练”的训练要求后，野营训练成为部队训练必训课目。1962年，总参谋部正式将野营训练列入年度军事训练计划中，强调在野营训练中，练攻防战术、战斗技术、行军宿营、侦察警戒、通信联络、战时管理教育、作风等等。1963年4月12日，毛泽东在听取南京军区副司令员王必成汇报部队训练情况时，作了“野营训练是一种好方法，应该在全军推广这种方法”① 的指示。10月，总参谋部批转军训部《关于加强野营训练的意见》，指出：近两年来，全军加强野营训练，并取得了一些成绩，积累了不少经验。为了进一步加强和改进野营训练，总参谋部要求全军：（1）必须重视野营训练，全军陆军部队除岛屿守备、边防守备和担负作战任务的部队外，一般都应进行野营

① 《毛泽东军事文集》第6卷，394页，北京，军事科学出版社、中央文献出版社，1993。

训练。海、空军部队应根据可能，争取多搞一些锚泊和转场训练。（2）必须认真贯彻“在营苦练，野营精练”的原则，把基础训练搞好了，再拉出去野营，锻炼部队的行军、作战能力。（3）野营中应注意全面锻炼部队，既练军事又练政治，既练作风又练纪律。指示还对野营训练的形式、规模、时间、组织准备和野营中的管理教育等问题提出了意见和具体办法。根据毛泽东的批示和总参谋部的指示及部署，野营训练不仅列为全军各军兵种部队训练的重要内容和方法，而且规模扩大，时间延长，并与部队年度战役战术训练和检验性演习紧密结合起来。

野营训练作为一种训练方法，在全军陆续开展起来并收到较好的效果。这种方法解决了训练和实战的结合问题，部队在近似实战的背景下进行作战需要的各种科目的演练，既练部队又练机关，既练司令部工作又练后勤保障和政治工作，是一种全面提高战斗力的好方法。

3. 组织渡海登陆战役演习。根据军事斗争任务的需要和各军兵种的发展，人民解放军加强战役演习为主的合成训练。根据中央军委的战略方针，1959 年 5 月，总参谋部组织南京军区和部分海空军在杭州湾穿山半岛进行加强步兵师渡海登陆对筑垒地域之敌进攻实兵实弹示范性演习。叶剑英自始至终指导了演习。这次演习，是根据东南沿海军事斗争形势进行的，其目的是：以金门敌情、地形为对象，研究加强步兵师渡海登陆进攻的战术、组织指挥、三军协同和各种保障等问题。通过演习，总结和积累步兵师渡海登陆作战的经验，在此基础上编写战备训练教材，指导部队训练，提高陆海空三军联合渡海登陆作战的能力。

参加这次演习的陆、海、空军部队有陆军第 20 军军部、第 60 师又 2 个步兵团、11 个炮兵营，部分海军舰艇部队和空军航空兵部队等，共 39 个不同建制单位近 2. 27 万人。各种舰艇 265 艘，各型飞机 114 架，各种火炮 271 门，坦克自行火炮和水陆坦克 22 辆，各种车辆 668 辆。演习指挥部由第 20 军军部为主和海军、空军部分领导组成。此外，海军东海舰队及舟山海军基地领率机关部分人员组成定海指挥所，南京军区空军司令部部分人员及东海舰队航空兵领导机关组成宁波指挥所。这次演习是人民解放军首次较大规模的陆海空联合渡海登陆作战演习，中央军委、三总部、各大军区、各军兵种、军事院校的有关领导人及苏联军事专家等共1460余人参观了演习。演习结束时，南京军区司令员许世友作讲评，叶剑英作了总结讲话。演习组织严密，达到了预期的目的。参加演习的陆、海、空三军全体成员经受了一次接近实战情况的锻炼。

通过演习，检验了渡海登陆作战的组织指挥及诸军兵种联合作战的能力，获得了许多有价值的资料，并为以后组织渡海登陆作战训练摸索了经验。

（三）组织新中国成立10周年国庆阅兵

从1949～1959年，人民解放军每年都组织国庆阅兵。1959年的国庆阅兵，是新中国成立以来规模较大的一次。经过10年的革命化、现代化、正规化建设，人民解放军武器装备基本实现制式化、系列化，海军、空军力量具备了独立作战能力和联合作战能力，炮兵、装甲兵等技术兵种数量比例大大增加。海军、空军和陆军各技术兵种人数占全军总人数的32%。人民解放军已发展成为具有一定规模、军兵种齐全的诸军兵种合成军队，质量显著提高，形成了现代条件下合同作战能力。这次阅兵的目的是：向国家和人民汇报新中国成立10年来人民解放军建设的巨大成就，展现人民解放军的精神风貌。

这次阅兵准备工作比往年抓得早。1958年10月11日，中共中央在批转中央宣传部《关于建国十周年庆祝活动的意见》中指出，要使庆祝典礼的阅兵式和群众游行，比往年搞得更加隆重盛大。根据这个精神，京津卫戍司令部于12月拟制了《1959年国庆首都阅兵方案》。1959年4月16日，中央军委进行专门研究。中共中央和国家领导人毛泽东、刘少奇、周恩来等审定和批准了阅兵方案。总参谋部随即下达《1959年首都阅兵工作指示》，对阅兵规模、编组、组织指挥以及阅兵各项准备工作作了明确规定。

阅兵总指挥部由北京军区组成，司令员杨勇任阅兵总指挥部主任，副司令员郑维山、谭希林，副参谋长罗文坊，政治部副主任张正光，北京卫戍区司令员吴烈、副政治委员张廷桢等任总指挥部副主任，北京卫戍区组建阅兵总指挥部的办事机构。

受阅部队共编为35个方队。

徒步方队有军事学院、石家庄步兵学校、郑州炮兵学校、南京工程兵学校、第一坦克学校、石家庄铁道兵学校、沈阳航空学校、大连海军指挥学校等编组的院校方队，海军长山要塞区编组的水兵方队，北京军区6个步兵方队，共15个方队。

车辆方队有北京军区组成的2个摩托化步兵方队，空军空降兵教导师组成的伞兵方队，北京军区炮兵组成的122毫米和152毫米榴弹炮方队、北京军区空军高炮师、雷达探照灯团组成的100毫米高射炮和雷达探照灯方队，沈阳军区炮兵组成的122毫米加农炮方队，武汉军区炮兵组成的130毫米加农炮和152毫米加农榴弹炮方队，北京军区所属坦克独立团组成的中型坦克、重型坦克和152毫米自行火炮方队，沈阳军区1个守备师组成的100毫米自行火炮方队等，共14个方队。这些装备中，6种型号的火炮有5种是中国制造，五九式中型坦克和履带牵引车是刚刚加入战斗序列的国产新装备。

空中梯队由1个轰炸机师、4个歼击机师和高级航空兵学校抽调部队编成，共6个梯队。受阅飞机编队由国庆5周年时的3机编队增加到5机编队，飞机总数155架。

10月1日，天安门城楼装饰一新，人民大会堂、中国革命博物馆、中国历史博物馆等国庆10周年献礼工程胜利竣工，新扩建的天安门广场蔚为壮观。

9时55分，毛泽东、刘少奇、周恩来、朱德、宋庆龄、董必武、林彪、邓小平等党和国家领导人，以及其他社会主义国家的领导人一同登上天安门城楼。参加这次国庆庆典的还有60多个兄弟党代表团团长和党的代表、8 个亚非友好国家政府代表团团长和政府代表。广场上爆发出震天动地的欢呼声，乐队高奏欢乐的歌曲。

10 时，中共中央政治局委员、北京市市长彭真宣布首都人民庆祝中华人民共和国成立 10 周年庆典开始。接着，国防部长林彪在阅兵总指挥杨勇陪同下，乘车检阅陆海空三军。尔后，林彪在天安门城楼宣读国防部命令。命令指出，中华人民共和国的武装力量，正在向建设一支优良的现代化的革命军队迈进。现在，已经从单一兵种发展成为有现代技术装备的诸军兵种合成军队，是一支保卫和平的坚强力量。我们不会侵犯任何人，但是也不容许任何人侵犯我们。中华人民共和国神圣的领土、领空和领海主权的完整，必须受到尊重，中国人民以这种方法或者那种方法解放自己的领土台湾和沿海岛屿，完全统一伟大祖国的愿望，一定要得到实现，外国不得干涉。国防部命令人民解放军全体指战员：加紧训练和学习，大力提高军事技术，精通业务、熟练掌握自己手中的武器和装备，以便胜任履行保卫国防、防止侵略的光荣职责。

接着，分列式开始。八一军旗引导着 8 个军事院校学员方队，首先依次进入天安门广场。紧随其后的是头戴水兵大檐帽、身着白色水兵服、手持国产半自动步枪的水兵方队指战员。继水兵方队之后，是头戴钢盔、手持半自动步枪的 6 个步兵方队。其后是由 72 辆解放牌卡车组成的空降兵和摩托化步兵方队，由 144 门各种大口径火炮组成 7 个炮兵方队，由 99 辆坦克和自行火炮组成的装甲方队。装甲兵第一方队通过天安门广场时，空军飞行梯队排着整齐的 5 机编队，一个梯队接一个梯队低空由东向西呼啸飞过天安门广场上空。天安门广场犹如沸腾的海洋，人们不断向受阅部队欢呼致敬。

整个阅兵历时 58 分钟，阅兵组织得周密细致，紧张有序，威武壮观。中国人民解放军以强大阵容，向全国、全世界人民展示了现代化建设的伟大成就，表明中国人民解放军保卫伟大祖国，解放台湾实现祖国完全统一，捍卫世界和平的坚强决心。

四、改革、发展院校教育

在“以我为主”方针指导下，1960年8月召开第八次全军院校工作会议，研究讨论教学改革和完成三年全训任务问题，通过了《1960~1967年全军院校建设规划纲要》。1961年11月又召开第九次全军院校工作会议，研究讨论院校体制、规模、规格、课程设置、学制，军政训练时间比例，教员、学员、院校管理等若干问题，作出了《关于院校工作若干问题的决定（草案）》。全军各院校贯彻两次院校工作会议精神，对学制、教育体制、教学方法等方面进行了改革。

（一）贯彻“少而精，短而少”的原则

1959年底，林彪在给叶剑英的一封信中提出：学校训练，学习内容要少而精，学习时间要短（每届短）而少（每天少，使复习时间多），以求人人皆有入学的机会。根据林彪的意见，1960年初军委在给中共中央的报告中，明确提出各级军事院校的学习内容应实行“少而精”的原则，即：“凡可以不在学校学习的和可以用自修办法学习的，则不列入学校的课程；使在校学习的时间可以缩短，学员不致离队太久，同时又可以使学校的周转率加快，求得人人都有入学的机会。”在第八次全军院校工作会议和1960年9月的军委扩大会议上，中央军委领导进一步强调指出：教学内容要精简，要压缩。一定要舍得砍去那些次要问题，什么都学，结果什么也学不到。教学方法要简明易懂，不要故弄玄虚。学制要改革，时间不要太长，干部不能老住学校，脱离实际，越学越空。少而精的精，就是要求精华，要求精通。无论政治、军事、文化教育都要少而精。

根据“少而精”的原则，总参谋部从院校教学计划、教材的编写和教学方法三个方面入手，调整各级各类院校的学制，普遍缩短学员在校学习时间。1961年12月，中央军委批转的军委训研委员会《关于院校工作若干问题的决定》中指出：指挥院校在学制上应下长上短，在训练内容上应下宽上窄。中级指挥院校必须搞好基础

训练，时间要长一些，内容要稍宽一些。对团职以上干部的训练，采取重点学习提高，学习时间要短一些。据此，规定：中级院校学制一般不超过两年，个别兵种指挥学校根据需要可稍长些，但不能超过两年半；学院及高等军事学院基本学制各为1年，速成班为半年；中级技术学校的学制为2~3年，工程技术学院（含军医大学）为4~5年；政治学校的学制为1年左右，政治学院为一年半左右；海、空军院校修业年限由3~5年缩短为2~4年。在教学内容上，凡在部队可以学到的，不在院校学；可在部队学，也可在院校学的，也不在院校学。合成军队指挥院校学员一般不再补习文化。军兵种指挥院校学员必要时可结合专业补习文化。在教学方法上提倡精讲多练，增加自学时间，把讲课与自学时间比例由3∶1或2∶1改为1∶1。

“少而精”的原则是针对院校教育训练内容多，部队及机关干部感到学习压力大、影响工作的普遍现象提出来的。在学习时间一定的情况下，适当压缩学习内容，有利于突出重点，抓住关键，对重点内容精讲多练；使院校在单位时间内可为部队培养更多急需的干部和技术人才。同时这一原则强调理论要联系实际，实际需要什么就学什么，学会了就能运用，因此，实行这一原则具有重要的积极意义。同时也应看到，“少而精”的原则，是应急式教育的产物，存在着忽视基础、忽视全面、忽视长远发展的缺陷，具有某种片面性，对发展正规教育产生了一定的负面影响。

（二）进一步肯定和确立“三级制”的院校培训体制

在1956年4月第六次全军院校工作会议上，叶剑英将人民解放军逐步形成的院校培训体制概括为“三级制”、“两股绳”。“三级制”，指全军指挥院校按初、中、高三级设置，分别培训初级、中级、高级军官。由士兵晋升为尉官，必须入初级院校接受一次完成教育；由尉官晋升为校官，必须入中级院校接受一次完成教育；由校官晋升为将官，必须入高级院校接受一次完成教育。“两股绳”，即将军官训练分为完成教育和速成教育两种。完成教育按初、中、高三个层次逐级完成，有固定的学制、施教内容；速成教育是从一定目的出发，有重点地解决不同类型军官的深造与提高问题。第八次全军院校工作会议讨论通过的《1960～1967年全军院校建设规划纲要》，对“三级制”、“两股绳”作了进一步的明确，使人民解放军这一院校体制以法规的形式固定下来。《纲要》规定：全军指挥院校区分为三级，（1）高等军事学院，训练陆、海、空军正师职以上的军事、政治、后勤干部，培养高级参谋和军事理论人才。（2）各军（兵）种指挥学院，培养本军（兵）种从营到副师职指挥干部、营职以上和优秀的正连级参谋人员，培养本军兵种的军事理论人才。（3）各军（兵）种指挥学校，培养本军（兵）种的连排级指挥干部和专业技术干部。培养专业勤务干部的院校也分为三级：（1）军事工程学院培养尖端技术装备的研究、设计干部；（2）各军（兵）种工程学院培养本军（兵）种技术装备的研究、设计、维护和修理干部；（3）各军（兵）种中级技术学校，培养本军（兵）种技术装备的一般干部。政治院校实行两级制，即政治学院培养团级以上政工干部和一部分高级军事干部，并培养政治理论研究人才；政治学校培养连、营级政工干部。

“三级制”、“两股绳”培训体制的实行，基本适应了院校培训干部的需要，但在实践中也暴露出培训干部的重点不突出、基础训练薄弱等问题。因此，1962年，中央军委对“三级制”培训对象进行了调整：一是强调重点培训好连、团、军三级干部，即各军（兵）种中级指挥学校由过去的培养连排级指挥干部调整为重点培养连级干部；各军（兵）种指挥学院由过去的培养本军（兵）种营到副师级指挥干部调整为重点培养团级干部；高等军事学院由过去的培养正师级以上的军事、政治、后勤干部和高级参谋及军事理论人才调整为重点培养军级以上干部。二是将专业技术干部的三级培训体制调整为“高等、中等”两级培训体制，即高等技术院校培养高级专业技术干部，中等技术院校培养中级专业技术干部。至此，人民解放军院校的“三级制”、“两股绳”、“两等”培训体制基本形成。这一体制是人民解放军从自身实际出发，在院校建设实践中逐步总结形成的，是人民解放军院校培训体制进一步走向正规化的重要标志。

（三）确立“红、专、健”的培养目标

第九次全军院校工作会议作出的《关于院校工作若干问题的决定（草案）》提出，军事院校的培养目标，总的要求是红、专、健。“红，就是要有高度的政治觉悟，要非常无产阶级化，要用毛泽东军事思想来指导我们的一切行动。”“达到的方法，最主要的是抓思想，抓经常的政治教育和时事政策教育，抓毛主席著作的学习，学习运用毛泽东思想。”① 各类院校学员“专”的标准：中级指挥学校毕业的学员，要学会指挥本分队作战，会组织领导训练，会管理教育分队；指挥学院毕业的学员，能正确地领会毛泽东军事思想，会组织指挥兵团（军团）作战，熟悉司令部工作，并能熟练地标绘工作要图和拟制战斗文书；中等技术学校毕业的学员，具有必需的技术基础知识和实际技能，在本职业务范围内能独立工作；工程技术学院（含军医大学）毕业的学员，具备本专业所必需的基础理论和专业知识，掌握专业必需的基本技能；政治院校毕业的学员，能正确地领会毛泽东思想，能掌握和贯彻党的方针、政策，会做思想政治工作，具有一定的政治理论水平。“健，就是要有健壮的体质。只红不专不行，是空谈的政治家；只专不红更不行；但只有红、专，没有健也不行，这是‘物质基础’。特别是高度技术化的军兵种，要驾驶飞机、军舰，不但要有熟练的技术，而且还要在摇摆二三十度、抗七八级大风、机舱温度五六十度的情况下进行工作，更需要有健壮的身体。”“要进行专业体育锻炼……要加强伙食管理，在可能的条件下保持营养。要使干部、战士懂得，锻炼好身体是建军的需要。”②

---

① 《叶剑英军事文选》，503～504页，北京，解放军出版社，1997。

② 《叶剑英军事文选》，504～505页，北京，解放军出版社，1997。

把“红、专、健”作为军事院校的培养目标，符合党和国家关于“使受教育者在德育、智育、体育几个方面都得到发展”的教育方针，比较全面地概括了军事院校学员应具备的基本素质，使军事院校培养人才有了明确的标准，为不同级别、不同类型的院校确定各自的具体培养目标提供了总的依据。

1959～1961年的军事训练，是在全军贯彻落实“以我为主”方针，重新确立军事训练方针、原则形势下展开的。全军认真学习毛泽东军事思想，总结人民解放军的作战建军经验，为军事训练的开展奠定了较好的思想理论基础；以新编写的条令、条例、教范和教材为依据，使军事训练更加规范化；加强对敌情与现代条件下战争的研究，增强了军事训练的针对性；改进训练方法，改进教学，初步开展军事竞赛活动，使军事训练重新出现了较好的形势，为此后掀起大规模群众性练兵运动，打下了良好基础。

第三节　贯彻落实积极防御战略方针，加强国防建设

50年代末60年代初，世界局势总体趋于缓和，但局部动荡加剧，我国安全环境中不确定因素有所增加。1960年1月中旬在上海召开的中共中央政治局扩大会议和1960年初中央军委扩大会议上，林彪传达了毛泽东对战争的分析：大的战争、原子战争，还是两种可能，一种是打不起来，一种是打得起来。目前这两种可能主要的是打不起来。然而，只要帝国主义存在，战争的威胁就依然存在。根据这一判断，中共中央、中央军委指出，在“和”与“战”两种可能中，我们在准备上应以后者为主。必须“在加紧经济建设的同时，还要加强国防建设，提高国防力量的质量”[①]。中央军委强调，在未来战争中，应坚持和遵循毛泽东提出的积极防御战略方针和关

① 《叶剑英军事文选》，437～438页，北京，解放军出版社，1997。

于反击、追击的战略思想，实行“北顶南放”[①]方针。1959 年底和 1960 年初，中央军委和有关总部对国防建设进行了研究规划，并组织落实。与此同时，根据现代战争特点，做了防范帝国主义突然袭击的若干准备。中央军委还于 1959 年 10 月决定成立军委战略研究小组，由刘伯承任组长，徐向前、罗瑞卿任副组长，负责研究国际战略形势。

一、明确国防建设基本原则，制订八年建设规划

（一）进一步明确国防建设基本原则和要求

为了更好地贯彻在加强经济建设的同时加强国防建设的指导思想，以适应现代战争的要求，1960 年初，中央军委召开扩大会议，对正确处理经济建设与国防建设关系的若干具体问题进行了研究。中共中央、中央军委认为，经过几年的实践证明，毛泽东在《论十大关系》的报告中提出的关于处理经济建设与国防建设关系的总原则是完全正确的。“在这个原则指导下，经济建设与国防建设的关系，基本上是协调的，良好的，随着国家经济力量的大发展，国防力量也显著地加强了。”这次会议及其前后，对经济建设与国防建设关系问题，进一步明确了若干原则和要求。

第一，必须在发展经济的基础上，发展国防建设事业。经济力量是国防力量的基础，国防事业的发展必须以经济事业的发展为前提，因此在和平建设时期，经济建设是最中心的任务，在这方面不应当有任何动摇。同时，必须在经济发展的基础上，在经济条件许可的范围内，发展国防建设事业。我们不但要建立一个独立完整的现代经济体系，而且也要建立一个独立完整的现代国防工业体系。

第二，国防建设必须纳入国家建设统一规划之内。根据中共中央、国务院的规定，军队方面提出国防建设长期规划和年度规划，

① “北顶南放”是指：准备在遭受美国等国家大规模入侵时，于东部沿海地区实施积极防御，其中在浙江以北地区采取坚守式的“顶”，以南地区则准备放敌入境，诱敌深入再予以歼灭。

由国家统一平衡，全面安排。

第三，军队修建的机场、场地、仓库、工厂、基地、工事等重点工程项目及其所需的设备（投资在300万元以上的），应当纳入国家基本建设计划。这些工程设计、施工和需要的劳动力（包括部分技术人员）、运输力、材料、土地等，除军队方面担负的以外，均由国家统一安排；投资不到300万元的非重点工程，应纳入地方建设计划，由各地统一安排。地方经济建设要尽可能注意到平时和战时相结合，并有转为战争服务的准备。在未来战争中，敌人实行战略性的突然袭击，特别是从空中来的、大规模的突然袭击，在现代条件下是大大地增加了。我们不仅对于敌人的原子弹、导弹、细菌武器的突然袭击要有充分的估计，同时也要考虑到敌人在我国纵深地区实行战略空降的可能性。因此，除在战略部署、后方设施、作战准备和国防工业建设等方面充分注意这个问题外，同时在国民经济建设方面也要充分注意这个问题。各项基本建设不要过于集中，重要的工业建设要注意“山、散”原则，重要城市和重要工业基地要有必要的防空设施。在国防工程建筑上，主要是抓两头（海岛和前沿第一线，以及纵深的首脑机关、重工业城市、交通枢纽防护工程等），准备中间。

第四，国防设施要考虑到军民两用。某些国防设施，如铁路、公路、仓库、通信等工程建设，要落实平战结合的原则。凡是有可能的，也都要适当地照顾到民用，做到军民两利。这样就能有效地节约投资和防止浪费。中央军委经过充分研究和论证，本着经济建设与国防建设相结合、军用与民用相结合、平时与战时相结合的原则，对机场建设、海港和航运建设、铁路建设、公路建设、水利建设和国防造林、全国通信网络建设、气象和测绘建设、战略物资储备，以及大中学生的分配、人民防空和国防教育、战时动员、军事技术科学研究等问题，提出了原则性建议。

第五，武器装备的发展以“两弹为主，带动其他”。国防工业建设的总目标，是“建立独立完整的现代国防工业体系”；国防科研和生产，以“两弹为主、导弹第一”，并大力抓携带导弹的新式飞机、舰艇以及无线电电子技术的研究和制造，少产、少购、多建、多试。

第六，进一步明确军事建设的重点，强调大力发展民兵。军队建设“以大力发展空军、海军和陆军各特种兵为主，适当减少步兵的数量，同时，又应大力培养积蓄干部，为战时扩编军队准备基础”。树立准备打全民战争和现代战争（在原子导弹等大规模杀伤武器条件下的战争）的思想。在兵源准备上，要大力发展民兵，并以工矿、企业、学校、机关为重点，通过国防体育运动，为各军种、兵种培养积蓄大量的技术后备力量。

这些原则措施的提出，标志着中国社会主义革命和建设时期国防建设思想的进一步发展，不仅有效地节约国防基本建设投资，而且对于建立完善的国防体系，防止和准备应付未来反侵略战争，有着重大的指导意义。

（二）拟制军队建设发展规划

彭德怀在1958年军委扩大会议总结发言中，提出了第二个五年计划期间军队发展的方向，即：“积极地加强陆军，重点地发展空军，逐步地发展海军，同时力争尽快地解决特种武器装备。”强调军队的编组和定额分配，必须贯彻减少数量、提高质量的原则，逐步地减少步兵部队，以加强特种兵部队的建设。从1959年下半年开始，总部机关、各军兵种相继拟制“八年建设规划（1960～1967年）”，确定发展目标。在此基础上，由总参谋部组织，在各军种、兵种、各军区司令部的参加下，研究拟制了《我军八年（1960～1967）组织编制和装备规划（草案）》。

根据八年内国家经济发展情况和国防工业的可能，为进一步提高人民解放军现代化水平，并为战争初期扩编打下基础，八年组织编制和装备规划提出：前三年内，根据加强国防工业基本建设和多建、多试、少购、少产的军工生产与装备工作原则，部队不宜做大的发展，定额也不应增加过多，主要是加强重点和缺、弱单位，为后五年的发展打下必要的基础。后五年，随着国家经济力量、科学技术的发展和基本上建成独立完整的国防工业体系，人民解放军现代化的水平大力提高，现代化建设大为加快。后五年规划的实现，将为人民解放军成为拥有最新技术装备的世界上最强大的现代化革命军队远景目标奠定基础。

《规划》提出全军建设发展的重点是：保证尖端，加强科学技术研究机构，大力发展特种技术部队；首先加强空军，尽可能地加强海军和陆军各技术兵种；培养、储备干部和技术骨干，加强军事院校建设；加强民兵工作的领导机构和指挥机关的重点部门。各军种、兵种的重点是：陆军以技术兵种部队为重点，尽可能地加强各技术兵种部队的扩大基础。步兵主要是逐步地适当裁减数量，提高质量，逐步向机械化方向发展，提高机械化水平，加强部队的火力、突击力、防护力和机动力。空军以高速高空歼击航空兵和地空导弹部队为重点，相应的加强轰炸航空兵和其他地面防空力量，以及必要的空降部队的基础。海军以潜艇、快艇（主要是大、中型导弹潜艇和导弹快艇）和岸舰导弹部队为重点，适当地发展相应的水面舰艇、海军航空兵以及必要的陆战部队的基础。

关于实施八年规划的基本原则是：（1）抓住重点，全面安排；（2）平时与战时相结合，平时主要是为战时扩编打下基础，陆海空三军均编制必要数量的满员部队，其余部队实行平时简编的编制，凡战时不易组编的机构，平时应注意打基础，对不易征召、培养的技术人员，平时应多培养、多储备；凡平时不需要而战时容易组建的机构和容易动员补充的人员，平时应少编或不编；（3）组建部队要结合装备的可能；（4）逐步组编成独立、完整的战区，以便在战时遂行一般的作战任务；（5）进一步研究三军的后勤供应体制，研究以“块块”为主，按区供应，使“条条”与“块块”相结合的问题；（6）根据培养、储备干部的任务和勤俭办校的方针，把当前需要和长远规划、学校训练和在职培养结合起来；（7）改进组织编制；（8）把加强机关与精简机构的原则结合起来，在组织编制上，力求精干和减少层次。

《我军八年（1960～1967）组织编制和装备规划（草案）》，是根据国家经济发展可能和人民解放军现代化发展的要求，面临的军事斗争任务和未来战争的需要全面研究制订的。规划总结人民解放军50年代以来多次精简整编的经验，并考虑到中国国防工业的发展，系统地提出人民解放军编组的原则，充分体现了质量建设的思想。这个规划于1960年9月由军委扩大会议通过。但由于国家正值三年困难时期，1961年1月，中共中央召开八届九中全会，确定了缩短工业战线、放慢基本建设速度和“调整、巩固、充实、提高”的方针，军队方面也决定把八年组编和装备规划推迟三五年甚至更长时间后执行。

二、进行防敌突然袭击的准备

为了全面贯彻落实积极防御的战略方针，防止帝国主义可能的突然袭击，人民解放军进行了若干准备。

（一）加强防范敌人突然袭击的对策研究和演习

1959年12月，中央军委提出防敌突然袭击问题。中央军委认为，根据第二次世界大战德军采取先发制人、突然袭击的闪击战略取得了战争初期主动的情况，美国等帝国主义国家在未来战争中，也必将首先使用原子、导弹等新式武器，向中国的政治、军事、经济中心，重要工矿、军事工业、交通枢纽、主要后方基地等战略目标，实施集中的、连续的突击，企图陷中国于混乱和瘫痪状态，为尔后实施进攻创造条件。因此，对于帝国主义这种战略思想和手段，必须加以充分的研究和防范。在1960年初的中央军委扩大会议上，中央军委领导专门研究贯彻积极防御战略方针和防止敌人突然袭击问题，提出了落实积极防御战略方针、进行战争准备的具体措施。1961年8月12日，总参谋部下达《关于加强防止敌人突然袭击工作的规定》，提出：各大军区、各军兵种均要建立防敌突然袭击工作小组，专门研究敌突然袭击情况和防敌突然袭击的措施；防敌突然袭击工作小组应加强敌情研究，掌握敌人动态，特别是敌可能突然袭击方向上的重点对象，研究掌握敌人战场准备情况；要熟悉我情，及时提出防敌突然袭击的建议，研究防敌突然袭击的措施。规定还要求各工作小组每月要研究1～2次情况，并与有关单位加强联系，密切协作，将研究成果和计划上报总参谋部防敌突然袭击工作小组。9月，总参谋部和各军区、军兵种相继成立“防止敌人突然袭击工作小组”，具体指导全国全军“防突”工作，督促落实全国人防工程建设等工作。

依据反突击、反空袭斗争方案，全军加强防敌陆上袭击、海上袭击、空中袭击三种样式的研究和演练。1961年，陆、海、空军军以上指挥机关和师以上干部，进行了反空袭理论集训。沈阳、北京、南京、福州、广州、武汉等军区进行了军区、军、师三级首长、机关携带通信工具反空袭、防突袭演习；昆明、成都、内蒙古、新疆等军区，组织进行了在敌空袭情况下的紧急疏散和反空降演习；济南军区组织在敌空袭情况下的岛屿防御现地演习；其他军区组织了反空袭图上作业或首长机关演习；全军陆军军、要塞区和大部分省军区及海空军，参加了所在军区组织的演习或单独组织演习。总参谋部和有的军区，为配合防突袭研究，编印了帝国主义国家发动战争实施突然袭击和对其反突袭的战例。

（二）加强国防工程建设

根据对主要战略方向的判断和中央军委提出的“北重于南，岛重于岸。抓两头（海岛和前沿第一线，以及纵深的首脑机关、重工业城市、交通枢纽等）准备中间，防原子、导弹、化学重于一般”的设防原则，开始构筑纵深首脑机关的防护工程，加强主要方向国防工程建设，突出海岛和前沿第一线要点的工事构筑。

50年代，重要岛屿的工事工程基本完成。根据军委提出的“岛重于岸”的原则，1960年6月，总参谋部有关部门对几个要塞区进行调查研究，于1961年8月提出《关于岛屿战备建设方面几个问题的报告》，对岛屿的设防、战术指导思想、火力配系、工事构筑、对空防御、军事训练等问题提出了建议，对设防岛屿的战备建设情况和存在的问题提出解决意见。9月12日，军委批转了总参谋部的报告。据此，各军区相继召开岛屿战备及设防工作会议，研究落实岛屿的战备工程建设，把设防岛屿作为粉碎国民党军窜犯大陆的重要桥头堡和主阵地。岛屿防御工程建设，营房、仓库、交通、通信、码头等建设，逐步向配套方向发展。

（三）建立战备值班部队和战备制度

根据对国际形势和军事斗争形势的判断，1960年11月9日，中央军委和总参谋部指示沈阳、北京、济南、武汉、南京、福州、广州、昆明等军区指定部分陆军师，担负战备值班任务。要求值班部队按甲种师编制改装补充满员和全训，保持充分的战斗准备，最有效地应付可能的突发事件。1961年1月初，中央军委公布全军第一批陆军战备值班师和担负战备值班任务的炮兵、坦克、舟桥、通信等技术兵种部队。各军区遵照中央军委和总参谋部的指示，迅速对担负战备值班任务的部队进行调整，保证齐装满员，并立即转入全训。9月14日，总参谋部发出《关于加强防空作战指示》，要求各部队加强值班和战备训练，调整高射炮兵部队机动作战的部署。各军区在原有的基础上，进一步修订和完善各级战备值班制度。同月，中央军委组成检查组，对南京、沈阳等军区战备值班部队进行全面检查，促进了战备工作的落实。

三、加强海军、空军建设，建立战略导弹部队和电子对抗部队

根据中央军委确定的军队建设原则和现代战争的要求，人民解放军进一步加强了海、空军建设，以购买和加快研制生产解决武器装备的办法，组建地空导弹、战略导弹部队和电子对抗部队。

空军确定以发展歼击航空兵和地面防空力量为重点，适当注意轰炸航空兵的建设。1958～1961年，在几个主要作战方向上组建指挥机构，组建和扩编一批歼击机师等作战部队，增加高射炮兵、探照灯兵和雷达兵部（分）队。1958年10月～1959年1月，根据防空作战的需要，从苏联购买地空导弹装备，组建了3个地空导弹营。1961年3月，根据中央军委决定，陆军第15军军部及第44、第45

师改编为空降兵部队。6月，空降兵第15军成立。7月1日，原空降兵师划归空降兵第15军建制，改称空降兵第43师。为了适应空军在作战中的高度机动性，减轻战时交通运输压力，提高各场站人力和装备的使用效能，1961年7月1日，中央军委批准空军6月20日提出的实行基地化的建议，将通信、导航、雷达、气象等为飞行部队服务的勤务分队，逐渐划归基地建制领导。经过试点，从1961年下半年开始，空军航空兵全面实行基地化。至1962年10月底，完成了基地化的调整工作。

1958年9月，海军统一部分常用船舶名称，雷击舰改称驱逐舰，驱潜舰改称猎潜艇，护航舰改称护卫舰，巡逻艇改称护卫艇，教练舰改称练习舰，鱼雷快艇简称为快艇，各舰种部队的番号也依此进行了更改。

海军根据第二个五年计划期间的发展计划，确定在发展导弹为主和不断改进常规装备的条件下，以发展潜艇为重点，同时发展水面舰艇、海军航空兵、岸防部队和陆战部队，建设一支合成的海上轻型战斗力量。先后组建了一批鱼雷快艇、扫雷舰、护卫舰、驱逐舰、护卫艇等战斗舰艇部队。根据国防部和中央军委的批复，1958年9月30日，以厦门水警区机构为基础，组建人民解放军福建基地，归东海舰队建制；12月10日，国防部批准海军司令部成立海军潜艇部，组建大连水警区；1960年3月，海军川岛巡防区扩建为海军川岛水警区；4月11日，组建蓬莱水警区。5月11日，中央军委常委会议决定并经中央批准，以青岛基地为基础组建北海舰队。8月1日，中国人民解放军海军北海舰队正式成立，刘昌毅为司令员，丁秋生为政治委员。北海舰队下辖旅顺、威海基地，青岛、蓬莱水警区，潜艇支队、快艇支队、驱逐舰大队和舰队航空兵部等单位。同时，组建了一批新的海军航空兵部队。在舰队和主要海军基地组建了辅助船大队、测量船大队、防救船大队以及部分辅助船中队和快艇基地。

在加强空、海军建设的同时，中央军委决定组建特种兵部队。

早在1957年，中央军委就决定建立地地战略导弹部队，以适应现代条件下反侵略战争的需要。根据中央军委的决定，1957年12月9日，军委炮兵和国防部第五研究院在北京组建导弹教导大队，负责接收导弹技术装备和培训导弹指挥、技术人员。1959年4月22日，根据中央军委《关于特种武器领导管理工作的几项规定》，确定地地导弹部队系统归炮兵管理。同年7月，国防部第五研究院第4教导大队第1教导营改编为中国人民解放军第一个地地导弹营。1960年3月，在西安炮兵高级专科学校组建第二个地地导弹营。同时，军委炮兵领导机关成立技术部，负责地地战略导弹部队的建设与管理工作。这种以学校为基础组建导弹营的做法，对建立技术装备复杂、人员技术要求高的部队，一方面可以充分利用现有装备和教学力量加快部队组建，另一方面可以加强学校的教学工作。1961年，根据中央军委建立导弹部队规划的指示，先后在一些军区组建了地地导弹营。这些导弹营后来改编为导弹团，成为地地战略导弹部队发展的基础。

根据防空斗争需要，人民解放军加强全国防空通信网建设。1958年9月23日，总参谋部决定，将通信兵部原通信兵学院练习营，改建为中国人民解放军独立无线电技术勤务营。这是中国人民解放军第一个电子对抗营。1960年4月，独立无线电技术勤务营扩建为无线电技术勤务团。1959～1961年，根据防敌空袭作战准备构筑大型国防工程和特种工程的需要，经中央军委批准，组建了工程兵建筑师等建筑工程部队。

四、大办民兵师

1958年7月，中央军委扩大会议提出进一步加强民兵建设，实行“全民皆兵”的方针。8月，中共中央在北戴河召开政治局扩大会议，通过《中共中央关于民兵问题的决定》。《决定》指出：为了保卫国家领土主权的完整和社会主义建设，保卫远东和世界和平，制止和打击帝国主义的侵略，我国需要拥有一支强大的武装力量。这支武装力量，除了必须建设强大的常备部队和特种技术部队之外，还必须在全国范围内把能拿武器的男女公民武装起来，以民兵组织形式，实现全民皆兵。平时担负保卫生产、维护社会治安，战时成为补充组建野战军的人力基础和野战军作战的有力助手。9月29日，毛泽东向新华社记者发表重要谈话：“民兵师的组织很好，应当推广。这是军事组织，又是劳动组织，又是教育组织，又是体育组织。”毛泽东指出：“帝国主义者如此欺负我们，这是需要认真对付的。我们不但要有强大的正规军，我们还要大办民兵师。这样，在帝国主义侵略我国的时候，就会使他们寸步难行。”① 10月1日，在首都北京庆祝国庆节的游行队伍中，出现了“首都民兵师”的方队，对全国民兵师的建立产生很大影响。在各级政府的号召和组织下，各地青壮年积极报名参加当地民兵组织，促进了民兵建设的发展。通过大办民兵师，全国从农村到城市，从厂矿企业到机关学校，迅速建立起了民兵组织。至1958年底，全国建立民兵师5175个，民兵人数达到2.2亿。

大办民兵师，推动了民兵建设的发展，显示了中国人民群众武装的力量，体现了毛泽东人民战争的思想，表明如果帝国主义敢于向中国发动侵略战争，中国人民就能够快速动员起来，对敌对势力是一个严正的警告和强大的威慑。但是，在大办民兵师过程中，由于受“大跃进”和“人民公社化”运动的影响，将大办民兵师与“全民皆兵”等同起来，存在片面追求数量的情况。

针对民兵工作出现的问题，1959年2月，总参谋部发出《关于不要强调民兵发展数量的百分比的指示》。同年11月，中央军委召开常委会议，对民兵的战略地位、战略布局、指挥机构、训练方针、干部工作、武器管理、经费开支、民兵代表会议制度以及加强民兵工作领导等九个方面的问题，进行认真研究。会后，主管全国民兵工作的罗荣桓根据会议提出的意见，以中央军委的名义向中共

---

① 《建国以来毛泽东文稿》第7册，430页，北京，中央文献出版社，1992。

中央写了《关于民兵工作问题的请示报告》，对全国民兵建设提出了比较完整、系统的意见。

关于对民兵战略地位和作用的认识问题。《报告》强调指出，未来战争将是一场导弹与核武器的战争，对付这种战争，还是要搞全民防御，实行人民战争。因此，民兵在国防建设上有着重大的战略意义。把民兵搞好了，可以为国家积蓄雄厚的后备兵员，就能够较好地解决平时少养兵、战时用兵多的矛盾，减少常备军的数量，腾出钱来用于国家经济建设或把有限的经费用在加强军队现代化建设上。

关于抓好重点地区的民兵工作问题。《报告》提出，民兵工作应当普遍发展，但重点应放在政治经济中心、重点厂矿、交通枢纽和海陆边防地区。因为一旦战争打起来，这些地区将是敌人首先攻击、破坏的目标。这些地区的民兵，应以基干民兵为重点。

关于加强对民兵工作的领导问题。《报告》提出如下措施：(1) 为了加强与有关部门的联系，更好地研究民兵建设的重大方针、政策，有效地解决民兵工作中的实际问题，建议在中央军委领导下成立民兵工作组，各省（自治区）、地和县（市），也应在各级党委领导下成立民兵工作组。(2) 明确规定各省军区、军分区的主要任务，就是领导指挥民兵。省军区、军分区的司令部、政治部，应当真正成为做民兵工作的司令部、政治部，以主要精力做民兵工作，加强对民兵工作的领导。(3) 在人民公社、工厂、学校、机关设立人民武装部，配备专职或兼职人民武装干部，进一步健全民兵工作领导机构，改变民兵工作“上边抓得紧、下边无人抓”的被动局面。

这个报告提出的方针、原则，对民兵建设具有长远的指导意义，被称为指导民兵建设的“九条方针”。

12 月 24 日，中共中央将这个报告批转全国执行。同时，中共中央批准成立在中央军委领导下的民兵工作组，罗荣桓任组长，张爱萍、甘泗淇为副组长。1960 年 1 月，总参谋部、总政治部联合召开全国民兵工作会议。4月，国务院在北京召开全国民兵代表会议。会议的中心任务是进一步贯彻《关于民兵工作问题的请示报告》精神，总结民兵工作经验，表扬民兵工作先进单位。朱德、林彪、宋庆龄、邓小平、林伯渠、彭真、罗荣桓、贺龙、陈伯达、杨尚昆、罗瑞卿、习仲勋等党和国家领导人，国防委员会副主席程潜、张治中、傅作义，人民解放军高级将领谭政、陈赓、张云逸、王树声、许光达等，以及中共中央、中央国家机关有关部门、各人民团体负责人等出席了会议开幕式，国务院向大会致词祝贺。罗荣桓、贺龙、罗瑞卿、薄一波到会并讲话，毛泽东等党和国家领导人接见了与会代表。会议还向民兵代表赠授了国产新式半自动步枪。党和国家领导人的关怀和鼓励使与会代表深受鼓舞，他们向全国民兵发出了十项倡议。这次会议和1月的民兵工作会议，及中央批转的罗荣桓的报告，对解决民兵工作中对“全民皆兵”的错误认识，纠正“左”的倾向和形式主义，起到了指导性作用。但在全国“大跃进”形势下，不可能从根本上纠正大办民兵师工作中出现的问题。

1961年4月，总参谋部、总政治部召开全国民兵工作座谈会。罗荣桓就大办民兵师中出现的缺点和问题，同各军区领导人进行了多次讨论，指出“全民皆兵”是一个战略口号，不是现实的行动口号。“民兵人数越多越好”的倾向是错误的。罗荣桓提出把参加民兵的年龄减下来，得到与会者的一致赞同。为了加强民兵工作的领导，1961年7月8日，中央军委决定撤销军委民兵工作组，成立军委人民武装委员会，罗荣桓任主任，张爱萍、甘泗淇、傅秋涛任副主任，傅秋涛兼任秘书长。

11月25日，中共中央批准中央军委的报告，规定人民公社普遍配备专职人民武装干部。12月，中央军委决定各级民兵工作组均改为人民武装委员会。12月，中共中央、国务院颁布的《民兵工作条例》，修改了参加民兵的最高年龄限制，男性公民由50岁改为45岁，女性公民由50岁改为35岁。这样，民兵数量减少了几千万人，使民兵建设朝着健康的方向发展。

第四节　炮击金门、西藏平叛和中缅勘界警卫作战

人民解放军在贯彻“以我为主”方针进行现代化建设的同时，根据军事斗争形势和任务，积极落实战备工作，提高现代条件下的作战能力，保持高度警惕，认真履行职责，完成了维护祖国统一、反对分裂和保卫边防安全的作战任务。

一、炮击金门

（一）1958 年炮击金门的决策

1955 年初，人民解放军攻占一江山岛并使浙东沿海全部岛屿获得解放后，由于美国更加明确、更加强力地推行其军事协防台湾以阻止中国统一的政策，使海峡两岸的军事对峙局面更加严峻和复杂。1955 年 1 月下旬，美国参、众两院通过了所谓“福摩萨决议案”，授权美国总统可以使用武力协防台湾及澎湖列岛；2 月上旬，美国参议院表决通过美台“共同防御条约”，3 月上旬，美台举行条约换文仪式，美台“共同防御条约”生效。1956 年 1 月，又签订了《美台军事协定》，美国向台湾派驻“协防台湾司令”，不断扩建军事基地，增加驻台的海空军兵力。至 1957 年，美国在台湾的空军基地达 9 个之多。同年 5 月，美国派遣“斗牛式”导弹部队进驻台湾。1958 年 3 月，美军将设在台湾的军事机构合并，成立了“美军驻台协防军援司令部”。驻台美军时常派出军舰、飞机在中国东南沿海一带进行侦察和巡逻。同时，美国继续给台湾国民党当局以大量军事和经济援助，每年援助台湾国民党军 1.5 亿～2 亿美元的武器装备等军事物资。至 1958 年，共援助国民党军飞机多达 1117 架。美国以中国为敌的政策和侵略、干涉中国领土台湾的行径，助长了台湾国民党当局窜犯大陆的嚣张气焰，造成台湾海峡地区长期紧张局势。台湾国民党当局积极加强金门等国民党军占领的沿海岛屿军事建设，企图将其建成“反攻大陆”的前进基地。至 50 年代中期，

金门岛已构成坚固筑垒防御体系。1958 年初，金门设有防卫部，辖 6 个步兵师和特种兵部队共 8.5 万余人，约占台湾总兵力的 1/3。

依据台海局势的新变化，中共中央、中央军委一方面对原来制订的对台军事斗争计划作了调整，人民解放军加快海、空军建设步伐，特别是加紧东南沿海地区的军事建设。至 1956 年，修建和改建的一批机场竣工，1958 年前后，陆续建设了海军基地工程和其他战备工程。另一方面，中国政府于 1955 年 4 月提出了通过国际谈判解决美国侵占中国台湾的问题、通过国内谈判和平解决台湾问题的方针，并积极推动中美大使级会谈。但由于美国顽固坚持其分裂中国的政策，致使双方在解决台湾问题上未取得任何进展。美国既参加谈判又不让谈判取得成果的做法，使中国政府感到美国是在拖延时间，以求事实上将台湾海峡两岸分裂的状况永远固定下来。为避免台湾问题的永久化和固定化，中共中央决定加强台海方向的军事斗争。

1957 年 12 月 18 日，毛泽东作出“考虑我空军 1958 年进入福建”的批示。1958 年 3 月 5 日，彭德怀在写给毛泽东的一封信中提出：我空军在七八月间开始行动，并且拟以空军歼击机 3 ~4 个师进入第一线机场，另以 1 ~2 个歼击师进入连城、崇安机场。以 1 ~2 个歼击师进入二线机场，掩护轰炸机师，准备在必要时轰炸金门、马祖。3 月 8 日，毛泽东批示：“进福建事，同意你的意见，照那样作准备；但最后实行进入，到那时再作决定。”4 月 27 日，福州军区司令员韩先楚、政治委员叶飞根据总参谋部的电示，上报了准备适当时候对金门实施大规模炮击封锁的作战方案。

正当人民解放军酝酿炮击封锁金门作战计划之机，中东事件爆发。1958 年 5 月 9 日，黎巴嫩人民举行反对亲美的夏蒙政府的武装起义。7 月 14 日，伊拉克发生革命，推翻亲美的费萨尔王朝，成立伊拉克共和国。7 月 15 日，美国政府以“保卫黎巴嫩主权”为借口，对中东事务进行武装干涉，派遣海军陆战队 5000 余名，在黎巴嫩首都贝鲁特附近登陆。随后，英军也进入约旦，中东地区形势顿时紧张起来。美国的侵略行径，不仅激起了中东人民反美斗争浪潮，也遭到中国等爱好和平国家的一致谴责。而台湾当局却在美国支持下企图趁火打劫，叫嚣“加速进行反攻大陆的准备”，并连续出动飞机对福建、广东沿海实施侦察，进行军事演习，金门岛上的国民党军不断炮击福建沿海村镇。美国政府公然下令驻远东地区美军进入戒备状态。

针对国际形势和台海地区局势的发展变化，中共中央、中央军委立即作出加强东南沿海军事斗争的决定。7 月 17 日晚，中央军委根据毛泽东的指示，决定：空军和地面炮兵立即开始行动；空军转场入闽越快越好；地面炮兵和海岸炮兵的任务是封锁金门及其海上航运，利用一切时机打击国民党军的运输船只。7 月 18 日晚，毛泽东召集中央军委、总参谋部和空军、海军等单位领导人，部署东南沿海军事斗争任务。毛泽东指出，支持阿拉伯人民的反侵略斗争，不能仅限于道义上的支援，还要有实际行动的支援。打金门、马祖，惩罚国民党军，是中国的内政，敌人找不到借口，而对美帝国主义则有牵制作用。毛泽东还指示，以地面炮兵实施主要打击，准备打两三个月；以两个空军师于炮击同时或稍后，转场南下，分别进驻汕头、连城。

当晚，中央军委召开会议，彭德怀部署了炮击金门的具体事宜。19 日，总参谋长粟裕召集海军、空军、炮兵及总参谋部有关部门领导人，研究炮击金门及海军、空军入闽的具体部署问题。空军、海军、福州军区等参战单位，迅速召开党委扩大会或作战会议，研究落实中央军委的指示，于当日向参战部队下达了作战命令。经中央军委批准，福州军区组成以叶飞为首的前线指挥所；空军由南京军区空军司令员聂凤智负责，以空军第 1 军为基础，从第 5 军抽调有作战经验的人员，组建福州军区空军指挥机关；① 海军以

① 1958 年 7 月 24 日国防部发布命令，组建福州军区空军领导机构，任命聂凤智为福州军区空军司令员。

东海舰队副司令员彭德清率领部分人员组成舰队前方指挥所，下辖云顶岩岸炮指挥所和东山、三都澳、镇海指挥所。

（二）紧急入闽，隐蔽完成作战准备

炮兵各参战部队根据中央军委决策和部署，立即组织向战区机动。7 月，福建地区连续遭受暴雨袭击，山洪暴发，公路、铁路沿线遭到严重破坏，许多路段严重塌方。7 月 20 日夜，参战的摩托化炮兵部队从闽北、闽中和闽南各地向厦门、莲河战区开进。到达晋江时，因泉州大桥被洪水冲断，部队前进受阻。当地政府组织人民群众和民兵与工程兵部队一起，采取架设大型门桥漕渡、在泉州西桥加宽路面和修筑迂回路绕行的紧急措施，使摩托化炮兵部队渡过晋江。各炮兵部队于22 日晚全部到达待机地域。接着，发扬不怕疲劳、吃苦耐劳的战斗作风，连续奋战，迅速投入构筑炮兵阵地、开设指挥（观察）所、运送弹药等作战准备。

空军确定第一批入闽的部队为：空军歼击航空兵第 1、第 3、第 9、第 16、第 18 师，轰炸航空兵第 8 师 1 个团和独立第 4 团，海军航空兵第 4 师，以及部分高射炮兵、雷达兵部队。入闽参战空军为了隐蔽战役企图，采取逐步推进的方式隐蔽转场，向东南沿海各机场机动。为了保证空军参战部队隐蔽迅速的机动，空军组建和调整了 21 个雷达站，加强福建、粤东沿海地区的防空警戒雷达部署，调整和加强各作战机场和沿海重要城市担负防空任务的高射炮兵部队。在福建、粤东地区设立 5 个物资转运站，指挥、调度和转运地勤、空勤人员、高射炮兵部队和物资，使部队及时顺利地进驻前沿 5 个机场。首批转场的第一梯队歼击航空兵第 1 师第 1 团和第 18 师第 54 团，于 7 月 22 日分别转至江西新城和广东惠阳机场。经数天准备，27 日，这两个团抓住天气短时间稍有好转的时机，采取低空飞行、无线电静默，出动其他飞机佯动，秘密转到福建连城和粤东汕头机场。首批转场的第二、第三梯队歼击航空兵第 9 师第 27 团、第 1 师第 3 团、第 16 师第 46 团和海军航空兵第 4 师第 10 团，于 8 月上旬至中旬，先后进驻福建漳州、连城、福州、龙田等机场。

海军参战兵力主要由东海舰队所属部队组成，北海舰队和南海舰队的部分舰艇和海岸炮兵分别南下、北上支援。7 月底，东海舰队鱼雷快艇第 6 支队第 1 大队奉命南下。为避免航运通过台湾海峡暴露行动企图，这支鱼雷快艇部队伪装成陆军，由上海采用列车输送方式抵达厦门，秘密进入码头。8 月 5 日，驻三都澳的高速炮艇大队所属 3 个中队向南转移，分别进驻平潭娘宫、泉州后渚和厦门诸港湾待命。中旬以后，东海舰队和南海舰队的 3 个鱼雷快艇大队、2 个猎潜艇大队和 1 个高速炮艇中队，从海上分别驶至福建三都澳、后渚和东山岛。

7 月 19 日 ~8 月 23 日，工兵第 1 团和舟桥第 84 团奉命完成了炮击金门的战前工程保障任务，共构筑 90 个连的野战炮兵掩盖阵地、95 个连的露天阵地，抢修道路 150 公里、桥梁 500 余米。

至此，参战部队完成了集结和作战准备。主要作战兵力共有，炮兵：预备炮兵第 3 师 4 个团，第 15 师 1 个团，陆军第 28、第 31 军军师属炮兵，共有地面炮兵 36 个营，另有海岸炮兵 6 个连；[①] 高射炮兵第 63、第 64 师各 2 个高射炮兵团，陆军第 28 军、第 31 军高射炮兵营，陆军第 64 军第 192 师高射炮兵营，空军高射炮兵第 103 师 2 个高射炮兵团，共约 6 个团另 5 个营的兵力组成 2 个高射炮兵群，担负掩护地面炮兵阵地和莲河、厦门地区的防空任务；空军和海军航空兵兵力有：一线机场 6 个歼击机团，连同位于二线机场待机位置的部队共 17 个团，共有歼击机 520 余架（含海军航空兵 2 个团共 53 架飞机），主要装备为米格 －17 型和歼 －5 型飞机；海军兵力有水面舰艇 92 艘。

（三）炮击封锁金门

为夺取战区制空权，作战行动首先在空中展开。空军在第一批

---

① 1958 年 8 月 23 日至 1959 年 1 月间陆续向金门增调的炮兵部队有：炮兵第 2 师 1 个团，炮兵第 6 师 1 个团又 1 个营，陆军第 20、第 41、第 42 军和晋江军分区属炮兵团各一部兵力，共增至 552 门火炮；海军海岸炮兵增至 14 个连共 60 门火炮。

飞机进驻连城、汕头的当天，福州军区空军立即拟制作战方案，严密掌握空情，做好应付各种情况的作战准备。中央军委制定了空军作战的政策：（1）不进入公海作战；（2）国民党空军不到大陆轰炸，解放军空军也不轰炸金门、马祖，如果国民党空军轰炸大陆，则可轰炸金门、马祖，但仍不轰炸台湾；（3）不准主动攻击美军，如果美军侵入中国领空，坚决予以打击。总的原则是在大陆沿海上空打击国民党空军飞机。

7 月 29 日 ~8 月 22 日，入闽人民解放军空军同国民党空军入窜飞机进行了 4 次空战，共击落国民党空军飞机 4 架，击伤 5 架，给毫无顾忌地入窜大陆的国民党空军飞机以有力的打击。7 月 29 日 11 时 03 分，国民党空军 F－84 型飞机 4 架，贴着云层向汕头方向入窜。11 时 07 分，在汕头机场严阵以待的航空兵第 18 师第 54 团大队长赵德安奉命率 4 架米格－17Φ 型飞机起飞迎击。经 3 分钟空战，中队长高长吉、飞行员张以林各击落敌机 1 架，赵德安击伤敌机 1 架。人民解放军空军在东南沿海上空首战以 3∶0 告捷。接着，8 月 7 日、13 日、14 日，人民解放军空军同国民党空军连续进行 3 次较大规模空战，击落击伤国民党军飞机 6 架。在 8 月 14 日的空战中，人民解放军空军第 16 师第 46 团 8 架米格－17 型飞机在平潭岛上空与国民党空军 11 架 F－86 型飞机遭遇。在兵力处于劣势、飞行高度不利的情况下，飞行员周春富猛插敌阵与国民党军 11 架飞机作战，一举击落 F－86 型飞机 2 架，击伤 1 架，在自己的战机中弹后跳伞落海。15 日，毛泽东指示福州军区领导，一定要救起落水飞行员。但是，连续数日反复搜寻没能找到。为表彰周春富的英勇行为和战绩，空军为周春富追记一等功。人民解放军空军夺取了福建、粤东地区的制空权，有力保障了炮兵参战部队展开，为炮击金门作战行动创造了有利条件。

8 月 20 日，毛泽东决定：立即集中力量，对金门国民党军予以打击，把它封锁起来。同时指出，经一段时间后，对方可能从金、马撤兵或困难很大还要挣扎，那时是否考虑登岛作战，视情而定，走一步，看一步。21日，中央军委命令福建前线部队于23日开始，对大、小金门岛实施一次大规模炮击。

23日17时30分，福建前线部队指挥员发出“开始炮击”的命令。几百门火炮一起开火，成群成串的炮弹，准确命中金门防卫部、指挥机关和指挥观察配系，以及港口、营房等目标，金门岛顿时被炮火吞没。20分钟后，被打得惊慌失措的金门国民党军炮兵才开始还击，但很快被人民解放军的炮火压制下去。

第一次炮击共持续两个多小时，发射炮弹近3万发，毙伤国民党军官兵数百人，击伤大型运输舰1艘。战斗中，金门国民党军集中5个连的火力，向对其威胁较大的围头海岸炮兵第150连猛烈射击。一发空炸榴弹在一号炮的右后方爆炸，弹片击中崖孔中的火药包，顿时，火炮被烈火吞没，炮手们立即散开灭火。为不使火炮被国民党军的炮弹击中，瞄准手安业民在炽热的火焰中迅速转动炮身，使炮身旋归零位，但他自己却被火焰吞没，昏迷过去。当他被爆炸的炮弹声震醒后，又奋不顾身奔上炮位，忍着剧痛继续坚持战斗40余分钟，直至牺牲。安业民的英勇行为和顽强精神，受到党和国家领导人的高度赞扬，也极大地鼓舞了参战部队指战员。

为扩大战果，不给金门国民党军喘息机会，24日，福建前线指挥部命令炮兵与海军快艇部队对金门国民党军实施第二次打击，发射炮弹近万发。17时40分，料罗湾内的国民党军舰艇被迫向外海逃窜。人民海军6艘鱼雷艇迅速出击，炮兵部队以猛烈炮火压制国民党军的炮火，掩护快艇进入金门东碇岛附近海面，向国民党军“中海”号大型运输舰和坦克登陆舰改装的货轮“台生”号、“美乐”号中型运输舰和几艘小型警戒艇发起攻击。经激战，击沉“台生”号，重创“中海”号。随后，福建前线以零星炮击，对金门进行封锁，使金门国民党军物资补给严重困难，岛上每天物资补给只相当于炮击前的5.5%。

（四）打击美军为国民党军的护航行动

8月26日，福建前线参战部队从空中、地面、海上加强对金门的封锁。在金门国民党军陷于困境的情况下，台湾当局请求美国派兵协防金门、马祖。美国政府一方面对中国政府发表恫吓性言论，一方面调遣驻太平洋地区的第7舰队主力和地中海的第6舰队一部分兵力，并从日本、菲律宾和美国本土调集部分兵力，向台湾海峡及台湾岛南北海面集结。至9月初，美军在台湾海峡集结了舰艇71艘，其中航空母舰5艘、巡洋舰2艘、驱逐舰25艘、护卫舰1艘、后勤两栖舰只38艘；各型飞机450余架；另有斗牛士导弹1个中队（25枚导弹），“奈基－Ⅱ型”导弹1个营。在菲律宾、冲绳基地的2支航母编队和美军飞机随时准备支援台海作战。

在这种形势下，中共中央、中央军委于9月3日晚决定，自9月4日起停止炮击3天，以观各方动态。9月4日，中华人民共和国政府发表关于12海里领海权的声明，指出：一切外国飞机和军用船舶，未经中国政府许可，不得进入中国领海及其上空。此举的目的一方面为警告美国，另一方面是要看美国如何动作，以弄清美国在台湾和金门、马祖问题上究竟介入多深，其长远战略意图是什么。9月6日，周恩来代表中国政府发表关于台湾海峡地区局势的声明，指出：任何外来的干涉，都是侵犯中国主权的行为，美国如果继续对中国进行侵略和干涉，把战争强加在中国人民头上，必须承担由此产生的一切严重后果。同时还指出，尽管美国的侵略行径破坏了国际关系中最起码的准则，中国政府仍然倡议同美国政府坐下来谈判，谋求台湾地区紧张局势的和缓和消除。声明宣布，中国政府“准备恢复两国大使级会谈”。这样，使中国政府在外交和军事斗争中占据了主动地位。

美国当局一方面表示欢迎重开中美大使级会谈的建议，另一方面不顾中华人民共和国政府的声明以及苏联等国家的谴责和警告，从7日起派军舰为国民党军军舰护航，进入金门海区。针对美国的直接介入，毛泽东指示：一照打不误；二只打蒋舰，不打美舰。以打击国民党军的方式来反对美军的护航活动。

9月8日，美国第7舰队旗舰重巡洋舰“海伦娜”号率领由6

艘驱逐舰组成的特混舰队，护送国民党军运输船队向料罗湾码头实施补给。在国民党军运输船队卸货时，人民解放军福建前线部队对金门实施第三次大规模炮击，发射炮弹2.17万发，击沉满载弹药的国民党军“美乐”号舰，“美珍”号舰中弹后慌忙向外海逃窜。为国民党军护航的美军军舰在人民解放军炮击时，丢下国民党军船队，仓皇驶向外海观望。同一天，人民空军在南澳岛地区上空与国民党空军14架飞机进行空战，击落击伤国民党军飞机各1架。11日，美国军舰再次掩护国民党军军舰向金门运输补给。14时57分，人民解放军以40个营另6个连的炮兵火力，对金门国民党军及其运输舰船实施第四次大规模炮击，至18时，发射炮弹2.5万发，摧毁金门国民党军军事设施10余处，击伤运输机1架。为国民党军护航的美国军舰如上次一样，在人民解放军炮击时逃遁。在激烈炮战中，国民党军炮兵集中火力轰击解放军炮兵第3师第17团第4连阵地。一颗炮弹在2班弹药室旁爆炸，药筒起火，火焰窜入炮床，班长命令全班撤离炮位。这时，装填手胡德安刚将一发炮弹装入炮膛。为不使炮弹在打得发烫的炮膛内发生膛炸，胡德安在烈焰中摸到拉火绳，把炮弹打了出去，自己却被烈火烧成重伤，烧伤面积达70%。为表彰胡德安的英勇行为，福州军区炮兵领导机关为胡德安记一等功。

9月14日起，国民党军改用以大型运输舰装载水陆输送车航渡，水陆输送车在人民解放军火炮射程外泛水，尔后抢滩登陆卸载；以空中运输机进行夜间空投，向金门实施补给。人民解放军采取打零炮的手段，并改进射击技术，重点打击料罗湾的运输舰卸载点。中央军委决定抽调远程炮兵、100毫米高射炮兵和海岸炮兵各1个营入闽，以增强对海空目标的打击力量；调陆军第41、第42军炮兵团和炮兵第6师第41团各一部分兵力，入闽参加炮击行动。

9月20日后，美军采取与国民党军舰船混合编队方式继续派军舰为国民党军运输舰船护航，并派战斗机在距金门20~40海里的空域为国民党军空投物资的飞机做掩护。24日9时，国民党空军出动

24 架 F－86 型战斗机，分两批向温州地区进袭。解放军海军航空兵第 2 师命令 2 个大队又 2 个中队飞机起飞迎击。航空兵第 2 师参战飞机升空后勇猛接敌，与国民党空军飞机展开近战格斗。战斗中，王自重驾驶 3 号机与 12 架国民党空军飞机遭遇，单机与敌机格斗达 5 分钟，击落敌机 2 架。最后，王自重的飞机被敌机发射的“响尾蛇”导弹击中，壮烈牺牲。为表彰王自重的英雄壮举，海军为王自重追记一等功。

在复杂多变的情况下，中央军委于 24 日指示福建前线部队，对金门的打击封锁，采取“以炮击为主，海军、空军在确实不误击美舰美机和有把握胜利的原则下相机作战”的方针，确保在政治上、军事上处于主动地位。据此，福建前线炮兵将部分远射程火炮和海岸炮前推，集中打击进行驳运的国民党军小型登陆艇和水陆输送车，增大对料罗湾海域的控制范围。把射速快、初速大的加农炮和中口径高射炮，配置在前沿阵地内，对国民党军各个空投场，形成两层火力网，使国民党军的运输机从进入空投场上空到退出，都处于绵密的炮火网内。这样，国民党军的水上物资输送和空投行动，均处于非常困难境地。人民解放军还设置模拟灯光信号，诱使国民党军的运输飞机在夜晚造成误投。

（五）粉碎美国制造“两个中国”的阴谋

在金门被全面封锁，金门物资补给严重困难，海上、空中护航均不能奏效的情况下，美国便借机制造“两个中国”。一方面寻求从台海冲突中脱身，一方面企图永久侵占中国领土台湾。9 月 30 日，美国国务卿杜勒斯公开宣称：蒋介石在金门、马祖等岛屿上驻扎部队“是愚蠢的”、“不明智的”，也是“不谨慎的”。美国总统艾森豪威尔表示赞同。而蒋介石在一个中国的立场上同大陆是一致的，他极力坚持控制金、马，作为将来“反攻大陆”的前进基地，拒不接受美国的主张。美、蒋在“保”或“弃”金、马问题上矛盾日深。

在这种极其复杂的斗争形势下，为了不给美国政府逼迫台湾当局从金门撤军、制造“两个中国”找到借口，中共中央、中央军委和毛泽东审时度势，10月3日、4日，中央政治局召开会议决定：对金门炮击采取“打而不登，封而不死”，“让蒋军留在金门、马祖”；反对美国制造“两个中国”，反对美国霸占台湾合法化，以利通过谈判通盘解决金、马、台、澎的方针。[①] 10月5日，毛泽东指示福建前线部队，不管有无美机、美舰护航，对金门停止炮击两天。10月6日，福建前线广播站反复播放毛泽东亲自起草的以国防部长彭德怀名义发表的《告台湾同胞书》：

台湾、澎湖、金门、马祖军民同胞们：

我们都是中国人。三十六计，和为上计。金门战斗，属于惩罚性质。你们的领导者们过去长时期间太猖狂了，命令飞机向大陆乱钻，远及云、贵、川、康、青海，发传单，丢特务，炸福州，扰江浙。是可忍，孰不可忍？因此打一些炮，引起你们注意。台、澎、金、马是中国领土，这一点你们是同意的，见之于你们领导人的文告，确实不是美国人的领土。台、澎、金、马是中国的一部分，不是另一个国家。世界上只有一个中国，没有两个中国。这一点，也是你们同意的，见之于你们领导人的文告。你们领导人与美国人订立军事协定，是片面的，我们不承认，应予废除。美国人总有一天肯定要抛弃你们的。你们不信吗？历史巨人会要出来作证明的。杜勒斯九月三十日的谈话，端倪已见。站在你们的地位，能不寒心？归根结底，美帝国主义是我们的共同敌人。十三万金门军民，供应缺乏，饥寒交迫，难为久计。为了人道主义，我已命令福建前线，从十月六日起，暂以七天为期，停止炮击，你们可以充分地自由地输送供应品，但以没有美国人护航为条件。如有护航，不在此例。你们与我们之间的战争，三十年了，尚未结束，这是不好的。建议举行谈判，实行和平解决。这一点，周恩来总理在几年前已经告诉

① 参见中共中央文献研究室编：《周恩来年谱（1949～1976）》中卷，177～178页、181～182页，北京，中央文献出版社，1997。

你们了。这是中国内部贵我两方有关的问题，不是中美两国有关的问题。美国侵占台澎与台湾海峡，这是中美两方有关的问题，应当由两国举行谈判解决，目前正在华沙举行。美国人总是要走的，不走是不行的。早走于美国有利，因为它可以取得主动。迟走不利，因为它老是被动。一个东太平洋国家，为什么跑到西太平洋来了呢？西太平洋是西太平洋人的西太平洋，正如东太平洋是东太平洋人的东太平洋一样。这一点是常识，美国人应当懂得。中华人民共和国与美国之间并无战争，无所谓停火。无火而谈停火，岂非笑话？台湾的朋友们，我们之间是有战火的，应当停止，并予熄灭。这就需要谈判。当然，再打三十年，也不是什么了不起的大事，但是究竟以早日和平解决较为妥善。何去何从，请你们酌定。

中华人民共和国国防部部长　彭德怀

一九五八年十月六日上午一时

《告台湾同胞书》充分阐明了炮击金门的性质，进一步声明“台湾问题”是中国的内部事务，把国共两党之间内政问题与中美之间的国际问题严格区别开来，明确了以和平方式解决国共两党之间的冲突，谈判解决中美矛盾。《告台湾同胞书》的发表，缓和了台湾海峡特别是台湾岛上的紧张气氛，不仅赢得了台、澎、金、马军民的拥护，而且得到了全世界爱好和平国家的支持。

美国对中国的行动一方面表示“欢迎”，一方面企图借机实现“永久停火”阴谋。台湾当局则叫嚷中共的文告是“一种骗局”，表示“不予理会”。10月10日，国民党空军起飞44批182架次飞机，活动于台湾海峡上空。上午7时左右，国民党军一批6架F－86型飞机窜至福清、龙田地区上空。人民解放军空军第14师第42团起飞8架米格－17Φ型飞机拦截，双方展开空战。飞行员杜凤瑞在格斗中击落敌机2架后，在驾机被敌机击中而受伤跳伞时又遭到敌机射击，光荣牺牲。杀害杜凤瑞的这架F－86型飞机也未逃脱覆灭的命运，当即被空军高射炮兵第521团第4连击中，栽入大海。为表彰杜凤瑞的英勇行为，空军为杜凤瑞追记一等功。1964年9月，杜凤瑞生前所在的飞行中队被命名为“杜凤瑞中队”。10月10日的空战中，国民党空军6架F－86型飞机被击落3架。

10月13日凌晨，在暂停7天炮击的期限已满，金门岛上国民党军再度紧张之时，福建前线广播站又播放了由毛泽东起草的以中华人民共和国国防部长彭德怀名义发布给福建前线人民解放军的命令：

福建前线人民解放军同志们：

金门炮击，从本日起，再停两星期，借以观察敌方动态，并使金门军民同胞得到充分补给，包括粮食和军事装备在内，以利他们固守。兵不厌诈，这不是诈。这是为了对付美国人的。这是民族大义，必须把中美界限分得清清楚楚。我们这样做，就全局说来，无损于己，有益于人。有益于什么人呢？有益于台、澎、金、马一千万中国人，有益于全民族六亿五千万人，就是不利于美国人。有些共产党人可能暂时还不理解这个道理。怎么打出这样一个主意呢？不懂，不懂！同志们，过一会儿，你们会懂的。呆在台湾和台湾海峡的美国人，必须滚回去。他们赖在这里是没有理由的，不走是不行的。台、澎、金、马的中国人中，爱国的多，卖国的少。因此要做政治工作，使那里大多数的中国人逐步觉悟过来，孤立少数卖国贼。积以时日，成效自见。在台湾国民党没有同我们举行和平谈判并且获得合理解决以前，内战依然存在。台湾的发言人说：停停打打，打打停停，不过是共产党的一条诡计。停停打打，确是如此，但非诡计。你们不要和谈，打是免不了的。在你们采取现在这种顽固态度期间，我们是有自由权的，要打就打，要停就停。美国人想在我国的内战问题上插进一只手来，他们叫做停火，令人忍俊不禁。美国人有什么资格谈这个问题呢？请问他们代表什么人？什么也不代表。他们代表美国人吗？中美两国没有开战，无火可停。他们代表台湾人吗？台湾当局没有发给他们委任状，国民党领袖根本反对中美会谈。美国民族是一个伟大的民族，其人民是善良的。他们不要战争，欢迎和平。但是美国政府的工作人员，有一部分，例如杜勒斯之流，实在不大高明，即如所谓停火一说，岂非缺乏常识？台、澎、金、马整个地收复回来，完成祖国统一，这是我们六亿五千万人民的神圣任务。这是中国内政，外人无权过问，联合国也无权过问。世界上一切侵略者及其走狗，通通都要被埋葬掉，为期不会很远。他们一定逃不掉的。他们想躲到月球里去也不行。寇能往，我亦能往，总是可以抓回来的。一句话，胜利是全世界人民的。金门海域，美国人不得护航。如有护航，立即开炮。切切此令！

国防部长　彭德怀

一九五八年十月十三日上午一时

福建前线广播站公开发布中华人民共和国国防部长彭德怀给福建前线人民解放军的命令，目的是使台、澎、金、马军民和台湾当局，乃至美国当局，更清楚地明白中共中央、中国中央政府对待这次台海危机的立场、政策和态度，即：中国政府和中国人民坚决反对美国干涉中国内政、介入台海局势侵犯中国主权的行径。把处理中国的内部事务同处理美国侵略中国主权的国际争端区别开来。指出人民解放军打打停停的目的，是“为了对付美国人的”，美国侵略中国领土台湾和介入台海局势，是造成台海危机的根本原因。《命令》让台湾军民更进一步的明白：台湾是中国的领土，这是世界公认的；实现祖国的完全统一，是中国的内政，这一点台湾当局也不反对。然而由于美国的插手，使问题复杂化了，造成了现在的台湾海峡地区紧张局势。国防部的命令，把台湾海峡危机的根源，以及中共中央对待台湾问题的立场、政策、态度申明得清清楚楚，彻底揭露了美国插手中国内部事务的侵略性质，彻底揭露了台湾当局少数人投靠美国违背中国人民包括台湾人民利益的老底，揭露美国叫嚷的“停火”阴谋，从而孤立了台湾当局少数投靠美国当局的卖国分子，对教育争取台湾人民以民族大义为重，共同反对外国干涉势力，争取台湾民心，瓦解台军士气，起到了重要作用。

中国国防部的《命令》发布后，美国认为中国再次停止炮击，是美国采取“强硬”政策的结果。17 日，美国宣布对台湾援助地空导弹、坦克等武器装备。18 日，美国又宣布杜勒斯将在 21 日访台。19 日，美国置中国政府的声明和警告于不顾，派军舰 4 艘侵入金门海域，为国民党军军舰护航。对于美国的干涉侵略行径，中央军委决定提前恢复炮击，以表明中国政府说到做到的坚定立场。10 月 20 日 16 时，福建前线部队对金门实施第五次大规模炮击，发射炮弹 8800 余发，击中国民党军运输舰 3 艘、大型货船 1 艘、C－46 型运输机 1 架。

10 月 21 日，杜勒斯到达台北同蒋介石会谈。由于蒋介石坚持不从金、马撤军，杜勒斯便玩弄伎俩，许诺为台湾当局增加军事援助，使蒋答应“减少金、马驻军”，“放弃对大陆使用武力”的条件。会谈后，美国和台湾当局发表《蒋杜联合公报》。

针对美国在制造“两个中国”中玩弄的新伎俩，10 月 25 日，以国防部长彭德怀名义发表《再告台湾同胞书》，① 揭露美国政府的新阴谋。《再告台湾同胞书》重申“中国人的事只能由中国人自己解决，一时难于解决，可以从长商议”，“不许美国插手”，奉劝台湾当局以“皇姑屯事件”为殷鉴，当心美国人的毒计；并宣布人民解放军“逢双日不打金门的飞机场、料罗湾的码头、海滩和船只，使大金门、小金门、大担、二担大小岛屿上的军民同胞都得到充分的供应……以利你们长期固守”，但“仍以不引进美国人护航为条件”。

10 月 31 日，中央军委又决定：使国民党军人员能走出工事自

---

① 根据《建国以来毛泽东文稿》第 7 册 470 页注释〔1〕和 489 页注释〔1〕，《再告台湾同胞书》也是由毛泽东起草的；11 月，又起草了《中华人民共和国国防部三告台湾同胞书》，未发表。

由活动，晒晒太阳，以利长期固守；逢双日一律不打炮，逢单日可略为打一点炮，炮弹一般不超过200发。至1959年1月9日，炮击金门实行“双日不打单日打”。在此期间进行过两次较大规模的炮击。一次是反对美国政府的战争边缘政策，表示中国政府和人民对艾森豪威尔政府干涉中国内政的义愤，同时也使蒋介石得到拒绝从金、马撤军的借口，福建前线人民解放军于1958年11月3日，对金门实施第六次大规模炮击，打击目标主要是金门国民党军的炮兵，用意明显，不把金门封死，而给金门国民党军以生存条件。另一次是1959年1月7日，金门国民党军炮击大嶝岛，炸死31名儿童，为惩罚国民党军的罪恶行径，福建前线炮兵向金门实施第七次大规模炮击，发射炮弹2.6万余发。

从1958年8月~1959年1月，人民解放军对金门实施了7次大规模炮击，13次空战和3次海战，发射炮弹10万余发。击落、击伤国民党空军飞机36架，击沉、击伤舰船27艘。

1959年1月9日，中央军委发出“今后逢单日不一定都打炮”的指示，福建前线炮兵对金门国民党军的炮击转到零星炮击、不封不锁，让其维持固守状态。此后，对金门的炮击主要是配合外交斗争，反对美国对中国内政的干涉。1960年6月16日，美国总统艾森豪威尔访问台湾，中央军委决定，按照单日打炮的惯例，于17日艾森豪威尔到达台湾的前夕和19日离开台湾时，福建前线炮兵举行炮击示威。这次对金门的炮击比“八二三”炮击还猛烈，两天炮击使用35个炮兵营420余门火炮，发射炮弹达6.8万余发，但炮弹多打在空旷滩头、水洼等处。以这种时机、这种方式进行这样大规模的炮击，目的是让美国充分认识到中国政府坚决反对外国干涉中国内政、解决台湾问题的决心和态度。

1961年12月中旬，根据台湾海峡军事斗争形势的变化，中央军委指示福建前线部队，为保持台湾海峡的稳定，不主动打击金门国民党军队。从此，福建前线部队仅在单日打一些宣传弹，这种局面一直持续到1979年1月1日。

炮击金门是在复杂的国际背景下进行的。中共中央、中央军委以炮击金门的特殊斗争形式，表明中国政府反对美国侵略干涉政策和侵略行动的鲜明态度，表明中国政府捍卫“一个中国”原则的坚定立场。在这场斗争中，中共中央、中央军委根据斗争形势的发展变化，实施正确的指导，在美国军事介入台海事务的情况下，既不示弱，又坚持有理、有利、有节的斗争策略，从战略全局上把握整个政治、外交斗争和军事斗争的主动权，使军事斗争与政治、外交斗争密切配合。通过这场尖锐复杂的斗争，一方面打击了国民党军的猖狂气焰，挫败了美国企图搞“两个中国”的阴谋，同时也摸清了“美蒋协防”台湾的“底牌”，为开展长期对台军事斗争确定解决“台湾问题”的方针提供了依据。另一方面，以实际行动支援了中东人民反帝、反殖民族解放斗争。

在炮击金门作战行动中，人民解放军表现出高度的组织纪律观念和政策观念，一切行动听从中共中央、中央军委指挥，叫打就打，叫停就停，密切配合政治、外交斗争。通过炮击金门行动，人民解放军参战部队在作战指挥、三军协同、部队部署、防空作战、海上斗争、政治工作、后勤保障、群众支前等方面，都经受了实战锻炼，积累了重要经验。作战中，广大指战员英勇顽强，不怕牺牲，保证了任务的完成，涌现出一大批英雄模范人物。

在炮击金门作战行动中，东南沿海地区各级人民政府组织广大民兵和人民群众积极支前，担负筑路、构筑工事、运送弹药、防奸反特等任务。仅福建省即投入支前民工48.53万人，运送作战物资36万余吨，保证了参战部队按时机动和展开，保障了作战行动的顺利实施。

二、打击台湾国民党军对大陆的空中窜扰

全国大陆解放以后，台湾国民党当局一直对大陆进行窜扰活动，以破坏大陆的建设和正常生活秩序。人民解放军解放一江山岛、大陈岛后至1962年台湾当局叫嚣“反攻大陆”前，台湾国民党当局对大陆的破坏活动，主要是空中武装窜扰。为了有效地开展防空斗争，打击窜扰大陆的国民党空军飞机，人民解放军从50年代

初即加强全国防空网的建设。至50年代末，全国雷达情报网基本建立起来，主要城市、要地部署了高射炮兵部队和航空兵部队。从1960年开始，各大城市和重要目标的防空任务及高射炮兵部队，纳入国土防空序列归空军建制指挥；中、小城市和边沿地区的防空任务和高射炮兵部队，纳入野战防空序列，归各大军区建制指挥；全国的对空情报，由空军统一负责。这些军事建设和措施，对开展防空斗争，保卫城市和重要目标的安全提供了基本保障，使窜入大陆的国民党军飞机连遭打击。

（一）打击台湾国民党空军飞机对沿海地区的窜扰活动

沿海地区是国民党军空军飞机侦察窜扰活动的重点。1955年1月18日解放一江山岛后，19日、20日连续两天国民党空军出动飞机对福州、汕头等地进行报复性轰炸。为了保卫东南沿海地区安全，打击国民党军的袭击窜扰活动，中央军委有计划有步骤地调空军和陆军一批高射炮兵部队加强福建、粤东和浙江沿海的防空力量。3月底，中央军委调海军航空兵第4师进驻浙江东部路桥机场，与在宁波机场的海军航空兵第2师协同作战。福建和粤东地区缺乏机场，至1958年7月前，尚未进驻航空兵部队，防空任务主要由高射炮兵部队担任。1955年5月，在福州组建一个防空军军部，负责福建地区高射炮兵部队的防空作战。此时，部署在闽浙地区的高射炮兵部队4个师共12个团又19个营。东南沿海地区防空体系的建设和防空作战力量的加强，使国民党空军入窜飞机屡遭打击。至1955年底，高射炮兵部队共击落国民党空军飞机12架，击伤33架。其中，高射炮兵第66师第617团击落敌机4架、击伤12架，受到国防部通令嘉奖。1956～1957年，国民党空军飞机入窜大陆活动有增无减。1956年，中央军委决定将在闽浙地区的陆军17个独立高射炮兵营进行合编，新组建的其中7个团补充到在该地区执行作战任务的4个高射炮兵师，从而使在闽浙地区的预备高射炮兵师增加到4个师共19个团。此后，根据总参谋部命令，全军陆军高射炮兵部队从1958年开始分批进入福建地区实行轮战，使人民解放军在东南沿海的对空作战力量进一步加强。从1954～1958年，在闽浙地区担负对空作战任务的陆军高射炮兵，共击落国民党空军入窜飞机20架，击伤82架。

此外，担负掩护汕头港、汕头机场工地和沙埕港上空安全的海军高射炮兵部队独立第2营和高射炮兵第5团，积极协同炮艇部队打击来袭的国民党空军飞机，1955～1956年，共击落击伤国民党军飞机20余架。空军高射炮兵部队第533、第537、第513团仅1955年一年，即在汕头和三都澳地区击落击伤国民党空军飞机11架。1957年～1958年5月，空军高射炮兵部队实施机动作战，先后击落窜扰大陆的国民党空军飞机9架，击伤37架。

1956年前后，浙江、福建、粤东、赣南一批新机场竣工，空军歼击航空兵第15、第18师各一部和第9师先后进驻路桥、惠阳、新城等机场。至此，歼击航空兵的作战半径在浙南方向延伸至福建的烽火列岛，在粤东可达汕头附近。担负防空作战的空军和海军航空兵部队，积极组织拦截、坚决打击入窜大陆的国民党空军飞机。空军航空兵从1954年7月～1958年6月，共击落国民党空军飞机5架，击伤11架。海军航空兵第4师自1955年4月～1956年4月，共击落国民党空军飞机5架，击伤4架，基本上控制了浙南沿海制空权。

1958年7月人民解放军空军部队进驻福建和粤东前线后，配合陆、海军部队完成了炮击金门的作战任务，并狠狠打击了国民党空军对大陆沿海地区的骚扰袭击活动，基本掌握了福建、粤东地区的制空权。从此，国民党空军对沿海地区的空中窜扰活动，由轰炸扫射与侦察兼施，转为主要实施侦察活动。人民解放军同国民党军的空中军事斗争，也转为以反侦察为主。

1959年后，国民党空军装备了美国为其提供的性能先进的超音速RF－101型飞机。这种飞机可超低空飞行，时速达1900公里，侦察照相设备先进。国民党空军凭借其先进的性能，采取快速低空进入、一两分钟即迅速退出的手段进行窜扰侦察活动。1960年1月～1961年7月，国民党军先后9次出动该型飞机，窜至汕头、晋江、漳州、龙田、路桥等地沿海浅近纵深地区进行侦察。由于行动隐蔽诡秘，仅于1960年3月30日和1961年6月27日，被空军高射炮兵第521团在福建龙田上空击伤2架。

为了有效地打击敌机，防空部队对RF－101型飞机历次窜扰活动的资料进行深入分析，总结经验教训，研究RF－101型飞机窜扰活动的特点，群策群力研究对付该型飞机的办法，认为及时获得情报并“以快制快”是打击该型飞机的关键。据此，防空部队调整沿海地区的雷达阵地，充分发挥雷达低空探测性能，在敌机可能进入的方向增加对空观察哨，高射炮兵部队重新作了部署，预先装好概略射击诸元，并规定只要发现目标，高射炮兵连连长即有权下达射击命令；歼击机部队加强战备值班。航空兵和高射炮兵部队对新的打法进行反复演练，提高技术战术水平，增强信心，严阵以待。1961年8月2日9时08分，国民党空军1架RF－101型飞机贴着海面高速窜向福州机场方向。高射炮兵第527团和第503团1营抓住战机集火射击，将这架飞机击落。这次战斗，从发现空情到击落敌机仅用3分20秒，其中部队完成一等战斗准备仅用10～20秒，完成射击诸元仅用7～8秒，国民党空军飞机一进入火力范围即被击中。此次战斗后，召开了经验总结会，罗瑞卿总参谋长充分肯定了“以快制快”的战法。为了推广这个部队的经验，空军召开现场会，组织参战的飞行员演练对付该机的战法，增强了打击RF－101型侦察机的信心。此后，RF－101型侦察机窜入大陆活动，多次改变战术，十余次遭到人民空军拦截而被迫逃回。

（二）打击国民党空军飞机对大陆纵深地区的窜扰活动

台湾国民党空军在对大陆东南沿海地区进行窜扰的同时，还不断派遣飞机对大陆纵深地区进行侦察，活动范围遍及全国大部分地区。人民解放军防空部队同其进行艰苦斗争，给予有力打击。1956年6月22日夜，国民党空军1架B－17型飞机从宁波低空入陆内窜。空军航空兵第12师第34团团长鲁珉奉命起飞拦击，于23日1时许将这架国民党空军飞机在江西广丰县境内击落，机上11人毙命。同年8月23日、11月10日夜，航空兵第2师第6团领航主任张文逸、第3师领航主任张滋分别在浙江舟山、萧山地区击落美军P4M－1Q型电子侦察机和国民党空军C－46型飞机各1架。

1957年后，国民党空军开始使用B－17G型和P2V－7型飞机，对大陆纵深地区进行窜扰活动。B－17型飞机原是美国的活塞式轰炸机，经过改装以后作为战略侦察机使用，续航时间长达17小时；P－2V型飞机原是美国海军反潜巡逻机，航行设备优于B－17型飞机，续航时间15小时左右。这两种飞机有较为先进的通信导航和电子侦察设备，既能在暗夜做低空飞行，又可对雷达实施电子干扰，破坏截击雷达和炮瞄雷达的跟踪瞄准，给人民解放军空军的防空斗争增大了难度。1957年11月20日夜间，1架B－17G型飞机在湄州岛附近窜入大陆，先后飞经福建、江西、湖南、湖北、河南、河北、陕西、山西等省上空，散发反动传单，进行侦察活动。周恩来总理得知后，当晚即指示：应用一切方法将窜入大陆的国民党军飞机击落。副总参谋长陈赓根据周恩来的指示，立即召开会议研究对策，上报了夜间防空作战方案。毛泽东于12月18日指示："全力以赴，务歼入侵之敌。"空军司令员刘亚楼组织空军研究贯彻落实中共中央、中央军委领导的指示，并在广州召开防空作战会议，进一步研究防空兵力部署和使用问题，提出保卫要地与机动作战相结合的原则，确定了航空兵夜间作战的布防方案，决定在国民党空军飞机夜间入窜可能进出的口子和必经航路上，部署高射炮兵群进行伏击。空军和各高射炮兵部队根据上级指示和作战方案，集中研究和训练打夜间敌机的发现关、截击关、射击关等技术战术。经过反复演练，各环节密切配合，终于在1959年5月29日晚使用米格－17ПФ型飞机，在粤桂边界山区上空击落国民党空军入窜的B－17G型飞机1架。此后，国民党空军又改用更先进的P2V－7型飞机窜入大陆纵深侦察。1961年11月6日，高射炮兵部队与探照灯部队密切配合，在辽东半岛上空击落该型飞机1架。1963年6月19日晚，国民党空军1架P2V－7型飞机，从浙江沿海地区入陆内窜，

20日0时18分窜至江西新干地区上空。航空兵第24师指挥所命令副大队长王文礼驾驶米格－17型飞机进行截击。P2V－7型飞机发现后施放干扰，使王文礼飞机雷达屏一片迷盲，无法辨认目标。王文礼在地面指挥引导下进行跟踪，在距离500～300米时，再次发现目标。P2V－7型飞机急速下降，在山谷中故意对着山头飞行，企图诱使紧追不舍的王文礼飞机撞向山头。王文礼在雷达遭到强烈干扰下目视搜索，在300米外发现目标后果断开炮，敌机中弹起火。国民党空军这架P2V－7型飞机坠毁山谷。6月28日，周恩来在北京接见了王文礼等有功人员。同年9月，空军领导机关授予王文礼“夜空猎手”光荣称号。此后，1964年6月11日，海军航空兵第4师独立第5大队飞行员陈根发和石振山机组，又在山东半岛击落该型飞机1架。

（三）打击国民党空军高空战略侦察机

从1958年开始，国民党空军使用美制RB－57型飞机对大陆纵深地区进行空中侦察活动。2月18日，国民党空军1架RB－57A型飞机窜入山东半岛，在1.55万米以上高空实施侦察，人民解放军海军航空兵第4师第10团中队长胡春生和飞行员舒积成驾驶歼－5型飞机迎击，将其击落。时隔不久，国民党空军又使用美国为其改进的RB－57D型飞机继续窜入大陆进行侦察活动。这种飞机飞行高度可达1.9万米以上，人民空军当时装备的歼击机因飞行高度所限，多次起飞攻击，都未将其击落，致使国民党空军猖獗一时，窜入大陆十几个省区实施侦察活动。

为有效地打击国民党空军的高空侦察，中央军委决定除继续加强高射炮、雷达部队外，加速建立一支地空导弹部队。1959年4月，地空导弹营完成组建后，抓紧进行训练。9月上旬，地空导弹营在北京地区布防，由北京军区空军指挥，下设地空导弹群指挥所，担任国庆节期间首都地区防空任务。10月7日，国民党空军派1架RB－57D型飞机窜入大陆。该机凭借先进的性能，从浙江温岭上空进入大陆后，经南京径直向北飞行。11时22分，该机越过沿途的层层堵截，飞抵北京东南地区上空。在敌机距北京480公里时，地空导弹第2营做好了一切战斗准备。当敌机距阵地70公里时，制导雷达紧紧咬住敌机。在敌机进入第2营火力范围后，营长岳振华果断下达发射命令，3发导弹直击RB－57D型飞机，将这架飞机击落。人民解放军地空导弹部队开创了世界防空作战史上使用地空导弹击落敌机的先例。

窜扰大陆的RB－57D型飞机被击落后，国民党空军停止对大陆实施高空侦察两年零三个月之久。直至1962年1月，改用U－2型飞机恢复对大陆的高空侦察活动。U－2型飞机是美国装备给台湾国民党军的一种高空性能好，电子、照相侦察设备先进的高空侦察机。在最初的半年多时间里，U－2型飞机窜入大陆活动曾多次得逞。人民解放军空军领导机关通过研究这种飞机的入窜规律和性能特点，决定使用地空导弹部队对U－2飞机进行伏击。8月27日，地空导弹第2营从长沙转至南昌设伏。9月9日6时许，国民党空军1架U－2型飞机从桃园起飞，经平潭岛进入大陆沿鹰厦铁路上空北进，经九江直飞南昌。8时32分，当U－2飞机进入第2营火力范围时，营长岳振华果断命令发射导弹3枚，当即将这架U－2飞机击落。此后，人民空军组建的几个地空导弹营，采取机动设伏的战术手段，转战全国20余个省区数十万里，不断改进技术、战术，同国民党空军U－2型飞机进行周旋和艰苦斗争，至1968年，共击落U－2型飞机5架，其中仅地空导弹第2营即击落3架。为表彰在打U－2型飞机作战中作出突出贡献的空军地空导弹第2营，1963年12月26日，国防部授予该营营长岳振华“空军战斗英雄”称号；1964年6月6日，国防部授予第2营“英雄营”称号。

三、中缅勘界警卫作战

1950年西南大陆解放时，逃往缅甸边境地区的国民党军残部，在50年代初回窜云南边境地区遭到人民解放军沉重打击后，于1953年11月～1954年5月将大部兵力撤往台湾。至1957年6月，逃缅国民党军残部仅剩3800余人。1958年8月底，逃缅国民党军残部总指挥柳元麟奉台湾当局命令，率1400余人回窜袭扰边界地区，昆明军区组织5个公安边防团各一部兵力对其进行堵击和围剿，歼敌一部，余敌逃回缅境老巢。

1959年，台湾当局乘西藏发生武装叛乱之机，指使逃缅国民党军残部积极准备进犯云南边境地区，企图在该区煽动武装叛乱。云南边境地区的军事斗争形势，引起了中共中央领导人的重视。5月4日，毛泽东批示：云南省委和昆明军区调查了解情况，研究对策。5月5日，中央军委作出关于加强边防对敌斗争的部署，并派副总参谋长杨成武赴云南检查指导工作。昆明军区遵照中央军委和总参谋部的指示，调整边防部署，命令各边防部队制订和修改反窜扰作战方案。针对逃缅国民党军残部活动特点，云南边防部队组织10多支游动作战小分队，在人民群众配合下，摸清窜扰国民党军残部活动路线。1959年1～5月共实施7次反小股袭扰战斗，歼灭入窜的国民党军残部29人。

1960年7月，台湾国民党当局帮助逃亡缅北的残部建成孟百了机场，将一支400人的特种作战部队空运至缅北，并向逃缅残部空运大批武器装备，扩充残匪实力。至11月，其兵力达8300余人，编为1个总部、5个军部、18个师以及孟百了守备区和西盟军区。该残部整编后，制订了向云南边境地区窜扰计划。

逃缅国民党军残部盘踞中缅边境地区，不仅严重威胁中国和缅甸边境地区人民生命财产的安全，而且影响到中缅关系。1960年1月，中国与缅甸签订中缅边界问题协定和《中缅友好和互不侵犯条约》。从下半年开始，中缅边界联合委员会开始进行中缅边界的勘察和竖立界桩工作。为保证勘界、竖界桩工作顺利进行，清除影响两国边界和平安宁的匪患，根据中缅边界联合委员会警卫问题专门小组双方的协议，对盘踞在靠近中缅边境地区对勘察、竖界桩工作有威胁的国民党军残部，由中缅双方部队共同负责加以捕歼清除。

对这次中缅两军联合作战，中国政府高度重视。战前，国务院总理周恩来，外交部长、中央军委常委陈毅，军委副主席贺龙、聂荣臻等，对作战、外事等政策问题多次作出重要指示。昆明军区司令员秦基伟在北京受领任务后，两次上报作战方案。中央军委指示昆明军区：这次出境作战，国际影响很大，只准打好，不准打坏；要打歼灭战，不打击溃战；作战的兵力部署，应以孟马、三岛、孟瓦、孟肓等为重点。11 月 5 日，昆明军区组成前方指挥所，由云南省军区副司令员黎锡福、第 13 军副军长崔建功分别任正副指挥。人民解放军参战兵力共 5 个团又 1 个营。11 月 17 日，周恩来要求所有参战部队，不论在任何情况下，都要坚决不准超出边界 20 公里线以外地区作战；在战斗中应发挥最大的主观努力，力求做到不伤害缅甸边民；情况如有新的变化，我军作战行动时间需要变更时，必须事先征得缅方同意并达成协议后才能行动。总参谋长罗瑞卿亲自到昆明参加作战会议。11 月 22 日，中国人民解放军和缅甸国防军下达联合作战命令。据此，参战部队先后两次出境作战。

1960 年 11 月 22 日～1961 年 1 月 20 日，实施第一次作战。作战地区正面宽 300 公里，纵深 20 公里。人民解放军采取迂回包围、搜捕聚歼的战术手段，歼灭 22 处据点之敌 467 人。

1961 年 1 月 25 日，根据缅甸方面请求和中缅双方协议，在第一次作战线以南规定地区发起第二次作战。人民解放军以奔袭和清剿相结合的手段，打掉了盘踞在巴西里、叭坎亮、索永、南昆、孟百了等地的国民党军柳元麟残部据点，歼灭 274 人，其残部近 3000 人被驱散。2 月 9 日，中缅勘界警卫作战胜利结束，人民解放军全部撤回境内。

人民解放军昆明边防部队经过两次与缅军联合作战，捣毁了逃往缅甸边境地区的国民党军残部老巢。协助缅甸方面收复了该残部盘踞 10 余年约 3 万多平方公里的地区，基本完成了中央军委赋予的作战任务，保障了中缅联合勘界的顺利进行。① 在出国联合作战中，

① 1960 年 10 月 1 日正式签订《中缅边界条约》。1961 年 10 月 13 日签订了《中缅边界议定书》。

人民解放军严格执行中共中央、中央军委制定的政策纪律，来、去、战、停都征得缅方的同意，严格按双方的协议行动，使缅方充分认识到中国政府的友好诚意。在缅甸境内作战中，人民解放军爱护缅甸的一草一木，秋毫无犯，纪律严明，积极为缅甸人民做好事，受到缅甸人民的爱戴和称赞，以实际行动扩大了人民解放军的政治影响。这次作战，人民解放军经受了亚热带丛林地区自然环境的考验，摸索了在亚热带山岳丛林地区行军、通信、生活、搜剿作战等方面的作战经验。

四、平息西藏武装叛乱

1951 年和平解放西藏后，人民解放军驻藏部队认真执行中国共产党的民族宗教政策，坚决维护和执行《中央人民政府和西藏地方政府关于和平解放西藏办法的协议》（简称“十七条协议”），坚持国家统一、民族平等团结的政策，尊重藏族人民的生活习惯。采取各种措施，积极发展西藏经济、文化事业，在西藏开办工厂、农（牧）场，兴修水利，兴办学校，为藏族人民送医治病，以极大的努力改善西藏的交通条件，加强了内地同西藏的联系。这些，不仅为西藏的经济发展创造了有利条件，而且对巩固边防，维护祖国统一，反对分裂，有着十分重要的意义。

人民解放军的实际行动，使西藏广大僧俗群众充分认识到，共产党和人民解放军是真正为西藏人民谋幸福的，他们称共产党、毛泽东是“大恩人”，称解放军为“新汉人”。百万农奴迫切要求挣脱农奴制的枷锁，彻底获得自由。许多中上层开明人士也认识到，如不改革旧制度，西藏将无繁荣昌盛之可能。1956 年 4 月，西藏自治区筹备委员会宣告成立。此时，因邻省藏族地区已开始进行民主改革，于是民主改革成为西藏各阶层普遍关心的问题。中央人民政府考虑到西藏的历史和现实的特殊情况，对西藏社会制度的改革采取十分慎重的态度，要求西藏工委和人民解放军严格执行“十七条协议”。1957 年 1 月，国务院总理周恩来访问印度期间，又向达赖、班禅及随行的西藏地方政府主要官员转交毛泽东主席的信，传达中央的决定：在第二个五年计划期间（1958～1962年）不搞改革，过六年之后是否改革，仍然由西藏地方政府根据具体的情况和条件再行决定。

然而，西藏上层统治集团中的一些人从根本上反对改革，企图永远保持农奴制。他们违背"十七条协议"，蓄意进行分裂祖国的活动。1952年三四月间，西藏地方政府的司曹①鲁康娃·才旺绕登和本珠仓·洛桑扎西暗中支持非法组织"人民会议"在拉萨闹事，提出修改"十七条协议"，叫喊人民解放军"撤出西藏"。1955年，西藏地方政府噶伦②索康·旺清格勒等在西康省藏区秘密策划煽动武装叛乱。1956年7月下旬，昌都地区江达宗③解放委员会主任、江达地区头人齐美公布参加西藏自治区筹委会成立大会回昌都不久，策动昌都地区的叛乱。叛乱分子在川藏公路进行洗劫活动，并多次袭击解放军部队驻地。8月5日，进藏工作的国家地质勘测队遭伏击，4人牺牲，5人受伤。8月13日，解放军汽车运输队在江达以西遭袭击，牺牲1人，受伤2人。11月25日，守卫澜沧江竹卡溜索桥的解放军分队遭袭击，该分队副连长以下21人牺牲。

1957年5月，在西藏地方政府噶伦柳霞·土登塔巴、先喀·居美多吉的支持下，从四川藏区到拉萨的恩珠·公布扎西、夏格·朗加多吉、甲马·桑培等叛乱头子，在拉萨拼凑成立了所谓"四水六岗④卫教军"的叛乱组织，喊出了"西藏独立"的口号。此后，叛乱活动愈演愈烈。他们窜扰于昌都、丁青、黑河、山南等地区，伏击解放军运输汽车和人员，杀害工作干部。1958年9月17日，山

---

① 司曹，西藏地方政府所设官名。

② 噶伦，西藏地方政府主管地方事务的官名，共设4～5名。

③ 宗：是原西藏地方政府相当于县一级的行政区划。

④ 四水六岗：藏语"曲细岗珠"。"四水"指黄河、长江、澜沧江、怒江；"六岗"即察娃岗、芒康岗、麻则岗、木雅岗、色波岗、波贡岗。"四水六岗"泛指甘、青、川、滇、藏等省区藏族聚居的地方。叛乱分子借用此词，意在策动藏区藏族等民族群众反对改革、反对共产党，参加叛乱活动。

南地区的700多名叛乱分子，伏击西藏军区前往日喀则执行体检任务的医护人员和汽车，杀害了车上的16名医护人员。10月，又有700多人的叛乱武装，向山南泽当的守备分队和机关发起攻击，围困驻军和藏汉干部74天，后被击退。12月18日，叛乱分子在贡嘎伏击解放军车队，杀害解放军营长和分工委部长等37人，杀伤22人，毁坏汽车7辆。19日，叛乱分子在扎囊杀害执勤的解放军副团长以下官兵96人，杀伤13人，毁坏汽车2辆。

自此以后，武装叛乱分子袭击解放军机关和驻军的事件屡屡发生，规模也越来越大。1959年1月下旬，叛乱分子3000多人围攻丁青县委及驻军，时间长达90天。由于西藏地域广阔，人民解放军进藏部队数量有限，还主要担负着保卫边防和筑路等任务，有些县委机关工作人员仅几十人或十几人，武装叛乱分子凭人多枪多，袭击活动越来越猖獗，一些地区的工作干部被迫撤离。

叛乱分子不仅袭击杀害解放军和工作干部，而且对进步的僧俗群众也大开杀戒。他们每到一地，打家劫舍、奸淫妇女、无恶不作。随着叛乱的升级和扩大，叛乱分子的气焰越来越嚣张。

西藏的叛乱分裂活动，一开始就受到国外反华势力的支持。1957年，美国中央情报局从旅居国外的藏人中挑选6名青年，送美国的关岛接受识图、收发报、射击和跳伞训练。此后，美国又在科罗拉多州海尔营地分批训练“康巴游击队员”达170余人。经训练的游击队员被分批空投或潜回西藏，按照美国当局的旨意，企图“建立有效的抵抗运动”，“反对中国人的占领”。1958年5月，首批接受训练的两名特务潜回山南，与美国中央情报局联系，美国即在哲古地区空投一批武器弹药给叛乱分子，计轻机枪20挺、迫击炮2门、步枪100支、手榴弹600枚、炮弹600发、子弹近4万发。此外，美国还由陆路偷运大批弹药供给西藏山南叛乱武装。[①]

① 参见1992年9月23日《人民日报》：《西藏的主权归属与人权状况》。

中央人民政府本着维护民族团结的精神，指示西藏工作委员会和进藏的人民解放军，必须尽一切努力维护“十七条协议”，积极开展工作，争取上层进步人士，团结广大群众和一切爱国力量，最大限度地孤立少数反动分子。但是，西藏地方上层少数人采取阳奉阴违和对叛乱分子纵容的态度，勾结国外势力，积极扩充藏军，继续策划“西藏独立”的叛国活动。经过精心策划和准备，1959 年 3 月 10 日，西藏上层反动分子公然背叛祖国，在拉萨发动了武装叛乱。

2 月 7 日，达赖喇嘛主动向西藏军区副司令员邓少东等提出，要到西藏军区机关驻地观看西藏军区文工团的演出。西藏军区表示欢迎，进行了认真周到的接待准备工作，并将安排日程、地点通知西藏地方政府的索康等噶伦和达赖的副官长帕拉·土登为登等人。3 月 8 日，达赖确定藏历二月初一（公历 3 月 10 日）下午 3 时到军区礼堂观看演出。但是，3 月 9 日晚，拉萨墨本（市长）却制造谣言，说达赖明天要去军区赴宴、看戏，汉人准备了飞机，要把达赖喇嘛劫往北京。煽动市民每家都要派人到达赖驻地请愿，请求达赖不要去军区机关驻地。

3 月 10 日晨，2000 多人集中在达赖喇嘛的夏宫罗布林卡，散布“军区要毒死达赖喇嘛”的谣言。叛乱分子高喊“西藏独立”、“赶走汉人”等口号，打伤西藏地方政府卸任噶伦、西藏军区副司令员桑颇·才旺仁增，用石头将爱国进步人士、自治区筹委会委员堪穷帕巴拉·索郎降措砸死，并拴在马尾上拖尸示众。接着，叛乱头目连续召开所谓“人民代表会议”、“西藏独立国人民会议”，宣布“西藏独立”。藏军① 和三大寺② 的武装喇嘛也陆续向市区集中。

---

① 藏军，旧属原西藏地方政府的武装。在 1951 年 5 月 23 日签署的《中央人民政府和西藏地方政府关于和平解放西藏办法的协议》（简称“十七条协议”）中规定：“西藏军队逐步改编为人民解放军，成为中华人民共和国国防武装的一部分。”

② 三大寺，指拉萨的哲蚌寺、色拉寺和甘丹寺。

7000余名叛乱武装占领了药王山、罗布林卡、布达拉宫及市郊各要地构筑工事，包围了西藏军区司令部和中央人民政府驻拉萨代表机关驻地。17日，达赖喇嘛在叛乱头目挟持下逃离拉萨，前往叛乱武装的“根据地”山南。叛乱失败后又逃往印度。

20日凌晨，叛乱武装向驻拉萨的解放军和中央代表机关发起全面进攻。至此，西藏上层反动集团发动了全面武装叛乱。

在西藏上层反动集团发动武装叛乱的时刻，中央政府代表和西藏军区领导一方面关心达赖的安全，一方面要求西藏地方政府立即制止叛乱分子的军事挑衅。人民解放军严守政策纪律，以极大的克制，等待上级的命令。

鉴于西藏地方上层反动分子发动武装叛乱的严重情况，中共中央、中央人民政府为了维护国家统一和民族团结，彻底解放西藏人民，不得不改变原定的“六年不改”的政策，作出“彻底平息叛乱，充分发动群众，实行民主改革”的决定，宣布解散藏军，命令西藏军区指挥驻藏部队，团结西藏广大人民，彻底平息武装叛乱。

已被叛军包围的西藏军区机关，在政治委员谭冠三、副司令员邓少东的指挥下，一面及时向中央报告情况，一面召开紧急会议，部署向叛军反击的作战方案。会议决定，不待外围增援部队到达，即组织市内现有兵力向拉萨叛军反击，首先夺占药王山，攻取罗布林卡，尔后集中力量围歼市内其他叛乱武装。

3月20日上午10时，西藏军区指挥部向各部队下达向叛乱武装发起反击的命令，平叛部队以迅雷不及掩耳之势迅速出击，多路向叛乱武装反击。经过几个小时战斗，按作战部署形成了对拉萨叛军的反包围。

平叛部队首先向药王山发起攻击，尔后达成对罗布林卡的合围。19时30分，平叛部队占领了叛军的指挥中心罗布林卡。21日晨，对据守大昭寺、小昭寺、木耳寺、恩珠仓宅等处的叛乱武装逐一清剿。至22日9时，被包围在布达拉宫内的叛乱武装，经过解放军的宣传攻势缴械投降。至此，拉萨市区的武装叛乱基本平息，人民解放军取得平息西藏叛乱的初战胜利。

接着，西藏军区根据中共中央、中央军委的指示，迅速组织平息其他地区的武装叛乱，对叛乱武装实施全面围剿。

3 月下旬和 4 月初，人民解放军第 134 师和第 11 师第 31 团等部队入藏，配合西藏军区实施山南平叛作战。经 10 多天的战斗，歼灭了盘踞在山南地区的叛乱武装。各平叛部队迅速进驻边防要地，封锁边境，控制了靠近中印边境非法的“麦克马洪线”和中（国）不（丹）边界各要点。

5 月 22 日，西藏军区组织第 11 师主力，对藏北公路以西地区展开进剿。经过 40 多天的搜寻追歼，于 7 月上旬在第 134 师和军区直属部（分）队配合下，在纳木湖南岸地区形成对叛乱武装的追堵合围，歼灭叛乱武装 2000 余名，基本肃清了班戈湖、申扎和黑河之间地区成股的叛乱武装。

8 月 17 日起，西藏军区以第 11 师、第 134 师和军区直属部队各一部共约 4 个团的兵力，采取几十路多层包抄、严密封口阻敌外窜的作战手段，围剿聚集在麦地卡地区的叛乱武装。至 9 月中旬，基本肃清了麦地卡地区的叛乱武装。

与西藏军区清剿山南和藏北地区叛乱武装的同时，成都军区奉命组成“黄（新廷）指（挥所）”，从 4 月 15 日起，统一指挥第 130 师 4 个团、昌都警备区所属部队 5 个团、昆明军区步兵第 42 师前指及第 126 团，围歼昌都地区叛乱武装。经 8 个月的艰苦作战，进行大小战斗 840 余次，消灭了澜沧江以东地区及澜沧江和怒江之间的叛乱武装，改变了昌都地区长期以来叛乱武装猖獗的不安定局面。

兰州军区组织甘南、海南、果洛、玉树 4 个指挥部和西宁空军指挥部，指挥第 55 师、第 62 师、骑 1 师等部队共 28 个步兵团和骑兵团、29 个民兵连、2 个工兵团、3 个汽车团、军区空军及其他保障部队，对流窜于青海藏区的叛乱武装进行清剿。至 1959 年底，基本上歼灭了集股叛乱武装。

经过不到一年的作战，西藏平叛取得了决定性胜利。从1960年2月中旬起，平叛部队展开对西藏边沿地区，包括流窜于青海藏区等地区叛乱武装的清剿作战。这些地区的叛乱武装利用边沿地区交通不便、地域广阔的特点，到处流窜，掠夺人民群众牛羊牲畜，袭击交通运输线。外国敌对势力为他们空投武器和电台等物资，并操纵他们的活动。为了彻底清除叛乱武装，1960年3月，总参谋部、总政治部、总后勤部在成都召开平叛、边防现场会议，总结交流平叛作战和边防工作经验，通过了《关于一九六〇年平叛作战的决定》和《西南地区边防守则》。

会后，西藏军区和兰州军区集中主要兵力，在叛乱武装集中的恩达、丁青、嘉黎、扎木之间地区，黑河、巴青之间地区，申札、萨噶、定日之间地区，宁静、三岩地区和阿里地区，先后组织6次进剿作战，抓获一批国外空投进来的特务，歼灭叛乱武装2万余人。从1960年底起，平叛部队组织小分队，充分发动群众，以军事打击和政治争取相结合，对残余的1000余名零星叛乱武装分子进行搜剿。人民解放军依靠群众，发动群众，使叛乱武装分子陷于空前孤立。到1961年底，整个西藏平叛作战胜利结束。

在西藏平叛作战中，人民解放军经受了高原严寒复杂艰苦条件下作战的考验，获取了宝贵的作战经验。在作战部署上，针对叛乱武装分布广、流动性大的特点，采取先集中兵力歼灭主要成股叛乱武装，尔后迅速划区清剿，奔袭与扎点驻剿相结合，对流窜的成股叛乱武装穷追不舍、不歼不止的作战手段。在作战指挥上，充分利用空中、地面各种侦察手段获取叛乱武装情报，搞好陆空协同，以空中转信等手段加强通信联络，达成各路平叛围剿部队对叛乱武装的合围和协同作战。在后方补给上，针对该地区复杂的地理特点给物资运输供应带来的巨大困难，采取汽车运输和牦牛驮运相结合，加大人员携行量和就地采购相结合，地面运输补给和必要的空投相结合的办法，收到了良好的效果。为了保证供应和考虑到经济建设、边防建设的需要，平叛部队一面打仗，一面修路，前面打仗，后面修路，仅 1959 年一年就修建公路 4392 公里，对保证部队供应和部队机动起了很大作用。平叛作战中，空军共动用飞机 168 架(4 年累计)，执行航空侦察、空投、空运和突击等任务，经受了在世界屋脊上“空中飞行禁区”的考验，共战斗出动 1359 架次，空投物资 1700 余吨，空运人员 12328 人次，出色地完成了任务。

人民解放军取得平叛斗争的胜利，是认真执行中央军委提出的“军事打击、政治争取、发动群众相结合”的平叛方针的结果。人民解放军在平叛过程中，军纪严明，严格遵守民族宗教政策。1959 年 3 月 21 日，总政治部即发出《关于坚决平定西藏叛乱的政治工作指示》。24 日，又下达《平叛部队纪律守则》。总政治部要求各平叛部队把军事斗争、政治争取和发动群众结合起来，认真执行党的民族宗教政策和俘虏政策，规定：“凡在战斗中手执武器与我对抗者，坚决予以消灭；但当他们放下武器以后，就应当实行优待；严格禁止打骂、侮辱、虐待和杀害俘虏；受伤的给以治疗，投诚的一律欢迎、优待”，宽大处理。对投降的叛乱分子一律实行不杀、不关、不斗、不判的“四不”政策，认真做好瓦解敌人的工作，争取犹豫动摇的人员。对被胁迫的群众，进行艰苦的工作，争取他们脱离反动组织。对寺庙一律加以保护，爱护寺庙的一切文物，不拿群众一针一线，缴获归公。人民解放军的政策和行动，促使叛乱集团内部分化。深入的群众工作，使平叛斗争得到广大僧俗人士的热烈拥护。各地群众主动配合人民解放军平息叛乱，纷纷组织自卫队、联防队，为解放军带路、修路、送信、烧茶、护理伤员，用自己的牦牛、马匹为解放军运送弹药。叛乱分子在西藏人民群众中陷于孤立。在整个平叛作战中，西藏各族人民随军支前民工达 1. 58 万人次，支援畜力 10. 4 万余头（匹）次。

在平叛中，西藏广大农奴和农牧民强烈要求民主改革，西藏进步爱国人士反对叛乱，赞成民主改革。西藏工委和人民解放军在平叛斗争中，贯彻“边平边改”的方针。1959 年 4 月初，西藏工委从党政军机关抽调得力干部 120 余人，组织 12 个工作队，进入山南

12 个宗，配合部队开展工作。西藏军区共抽调 1000 多名干部（包括 100 余名营以上干部）进入山南、塔工、江孜、昌都等地开展工作，深入农牧区进行民主改革，积极宣传党的方针、政策，努力为藏族同胞解决困难，积极为群众做好事，赢得了藏族同胞的爱戴和尊敬，更加密切了同藏族僧俗群众的关系，为保卫边疆奠定了坚实的群众基础。通过平叛和民主改革，消灭和瓦解了分裂势力的军事武装和政治组织，彻底摧毁了西藏千百年来政教合一的封建农奴制度，使西藏进入人民当家做主的社会主义社会。

第五节 加强政治思想工作，大抓基层建设

50 年代末至 60 年代前期，全军认真落实中央军委几次扩大会议精神，特别是 1960 年 9 月军委扩大会议决议，在加强政治思想工作和加强连队全面建设等方面，采取许多措施，开展一系列活动，取得了可喜成绩。

一、掀起学习毛泽东著作热潮

1958 年军委扩大会议后，全军首先在干部和院校中掀起学习毛泽东军事思想的热潮，以总结人民解放军建军、作战的经验，探索“以我为主”建设现代化革命军队的道路。通过干部带头学习，把毛泽东思想作为指导建军、作战和开展各项工作的指针的思想，进一步在广大官兵中树立起来。为促进全军学习马列主义毛泽东思想，提高广大干部的马克思列宁主义理论水平，1960 年 3 月，总政治部在全军政治工作会议上提出，要以毛泽东思想为指针，主要以中国的社会主义革命和社会主义建设、武装斗争、军队建设，以及当代国际共产主义运动中的重大问题为中心，以毛泽东著作为主要内容，在全军加强理论工作和理论教育，并拟定了哲学、政治经济学、中国共产党和中国革命三门理论课的教学大纲。5 月 30 日，总政治部发出《关于加强理论工作和理论教育的指示》，要求以团以上干部为重点，采取普遍发动、重点指导的原则，在全军掀起一个

学习理论的热潮。规定哲学、政治经济学、中国共产党和中国革命三门理论课程为学校和部队干部的必修课程，并提出在基层干部和士兵中广泛展开学习毛泽东思想的宣传，把读毛泽东的著作列为青年团的一项活动。在中央军委和总政治部的指引下，全军掀起学习马列主义、毛泽东思想的热潮。

1960 年初，济南军区部队广大青年战士响应军区党委和政治机关的号召，开展学习毛泽东著作的活动。7 月 19 日，总政治部批转济南军区政治部组织部《关于组织青年学习毛泽东著作的报告》，要求全军各级领导机关，热情支持和领导广大青年士兵学习毛泽东著作。10 月 1 日《毛泽东选集》第四卷在全国发行之际，总政治部发出《关于宣传和学习毛泽东选集第四卷的通知》，要求全军广泛宣传，组织有阅读能力的同志进行自学，院校在各门政治理论课程中，将第四卷的有关文章列为主要学习内容。

总政治部在《关于 1961 年全军政治工作重点的指示》中进一步明确提出：各类干部的军事、政治学习和院校教育，都要以《毛泽东选集》第四卷为主要课程。规定按“干部全年学习 600 小时的标准，师以上干部应以二分之一的时间、团以下干部应以三分之一的时间来学习毛主席的著作”。遵照中央军委和总政治部的指示，全军迅速兴起学习毛泽东著作的群众运动。

学习毛泽东著作群众运动兴起阶段，在指导思想上基本贯彻了理论联系实际的原则。1960 年 12 月，罗荣桓在政治学院提出，要系统地、完整地学习马列主义毛泽东思想，学习毛泽东著作要采取“一条线五结合”的原则，即：学习毛泽东著作要以中国共产党的历史为线索；同学习马列著作相结合，同国际国内形势与军队建设相结合，同学习中国共产党的路线、方针、政策相结合，通读与专题研究相结合，经常性理论教育同政治运动相结合。把握理论联系实际的原则，各级政治机关注重引导干部战士特别是团以上干部，结合国际国内形势，结合部队的工作和本人的思想实际，有计划、有重点地组织学习，注重领会毛泽东思想的精神实质。如学习毛泽东关于人民军队建设的文章，深刻理解和认识坚持党对军队绝对领导和坚持人民军队建军原则的伟大意义；结合党委建设实际，学习《关于健全党委制》、《党委会的工作方法》等文章，正确理解和坚持党委统一的集体领导下的首长分工负责制；结合政治工作的实际，学习毛泽东关于“三大民主”、政治工作“三大原则”和新式整军运动等文章，正确理解如何发扬政治工作的优良传统；结合国际局势和战略形势的实际，学习马克思恩格斯列宁和毛泽东关于战争与和平的理论及论述，认清帝国主义是战争的根源；结合训练和演习，学习毛泽东人民军队、人民战争、人民战争的战略战术思想，研究现代条件下人民战争；针对国家出现的暂时经济困难，学习毛泽东关于艰苦奋斗、自力更生的论述，加强对中央方针政策的理解；结合思想修养和思想改造的实际，学习《反对自由主义》、《为人民服务》、《纪念白求恩》等文章，树立全心全意为人民服务的高尚思想道德风尚。通过学习，广大干部战士对毛泽东关于新民主主义革命的理论，社会主义革命和建设的理论，关于建党、建军的理论，毛泽东的哲学思想和改造世界观的论述等等，有了基本了解。截至 1963 年，全军团以上干部基本通读了《毛泽东选集》，营以下干部和士兵通读了《毛泽东著作选读》，许多干部战士写了大量学习心得笔记。全军涌现出大批学习毛泽东著作积极分子和辅导宣传毛泽东思想的理论骨干。

1963 年 12 月 23 日 ~ 1964 年 1 月 13 日，总政治部召开全军政治工作会议，总结几年来部队学习毛泽东著作群众运动的经验，宣扬一批学习毛泽东著作的先进典型。1964 年 5 月，总政治部推广沈阳军区某部副政治指导员廖初江、福州军区空军某部班长丰福生、广州军区某部班长黄祖示学习毛泽东著作的经验。7 月，国防部授予沈阳军区某部 9 连“学习毛主席著作的模范红九连”称号，以后又推广济南军区某部司务长孙乐义的学习经验。通过推广学习毛泽东著作的典型和经验，学习毛泽东著作的群众运动不断深入和发展。同月，总政治部编辑出版了《毛主席语录》印发全军。通过学习毛泽东著作活动，广大指战员初步掌握了毛泽东思想的基本精神，并用以指导自己的实际工作，改造世界观，收到了明显的效果。

这一阶段全军学习毛泽东著作活动，是在中共中央、中央军委和总政治部的组织领导下开展的。通过学习毛泽东著作，毛泽东思想深入人心，对提高广大指战员的思想理论水平，改造世界观，增强斗志，改进工作方法，指导和推动各方面的工作，起到了良好的作用。但是，全军学习毛泽东著作的活动，也受到“左”倾思潮的严重影响。如林彪提出学习毛泽东著作要“带着问题学，急用的先学，立竿见影”，“活学活用学习毛主席著作”，以及“背警句”式地学习毛泽东著作等主张，[①] 使学习活动出现庸俗化、简单化等偏差。

二、领导干部下连当兵

1958 年 2 月，昆明军区某师政治委员何云峰和副师长张化民，身着士兵服装，佩带列兵军衔，到本师某团 8 连当兵，实行“五同”（同吃、同住、同劳动、同操作、同娱乐），与战士摸、爬、滚、打两个多月，建立了深厚的感情，密切了官兵关系，并总结军事训练和政治工作的经验，提高了指导部队工作的能力。6 月 28 日，《人民日报》予以报道。8 月 21 日，毛泽东在北戴河中央政治局扩大会议上讲话时指出：“军官要下放当兵，没有当过兵的要当一下，当过兵的再当一下也很有好处，师长、军长下放让班长管，搞三个月后再回来当师长、军长。云南有一个师长，当了几个月兵，了解士兵的生活、心理，这很好。干部参加劳动，有人说搞两个月，搞一个月总是可以的。我们与劳动者在一起，是有好处的，我们的感情会起变化。”9 月 20 日，总政治部作出《关于军队各级干部每年下连当兵一个月的规定》，指出：“今后军队干部除了参加必要的义务劳动以外，主要是下连当兵一个月，借以联系群众，锻

---

① 林彪这些提法，后来归纳为“学习毛主席著作，要带着问题学，活学活用，学用结合，急用先学，立竿见影，在‘用’字上狠下功夫”的所谓学习方法。在 1963 年 12 月～1964 年 1 月召开的全军政治工作会议上进行宣传贯彻。

炼自己，及时总结经验，指导部队工作。”并规定，领导干部要带头，逐批组织机关、学校、专业技术和兵役干部，不论过去是否当过兵，除年老、体弱、有病的以外，每年至少当兵一个月。下连当兵的干部，应编入班、排，归班、排长指挥，在连队过党、团生活，与士兵实行“五同”，期满时连队应对下放干部作出评定，干部本人应写出一篇或两篇连队工作经验的总结。

遵照毛泽东的指示和总政治部的规定，全军各级干部纷纷下连当兵锻炼。许多高级将领脱下将军服、校官服，换上士兵服装，背上背包，带领机关干部相继下到连队，过普通一兵的生活。仅至1958年底，全军下连当兵的干部就达6.85万人，其中包括上百名将军，如高等军事学院副政治委员兼政治部主任（1959年1月任政治委员）李志民、南京军区司令员许世友、北京军区司令员杨成武、沈阳军区司令员邓华、济南军区司令员杨得志、武汉军区司令员陈再道、广州军区司令员黄永胜、昆明军区司令员秦基伟、兰州军区政治委员冼恒汉、铁道兵司令员李寿轩、铁道兵政治委员崔田民、铁道兵副司令员刘金轩、空军副司令员成钧、东海舰队司令员陶勇、北京军区副司令员郑维山、北京军区后勤部部长吴先恩、沈阳军区副政治委员兼政治部主任杜平、南京军区副司令员张才千、南京军区副政治委员萧望东、成都军区副司令员黄新廷、武汉军区副司令员孔庆德、广州军区副司令员文年生、昆明军区副政治委员金如柏等一批高级将领。至1964年6月，全军有82万余名干部下连当兵。领导干部下连当兵，同士兵实行“五同”，以普通一兵的身份虚心向战士学习，谦虚谨慎，模范地遵守各项规章制度，有事向班长请假，很快拉近了同士兵的距离，成为受战士们尊敬和爱戴的“兄长”，同士兵结下了深厚的感情。他们的行动，受到基层干部和战士的热烈欢迎和赞扬。《解放军报》连续报道了司令员、军长、师长等下连当兵的事迹，配以他们在哨位执勤、在操场上训练、在球场上娱乐和当炊事员、饲养员等工作的速写和照片，还发表了济南军区司令员杨得志、政治部主任李耀文等在连队生活的通讯报道及体会文章，在部队和地方群众中产生了良好反响。

为了推动和指导领导干部下连当兵活动，总政治部于1960年11月~1963年6月，多次下达通报和补充指示、召开电话会议，进行讲评，并作出一些具体规定，进一步完善这一制度。强调干部下连当兵制度必须坚持下去，但要根据不同对象、不同工作性质、不同环境，采取不同形式。规定下连当兵主要是营、团以上主管干部和机关干部，排长已与士兵“五同”，可以不当兵，连长、指导员可两年当兵一次。科技部门的研究人员可到工厂参加一个月劳动。后来又规定45岁以上的干部不下连当兵，从地方招收的大学生干部下连当兵一年或半年。

实行领导干部下连当兵的制度，进一步发扬了人民解放军官兵一致的优良传统，密切了官兵关系，使领导和机关干部进一步了解基层的实际，提高了指导基层工作的针对性和效率。

三、改进机关对基层的领导

为改进领导和机关的工作作风，更有力地指导基层建设，在1960年9月中央军委扩大会议上，中央军委作出了“军、师、团三级领导干部，每人都应和一、两个连队建立联系制度”的规定，并提出连队党支部委员会中应设一名联络委员，主要职责是向上级反映连队的真实情况。11月，总政治部发出《关于军、师、团负责干部同连队支部建立联系制度的通知》。根据通知要求，全军军、师、团领导干部和机关普遍同连队建立了联系。这种联系制度，改进了领导和机关对基层的领导方法，使上级的指示及时地在基层得到贯彻。领导机关经常下基层了解情况，对基层实行面对面的领导，既有利于发现和掌握薄弱环节，协助连队及时纠正和改进，又有利于发现工作中好的做法，总结推广各项工作经验，并有利于及时帮助基层连队以及干部战士解决各种实际问题。

1961年1月，毛泽东发出“大兴调查研究之风”的号召后，总政治部下达《关于执行毛主席指示，深入基层进行调查研究工作的通知》，要求每个干部无论做什么工作，都要首先进行调查研究，弄清有关情况，掌握第一手材料，养成实事求是的作风；对基层学习毛泽东著作、连队政治思想、管理教育、文件表报、生活管理、预防事故、执行边防政策等情况写出专题报告。遵照中央军委和总政治部的指示，各级领导机关派出大批干部深入基层，了解情况，解剖麻雀，取得了一大批调查研究成果。

各级领导在下连队调查研究中，还注意对基层进行传、帮、带，抓学习毛泽东著作、政治思想工作、军事训练、管理教育等各项工作的典型，推动基层各项工作的开展。但也出现一些具体问题。7 月 13 日，总政治部针对干部下基层开展调查研究活动中出现的问题，发出《关于领导机关进行调查研究和下连检查帮助工作的几项规定》，强调主要领导必须亲自作调查；领导机关派出的工作组必须统一进行安排，一个连队在同一时期，检查帮助工作的人员不得超过 3 人，调查组下去前都应进行训练和准备；下基层的同志必须围绕中心任务，深入实际，发现问题，凡部队自己能解决的问题，应提出建议，协助部队就地解决，需要上级解决的，应准确迅速地向上反映；下基层检查和调查，要尊重部队党委和支部的领导，不要打乱部队的工作秩序，对反映和提出的问题，及时研究和解决。这些规定，规范了机关下基层调查研究的内容，改进了工作方法。

通过领导和机关下基层进行调查研究，机关的工作方法和作风有了很大改进。领导机关面向基层，深入实际，为连队和基层服务的思想进一步增强。各级机关还针对过去工作中反映出的“五多”（指会议多、文件多、电报多、报表多、听汇报多）现象，进行纠正和改进。1961 年7 月，中央军委作出《关于克服“五多”改进会议、文件、报表的若干规定》，指出，“五多”现象是官僚主义作风的表现，它容易助长工作中的文牍主义和形式主义，助长粗制滥造和弄虚作假的恶劣作风，浪费人力物力和时间，败坏人民解放军的战斗作风，使领导机关脱离群众，脱离实际。并对召开会议、制发文件、统计报表作了严格规定。对连队的统计表内容、样式作了统一。《规定》下达后，全军团以上领导机关认真组织学习和教育，对机关向下滥要滥发报表和材料，以及机关的文牍主义给基层连队造成的忙乱现象进行检查。《规定》的贯彻落实，使各级机关的领导作风大大改进，各种会议、文件电报、统计报表大大减少。仅中央军委、总参机关1962年第一季度发出的文件、电报、召开的会议情况，与上一年同期相比即减少60%～80%。机关工作人员从各类文山会海中解脱出来，深入基层进行调查研究形成风气，围绕中心工作，创造出机关和连队良好的工作和生活秩序，提高了机关工作效率。

四、加强部队作风建设和颁布《连队管理教育工作条例》

人民解放军在长期的革命斗争中，形成了优良的战斗作风和工作作风。这些作风，反映了人民军队的本质，使这支人民军队不论在任何条件下都能团结一心，克服困难，战胜敌人，完成各种艰巨的任务。在和平建设时期，如何保持和发扬这些传统作风，一直是中央军委所关注并下力解决的一个重要问题。进入60年代后，中央军委针对新形势下部队作风建设暴露出的一些问题，在全军开展了培养优良作风的活动。

中央军委在1960年初召开的扩大会议上，提出要继续贯彻和培养人民解放军的优良传统和优良作风。“这种作风的基本要求是：坚定正确的政治方向，艰苦朴素的工作作风，灵活机动的战略战术三句话，和团结、紧张、严肃、活泼八个字。”要求所有部队、机关、学校都要分别进行一次整顿作风的大规模的群众运动，为培养和贯彻“三八作风”① 而奋斗。军委扩大会议后，全军部队结合传达贯彻军委扩大会议精神，对贯彻“三八作风”提出了要求。

1960年3月和5月，中共中央发出关于“反贪污、反浪费、反官僚主义”的指示。全军结合“三反”运动，促进培养“三八作

---

① 林彪把毛泽东为抗日军政大学的题词“坚定正确的政治方向，艰苦朴素的工作作风，灵活机动的战略战术”三句话和“团结、紧张、严肃、活泼”八个字，归纳为“三八作风”。这种概括不科学、不准确，1971年“九一三”事件后，不再用此提法。

风”活动的开展。5月10日，总政治部下达《关于开展培养三八作风运动的指示》，指出：在部队中开展培养优良作风运动的目的，是为了发扬我军的光荣传统，提高思想，改进工作，加强团结，进一步调动广大官兵的积极性，推动各项工作，巩固和提高我军的战斗力。根据中央军委和总政治部的指示，全军要以“三反”为“破”的目标，以培养“三八作风”为“立”的目标，掀起大规模的群众性的整顿作风运动。各部队利用报刊、广播、举办展览等多种形式，宣传作风建设的内容和培养优良作风的重要意义。各级机关组成工作组，重点对各级干部、团以上领导机关进行检查整顿。通过群众帮助、个人检查，重点整顿领导干部和领导机关中存在的官僚主义、贪污、铺张浪费、革命意志衰退、干劲不足、贪图享受、追求名利地位、不关心群众生活和疾苦、严重自由主义的现象，以及部分干部和单位违法乱纪、纪律松弛、不爱护武器装备等问题。在整顿中，对暴露的问题进行分类排队，对有较严重问题的干部进行组织处理，对普遍性问题和一般性错误，在进行深入的思想教育基础上，提高认识，制定改进措施。在检查整顿纪律作风中，各部队还注重宣传和树立先进典型，推动部队的作风建设。

针对和平时期部队干部战士成分发生的新变化，特别是大多数基层干部缺乏带兵、练兵、管兵的经验，为加强连队管理教育，培养过硬的作风，1961年6月19日，国防部颁布《中国人民解放军连队管理教育工作条例》。《条例》规定了管理教育的五条原则：（1）既要负责管理，严格要求，防止把部队带得松松垮垮，又要耐心说服教育，讲究方式方法，防止简单粗暴。（2）既要以表扬好人好事和进行正面教育为主，又要对一般的缺点和错误，进行个别谈话或班、小组的批评。（3）既要官管兵，又要动员兵管兵。（4）既要进行深入细致的思想工作，又要热情关怀和帮助解决实际困难，干部应事事以身作则。（5）既要有严格的军容风纪和正规的生活秩序，又要使部队活泼愉快，官兵融洽无间。《条例》还规定了尊干爱兵“双八条”：对干部的八条要求是：模范执行命令，遵守政策纪律，一切行动做战士的榜样；耐心说服教育，严格要求，正确管理；尊重战士的民主权利，虚心听取战士的意见，不压制民主，不打击报复；和战士同吃、同住、同操作、同劳动、同娱乐，不搞特殊化，不摆官架子；熟悉每个战士的情况，处理问题要作调查研究，表扬批评准确公正，不主观臆断，不偏听偏信；关心战士的进步，关心战士的安全和健康，关心和照顾伤病员；搞好连队物质文化生活，不侵占战士利益；热情接待来队战士家属。对战士的八条要求是，一切行动听指挥，坚决完成各项任务；尊重干部，服从管理，遵守纪律，反对极端民主化；虚心向干部学习，接受干部的教育；对干部要说实话，有意见向干部本人或组织提出，不当面顶撞，不背后议论；有了缺点错误，诚恳接受批评，自觉检查，坚决改正；发扬团结友爱精神，照顾干部和体弱有病的同志，不犯绝对平均主义；干部和战友遇到危险，要奋力救护；对上级、对同志，要讲究礼节，注意礼貌。

这部条例，遵循人民解放军官兵一致、上下一致的原则，体现了人民解放军的管理教育既建立在耐心细致的思想教育、自觉服从管理的基础上，又必须严格管理、严格各项制度，建立严格正规的生活秩序。广大官兵通过学习新《条例》，进一步明确了人民军队官兵政治上平等的关系。树立干部爱护战士、关心部属和战士尊重干部、服从领导的观念。《条例》的颁布执行，对促进部队管理教育工作的开展，全面加强部队纪律作风建设，起到了指导和推动作用。

五、整顿基层党支部，加强基层组织建设

在培养“三八作风”、开展“三反”整风运动中，全军许多连队暴露出一些问题。中央军委和总政治部认为，出现问题最根本的原因是连队党支部战斗堡垒作用不强，政治工作不够有力，连队团支部和群众性组织没能很好地发挥作用。1960 年 7 月 12 日，总政治部召开电话会议，强调要把加强连队政治工作，作为当前政治工作的中心任务。指出：“连队担负着训练、施工、保卫海防、边防等任务。党的各项政策、方针都要通过连队来执行和实现。”“连队

是我们一切工作的基础。”加强连队的政治工作，主要应抓好四个方面：（1）加强连队政治思想工作，整顿党支部，充分发挥党支部的战斗堡垒作用；（2）加强共产主义青年团的工作；（3）整顿连队官兵关系；（4）整顿基层干部的思想作风。7月20日，总政治部发出《关于整顿落后单位的通知》，要求各级领导机关立即抽派干部，组成工作组，由负责同志率领，分期分批，对落后的单位，尤其是长年脱离领导的分散单位，进行帮助和整顿。

根据总政治部的指示和部署，全军展开整顿党支部工作。这次整顿连队党支部，强调以毛泽东思想为指针，以毛泽东的建党理论为依据，边整边建。首先整顿分散在边防、海防第一线执勤以及领导薄弱的落后单位，尔后全面铺开，普遍进行。各级机关共派出干部7.8万余人，深入连队帮助开展整顿工作。

全军整顿党支部工作，从1960年7月开始至1961年2月结束，共整顿了3.14万个党支部，占全军连队党支部总数的82%。在整顿党支部工作中，各单位坚持从实际出发的原则，深入调查研究，揭露矛盾，强调从解决思想问题入手，采取耐心说服教育的方法，通过批评和自我批评，统一思想，提高觉悟。同时还对党员和预备党员进行党的政策和基本知识的学习、教育培训。整顿工作后期，全军又根据总政治部副主任萧华提出的四条标准①进行了验收。经过整顿和建设，广大党员受到了一次深刻的党的性质、宗旨、任务和党的基本知识教育，党员先锋模范作用得到了更好的发挥，党员队伍的质量有了一定提高，党支部的战斗堡垒作用有了明显加强。各单位还根据1960年9月军委扩大会议决议中关于班有党员、排有小组、连有支部委员会的要求，调整发展党员计划。至1961年底，全军连队和相当于连的基层单位达到了上述标准，全军约7000个没

① 四条标准：1. 充分发动了群众，彻底揭露了问题，主要问题得到了解决；2. 建立了党支部的集体领导，整顿和健全了组织制度；3. 健全了三大民主，干部以身作则与士兵“五同”；4. 好人好事得到了表扬，正气上升，“三八作风”开始树立起来。

有建立支部委员会的连队和基层单位普遍建立了党支部委员会。连队党员人数占连队总人数的26.1%，党员队伍在连队各项工作中发挥带头作用，带动了连队建设。

在整顿党支部的基础上，为了提高连队政治指导员的政策水平和工作能力，1961 年 4 月，总政治部发出《关于集训连队政治指导员的通知》。根据通知要求，各单位以军或独立师为单位，开办指导员训练班，分批对正副指导员进行培训。集训中，军、师领导亲自负责组织，集中学习《古田会议决议》、《在西北局高干会上关于军队政治工作问题的报告》、《关于加强军队政治思想工作的决议》、《政治工作条例》等人民解放军政治工作有关文件，研究新形势下政治思想工作的新情况，研究如何加强连队建设等问题。通过集训，指导员们的思想政策水平和工作能力有了明显提高，增强了做好政治工作的信心和决心。

在整顿连队党支部的同时，还对团支部进行了整顿。1961 年 1 月 31 日～2 月 9 日，总政治部召开全军青年工作会议，要求加强共青团支部建设，充分调动广大青年的积极性，发挥共青团在创造“四好”连队中的突击队作用。各级整顿支部办公室加强对整顿团支部工作的指导，总政治部组织部根据整顿党支部验收标准和经验，对全军团支部的整顿制定了验收标准，保证了整顿的质量。

根据军委扩大会议决议，1960 年 11 月 11 日，总政治部发出《恢复连队革命军人委员会的通知》，规定连队革命军人委员会由7～15名委员组成，经军人大会选举产生。战士委员占2/3，基本任务是：在党支部领导下开展政治民主、军事民主和经济民主，组织群众的课外学习，开展文化娱乐和体育活动。连队革命军人委员会的一切民主活动，是为了发挥官兵群众的积极性和创造性，保证党的决议和上级命令的贯彻执行，达到政治上高度团结、生活上获得改善、军事上提高技术和战术的三大目的。通知还规定了革命军人委员会的主要工作。

为了使连队政治工作更加规范化，使各项工作落到实处，1961

年10月18日~11月4日，总政治部召开全军政治工作会议，讨论通过了连队政治工作四个条例，即：《中国人民解放军连队政治指导员工作条例》、《中国共产党连队支部工作条例》、《中国共产主义青年团连队支部工作条例》和《中国人民解放军连队革命军人委员会工作条例》。四个条例体现了毛泽东的建军思想，继承和发扬人民解放军政治工作的优良传统，既有高度的思想性和政策性，又提出了开展工作的具体方法，是连队政治工作的准则。11月17日，四个条例经中共中央批准，正式颁布全军施行。

六、开展“四好”连队、“五好”战士运动

创“四好”连队争当“五好”战士运动，是由50年代末开展的群众性争创“五好”运动发展起来的。60年代初，在中央军委、总政治部的指导下，规范和统一了“四好”、“五好”的条件，使创造“四好”连队争当“五好”战士运动，成为全军基层建设的标准和经常性工作。

1958年4月16日，出席全国青年第三次代表大会的全体青年军人代表，向全军青年发出开展“五好”评比的倡议书，提出要做到“学习好，爱护武器装备好，消灭事故好，节约好，身体好”，得到全军广大青年的响应。5月12日，总政治部发出《在连队中开展“五好”运动的指示》指出：“‘五好’运动的内容包括政治、军事、经济、文化等各方面，也是当前部队要解决的主要问题。要通过这个运动进一步提高部队的社会主义觉悟，结合部队工作、生活进行共产主义道德、光荣传统、端正服役态度等教育。要通过这个运动，发动士兵学习军事技术和文化，开展文娱体育活动；推动部队爱护武器和公物，勤俭节约，积极支援国家社会主义建设。这样，就可以把部队工作全面带动起来。”《指示》要求各级必须充分发动群众，运用多种形式，广泛进行宣传，使争取“五好”真正成为自觉的群众运动。各级政治机关应当加强领导，及时组织评比。连队党团支部和俱乐部要紧紧围绕这一中心进行工作，发动青年干部和士兵积极参加这个运动，创造“五好”班、排和连。在总政治

部号召下，全军很快形成了人人赶先进、学先进、比先进，个个争“五好”的热潮。同年底，彭德怀在接见出席第二次全国青年社会主义建设积极分子代表大会的军队代表时，向全军发出进一步开展“五好”运动的号召。代表们将“五好”内容修订为：学习好，工作好，爱护武器装备、消灭事故好，生产节约好，身体好。

在总部指导下，“五好”成为基层建设的标准和奋斗的目标，并使这一群众性竞赛活动不断发展。据不完全统计，一年中全军共评选出“五好”战士和“五好”干部 29.63 万人，“五好”单位 3.2 万余个（其中“五好”连 2527 个，“五好”排 5919 个），还有一些“五好”营、团、仓库、医院等。1959 年 4 月，总政治部转发了总政组织部《关于连队开展“五好”运动的初步总结》。《总结》充分肯定全军开展“五好”运动的成绩，并指出进行“五好”评比时，既要注意比成绩，又要注意比思想、比作风。不仅要积极推广“五好”连队的经验，还要注意帮助落后连队赶上先进，防止虚夸作假、谎报成绩和歧视落后的现象，要求做到党支部领导坚强，团支部能够充分发挥作用，全体官兵革命干劲足，自觉地遵守政策，维护纪律，具有忠诚老实、踏踏实实的工作作风，创造团结紧张、心情舒畅的局面，把“五好”运动搞得既轰轰烈烈，又扎扎实实。

1960 年 9 月中央军委扩大会议决定在全军青年中继续开展“五好”运动。根据国防部长林彪的意见，“五好”内容改为：政治思想好，军事技术好，三八作风好，完成任务好，锻炼身体好。12 月，林彪在《对 1961 年部队政治工作的指示》中，又提出连队工作主要抓好四个方面：一是抓政治工作，抓活的思想；二是抓作风，就是三八作风；三是抓训练；四是抓生活。12 月 30 日，总政治部召开电话会议，传达了林彪关于创造“四好”连队的指示精神。1961 年元旦，《解放军报》发表《贯彻军委扩大会议决议为创造四好连队而斗争》的社论，提出政治思想好，三八作风好，军事训练好，生活管理好的内容和要求。从此，将争创“五好”运动改为“创造四好连队、争当五好战士”运动，并成为全军基层建设的目标和经常性的工作。

为了使这一运动更好更深入地开展，促进连队的全面建设，1961年3月11日，总政治部党委在向中央军委所作的《关于创造四好连队的初步情况和对几个具体问题的意见》的报告中指出：“‘四好’是一个整体，内容是相互关联的。在每个时期，由于任务情况的不同，应该突出重点，有所侧重。但是，既要突出重点，又要带动其他，不要单打一，忘掉其他。”10月18日~11月4日召开的全军政治工作会议上，萧华作了《贯彻执行军委扩大会议决议，继续为创造四好连队而斗争》的报告，对全军开展的“四好连队、五好战士”运动提出六个方面的要求，即以毛泽东思想为指针，大抓活的思想教育；做好军事训练中的政治思想工作；加强管理教育，培养三八作风；搞好物质文化生活；加强党支部的战斗堡垒作用；改进政治指导员的工作方法。这次会议把“四好”、“五好”内容更为具体化，便于基层干部战士掌握执行。

全军开展“四好连队、五好战士”运动的头几年，强调按照“四好”标准，全面建设连队。各级党委积极帮助连队制订建设计划，各部队在创“四好”连队的实际工作中，都较好地体现了全面加强连队建设的思想。在连队和战士中，形成积极创“四好”连队、争当“五好”战士，学先进，争当先进的比、学、赶、帮竞赛热潮，推动了部队的各项工作。在政治思想建设方面，开展群众性学习毛泽东著作活动和学习先进典型活动；在军事训练中，开展一专多能和创“三手”（神枪手、神炮手、技术能手）活动，掀起大练兵的热潮；在生活制度和管理方面，以《连队管理教育工作条例》为依据，加强连队的管理教育，减少了事故，形成了自觉遵守各项规章制度、爱护武器装备的风气；在生活方面，开展“五好”食堂活动，加强经济管理，丰富了连队的物质生活和文化生活。通过开展“四好”、“五好”运动，也增强了官兵团结，连队形成了齐心合力创先进的氛围，各项工作高标准、严要求，互相监督，互相促进，基层建设面貌一新，全面建设不断加强。

“四好”、“五好”运动由于受到“左”的思想影响，也出现了一些偏差。在政治思想工作中，林彪强调“四个第一”；在政治工作和其他工作的关系上，1964 年底林彪提出“突出政治”之后，强调以“政治思想好”“一好”带动其他“三好”，政治思想好的内容上也突出了“阶级斗争”、“兴无灭资”等“左”的观念。在运动后期，形式主义和锦标主义有所滋长。1971 年“九一三”事件后，这项持续 10 余年的运动终止。

第六节　勤俭建军，与国家共渡经济难关

由于“大跃进”的错误和连续的自然灾害，加上苏联政府单方面撕毁与中国签订的经济技术合作的全部合同，1959～1961 年，中国国民经济出现严重困难。在这种形势下，1959 年 6 月 9 日，总政治部发出《关于在军队中深入进行当前经济情况的宣传解释工作的紧急通知》，向全军人员如实介绍经济建设取得的成就和出现的问题，教育全军官兵正确认识和对待面临的困难，坚信党的领导和理解各项方针政策，增强战胜暂时困难的信心。全军官兵与全国人民一道同甘共苦，共渡难关。

一、进行“两忆三查”教育

1960 年 7 月间，兰州军区有的部队采用忆苦的方法，对部队进行阶级教育，有效地解决了少数干部因经济生活困难出现的革命意志衰退、闹思想情绪等问题。军区党委及时总结经验，指示所属部队在整顿基层的基础上开展忆苦教育。教育主要包括三个方面内容。第一，忆旧社会阶级压迫剥削的苦，忆革命战争时期艰苦奋斗的生活，大谈社会主义的甜及幸福美好的明天，树立发愤图强、自力更生、艰苦奋斗、战胜困难的思想和从人民利益出发的主人翁精神；第二，忆民族被侵略压迫的苦，控诉历史上帝国主义侵略中国的罪行，揭露帝国主义扩军备战的活动，认清其本质，消除和平麻痹思想，增强战斗意志；第三，在提高认识的基础上，发动官兵自

觉地、有重点地查立场、查斗志、查工作。11 月，总政治部下达《批转兰州军区党委会及军区连队工作团关于在连队开展忆苦运动的经验的指示》，要求全军部队分批、有步骤地在连队中开展一次“两忆三查”运动。

从 1961 年 1 月开始，全军部队全面展开“两忆三查”教育运动。各部队领导机关组成若干个工作组，深入连队，宣讲开展“两忆三查”运动的必要性，帮助连队开展教育。当时的干部战士，都出生在旧社会，绝大多数有过受剥削、受压迫的苦难经历。据兰州军区对 6 个连队 403 名官兵统计，自己家庭或亲友在旧社会有过讨饭、流浪、卖儿卖女、被地主逼债逼死等苦难经历的占 74%。许多家庭遭受过日本帝国主义的欺压，有的亲眼目睹过日本侵略者烧、杀、抢、掠的野蛮暴行。以干部战士的亲身经历，通过对比进行教育，最容易激发他们的情感，引导提高政治觉悟，取得良好的教育效果。各部队采取召开忆苦会、到农村同群众联合忆苦、组织士兵观看《白毛女》等电影、举办忆苦展览等形式，忆阶级苦和民族恨。通过谈甜思源、算账对比，认清社会主义制度的优越性，增强战胜暂时困难的信心。各部队在教育中，还结合国内外形势，认识到帝国主义还在到处侵略，积极扩军备战，台湾国民党当局还时刻梦想“反攻大陆”，引导官兵充分认识自己肩负的保卫社会主义的责任。在教育过程中，各部队结合传达贯彻中共中央 1960 年 11 月发出的《关于农村人民公社当前政策问题的紧急指示信》（亦称“十二条”）① 和 1961 年初中共八届九中全会②会议精神，使广大干

① 《紧急指示信》，是周恩来主持制定的。信的核心内容，是要求全党用最大的努力来纠正“中央和毛主席从一九五八年冬季以来再三再四地指示必须坚决纠正”的“共产”风。《紧急指示信》规定了十二条政策：重申“三级所有，队为基础，是现阶段人民公社的根本制度”；彻底清理一平二调，坚决退赔；加强生产队的基本所有制，实行生产小队的小部分所有制，允许社员经营少量自留地和小规模家庭副业；坚持按劳分配原则；恢复农村集市；等等。

② 中共八届九中全会，1961 年 1 月在北京举行。毛泽东会上作了多次讲话，要求全党恢复实事求是、调查研究的作风。

部更加坚定了在党的领导下克服困难的信心，看到了社会主义的光明前景。在“两忆”的基础上，通过查思想、查斗志、查工作，广大干部战士阶级觉悟普遍提高，更加热爱社会主义制度，端正了对党的方针、政策的认识，增强了战斗意志和工作积极性。

“两忆三查”教育运动，是在和平时期，针对国家经济出现严重困难、国际局势发生动荡的形势和一部分官兵思想情绪不振的情况，为稳定部队和增强战斗意志，正确理解党的方针政策，提高指战员的政治觉悟，进行的一次政治教育运动。这场教育活动不仅对动员广大官兵团结一致、满怀信心地同全国人民一道去战胜国家所面临的经济困难起到重要作用，而且对提高全军指战员的政治觉悟和部队的战斗力，促进各项任务特别是保卫国家安全作战等任务的完成，产生了积极作用。

二、开展节约活动

三年困难时期，农业生产连年歉收，物资紧缺，市场供应十分紧张。在严峻的经济形势面前，人民解放军广大指战员发扬自力更生、艰苦奋斗的革命精神，自觉为党、为国分忧，坚持不向国家伸手，尽量减轻国家和人民的负担。1959 年 8 月 16 日，中共中央发出开展增产节约运动的号召。1960 年 8 月 14 日，中共中央又下达《关于开展保粮、保钢为中心的增产节约运动的指示》，要求所有的厂矿、企业、人民公社、机关、学校、部队的广大干部和群众立即行动起来，开展一个以保粮、保钢为中心的增产节约运动。全军认真贯彻中央的指示精神，结合“两忆三查”教育，动员全体官兵，发扬艰苦奋斗、自力更生与人民群众同甘共苦的光荣传统，厉行节约，反对铺张浪费，为国家克服困难出力。遵照中共中央关于节约粮食、棉布，支援国家生猪出口和某些针织品凭证购买等指示，总政治部下达《关于进行节约粮食的宣传解释工作和支援救灾的指示》，动员全军适当压缩用粮定量，为国家分忧，支援灾区。全军官兵以高度的政治责任感，坚决响应党中央和中央军委的号召，采取各种措施，节约每一粒粮食、每一寸布、每一分钱，掀起了大力节约用粮、用布、用钱、用油的增产节约运动。

8 月和 11 月，中央军委两次批转总后勤部党委关于节约粮食降低粮食定量的方案，规定：军官每人每月减少粮食定量 3～3.25 公斤，士兵每人每月节约 1.75～2 公斤，全军每年为国家节省粮食 2500 万～3500 万公斤。各部队在做好节约粮食教育解释的基础上，一方面落实上级节粮方案，一方面改进炊事方法，搞好用粮调剂。在训练和劳动不太紧张时，粮菜混做或吃稀的，节约下来的粮食补到训练和劳动紧张时用。为了保证官兵身体健康和完成各项任务，各级党委高度重视抓好节约工作，领导分工由 1 人专管粮食的节约和部队生活，严格执行新的用量标准和粮食管理制度，防止层层加码和杜绝虚报冒领。在国家经济十分困难、粮食极端紧张的情况下，由于全军各级党委高度重视抓好节约粮食工作，各部队基本实现了中央军委提出的争取余存一个月粮食的目标。

在开展节约粮食运动的同时，全军还根据中央和国务院的指示，压缩国防经费，压缩基本建设投资，减少集团购买力。1962 年 3～11 月，全军全面进行清仓核资工作，对积压库存物资进行清理。总后勤部上交国家清仓物资：棉布 75 万匹，以及大批棉纱和其他布料。

三、大力发展农副业生产

开展农副业生产，是人民解放军的光荣传统。和平时期，特别在国家经济困难时期，军队在完成战备、训练等任务的前提下，在国家有关政策的指导下，积极从事农、林、牧、副、渔业和农副产品加工等生产活动，对于减轻国家和人民的负担，改善官兵生活，发挥了积极的作用。1958 年，中央军委即根据正规化训练以来，军队农副业生产缩小的情况，指示军队在不妨碍战备训练等任务完成的情况下，尽可能地搞一些农副业生产，逐步做到蔬菜、肉、油和粮食等全部或部分自给。11 月 7～26 日，总后勤部在广州军区召开全军农副业生产暨后勤司令部工作现场会，总结交流经验，并提出发展农副业生产的任务和要求。1959 年 1 月，总政治部发出关于军队进行农副业生产的指示，全军部队的农副业生产又迅速开展起来。

1961年，中央军委根据中共中央八届九中全会提出的“全党全民大办农业大办粮食”的方针，要求军队农副业生产应当根据部队、学校、机关的不同情况，担负的不同任务和驻地的不同条件，提出不同的要求，确定具体的生产指标。规定：值班部队和院校，在不妨碍战备、训练的前提下，就近进行业余生产，做到蔬菜、肉食的自给和部分自给；半训练半生产的部队，既要以每年5个半月到6个月的时间保证完成训练任务，又要发挥部队的生产积极性，除种好营区土地外，还可建立生产基地，争取上交一部分产品；全生产的部队，要全力搞好生产，争取超额完成生产任务，同时要抓紧农闲和可能利用的时间进行政治教育和军事训练。

遵照中央军委和总后勤部的指示，全军大力发展农副业生产。在利用业余时间组织种好连队菜园子，大力发展养猪、养鸡、养鱼等小规模生产的同时，积极开办和发展较大型农场。仅1960年上半年，全军就新建农场500多个，比1959年增长了2倍，土地面积达205万余亩。全军存栏猪达88万头，养牛20余万头，鱼禽类比1959年增长3~5倍。至1961年，全军农副业生产平均每人每年自给肉食5.1公斤，蔬菜236公斤。11月，全军召开农副业生产会议，提出把大搞农副业生产作为1962年全军的中心任务之一，大量生产粮食，大量养猪。同时指出：军队农副业生产还是副业性质，主要是为了解决副食。生产粮食要解决四个问题，一是饲料，二是以粮食代替部分副食（如豆类），三是解决家属、职工粮食不够吃的问题，四是补助部队及少数干部一些口粮。会议提出全军生产要达到年平均每人粮食50公斤、肉9~11公斤、菜250~350公斤的生产任务。为了落实大搞农副业生产的指示，完成规定的生产任务，总后勤部指示要把农场作为农副业生产的经营重点，争取在两三年内，各军区、各军兵种、各军、学校和各团以上部队都要有一个具有一定规模、生产条件较好的生产基地。

1962年和1963年，部队生产有更大的发展，全军耕地面积发展到550万亩，参加开荒生产的部队每年达50多万人。各类农场、生产基地达1930多个，其中大型农场194个，副食加工作坊2750余个。农机具等生产设施向机械化方向发展，至1963年全军共有拖拉机1960多台，其他生产加工机械5200多台。1960～1963年共生产粮食6.08亿公斤，食用油460余万公斤，蔬菜20亿公斤，肉食6000万公斤。全军蔬菜大部自给，肉类自给率达50%～70%。在春季淡季，多数部队每人每月也可吃到蔬菜22.5公斤，食用油9～10两，肉0.5公斤左右。生产收益除补助部队、部队家属、职工外，还交售国家粮食4000万公斤，上调机关、科研单位、院校、医院等单位粮食1300余万公斤、肉食100余万公斤、食用油1.5万公斤。

随着部队农副业生产的发展，生产规模的扩大，在渡过三年困难时期后，总后勤部总结指出：军队的农副业生产取得了很大的成绩，对补助供应起了很大作用。在国家的经济形势全面好转的情况下，为了减轻国家负担，补助部队供应，改善生活，仍要把军队的农副业生产当作一项重大任务来经营建设。要坚持长期打算、长期建设的方针，以实现生产基地化为中心，加强对农副业生产的经营管理，加强基本建设，实现机械化，提高劳动生产率，逐渐做到用较少的劳动力能够取得更好的经济效果。总后勤部还提出生产建设要尽可能与战备建设结合起来，将农场和生产基地作为战时疏散机关、安置家属的后方基地。

中央军委和各总部对部队农副业生产中发生的一些矛盾，及时提出解决办法和注意事项。第一，正确处理生产与训练、施工的矛盾。1963年12月，中央军委批转总后勤部《关于全军第三次农副业生产会议的报告》，要求全军要有全局观点，统一安排，合理地分配使用时间，兼顾训练和生产两个方面；根据各部队任务的不同，确定生产指标，各有所侧重，如半训练、半生产的部队，在农忙季节可以突出生产，在春、冬季则可以突出训练。第二，加强对农副业生产的统一管理。总后勤部将全军农副业生产分为业余生产、机关生产和部队生产三种类型，实行统一领导、分级管理。在总后勤部和各大军区、军兵种设立农副业生产管理机构，军、师、团分别设立生产处、科、股，团以上单位办的农场，领导干部配备现役军官。第三，严格遵守党和国家的政策法令，不得与民争利。部队农副业生产所需的土地，应以开荒为主，以生产粮食为主，并大量养猪。产品分配要遵循官兵一致、勤俭节约、有利于发展生产的原则。罗瑞卿在1962年全军农副业生产会议上提出，在执行政策上要处理好五个关系：在和人民群众的关系上，不能损害人民群众的利益；在和地方的关系上，不能因为政府照顾部队就乱要东西；在军队内部的关系上，要做到产品分配大体合理，允许搞生产的部队在规定范围内多吃多得一些；在和国家的关系上，要照顾大局，生产的粮食只要可能，就要顶一部分口粮；在和自然环境的关系上，不能破坏草原和山林，不适合开荒的地方不能乱开垦。

1964年，总政治部根据几年来农副业生产出现的问题和经验，颁发《部队农副业生产政策纪律的若干规定》，进一步规范了全军部队的农副业生产。这些规定，对进一步解决生产过程中军政之间、军民之间、生产部队与农场之间、生产部队相互之间、集体和个人之间的关系，增强政策纪律观念，增进军内外团结，促进生产的发展，起到了重要的指导作用。

全军大搞农副业生产，并在三年困难时期将其作为部队的中心工作之一，是特殊形势下采取的特殊措施，达到了“补助供应，改善部队生活、减轻国家负担，支援国家建设”的目的，巩固提高了部队的战斗力。

第七节　自力更生、发愤图强，发展国防科学技术

正当中国的国防科技事业起步并向前发展的时候，中苏两党意识形态领域的分歧不断加深，并扩展到两国关系上，苏联对中国的军事援助从局部限制发展到全面毁约，给中国造成巨大损失。加之中国遭遇严重经济困难，中国国防科技事业越发举步维艰。面对严

峻的形势，中共中央、中央军委没有动摇发展国防科技的决心，作出依靠自身力量，自力更生，发愤图强，突破“两弹”技术和发展尖端武器装备的决策，采取有力措施，克服重重困难，指导国防科技事业走上自力更生的发展道路。

一、在外援中断、国内经济困难的情况下，提出发展国防科技的方针和目标

1959 年 6 月，苏共中央致信中共中央，以当时苏联正与美、英等西方国家进行禁止核试验的谈判，赫鲁晓夫与艾森豪威尔即将在戴维营举行会谈为由，决定暂缓按协定向中国提供原子弹的教学模型和图纸资料。一部分苏联专家也以休假为名回国。1960 年 7 月 16 日，苏联政府照会中国政府，自 1960 年 7 月 28 日 ~9 月 1 日，撤走全部在华苏联专家。到 8 月 23 日，在中国核工业系统工作的 233 名苏联专家全部撤走回国，并带走重要的图纸资料。同时，停止武器装备研制的设备及材料供应。

苏联单方面撕毁中苏两国签订的全部合同，给正在建设中的中国国防科技事业造成巨大困难和损失。在工程设计方面，有些工程项目仅完成一部分，由于文件资料不完整，不得不从头做起。在建设进度方面，一些在苏联专家主持下即将建成的工程项目，设备安装、调试和试运行不能进行；一些正处在建设中的工程项目，也由于苏联专家突然撤走，设备停止供应，使工程被迫停工待料。在设备方面，许多关键设备和核心设备以及新型材料停止提供，一般设备也多不配套，造成工程无法形成生产能力，迫使中国不得不组织力量从头研制；一些大型武器装备和尖端武器装备的样品供货合同中止，尖端武器和常规武器研制设计图纸材料甚至教学模型被带走，造成中国武器研制无法在原基础上继续开展。

面对苏联的背信弃义行为，中国共产党和中国政府表现出了不信邪、不怕压、勇于战胜困难的决心和气魄。1959 年 7 月，中共中央决定：自己动手，从头摸起，准备用八年时间把原子弹研制出来。中央军委在 1960 年初召开的扩大会议上，进一步明确了国防工

业建设的方针和“两弹为主，导弹第一，并大力抓携带导弹的新式飞机、舰艇以及无线电电子技术的研究和制造”，“少产、少购、多建、多试”等原则。

1960 年七八月，中共中央在北戴河召开的工作会议上，再次重申发展国防科学技术的决心。毛泽东在听取国务院副总理兼国家计划委员会主任李富春的汇报时强调：要下决心搞尖端技术，赫鲁晓夫不给我们尖端技术，极好。如果给了，这个账是很难还的。会议提出“埋头苦干，发愤图强，自力更生，奋勇前进”的发展方针。

根据中共中央的决策，1960 年初中央军委扩大会议确定“建立现代化的独立完整的国防工业体系”的总目标，并提出国防工业特别是国防尖端武器试制的目标，即：三年突破尖端，按照苏联已经供给的资料，仿制各种导弹，争取自己设计并试制几种导弹，以及制造各种无线电设备，基本解决各种新材料；五年大体上形成体系；八年内基本上达到独立完整。据此，一机部拟定了“1960～1962 年国防工业三年发展计划”，提出三年突破尖端的安排和原则是：第一，坚持集中力量，以“两弹为主，导弹第一”，注意发展电子科学的方针，重点突破导弹的研究、设计、制造和建设工作，以此为重点带动国防工业的全面建设。第二，加强新式飞机、新式舰艇的制造能力，特别是运载导弹的飞机和舰艇的制造能力，使飞机、舰艇与导弹相适应。第三，加强在核子战争中地面部队的装备能力。1960 年 7 月，二机部提出“三年突破，五年掌握，八年适当储备”的奋斗目标，即：争取在五年内（1960～1964 年）自力更生制成原子弹，并进行爆炸试验，在八年内有一定数量的储备。

1960 年 4 月中旬和 12 月，国防工业委员会两次组织召开国防工业三级干部会议。在 4 月的会议上，与会者讨论了贯彻中共中央、中央军委关于国防工业建设目标的具体措施，提出在新的形势下，要集中绝对优势力量，猛攻尖端，突破两弹的制造关；贯彻全面安排，重点排队，分批突击，加速基本建设；要加强领导，保证重点项目按期完成；组织力量，分赴各区进行检查和帮助。会议还提出，国防工业的基本建设项目，大部分是制造尖端产品的项目或者是与制造尖端产品有关的配套项目，建议各省市、自治区根据中央“尖端优先”的指示，在建设项目排队时，放在优先地位。在12月召开的会议上，主管国防科技的中央军委副主席聂荣臻强调：“国防工业自身的完整体系问题，国防工委已有三、五、八年的初步规划，我们要极力促其实现。我们大家一定要彻底清除依赖、崇外思想，踏踏实实，埋头苦干，把一切工作的基点放在国内。这是一项重大的政治任务”，“我们要争这口气，这是争民族的气，争人民的气”，必须加强党的领导，依靠群众，“一定要把专家、技术人员、老工人和群众结合起来”，“不断地突破新的技术关”。① 主管国防工业的军委副主席贺龙强调指出：“自力更生，是我们党历来坚持的方针，在当前形势下，更为重要。我们必须卧薪尝胆，奋发图强，从产品设计、试制和生产，到原材料的供应，都要立足国内。仿制的目的是锻炼技术力量，积累经验，以便为独立设计和制造创造条件。”贺龙还指出：“为了实现自力更生，当前要突破材料、技术和设备这三个关。”要按照“三、五、八”年的步骤，随着国家独立完整的经济体系的建设，建成一个完整的国防工业体系。②

中共中央、中央军委关于自力更生发展国防工业和尖端武器技术的方针，是在困难的形势下，坚定决心、增强信心、抢时间、攀尖端、加速突破国防尖端技术，早日研制成功原子弹、导弹等尖端武器的再动员，极大地振奋了奋战在国防工业及科技战线上全体人员的精神，为突破国防尖端武器增加了巨大精神动力。

二、采取措施，战胜困难，保证国防科研生产顺利进行

为贯彻自力更生发展国防科技的方针，加速实现国防工业发展的规划和目标，中共中央、中央军委采取了一系列重大措施。

---

① 《聂荣臻军事文选》，437、440、442页，解放军出版社，1992。

② 参见《贺龙军事文选》，593页，北京，解放军出版社，1989。

（一）成立国防工业委员会、国防工业办公室，加强集中统一领导

1959 年 10 月，贺龙向中央军委建议：在中央军委领导下成立一个吸收国家计委、国家经委、国家建委和有关工业部门及军兵种领导人参加的国防工业委员会[①]（简称国防工委），负责领导和全面规划国防工业工作；国防工委下设办公室，由有关总部和各军兵种派人组成，并提议由海军副司令员方强负责国防工委的筹建工作。1959 年 11 月，中央军委常务会议讨论同意贺龙的建议。经中共中央批准，中央军委于 1959 年 12 月 1 日发出关于成立国防工业委员会的通知。贺龙、聂荣臻、李富春、薄一波、罗瑞卿、萧劲光、刘亚楼、赵尔陆、张爱萍、宋任穷、王鹤寿、彭涛、柴树藩、方强等为国防工业委员会委员，贺龙任主任，方强任秘书长。[②] 在第一次国防工委全体会议上，贺龙对委员会的任务和性质作了说明，指出：国防工业委员会是在党中央、国务院、中央军委领导下的协商组织，是研究、协商和解决国防工业建设中有关问题的办事机构，是协商委员会。国防工委向党中央、国务院、中央军委提出发展和建设国防工业的建议，经批准后组织实施和监督执行。委员会不是一级行政机构，不代替国务院、中央军委行使行政职权。同时，中央军委决定成立国防工业委员会办公室（简称国防工委办公室）。国防工委办公室作为国防工委的办事机构，在日常业务工作上，受总参谋部和一机部的领导。其主要职责任务是：负责检查、监督贯彻执行中央军委确定的关于国防工业的方针和计划，反映部队装备和国防工业的生产情况和意见，并特别注意督促国防工业的基本建设和尖端武器的生产。国防工委办公室为军队建制，下设海军、空军、炮兵、装甲兵、工程兵、铁道兵、防化兵、通信兵、秘书、调

---

① 1963 年 9 月撤销。

② 1960 年 9 月，中共中央决定国防工业从一机部分出，成立第三机械工业部（简称三机部），张连奎任部长。1961 年 1 月，国防工委与三机部合署办公，孙志远任三机部部长。

研等10个组，定编47人。各组的干部由有关总部和军种、兵种选派。国防工委及其办公室成立后，集中力量抓了改进管理体制、制定方针政策、狠抓军品质量、调整国防工业等主要工作。

1960年，中央军委常委会议两次讨论国防工业的领导体制问题，认为应该有一个统一管理各个国防工业部门工作的机构。1961年4月4日，周恩来决定由孙志远、范慕韩、刘西尧、谢北一、汪道涵组成国防尖端五人小组。1961年8月，周恩来在北戴河听取国防工委工作会议情况汇报时，提出在国务院设立国防工业“口”的问题，并同国务院副总理、总参谋长罗瑞卿等人商量这个“口”的职责、任务和工作方法。11月8日，中共中央发出通知，决定成立国防工业办公室①（简称国防工办），罗瑞卿兼任主任，赵尔陆任常务副主任。同时，撤销国防尖端五人小组。12月18日，中央军委决定国防工办列入军队编制。国防工办作为国务院的国防工业口，在党内向中央书记处和中央军委负责，直接管理二机部、三机部和国防科委所属范围的工作。国防工办下设原子能、航空、电子、导弹、兵器、造船、基建、新技术协作配套、综合计划等9个业务局。其具体任务是：对常规武器、国防尖端、科学研究、干部培养以及生产、建设等工作，进行统筹规划，全面安排，组织执行和督促检查。加强国防工业部门之间，以及国防工业部门同其他有关工业部门之间，同各军、兵种之间的联系，并组织相互协作配合。国防工办成立后，即作为国防工业委员会和国防科学技术委员会的第一线办事机构。1963年9月，国防工委撤销后，其任务也合并到国防工办。此后，各省、市、自治区也于60年代中期成立了管理国防工业的相应机构，形成了从中央到地方的国防工业管理系统。

（二）调查摸底，缩短战线，任务排队，确保重点

1960年8月5~8日，国防工业委员会在北戴河召开全体会议，

---

① 1969年12月22日，中共中央决定撤销国务院国防工业办公室，成立军委国防工业领导小组。

着重研究讨论国防工业自力更生和缩短基本建设战线等重要问题。会议决定：为了贯彻中央发愤图强、打掉一切依赖思想、坚持自力更生的方针，在国防工业方面，要抓紧做好三件紧急工作：一是在广大职工中，首先在领导干部中树立卧薪尝胆，发愤图强，自力更生的思想，下最大的决心，用自己的力量突破尖端；二是迅速、全面、彻底地摸清在没有外援的情况下，掌握国防工业特别是尖端技术尚存在的问题；三是在摸清国防工业尚未过关项目的情况基础上，订出自力更生的具体措施。最主要的是缩短战线、集中力量、抓住重点，开展科学研究工作与新材料新产品的试制工作，大力加强学校教育和职工业余技术教育，从根本上解决技术力量问题和新材料制造问题。会议提出，根据“两弹为主，导弹第一”的方针，按“集中力量，突破尖端，保证重点”的原则安排生产、试制任务。

根据国防工委全体会议精神，国防科委和国防工委于同年 8 月底至 9 月初举行了三次联合办公会议。在第一次办公会议上，就尖端武器研究、试制和生产任务排队问题进行了认真研究讨论。提出国防工业初步排队意见，即：导弹第一，其次是飞机、导弹潜艇和导弹快艇、各种新式雷达和各种火炮、坦克等。

1961 年，毛泽东在中共八届九中全会上号召全党大兴调查研究之风后，二机部提出要“摸清底细、站稳脚跟”的口号，组织十几个工作组，由部、局领导率领到基层蹲点。通过调查摸底、总结经验，于 5 月 8 日向中共中央呈送了《关于当前若干问题的请示报告》，提出原子能事业发展的建议。中共中央对这个报告进行了认真研究，于 7 月 16 日作出《关于加强原子能工业建设若干问题的决定》，提出了“进一步缩短战线，集中力量，加强各方面对原子能建设”的四项措施：一是从全国抽调一批高级科学研究人员、工业技术骨干和行政干部参加核工业建设，加强核工业的领导力量，并确定几所重点院校，专门培养核工业所需的专业干部；二是加强核工业所需设备、仪表的生产，拨给二机部几个基础较好的工厂，优先满足核工业生产任务；三是将核工业系统的物资运输列为军运；四是对工业卫生和放射性防护医疗问题进行部署。

在国家经济困难的形势下，为了保证国防尖端武器研制试制任务的顺利进行，加速重点研究项目的建设，1961 年七八月，贺龙、聂荣臻、罗瑞卿根据毛泽东的指示，在北戴河再一次主持召开国防工业委员会工作会议，决定调整国防工业计划。会议强调突击尖端是关系到实现国防现代化的一个历史性任务，必须坚决地积极地进行。突击尖端就要缩小规模，以便集中力量打歼灭战。这次会上，聂荣臻召集参加会议的国防尖端技术部门负责人进行分析研究，认为中国核武器、导弹技术已有了长足的发展，只要坚持往前赶，完全有可能在三五年内或稍长一些时间得到突破。同时，为与国家调整和放慢基本建设速度相适应，会议决定，将原来设想的国防工业“三、五、八”年的建设步骤，推迟三年或者更长一些时间。从原定的自 1960 年算起，改为自 1963 年或者更迟一些时间算起，以集中力量重点保证国防尖端技术的发展。

（三）培养人才，加强科技队伍建设

自力更生突破“两弹”技术，加速国防尖端科研工作，最重要的是人才问题。根据国防科技队伍的现状，中共中央、中央军委一手抓科研人员的调配，一手抓人才的培养。1960 年 1 月，中共中央批准中央军委的报告，同意为国防部五院补充有实际工作经验的技术骨干 100 名、大学毕业生 4000 名、中技毕业生 2000 名。中共中央书记处为此专门发出通知，要求各有关省市指定组织部长负责，进行认真审查，按数选调。在有关部门的大力支持下，一批技术干部和青年知识分子，充实到研制导弹队伍中。与此同时，中共中央还批准从全国各地区、各部门选调数百名高、中级科技骨干和工程技术人员参加原子弹的研制工作。1961 年 7 月，中共中央再一次批准从全国抽调一批科研人员参加核工业建设，相继为核武器研究所抽调了数十名留学生、数百名大专毕业生和数千名技术工人。这些科技人员，充实了国防尖端研究队伍，很快成为突破“两弹”的骨干力量，保证了研制工作的顺利进行。

与此同时，国防科研各部门把培养技术尖子人才当作一项重要任务，除了在实践中培养锻炼外，还采取办技术院校、业余大学、中等技校、函授学习班，以及扩大国防科技工业高等院校招生名额和增加有关新专业等多种办法，加强科研人才的培养，提高从事国防科技研究队伍人员的素质。1961 年 2 月，中共中央决定，将哈尔滨工业大学、北京航空学院、北京工业学院、南京航空学院、成都电信工程学院、西北工业大学、上海交通大学等 7 所国防工业高等院校划归国防科委领导。中央军委在此前后还决定将哈尔滨军事工程学院、西北军事电信工程学院和南京炮兵工程学院划归国防科委领导；中共中央批准太原机械学院归属国防科委领导。至 60 年代中期，国防科委所属共有 11 所院校。按照国防科技工业发展的需要，国防科技工业高等院校对常规和尖端武器等专业设置进行了调整和统筹安排，增加了新的专业，改善教学科研设施，提高教学质量，为国防科技工业战线培养了大量专业技术人才，其中许多人后来成为国防科技工业战线的骨干。

（四）落实知识分子政策，关心科技人员生活

从 1960 年冬开始，聂荣臻组织对五院等科研单位进行深入调查研究，针对一些科研单位因受“左”的思想影响，知识分子政策不够落实、科研工作规律得不到尊重、科研任务随意受到冲击等影响科技事业发展的情况，提出了《关于自然科学研究机构当前工作的十四条意见（草案）》（简称“科研十四条”）和《关于自然科学中若干政策问题的请示报告》，经中共中央政治局讨论，于 1961 年 7 月 19 日批转全国贯彻执行。

“科研十四条”是指导科技工作的政策性文件。主要是针对“大跃进”运动、“反右倾”斗争后“左”的错误，从科研机构的根本任务、知识分子政策和改进党对科技工作的领导方法等三个方面，规定了一系列政策和措施。国防科技系统贯彻“科研十四条”，努力创造安安静静、干干净净的良好环境，使知识分子轻装上阵，

在科研工作中树立敢想、敢说、敢干的求实精神和严肃的态度、严格的纪律、严密的组织相结合的作风。所有工作都紧紧围绕着出成果、出人才这个根本任务进行，推动了国防科技事业的发展。

在国家遭受严重经济困难的形势下，国防科技工业战线的广大科技人员、职工和解放军指战员，坚决贯彻中共中央的精神，迎着困难奋战在国防工业建设第一线。国防科技人员凭着一股爱国奉献的精神，在极其艰苦的条件下研究国防尖端武器，这在其他任何一个国家是难以想象的。中共中央和国务院领导人对国防科研一线的科研人员十分关心，在了解到由于生活物资十分紧缺、科技人员的体质普遍下降的情况后，1960 年底，聂荣臻向人民解放军海军和北京、沈阳、济南、广州等军区领导机关呼吁，尽快拨一批副食品支援五院和第六、第七、第十研究院及各试验基地的科技人员。接受援助任务的单位在生活物资同样紧缺的情况下，省吃俭用，慷慨相助，很快把猪肉、鱼、大豆、海带、水果等食品运送到国防科研单位。贺龙、陈毅、罗瑞卿等领导多次指示要照顾好科技人员的生活，特别是对老知识分子更要关心，对他们的家属、小孩也要照顾好。在经济最困难的 1960 年，中共中央、国务院对国防科技一线给予了最大的关怀，粮食部一次就拨给西北试验基地数百万斤黄豆。青海省政府给西北核武器研制基地调拨了 4 万只羊。国务院还指示对国防科研一线实行特别供应，商业部和人民解放军总后勤部在兰州成立了二级批发站，以加强西北地区特种部队和核工业等部门的生活资料供应工作。

这些措施，有力地支援了国防科技工业建设，稳定了国防科技队伍，激发了广大科技人员和职工的干劲，保证了国防尖端武器研制试制工作的顺利进行。

三、建设核武器试验基地和仿制导弹试验成功

1958 年 4 月，中央军委决定筹建核武器试验场。同年 6 月至 1959 年初，以陈士榘为首的勘察委员会和以核试验部队为主组成的勘察大队，由工程兵国防工程设计院、总后勤部营房管理部、通信

兵部等有关部门组成的工程定位勘察组，同苏联地质专家组一起，先后多次对甘肃省、内蒙古自治区、新疆维吾尔自治区的沙漠地区，进行勘察选点工作，最后确定在新疆罗布泊西北地区建设核试验靶场。1958 年 8 月，国防部任命张蕴钰为核试验部队主任（后称核试验基地司令员），常勇为政治委员。1959 年 3 月，中央军委正式批准在这一地区建设核武器试验基地。从 4 月 1 日起，张蕴钰等率领工作组，在罗布泊地区进行技术工作区、办公生活区、机场、通信、道路等工程的勘察定位工作。工程兵司令部和国防工程设计院、总后营房管理部、军事医学科学院、空军修建部、通信兵部、防化学兵部和一机部第四设计院等单位派遣专业干部参加这项工程的定位勘察工作。5 月 4 日，工程兵司令部向彭德怀、黄克诚报送了核试验场定位勘察报告，5 月 15 日，中央军委批准了这个报告。

在定位勘察同时，总政治部从部队、院校为核试验部队选调了一批具有良好政治和军事素质的干部。总参谋部从沈阳、北京、济南等军区抽调部队组建核试验部队。至 5 月底，基本完成了核试验部队的组建。

11 月 27 日，中共中央书记处听取国防科委关于核试验基地选场及有关基地建设情况的汇报，批准了核试验基地的建设方案。国防部确定工程建设任务由工程兵特种工程指挥部负责，新疆军区调给基地 2200 名新战士，特种工程指挥部先后调 4 个工程兵团、1 个汽车团配属基地建设。连同兰州建筑公司、天津建筑公司、新疆生产建设兵团农 2 师工建队等单位施工人员，组成共 3 万多人的施工队伍。此外，广州军区抽调第 273 医院到核试验基地，为施工人员服务。1960 年 4 月，基地建设施工开始。

工程开始不久，便遇到苏联毁约停援。面对困难，张爱萍根据聂荣臻的指示，立即组织军内外有关单位，自力更生进行核试验基地的工程设计和建设。车辆不足，工程兵某部就用人力肩扛背驮运送筑路沙石料；没有大型吊车，就用土办法吊装十几吨重的构件；缺少压路机，就用钢筋水泥浇灌成大圆滚子，靠人拉压路。在生活物资紧缺的情况下，部队忍饥挨饿，坚持施工。基地领导和施工部队不畏艰难困苦，团结奋战，至1962年底，核武器试验基地建设初具规模，共修建公路546公里，沟通了场区之间的交通，建成营房和厂房10万多平方米，建起了简易机场，架设通信线路1800余公里。

在建设核武器试验基地的同时，国防科研有关部门进行核武器研制基地选址工作，确定在青海省海晏县的“金银滩”建设研制基地。至1962年底，爆轰试验场和部分生活设施先后建成。根据1964年实现首次核试验的方案，1962年底，人民解放军工程兵、铁道兵和地方有关单位分担有关基建任务，并成立了基建指挥部，李觉任总指挥。建设大军不顾天寒地冻，以忘我的工作精神，很快完成了配套工程和设备安装任务。至1964年4月，主要工程陆续竣工，为原子弹研制试验创造了必要的条件。

核武器试验基地初步建成，导弹试验也在抓紧进行。1960年8月24日，在驻场的苏联专家全部撤走后，中央军委立即作出决定，用国产燃料发射导弹。1960年春开始，试验基地根据试验任务的需要，反复组织试验部队进行试验设备的操作训练。9月10日，在苏联专家撤走后的第17天，西北综合导弹试验基地成功地进行了苏制P－2型地地导弹飞行试验，揭开了中国地地导弹试验史的第一页。紧接着，11月5日、12月6日、12月16日，又进行了3次首批仿制的国产近程地地导弹试验，均获成功。

四、建设长波台

长波台是岸上指挥机构对海军潜艇和远航舰艇编队实施指挥的主要通信设施。50年代，人民解放军海军曾建设了中小功率的长波台。随着潜艇部队的发展和远海训练任务的增多，海军部队迫切需要建设大功率的长波台。据此，中共中央于1958年决定在1959～1962年期间建设一个1000千瓦长波无线电发信台和一个专用远距离无线电收信中心。鉴于国内承担这样的工程还比较困难，决定由苏联帮助建设。同年8月3日，中国政府和苏联政府签订《关于苏联援助中华人民共和国政府建设1000千瓦长波无线电发信台和专用远距离收信中心有关问题协定》，就苏联帮助中国建设长波台达成协议。协议规定，长波台建设费用由中国政府承担，建设中由苏联提供相关的技术和设备。随后，海军司令部根据总参谋部的指示，组织了专门工作组，协同苏联专家开展工作，先后到河北、河南、山西、陕西等省进行了选勘台址工作。经过实地勘察，确定发信台建在山西大同地区，收信台建在北京地区。

由于长波台建设工程技术复杂、工程量大，1959年7月26日，根据周恩来的指示，确定在苏联的帮助和指导下，发信台由中央建筑工程部第一设计院承担设计。收信台由海军自行设计，两台施工均由中央建筑工程部第二工程局担任，工程兵派人协助。整个工程分为两个阶段：第一阶段工程从1959~1960年，主要完成土建任务。第二阶段工程从1961~1962年，完成安装，并交付部队使用。1960年2月11日，中央军委常委第十二次会议讨论并批准长波台建设地点及其他有关事项。会议特别指出长波台工程建设要加强防护原子弹、化学武器打击的抗击力。

正当长波台建设顺利开展之际，苏联政府毁约停援，撤走全部在华专家。长波台的土建工程刚刚开始，即被迫停止。为了保证工程继续进行，1961年初，建筑部队对工程进行了全面检查，摸清情况。在此基础上，遵照周恩来的指示，以海军为主、吸收有关部门参加，于1961年2月组成长波台建设委员会，海军副司令员周希汉任主任，国家经济计划委员会、建筑工业部、军委通信兵部、海军工程部、海军司令部通信部的领导人参加委员会并任副主任，全面组织领导长波台的建设工作。建筑工程部设计院、建筑公司承担设计、施工任务。3月，建筑工程部和海军司令部联合向中共中央、国务院、中央军委及总参谋部提交《关于海军长波电台工程的质量和建设进度安排的报告》，建议加强对长波台建设工程的领导，成立现场联合党委，统一领导现场施工，全面安排和解决建设过程中的各项重大问题。以现有施工机构为基础，组织现场指挥部，作为现场党委领导施工的执行机构。《报告》提请将长波台建设所需的关键材料，由国家计委和经委列入专案安排落实。中共中央、中央军委批准了《报告》提出的建议。

经过调整，长波台工程建设全面立足于自力更生，各项工作得到加强和落实。在军队和地方科研人员以及施工单位的共同努力下，长波台建设工程进展顺利进行。1965 年 8 月，第一座大功率长波台胜利竣工。

在苏联毁约后，中国国防尖端武器的研制进入全面自力更生的发展阶段。中共中央、国务院、中央军委在关键时刻，以坚定的决心和信心，制定了自力更生奋发图强突破尖端的方针，采取一个个重大举措，使国防尖端武器研制工作得以顺利进行并走上独立自主发展的道路。国防科研战线的广大科技人员、职工和解放军指战员，发扬艰苦创业、无私无畏、勇于献身、严守纪律、团结协作的精神，下定决心，迎着困难上，克服遇到的重重困难，为“两弹”技术的突破和其他尖端武器及常规武器的发展奠定了坚实的基础。

第八节 加强后勤战备建设，提高后勤保障能力

1960 年 3 月 15 日 ~4 月 14 日，总后勤部召开全军后勤工作会议，贯彻 1960 年初军委扩大会议精神，根据未来战争对后勤建设的要求，研究落实积极防御战略方针，做好防敌突然袭击的准备，提高现代后勤保障能力问题。会议提出，今后后勤建设的总方向，就是要坚决贯彻积极防御的战略方针。为此，后勤建设的方针应该是：加强党的领导，依靠人民，依靠全军动手，发扬广大后勤人员的革命干劲，迅速地把后勤建设提高到与战略方针相适应的水平，保障军队建设和战争胜利。这条方针中最基本的精神是“全军办后勤”。为了实现这一方针，会议对后勤组织建设、干部培养、后方基地的配置与建设、后勤科学研究、后勤训练和规章制度等方面，

提出了总体要求和建设目标。会后，全军后勤系统积极进行改革，开始全面加强后勤战备建设。

一、调整后勤组织机构

在全军后勤工作会议上，总后勤部提出《关于改进后勤组织体制的若干问题的意见》。该《意见》认为，后勤组织体制随着我军建设的需要，曾做过多次调整和改进，基本上有了一套较为完整的体制，但经过实践，感到后勤组织建设还有一些与军队建设的发展不相适应的地方，特别是在体制与职责分工方面存在不少问题：一是领导机关某些部门，仅能应付日常工作，无力加强调查研究与战备工作，遇有情况临时组织班子，由于不了解全面情况，致使工作不很协调，误时误事。二是各级组织体制，还存在上下不对口，设置不合理的问题，有些机构业务分工“管”、“用”脱节，如司令部门管运输，车管部门管车，与运输工作相关的兵站、公路、船管等业务，由几个业务部门分别管理，增加了组织工作的复杂性。三是军区、海军、空军及兵种后勤各业务部门还不够健全，使各业务工作不能及时按系统组织实施。四是随着技术装备的日益改善，后勤组织体制没有及时跟上，物资计划管理和后勤技术装备研究机构未能完全建立起来，不能实施有效的组织领导与管理。五是基层后勤组织还较薄弱。会议对上述问题进行讨论，形成了《关于改进后勤组织体制的建议》。

6月，全军参谋长会议对该《建议》专门进行研究，经中央军委审定后，下发执行。该《建议》对后勤组织机构进行调整和改进，主要有五个方面的变化：（1）为加强特种部队（主要是原子弹、导弹等尖端武器试验基地）的后勤供应工作以及建立和加强物资管理机构，将1960年1月成立的特种部队计划供应局和物资计划部特种物资供应局合并组成第二物资计划部，原物资计划部改称第一物资计划部；设立物资计划部沈阳、北京、天津、上海、广州、武汉、西安、重庆办事处，统一负责军队系统的物资采购工作。（2）根据抗美援朝战争和新中国成立后人民解放军几次作战行动的经验，后勤战时最中心的问题是运输勤务，为加强后勤运输业务建设，克服“管”、“用”脱节问题，利于战时组织协同和统一组织指挥，以及平时的业务建设，将车管部改为运输部，其基本任务是根据后勤司令部的供应运输计划，组织与实施运输勤务保障，并以运输工作为中心，将其相关的业务统一管起来。军区和海、空军后勤车管部改为运输部后，编设运输处，以统一掌管后勤的铁路、公路、水路运输业务。同时，将营管部下辖的公路处划归运输部建制领导。(3) 改营房管理机构为营房机构，使其职能以管理为主改为以建筑为主。其主要任务是，根据军委的战略意图和军队部署，对营房进行适当的调整、改建和新建，对后方基地及其所属仓库、工厂等，根据战备方案，逐步进行规划和建设，负责组织实施后方基地各种工程和军队营房的建筑。(4) 为加速战略后方基地建设，新建和改组各办事处，调整办事处的领导关系。根据军委5月16日办公会议指示，总后勤部在白城子和西安各建立一个办事处，将集宁办事处(后改为大同办事处)、重庆办事处改组为基地管理机构。同时，为了有计划地储备战略物资，总参谋部、总政治部、总后勤部于12月2日联合下达了《关于各办事处工作关系和划归各该办事处领导的单位的规定》，规定办事处和军区的工作关系，及划归各该办事处领导的单位。总后勤部统一收回由有关军区管理的23个仓库。(5) 组建4个兵种的后勤部（处）。随着军兵种部队建设的加强，原有的保障体制已不能适应需要。根据中央军委的指示，总参谋部、总后勤部于11月23日决定，炮兵、工程兵、通信兵成立后勤部，防化兵成立后勤处。

此外，还对军区后勤机构设置进行部分调整，加强了省军区、军分区的后勤机构。50年代中期后逐步取消了军后勤部，有的改为后方勤务处。1960年全军后勤工作会议认为，军是一级固定的领导机构，需要有相应的保障训练和作战的后勤部门，并应成为一级后勤领导机关。有了军后勤部，在战时就有了发展和扩编的基础。因此，军一级后勤有加强的必要。根据总后勤部的意见，1962年前后，全军逐步恢复了军后勤部机构，但平时为了减少供应层次，军后勤部只担负军直属队的供应任务，后勤分部仍直接供应到师。

后勤体制的改革，是总结人民解放军建设和作战经验，贯彻积极防御战略方针，尽量做到使平时与战时的后勤保障有机结合起来的具体措施，使后勤组织更加严密，指挥更加灵活，保障更加及时。

二、加强后勤战备建设

为应付突发事件和做好全面战争的准备，中央军委采取一系列措施，有计划、有步骤地全面规划后勤战备建设。

（一）制订后勤战备保障方案，作出后方基地建设决策

1960 年初，根据国际形势的变化，为应付可能发生的突然事件，中央军委成立作战计划研究小组，组织修订战备预案。随着战备值班部队和战备制度的建立，总后勤部拟制了应付不同规模战争的保障方案。各军兵种、各军区、军、师等各级后勤机关，根据本部队作战方向、任务和作战行动方案，拟制了后勤保障方案。各级后勤领导机关加强对后勤战备建设的指导，切实落实保障方案提出的规划和标准。根据人民解放军 1960～1967 年八年组织编制和装备规划方案，总后勤部拟制了后勤建设八年规划，对后方基地建设、作战物资储备、后勤机关及部队建设、干部培养、后勤科学研究等方面提出了总体要求和具体指标。从此，后勤战备建设进入一个新的发展阶段。

建设后方基地，是后勤落实积极防御战略方针的重大举措，也是后勤战备建设的重点。后方基地一般由各种仓库、医院、工厂、勤务部（分）队等组成，并在统一指挥下，以兵站运输线、各种交通设施、警卫防御、通信联络等构成的保障实体。通常分为战略后方基地和战役后方基地两种。

建设后方基地的决策，从 50 年代中期即开始酝酿。早在 1956 年3 月，中央军委扩大会议在研究战略方针、讨论国防建设问题时，总后勤部副部长洪学智就根据抗美援朝战争经验提出，在现代战争

中，军队对后方的依赖性空前增大，因此，按照积极防御的战略方针，建立战略、战役后方基地，是后勤进行战争准备必须解决的一个重要问题。这个建议受到会议的重视。会后，总后勤部开始组织建设战略后方基地的调查论证工作，并于1957年12月向中央军委提交了《后勤工作情况报告》。1959年11月，总后勤部向中央军委上报了建设后方基地的初步意见，中央军委原则上同意总后勤部提出的基本设想。

根据中央军委的指示精神，总后勤部在征求有关军区和地方政府的意见的同时，协同有关军区对预选的后方基地地域，进行详细的实地勘察，并制订出后方基地建设的初步规划。

在1960年3月15日~4月14日召开的全军后勤工作会议上，将建设后方基地作为落实积极防御战略方针的重点问题进行了认真、细致的研究，对战略后方基地和战役后方基地建设作了全面部署。会议后，总后勤部对后方基地建设初步规划进行修订，正式列入《1960年至1967年后方勤务建设八年规划（草案）》中。至此，建设后方基地的决策正式形成，并开始进入具体实施阶段。

（二）储存战备物资

战备物资的储备，是战时后勤保障的基础，是军队应付突发事件、提高快速反应能力、争取主动、保障部队作战急需的重要战备措施。50年代，人民解放军即开始进行一定的战备物资储备。60年代初，后方基地建设逐步启动，各战区注重抓好仓库建设，为战备储备创造了有利条件，战略、战役物资储备逐步走上正轨。

1960年，总后勤部根据中央军委关于加强战备工作的指示精神，多次研究制订过不同作战规模的战备物资储备方案。1960年初总后勤部制订的“后方勤务八年规划”中，对军队所需储备物资作了大致分类：一类是战略储备物资，主要是保障战略行动，其需要量大，品种复杂，主要靠国家战时生产和动员解决，部分主要物资靠国家平时储备。另一类是战备储备物资，主要由部队按战略（战役）意图在保障正常供应的指标内，适当增大某些主要品种的周转量，以备紧急战备所需。这种分类和储备方式，既不影响国家经济建设，又能保障军队紧急情况下的需要。战备物资的分布，根据作战方案和军队部署适当配置。

同年11月，总后勤部司令部拟制下发了关于后勤战备物资储备和管理的文件，对筹措、储备战备物资的若干重要问题作了规定：（1）武器、弹药、油料等专用物资由军队储备；粮食、布匹、煤炭等军民通用物资，由军队提出专案储备申请，由国家和地方有关部门储备。（2）按战略、战役、战术三级储存与管理战备物资。战略物资由总后勤部储存、管理、调度；战役物资由军区和海空军储存、管理、调度；战术物资按规定发给部队，由部队负责储存与管理。为应付紧急情况，对设防岛屿、边防守备和各类值班部（分）队的战术物资储备，要求做到配套补足，确保质量。（3）各级动用储存的战备物资时，必须提前上报批准，紧急情况下可以边动用边上报。对上述要求，总后勤部每年有计划地进行检查、落实。

60年代初期，由于国家遭受暂时经济困难，战备物资储备的品种、数量均不能充分满足需要。但由于把战备物资储备看做是应付突发情况的重要战略举措，各级想方设法积极筹集储备战备物资。至1962年紧急战备前，各战区战备物资都有一定数量的储备，常规武器储备有一定的基础，其他军需物资、战救药材也有相当的储备。油料在国家紧缺的情况下，仍进行了一定的储备。

战备物资储备，为人民解放军开展军事斗争、及时处置突发事件、应付突然情况打下了良好的物质基础，为及时快速的后方保障创造了条件。在1962年紧急战备和中印边境自卫反击作战中，由于战前储备了一定数量的战备物资，减轻了战时运输量和道路压力，为紧急战备和保证作战的胜利奠定了良好的基础。

（三）开展后勤科技研究

1960年3月的全军后勤工作会议提出：随着人民解放军装备现代化程度的提高，为了使后勤适应打现代战争的要求，后勤必须加强科学研究，快速提高科学技术水平。后勤科技研究，主要包括两个方面，一是保护有生力量研究，二是后勤技术装备研究。

从50年代末期开始，全军就陆续建立了一批后勤科技研究机构。1957年医学科学院改称中国人民解放军军事医学科学院，按照不同的研究任务，将13个研究系改为8个研究所和1个研究室。同时，各军医大学发挥学科齐全、知识密集的优势，根据各自特长陆续建立起一些专门的研究室。1960年以后，各军区将50年代建立的卫生防疫检验所改编为军事医学研究所。至此，形成了军队医学研究体系。1960年6月和10月，总后勤部组建了后勤技术装备研究院和轻武器科学研究所。后勤技术装备研究院下辖军械维修研究所、被服装具研究所、化工研究所、给养研究所、卫生装备研究所、装卸设备研究所、车辆研究所、油料装备研究所和后方工程建筑研究所等9个研究所以及2个工厂。轻武器科学研究所担负口径20毫米以下各种枪械及其弹药、各种枪榴弹、手榴弹与步兵观察、瞄准器材等通用轻武器的科学技术研究工作。

1960年3月，全军后勤工作会议对后勤科技研究任务和目标作出了全面规划，提出保护我军有生力量研究的主要任务是：以防原子、防化学、防生物武器为中心，进行军事医学及防护装备的研究，以使人民解放军在原子、导弹等条件下作战行动时，减少有生力量的伤亡和损失。同年制订的“后方勤务八年规划”，规定在1962年以前，基本完成研制放射性物质、化学毒剂、生物战剂的探测、侦察报警、检毒等成套仪器，对放射病治疗，化学毒剂、生物战剂的预防和治疗有所突破，研究解决人体防护服装，解决饮水、食物、厨食具等免受污染的包装器材等。后勤技术装备研究的主要任务是：改进和创制后勤技术装备，使其战术、技术性能达到速度快、重量轻、体积小、效率高、坚固耐用、减轻体力劳动、一物多用、节约资材、易学易用、保障安全的标准要求，并使后勤装备逐步向现代化、机械化、自动化迈进。

1962年以后，总后勤部进一步明确：后勤科技研究着重研究解决高原、寒带、热带、海岛、坑道等五个方面的后勤装备和技术保障问题。军事医学研究应着力解决上述五个方面的卫生技术保障措施和野战外科救治技术问题。在后勤装备研究方面，着重解决上述五个方面的吃、穿、用、住、行、藏等问题。

根据总后勤部下达的科研任务和目标，后勤技术装备研究院于1960年制订了三年科研规划，总后勤部卫生部制订了1963～1967年全军医学研究规划要点。科研管理部门采取规划课题与自选课题相结合的管理模式，加强科研计划管理。总后勤部还加强对科研经费的调整、使用和管理，除保证重点课题的研究外，将部分经费拨给军区、军种后勤部门和院校自行掌握使用。

经过探索攻关，后勤科技研究取得了一批成果。油料研究部门与军内外20多个单位协作攻关，于60年代中期研制出33号添加剂，解决了国产航空煤油在使用中烧蚀喷气飞机发动机火焰筒的问题；研制成功中国第一代稠化机油，解决了汽车在高寒地区和严冬季节启动问题。军事医学科学院于1963年成功救治4例分别受800、600、400、200拉德钴－60照射的急性骨髓型放射病人，还在抗放射病、防治神经毒剂中毒药物的研制上取得初步成就。海军医学研究所从1958年起同中国科学院化学所、北京化工所等单位协作进行海水淡化的研究，并于1964年组建海军医学研究所海水淡化组，着手电渗析海水淡化法的研究。1965年研制成功65－1型电渗析（循环流程）海水淡化器。军需装备研究所研制出性能较好的高空代偿抗荷联合服，还研制出军用压缩干粮、脱水食品。在军械修理方面，研制出军械修理多用途机工具、多用准星矫正器、万能工具箱、第一代军械修理工程车等。在1965年全军装备技术革新展览会上，后勤系统展出优秀科技成果1500多项，其中有60%的项目获得了各种等级的奖励。

根据1960年4月全军后勤工作会议精神，后勤科技研究方面建立了组织机构，制定了科研方针、政策，并在科研工作中取得了初步成就，为后勤科技的发展奠定了良好的基础。

三、加强海岛、边防后勤建设

1960年军队加强战备工作之后，更加重视海岛、边防的后勤建设，中央军委及总部机关采取一系列举措，使海岛边防后勤建设大大加强。

（一）全面展开海岛后勤建设

1960年全军后勤工作会议对海岛后勤建设进行了研究，并对海岛后勤基本建设、补给运输、物资储备、车船武器装备的修理维护、开发水源、医疗卫生、战勤人员训练等提出了初步意见。1960年5月，总参谋部、总政治部下发《海岛建设工作纲要（草案）》，指出加强海岛战备工作的重大意义，确立以作战准备为中心的指导思想，使岛屿后勤建设的方向进一步明确。根据《纲要》的要求，总后勤部指示各军区及海岛守备部队，拟制海岛守备部队后勤工作建设实施规划，并提出拟定实施规划的原则：（1）必须以长期坚守、独立作战作为海岛后勤各项建设和平时一切工作的出发点。充分考虑到战时可能发生的各种情况，尽快做好一切应付战争的准备。（2）为了适应长期坚守，独立作战的要求，保证战时军需民用，岛上各项主要物资储备，有计划地达到上级规定的指标，此外还必须依靠岛上军民自力更生，发展生产，就地筹措，因岛制宜地解决军民战时必需的生活品。（3）海岛后勤力量的组织与建设，必须本着军民联防、军民兼顾、诸军兵种协作的精神，统筹安排，互相协作。

1961年11月，总后勤部司令部依据《纲要》精神，制定了《关于设防岛屿后勤建设的几点意见》。关于物资储备，《意见》提出，各种物资储备标准的原则是：五大岛屿①和其他列为死守的岛屿要比一般岛屿多，一线岛要比二线岛多，南战场岛屿要比北战场岛屿多。当地不能生产的要多储备，能生产的则少储备，并根据作

① 五大岛屿，指外长山列岛、内长山列岛、舟山群岛、万山群岛、海南岛。

战计划全面规划，分步骤实施。同时，规定了储备弹药和各种战备物资的标准，提出了加强防潮和储备物资管理的具体要求。关于交通运输，《意见》指出，海上交通运输，是保障岛屿部队建设与坚守作战的重要条件。10 多年来随着设防岛屿的建设，相应的建设了一支具有相当规模的水上交通运输部队。根据设防岛屿未来坚守作战的要求，运输部队还需大力加强，运输组织与工作须大加改善，主要是增加船只与加强维护修理，提高船艇的完好系数，加强运输组织，提高船只使用率。修建码头，保证每个设防岛屿至少有一座码头。新建码头要力求三军结合，平战结合，军民兼顾，统一规划，逐年建成。关于修理力量的建设，《意见》强调，修理能力的建设主要是加强必要的技术装备和提高修理人员的技术水平，要真正做到一物多用，一专多能，主要岛上要建立必要的综合修理基地，小岛应编配一些必要的技术人员和小修、保养机工具。同时，建立机动的修理船艇，巡回修理。此外，《意见》还对岛屿部队的卫生医疗、饮水、照明、训练、坑道卫生等具体问题提出了解决的办法。

岛屿部队后勤建设内容较多，不仅包括岛屿守备部队本身的建设，如平时生活、医疗、运输补给、船艇装备修理等问题，而且包括营房、仓库、医院、修理场所、码头等岛屿基本建设。这些建设，关系到岛屿守备部队平时生活、训练、执勤和战时长期坚守与独立作战。为了解决驻岛屿陆、海、空军之间的后勤设施建设和后勤保障工作的协调配合，以及后勤工作更好地适应岛屿作战指挥等问题，总后勤部组织调查组深入实际了解情况，按规划向各军区及军兵种分配经费、筹措物资，下大力加强重要方向岛屿的基本建设。1962 年 10 月，总后勤部根据岛屿建设中的实际，进一步充实完善《对岛屿部队后勤建设的几点意见》，提出岛屿部队后勤建设的“六个统一”，即统一后方建设（包括营房、仓库、道路、船只、码头、给水和照明设施等的规划、建设），统一组织运输，统一组织修理，统一收治伤病员，统一筹供通用物资器材，统一组织后方通信联络与警卫防御。“六个统一”的提出，对组织协调岛屿的后勤战备建设起到了积极作用。但由于供应体制上的上统下分，有些具体问题一时难以解决，致使有的工作未能落实。

（二）加强边防后勤建设

中国边境线长，自然条件差异较大，许多地区自然条件恶劣，交通不便，人烟稀少，物资匮乏，给边防部队生活和执勤带来很多困难。新中国成立后，中央军委提出建立巩固的边防的方针，采取一切措施，大力加强边防部队的基本建设，保障边防部队的后勤供应，为边防部队生活和执勤创造基本条件。

边防部队驻地环境和执勤条件大多比较艰苦。各级后勤将工作重点放在边防地区。在条件最为恶劣的西藏、新疆边防地区，1956年成立青藏公路兵站部和黑河兵站部，在青藏公路建立14个兵站。1958年成立青藏办事处（后改称青藏兵站部），统一组织全线运输，并在公路沿线组建了仓库、转运、汽车修理、医疗、通信等机构和设施，形成了一条比较完整、具有一定保障能力的兵站运输线。各边防部队发扬艰苦奋斗的优良传统，克服各种困难，保证执勤、巡逻等各项任务的完成。同时，下大力创造和改善边防部队生活、医疗等条件，抽调一定兵力修筑通往边防一线哨所的公路、简易路、骡马道，以保证边防部队执勤和前运后送。

1960年以后，中央军委要求全面加强边防部队建设。总后勤部提出边防部队后勤建设的基本原则，即从实际出发，长远打算，根据需要与可能，加强边防部队的后勤建设，提高边防部队的后勤保障能力。同时，提出改进边防后勤供应和建设的具体办法，决定根据各地的情况，适当提高边防部队的被服和给养标准，并准予据实报销在运输过程中的主副食损失和副食品差价。为确保对边防部队所需物资的及时调动，采取统一规划、集中使用、固定点线、分段包干的办法，并改进运输工作。在物质生活方面，总后勤部还要求边防部队在保证完成执勤等任务的同时，因地制宜地搞些农副业生产，以补助供应，改善生活。在采取了这些措施后，边防部队的后勤供应和生活、执勤条件得到改善。

60年代前期的后勤建设，在积极防御战略方针指导下，进入全面建设时期，后勤基本建设和战备建设向完整系统的后勤保障体系发展，逐步走出了一条和平时期军队后勤建设的路子。

1958年军委扩大会议至60年代初，人民解放军贯彻“以我为主”方针，认真学习贯彻毛泽东军事思想，全面、系统地总结人民解放军的作战、建军经验，发扬人民解放军的优良传统，提出和进一步确立了国防和军队建设的若干方针、原则，军队建设取得新的成绩。全军展开编写条令、条例工作，建立和完善符合国情军情的法规制度，使部队的训练、作战和日常生活有了依据。提出新的军事训练方针，军事训练重新出现了好形势。战胜面临的困难，奋发图强，走出了一条自力更生发展国防科技和武器装备的道路；落实“积极防御”战略方针，全面加强战备建设，做好防敌突然袭击的准备，继续加强军兵种建设，国防、军队的现代化水平有了新的提高。人民解放军实施了炮击金门、西藏平叛、中缅勘界警卫作战和打击台湾国民党军空中窜扰活动的斗争，出色地履行了职能。开展学习毛泽东著作活动，提高了官兵的理论水平；领导机关改进工作作风，大抓基层建设，开展创造“四好”连队、“五好”战士运动，使基层全面建设进一步加强。提出“依靠全军动手，迅速把后勤建设提高到与战略方针相适应的水平”的建设方针，后勤战备建设和保障能力进一步提高。在这一阶段，由于受到党内“左”倾错误指导思想的影响，人民解放军错误地开展了反“教条主义”和批判所谓“资产阶级军事路线”的斗争，同时，在1959年中央军委扩大会议之后，国防部长林彪在军队建设中提出并推行一套“左”的东西，在一定程度上干扰了军队建设正确方针、原则的贯彻执行，产生了一些消极影响。但从总体上看，50年代末60年代初，人民军队建设正确的方针原则起着主导作用。

第四章　备战整军，提高军队现代化建设水平

第一节　备战整军，调整体制编制

进入20世纪60年代初期，国际局势动荡加剧，中国周边环境出现了对中国不利的变化，安全形势日趋紧张。根据新的变化，中共中央、中央军委提出“备战整军”方针，指导全军加强战备工作。

一、中国面临的严峻安全形势和备战整军方针的提出

进入60年代，美苏两个大国争夺世界霸权的斗争日益公开化。两国加紧扩军备战，并发展到核军备竞赛，世界局势动荡不安。

1961年，约翰·肯尼迪就任美国总统后，制定了“灵活反应战略”，提出建立“多样化”的军事力量，以便能够打赢各种类型的战争，并准备打“两个半战争”，即在欧洲同苏联以及在亚洲同中国各打一场大战，在其他地方对付规模不大的所谓“紧急情况”，打一场局部地区战争。美国继续采取遏制中国的政策，并在东南亚实行侵略战争政策，加强对中国的战略包围。1961年5月，美国在老挝和越南南方发动“特种战争”①，并于次年成立“美国驻越南

① 特种战争，又称“非常规战争”或“次有限战争”。它是1961年初美国肯尼迪政府提出的在亚、非、拉美一些国家推行的一种战争形式，即由美国出钱、出武器，并派出军事顾问，训练当地军队，并由当地军队承担主要作战任务。

军事援助司令部”，至1962年11月，其在越南南方的特种部队已达1.1万余人。此外，将驻泰国的部队增加到5000余名，企图将印度支那地区变为遏制中国的军事战略基地。在南面对中国的安全构成严重威胁。

在北面，苏联在中苏关系恶化后，不仅从政治上对中国施压，而且开始指使边防军在中苏边境上滋事，侵占有争议地区，搞颠覆破坏活动。1960年，苏联边防军在新疆博孜艾格尔山口附近地区挑起第一次边境事件；1962年春，新疆伊犁、塔城、阿勒泰地区发生6万多边民外逃事件。嗣后，苏方不断破坏边境现状，包括向中国境内推进巡逻线，修建军事设施，潜入中国境内安装窃听装置，绑架、殴打中国边民，干涉中国边境居民的正常通行和生产活动，阻止中国边防部队执行正常巡逻任务，等等。苏联在边境上的不断挑衅，使中国北部面临的军事压力逐渐加大。

在西面，印度当局在美苏两国的支持怂恿下，不顾中国政府多次提出通过谈判和平解决中印边界问题的呼吁，无视中国政府的严正抗议和警告，变本加厉地在中印边境推行“前进政策”，蚕食中国领土，企图以武力改变边界现状，致使中印边境局势日趋紧张。为保卫中国领土主权，中国西藏、新疆边防部队同印度侵略军进行着艰苦复杂的反蚕食斗争。

在东南方向，台湾当局错误地估计形势，加紧进行“反攻大陆”的宣传动员和准备。1960年9月召开的国民党八届三中全会，通过了《反共建国纲领》和《促进反共爱国人士团结合作决议》。蒋介石在会议中鼓吹“反攻复国时机很快就要到来，希望大家加速完成各种准备，迎接胜利”①。从1962年年初开始，台湾当局加紧进行“反攻大陆”的军事部署和准备，加紧战争动员。其军政首脑连续发表讲话、演说，叫嚣“把握时机，反攻大陆”。从3月开始，台湾当局在党、政、军、群内部开展“反共自觉运动”。4月，颁发

① 台湾《中央日报》，1960年10月3日。

“反攻复国人人有责”的宣传资料及“防空疏散计划”等。为配合“反攻复国”宣传和动员，台湾当局及其在香港等地的报刊，大肆刊登“反攻复国”言论，以显示台湾当局“反攻大陆”的决心和意志，求得美国和国际反华势力的支持。

在大造“反攻复国”舆论的同时，台湾当局紧锣密鼓地进行战争准备。2~4 月下旬，成立以蒋介石、陈诚为首的“最高五人小组”（又名“反攻行动委员会”），作为反攻大陆的决策机构，以策划“反攻的战略”。在“国防部”成立“战时经济动员局”，在岛内征收“国防临时特别捐”。3 月，台湾当局下达“征兵动员令”，提前开始下年度的“现役征集”，下令延长军人服役时间。台湾当局甚至成立“战地政务局”、“战时施政工作队”、“敌后民兵指挥所”等机构，准备在沿海登陆后建立反动政权机构。为了准备窜犯大陆时的运输，台湾当局将各种运输船、渔船和车辆，纳入“船舶、车辆动员编组”。台湾国民党军从平时状态转入战时或准战时状态，加紧进行船舶紧急装载、两栖登陆、攻占要塞、强渡江河等训练，连续进行有美军参与的海陆空联合登陆作战演习。此外，台湾当局向澎湖、金门等外围岛屿调动部队和调运军事物资，从日本订购大量人造血浆。台湾岛内弥漫的战争气氛表明，台湾当局已经从各方面积极准备对大陆沿海地区进行军事冒险行动。

根据国际局势的发展变化和面临的军事斗争形势，中国领导人对战争的威胁作出判断，认为战争的威胁可能来自四个方向：一是在东南亚方向，“是和美帝国主义长期进行争夺的地方。在这个地区，肯尼迪有三种战略方针：第一种是核武器战略方针，威胁全世界，吓倒人家；第二种是局部战争，哪个地方便于发动，就在那里发动；第三种是特种战争，就是丛林战争，美国人出面，搞反动的游击战，消灭革命的游击战”。二是朝鲜半岛方向，“无非是美国重新挑起三八线战争”①。在上述两个方向上，美国无论是对中国打全

① 《周恩来军事文选》第 4 卷，433 页，北京，人民出版社，1997。

面战争还是打局部战争，都未准备好。同时，美国考虑到在朝鲜战争中失败的教训和看到中国民兵建设的强大，因此，还不敢轻易地下决心与中国进行战争。三是中印边境方向，印度企图利用中国面临的困难，进行挑衅，对中国发动局部入侵战争，实现其领土要求。四是东南沿海方向，台湾当局正猖狂叫嚣反攻大陆，企图实施登陆战。在这个方向也有几种可能："第一种可能是，先让蒋介石出头，作试探性的登陆，然后逐步扩大，占几个据点，或滩头阵地"；第二种可能是，试探性进攻成功后，美国便指使蒋介石出动更大的兵力，甚至美国直接出兵参战；第三种可能是，美国和台湾当局相互配合，共同发动对中国大陆的全面战争。第一种可能性最大，第二、第三种可能要看前种可能的发展。同时，如果我们准备得好，动员得好，战争也有可能推迟。[①] 除上述四个方向外，在北部，苏联也可能从侧面给中国制造困难。

基于上述分析，中共中央、中央军委认为，在三五年内，中国面临打局部战争的可能性较大，局部战争有可能演变成大的战争。

针对面临的战略形势，特别是台湾国民党军扩军备战的情况，周恩来在1962年2月28日的中央军委常委会上提出，敌人是在扩军备战，我们不扩军，是搞整军备战，通过整军，动员备战。并提出五个口号：第一，整训结合。值班师要满员、齐装、全训。第二，兵农结合，亦兵亦农。每省给一个师作为民兵骨干，可以研究。第三，军经结合。军队的编制装备，国防工业，要和经济基础相适应，不要走在前头。第四，今明结合。即今天和明天结合。要有远大的目标，又要有切合当前实际的计划，不然就寸步难行。今天的计划就是"整军备战"。第五，自力更生。[②] 周恩来的讲话，得到军委常委的一致赞同，确定把"整军备战"作为当前军事工作的

① 参见《周恩来军事文选》第4卷，433～434页，北京，人民出版社，1997。

② 参见《周恩来军事文选》第4卷，426页，北京，人民出版社，1997。

方针和制定编制的依据。1962 年 2 ~ 5 月，中央军委召开编制装备会议，研究落实整军备战问题，提出要在军事上、军工生产上进行充分准备，以应付各种事变的发生。并研究确定军以下部队的编制等问题。但由于处在相对和平时期，国家有关部门和各省、市、区对保证军工生产的许多问题没能形成统一认识，战备动员、国防生产工作进展较慢。毛泽东了解此事后，将“整军备战”改过来叫“备战整军”①，号召全党、全国、全军积极行动起来，通过动员备战，实现整军，促进各项战备工作的落实。在这一方针指导下，统一了全党全军的思想，军队整编、国防生产都围绕备战进行。国家各有关部门和各省、市对军工生产、物资调运全力以赴，保证了战备工作的落实。人民解放军依据“备战整军”的方针，展开了各项防备敌人发动突然袭击的战备建设工作。

二、整顿体制编制，加强军队现代化建设

根据“备战整军”的方针，全军按战备要求对体制编制进行了较大的调整。这次整编的指导思想是，一切从未来战争需要出发，达到平时便于训练、战时便于作战的要求，体制编制进一步合成化。

（一）确定整编原则和方案

进入 60 年代后，根据执行战备、作战和国防工程等任务的需要，部队数量又有所增加。1960 年初拟制《我军八年组织编制规划》时，全军人数近 270 万人。此后，根据八年组编规划的方针、原则，按照年度实施计划，部队员额有所增加。这一阶段组织编制的变化特点是：根据执行军事斗争任务的需要，对执行作战任务的部队和战备值班部队进行了扩编；根据武器装备生产情况，加强和组建了一批海空军及特种兵部队；在边防地区建立了一批军分区等部队；机关人员和院校数量有所增加；组建了一些担负国防工程任

① 参见《周恩来军事文选》第 4 卷，436 页，北京，人民出版社，1997。

务的部队和科研试验机构。到1961年9月底为止，全军人数增至300余万人。

1961年，中央军委及总参谋部领导在下部队调查中，发现部队编制仍存在一些问题，主要是：机关庞大，上面干部过多，下面兵员缺额；师以下作战部队除值班部队外，缺编较多，一些步兵和边防、岛屿守备连队编制人员仅几十人，不便执行作战任务，也不便组织军事训练；师以下部队装备过于笨重，机动能力弱，联络不灵；全军编制南方和北方一个样，不适应南北战区地形特点。中央军委及总参谋部领导认为，这些问题如不改变，将给部队作战带来不便，遇有情况临时调整来不及，必须从根本上研究解决全军的编制装备问题。1961年11月11日，副总参谋长张爱萍在向中央军委汇报工作时提出，军队编制仅从现行编制修修补补，已不行了，似应从方向上作根本改变。过去的编制是从工业生产高指标出发的，目前根据三五年内国家工业生产情况，南北方地形条件，以及“北顶南放”的方针，对部队的编制进行调整。岛屿守备部队应本着“顶”的任务，机动部队本着歼灭敌人在纵深的任务来制定编制。因此，岛屿、守备部队按任务、地形因地制宜地编；南方在纵深山岳地带的部队，编制轻便师，重火器编到军以上；北方的机动部队主要是机械化部队、半机械化部队。张爱萍的建议，得到中央军委领导的重视。

根据中央军委领导的指示，全军各大军区、军兵种着手研究适应本战区和本军兵种特点的体制编制，以适应未来战争的需要。在此基础上，1962年2～5月，中央军委先后在广州和北京召开编制装备会议。参加会议的人员有军区、军兵种、总部部分领导和有关业务干部共90余人。会议初期还吸收了有实战经验的军、师、团、营、连五级干部各10人参加。会议采取组成中心小组，对每个问题展开研究讨论，提出方案，再提交中央军委常委讨论审定的办法进行。毛泽东、周恩来等中央领导对这次会议十分重视，毛泽东对会议作了重要指示。周恩来到会并作了重要讲话。会议讨论了人民解放军的编制原则和整编方案、陆军军以下编制表，大军区机关编制和守岛部队编制原则，总部各部、各兵种机关和科研系统以及院校精简，军委和军区对各特种兵的领导关系等若干问题。

关于编制原则，会议提出要做到既适合于进攻，又适合于防御，并着重于进攻；既适合于山地，又适合于平原，并着重于山地；既适合于白天，又适合于夜间，特别要适合于夜间；既适合于战斗，又适合于运动。由此确定了“四轻四重”的编制原则，即：南方轻一些，北方重一些；前方军区轻一些，后方军区重一些；下面轻一些，军以上重一些；机关轻一些，连队重一些。前三条指装备，后一条指人员。关于整编的方案，在既不突破总定额，又尽量保持现有的军、师、团机构，一方面充实连队，另一方面多保存一些特种兵的原则下进行整编。为此，需要大力精简机关和学校，以此员额来充实部队。

中央军委确定，军委和军区的兵种机构，既是军委、军区统一领导下的业务部门，又是各该兵种的直属部队和院校的领导机关。中央军委的各兵种机关对于军区的各兵种机关，是一种业务上的指导关系。各兵种的独立部队，除直属中央军委的以外，驻在哪个军区的就归哪个军区建制。

会议提出，为了保证战时的需要，军队中储备一部分骨干是必要的，但不能太多，基层干部应该主要依靠国家和在民兵中储备。因此，必须打开干部退出军队的渠道，每年都有进有出，以保持官兵的适当比例，有利于新生力量的生长和保持基层干部的年轻化。为此，会议对现行的“军官服役条例”提出一些修改意见，适当调整了军官的服役年龄，延长军官军衔的晋升年限，专门增加军官退出现役和退休的规定条款。会议决定精减干部 13 万余人，并强调，安排这 13 万余干部转业、退休、复员，是整编中一件很重要的工作，要做好各方面的工作。同时，要特别注意解决好 100 多万家属的医疗、住房安排等问题。

会议规定了部队整编的步骤和时间，提出要本着既要抓紧，又不能操之过急的原则，充分做好思想动员和组织准备工作，重视搞好试点工作，取得经验后，分期分批地逐步展开。

为了搞好这次整编工作，总政治部专门下达《关于整编中政治工作的指示》，指出这次整编是进一步贯彻战略方针，实行备战整军，加强人民解放军建设的一项极其重要的措施。保证这次整编的圆满实施，是全军一项重大的政治任务。要求各级党委和政治机关必须十分重视，切实做好工作，既要完成整编任务，又要尽量减少波动，并且通过整编，使部队斗志更加旺盛，团结更加紧密，各项工作更加落实。《指示》对整编中的政治工作提出了具体要求：（1）整编工作必须思想领先，做好思想动员工作。（2）针对不同单位不同人员的变动情况，分别做好思想工作和组织工作。荣誉单位的番号要注意保留，以利于保持和发扬光荣传统。（3）做好干部工作，是整编工作中最重要的环节。在干部和各种组织成员的配备上，要本着既有利于工作，又照顾团结的原则，合理配备。对转业地方的干部，号召他们愉快地接受新的工作，把人民解放军的优良传统带到新的岗位上去。对复员回乡的人员，要逐个做好工作。对他们及其家属的困难，要尽最大努力帮助解决。（4）说明精简机关充实连队的必要性。认识到只有改变目前机关机构庞大、层次过多、人浮于事的状况，才有利于提高工作效率。《指示》特别强调：在整编中要注意不能妨碍战备、值勤、训练、生产、施工和开展“四好”、“五好”运动等各项工作；整编中要加强行政管理，防止组织涣散、纪律松懈现象；加强撤销合并单位的武器装备、器材设备、营房营具和经费的管理，做好安全防事故工作，保证整编工作的顺利进行。

（二）调整体制编制

军委编制装备会议后，全军认真传达贯彻会议精神，并根据整编方案，通过试点取得经验，分期分批展开整编工作。

机关的整编。裁减机关人员，调整机关体制编制，是这次整编的重点。中央军委编制装备会议后，从各省军区到军委各总部及军事科学院，按编制裁并机构，减少层次和副职领导，精减干部，减少公勤人员，进一步整顿和清理直属单位。整编中，三总部和军事科学院共裁并3个部（总参谋部2个，军事科学院1个）、13个局、48个处（室）。6个兵种机关共裁并10个部、1个局、76个处、179个科，总参谋部、总政治部、总后勤部和6个兵种机关共裁减人员3367人，占原编制数的24.9%；军区一级机关（不含新疆、西藏军区）共裁并10个部、646个科，平均裁员29.4%。精简后，13个军区体制不变，司、政、后机关只设两层（统称部和科，例如军区司令部作战部和下属作战科）；军区所属兵种机关基本上维持现状，即特种兵部队多的，设各特种兵的司、政机关，直属军区首长；特种兵部队少的，不设司政机关，只在军区司令部编一个业务部门。各省军区机关人员也作了少量裁减，所属军分区、武装部有的还略有增加。军区以上后勤系统由于建设后方基地，兵站、仓库、修理等机构增加了5800余人。根据中共中央、国务院关于精减职工的指示，全军对编外职工进行了大幅度裁减。海军、空军机关在1961～1962年，也进行了一定的精简。

陆军部队的整编。根据中央军委编制装备会议制定并通过的编制装备表，步兵部队编组为满员师、普通师、小师三种类型。满员师占55%，普通师占27%，小师占18%。三种类型部队又分为南方部队和北方部队，在人员编制、装备配备上有所不同。遵循“机关轻一些，连队重一些”，以及机动步兵部队的武器装备编配，要使步兵连可以背着跑（便于打冲锋），步兵营可以驮着走，步兵团可以挽着走（便于在各种地形条件下运动），汽车牵引的火炮放在师以上单位等原则，进行了调整编配。国防部于1962年6月1日颁发新的陆军军部和陆军步兵师编制表，对军、师、团编成内的兵种部（分）队作了相应的调整。军在作战、训练和政治工作方面，为一级领导机构，但在后勤方面是“虚”的，军后勤部仅负责军直的供应，并检查全军后勤工作和生产工作，师的供应直接归军区后勤部负责。全军步兵部队在整编中，共撤销合并62个处、5440个科

(股)、210 个营部、1508 个连队。调整后，机关人数减少，连队人员增加。

陆军各兵种部队在这次整编中，本着既考虑现在又适当照顾将来的原则，未做大的变动。除队属编制内的特种兵外，保留了军委、军区直属特种兵部队。炮兵保留 25 个师另 9 个团，工程兵保留 4 个师另 35 个团，通信兵保留 16 个团，防化兵保留 6 个团另 5 个营。装甲兵从 1961 年 7 月后，为加强海防和边防，在部分守备师组建坦克团。1962 年整编中，将独立坦克部队按装备性质整编为中型坦克团、重型坦克团、轻型坦克团、重型自行火炮团、水陆坦克团，将步兵师属坦克自行火炮团改编为坦克团。

铁道兵至 1962 年发展到近 11 万人。根据开发林业资源的需要，1962 年 11 月，中共中央决定扩编铁道兵部队，承担森林铁路、公路等修建任务。11 月 11 日和 23 日，周恩来总理两次召开会议研究铁道兵扩编问题，并传达了中共中央政治局常委对铁道兵性质、任务和编制等问题的重要指示。周恩来指出，铁道兵是工程部队性质，是工程部队，不是战斗部队。无论平时战时都是执行工程任务，机关不能超过总定额的 10%，生产人员编制数要达到 80% 以上。根据中央的指示精神，铁道兵部队从 1963 年 3 月开始进行整编和扩编，总兵力增至 20.39 万人。此后，根据战备任务需要，规模又有所增大。

这次精简整编，基本达到了精简机关、充实连队、轻重有分、今明结合和便于作战、便于训练的要求，取消了架子部队，[①] 一定程度上解决了机构重叠、指挥复杂、联络不灵等问题，提高了机关的工作效率和部队的战斗力。至 1963 年 3 月，陆军精简调整工作基本完成。

1963～1965 年，根据战备需要，陆军部队数量又有所增加。

① 架子部队，指部队编制结构内，只编制简编的机关各部门和少量特种分队，营、连、排编制中只编有干部和少量班长等骨干。

1963 年 2 月和 5 月，总参谋部、总政治部、总后勤部联合召开岛屿战备工作会议和海边防作战会议，决定加强海岛、海边防守备力量，开展海边防斗争。先后增加了海岛部（分）队、北部边防部队的兵力；在东南方向，扩建、新建了战备值班部队和相应的后勤、战斗保障分队；在云南、广西两省组建了民族部（分）队；根据中央工作会议精神和毛泽东关于组建地方武装的指示，在沿海、沿边各省组建了地方部队。至 1965 年初，陆军达 338.5 万人。陆军 31 个军部 95 个机动师等共 162.2 万人；炮兵 18 个地面炮兵师、7 个高射炮兵师、14 个独立团（含 5 个近程地地导弹团）共 16.7 万人；装甲兵 3 个坦克师又 10 个坦克团共 6 万余人；通信兵 17 个团共 4.5 万人；防化兵 6 个防化团又 5 个防化营共 1.4 万人；汽车部队 30 个团共 5.8 万人；工程兵 4 个建筑师 99 个独立团共 43.9 万人；铁道兵 13 个师又 3 个独立团共 37 万人。

海、空军的整编。1963 年 4 月 9 日，中央军委在《关于海军问题向中央的报告》中提出："海军的建设方针，主席曾经提出要建设一支强大的海军，并且指示过要分步骤。军委常委研究认为：根据主席指示和当前国家工业的可能条件，目前应该将'建设一支精干的、有战斗力的海军'作为当前的方针，将来随着国家工业的发展，再逐步发展为一支技术装备更高、更有战斗力的强大的海军。"5 月 2 日，毛泽东主席在报告上作了批示：希望海军各级党委同其他军种一样，把海军工作做好。同年 11 月 4 日，海军第二届第三次党委会通过决定，要求认真贯彻上述海军建设的方针。1964 年 1 月 6 日，中央军委办公会议批准海军关于精简整编的方案，1 月 24 日，由总参谋部发出通知，海军进行了编制调整：海军威海基地改称海军威海水警区；大连水警区改称海军海洋岛水警区，撤销海洋岛巡防区；长涂巡防区扩编为海军长涂水警区。8 月 3 日，组建海坛水警区；年底，将三都水警区改为厦门水警区，归福建基地建制领导。按照海军精简整编方案，调整的单位还有：撤销湛江基地，将其并入川岛水警区。海军机关也进行了相应的调整和合并。调整后，海军部队共18.2万人，编组9个舰艇支队共65个舰艇大队，7个航空兵师共16个航空兵团，6个炮兵团，23个勤务保障团。舰艇共895艘，其中战斗舰船416艘。

从1960~1965年，根据对空斗争的需要，空军又先后组建一批歼击航空兵师，并分批组建夜航独立大队，担负夜航防空作战任务。随着战备形势的变化和执行任务的需要，各机种比例也进行了调整，强击机、运输机部队所占比例有所增加。1964年6月25日~9月9日，空军召开编制会议，审定空军的各种编制，研究拟定了师以下各兵种部队和27所院校的编制。1965年2月15日，中央军委批准，所拟各种编制由空军颁发试行。按新编制，空军共43.3万人，编组10个军部50个师，共214个团及相当于团的大队。其中36个航空兵师，3个空降兵师，1个地对空导弹师，10个高射炮兵师。装备各型飞机4300余架，其中战斗机2500余架。1965年7月1日~8月20日，空军在北戴河召开第二次编制会议，进一步研究修改航空兵部队的编制，制定军区空军和军两级机关的编制，精简机关，清理、整理军区空军附属单位和各种库、厂、院的编制，明确空军各兵种、部队、学校、机关附属单位、勤务分队的编制。

军事院校的调整。从60年代开始，中央军委对全军院校体制、结构进行了几次调整。1959年12月，中央军委办公会议决定，将军事工程学院兵种系分建为军兵种工程学院。据此，1960年4月开始，以军事工程学院炮兵、装甲兵、工程兵、防化学兵等4个工程系为基础，并与撤销的有关部队和院校合并，分别成立炮兵工程学院、装甲兵工程学院、工程兵工程学院、防化学兵工程学院；分别成立海军工程学院、空军工程学院，组建海军、空军高级专科学校，分别培训工程技术干部。1960年1月，通信学院改称为军事电信工程学院，1961年1月，高级通信兵学校改称通信兵学院。另外，中央军委还批准成立后勤工程学院和雷达工程学院。1960年11月10日，北京炮兵学校改建为特种技术学校，承担导弹专业技师的培训任务。1963年1月，西安炮兵专科学校改称炮兵技术学院，主要为地地导弹部队培养排以上指挥员和工程技术干部。1962 年 6 月成立铁道兵学院。这批院校的建立，使人民解放军工程技术院校达到 31 所。60 年代初期新成立的院校还有：1960 年 1 月成立的解放军体育学院，6 月成立的解放军艺术学院。

1961 年 10 月 31 日 ~ 11 月 14 日，中央军委军事训研委员会召开第九次全军院校工作会议，作出进一步将部分指挥院校和文化学校改建为工程技术院校的决定，并调整院校数量，将全军院校由 145 所调整为 134 所，学员定额由 255732 名调整为 179291 名。1962 年 3 月，中央军委召开编制装备会议，决定将全军院校减为 108 所，学员定额为 10.3 万名，原精简方案暂停执行。1962 年 5 月，副总参谋长张宗逊提出了新的军事院校精简方案。这个方案确定的调整原则是：裁减一般的文化学校和预备学校（如工兵、通信、防化等预备学校），仅保留必须办的预备学校（如空军预校）；裁减容易办的初级院校（主要是指挥学校），保留不易兴办的院校（主要是学院和技术性较高的中级学校）；停建或缓建第九次院校会议确定新建的院校（如外语学院、机要学校、测绘学校等）；合并性质相近而学员定额小的院校。同年 6 月，中央军委批准了这个方案，随即全军院校进行了调整。这次调整，重点裁减了初级院校。即步兵学校 3 所，装甲兵学校 2 所，炮兵学校 2 所，防化兵学校 2 所，通信兵学校 2 所，铁道兵学校 1 所，后勤学校 3 所，测绘学校 1 所，外语学院 1 所，机要学校 1 所，海军学校 5 所，空军学校 3 所，国防科委院校 6 所等。至 1964 年底，全军院校共 107 所（不含士兵学校），即中央军委直属院校 6 所，总参谋部直属院校 4 所，总政治部所属院校 3 所，后勤院校 13 所，炮兵院校 8 所，装甲兵院校 5 所，工程兵院校 5 所，铁道兵院校 2 所，通信兵院校 7 所，防化兵院校 2 所。海军院校 12 所，空军院校 25 所，军区所属院校 13 所，公安部队院校 2 所。

全军院校经过调整，数量虽有所减少，质量却有较大提高，结构更趋合理。至 1969 年，基本上处于相对稳定发展阶段。

1965 年 10 月 21 日，中共中央批转军委 10 月 19 日《关于军事工程学院等 3 所院校改变管理体制的报告》，同意将军事工程学院、军事电信工程学院和炮兵工程学院于 1966 年 1 月 1 日起，集体转业，不再列入军队序列。军事工程学院改称哈尔滨工程学院，军事电信工程学院改称西北电信工程学院，炮兵工程学院改称华东工程学院。由当地省、市委与国防科委双重领导。1965 年 12 月 29 日军委办公会议第 261 次会议讨论并报周恩来总理同意，上述 3 所院校改为地区学院，推迟至 1966 年 4 月 1 日起执行。

全军经过连续的调整整编，至 1965 年初，人数增至 447 万人（含公安部队 30. 3 万人，铁道兵、工程兵 80. 9 万人），其中作战部队占总人数的 79. 4%，机关占总人数的 15%（含 5 个后勤办事处，311 所医院，544 个仓库的人数）。官兵比例为 1∶3. 2。

第二节　全军紧急战备行动和粉碎台湾当局反攻大陆阴谋

全军展开备战整军、整顿体制编制不久，边海防军事斗争形势日趋紧张。1962 年 5 月底，中央军委领导在军委战略研究小组会上谈到，有很多迹象表明有仗打。几个方向，敌国外患主要是美帝国主义。各种工作的基点要放在敌人"打"上面，要在军事上、军工生产上动员起来，对付敌人，并准备美国操纵下的各方向敌人可能的配合行动。根据中共中央、中央军委的命令，人民解放军进入紧急战备，随即开展粉碎台湾国民党军窜犯东南沿海地区阴谋和打击小股武装窜扰、中印边境战备和反蚕食斗争。

一、全军进入紧急战备

针对台湾当局"反攻大陆"的企图和中印边境日益恶化的形势，1962 年 5 月 22 日，周恩来在总参谋部上报的《关于加强中印边境斗争方案》中批示：我们的主要注意力仍应在海上。5 月下旬，毛泽东指出，我们的主要敌人是在东边。中共中央、中央军委决定，在中印边境方向，坚持和平解决边界问题的方针，创造稳定的中印边境。同时要采取措施，积极开展反蚕食斗争，并做好“两手”准备。在东南沿海主要方向，进行紧急战备行动，要准备敌人来，准备打仗，从各方面准备好。同时要搞政治攻势，揭露敌人的阴谋。

1962 年 4 月下旬，中央军委领导在编制装备会议上，即根据台湾当局准备窜犯大陆的征候，提出做好应付可能发生战争的准备。5 月中、下旬，根据毛泽东和周恩来提出的要加强战备的指示，中央军委及军委战略研究小组召开专门会议，分析东南沿海地区面临的军事斗争形势，估计各种可能发生的情况，研究部署战备工作。5 月 31 日，中央军委发出《关于加强东南沿海地区战备工作的指示》，6 月 10 日，中共中央向全党全国发出《中共中央关于准备粉碎蒋匪帮进犯东南沿海地区的指示》，指出：据判断，台湾蒋介石集团很可能在最近期间即台风季节前后，对福建省和闽、粤、浙接合部地区发动一次二三十万人的登陆战，妄图在大陆上建立一块反革命根据地，作为他实行反革命复辟的立足点。中共中央号召“全党、全国人民必须警惕起来，从各方面做好准备，决不让美蒋这一罪恶阴谋得逞。如果蒋匪帮敢于来犯，就坚决、全部、彻底、干净地消灭它”。强调：我们准备好了，敌人也可能不敢来，不管敌人来与不来，我们都要认真地充分地做好准备，在思想上、工作上都要放在打上面，决不可有丝毫侥幸心理。根据中央军委的指示，总参谋部拟制了东南沿海地区作战计划。

在部署东南沿海紧急战备行动的同时，对中印边境军事斗争及战备工作也做了周密的安排。1962 年 4 月 19 日，总参谋部向新疆边防部队下达经中共中央批准的《加强中印西段边境的边防措施》。5 月 29 日，总参谋部又下达《关于中印边境军事斗争的具体安排》，对中印边境兵力部署、物资储备、工事构筑、战备训练作了具体指示。

根据中共中央、中央军委的指示，全军迅速进入紧急战备，展开各项战备工作。

（一）进行战备动员

5 月 26 日，总政治部召开电话会议，向全军通报东南沿海情况，要求部队进行紧急战备教育。6 月初，总政治部发出《紧急动员起来，做好战斗准备，彻底粉碎蒋匪帮的进犯阴谋》的战备政治工作指示和连队战备动员要点，要求全军迅速开展战备动员。为检查和指导紧急战备动员教育，总政治部派出 7 个工作组分赴各参战部队检查紧急战备政治思想工作落实情况。全军立即在广大指战员中广泛深入地进行战备动员。动员教育中，主要解决以下几个问题：

第一，说明这次备战的目的和意义。通过动员教育，使广大指战员明确这次备战，是为了粉碎台湾当局的反革命复辟阴谋，保卫人民革命胜利果实，保卫社会主义建设。打好这一仗，歼灭来犯的国民党军，就削弱了其固守台湾的军事力量，为今后解放台湾、统一祖国的斗争创造更为有利的条件。打好这一仗，对美帝国主义的战争政策和侵略政策是一个沉重的打击，对一切追随美帝国主义进行反华活动的反动派也是一个严重的警告。打好这一仗，将大大鼓舞军心民气，激励全国人民，更加团结一致，搞好社会主义建设。同时，人民解放军通过紧急备战和实战锻炼，将进一步提高战斗力。

第二，说明人民解放军战胜窜犯大陆国民党军的有利条件，树立战胜来犯之敌的信心。人民解放军战胜窜犯大陆的国民党军有许多有利条件：一是人民解放军兵力雄厚，国民党军兵力有限。人民解放军不仅有一支强大的陆军，而且有了一支强大的空军、海军，还有广大的民兵；二是人民解放军斗志旺盛，国民党军士气低落；三是人民解放军有几十年战胜国内外强大敌人的作战经验，又经过抗美援朝战争的锻炼，作战经验更加丰富，近几年来，全军部队加强政治思想工作，抓紧军事训练，大抓基层建设，部队的战斗力有了很大的提高；四是人民解放军有全国人民的拥护支援，国民党军敢于来犯，将自投罗网，寸步难行；五是有党中央、中央军委的正确领导和指挥。在说明有利条件的同时，各部队在动员教育中，也实事求是地指出作战行动中可能遇到的一些困难和不利条件，如：东南沿海山地较多，天气炎热，北方指战员不习惯南方生活；许多部队多年没打过仗，缺乏实战经验；等等。根据对有利条件和不利条件的分析，教育全军指战员在战略上藐视敌人，在战术上重视敌人，决不可轻敌麻痹。要把弱敌当强敌打，充分发挥有利条件，发扬艰苦奋斗的精神，战胜各种困难。

第三，控诉美帝国主义和台湾国民党反动集团的罪行。通过揭露其压迫人民的罪恶历史和反动本质，使广大指战员认清美、蒋关系，揭露美帝国主义的侵华罪行，使广大指战员带着强烈的仇恨心投入紧张的战备、训练等各项工作。

各部队在动员教育中，还认真做好干部家属工作，动员他们离队返乡，鼓励亲人积极参战。

西藏、新疆边防部队结合中印边境军事斗争形势和任务，迅速开展以揭露印度当局反华真面目为中心的控诉大会和战备教育。6月18日，中央军委和总政治部下发《关于反对印度反动派军事挑衅的政治工作指示》，中共西藏工委和西藏军区联合发出《关于西藏目前形势和任务的指示》，要求在部队中开展以揭露印度当局反华真面目为中心的控诉教育，并联系美国支持台湾当局妄图窜犯东南沿海的罪行进行教育，使广大指战员认清印度当局同帝国主义进行联合反华的真相及其本质，及时向干部战士讲清中印边界的历史，讲清印度军队在边境制造流血事件的侵略行径，讲清中国政府的严正立场，使广大指战员认清中印边界争端是印度挑起的，是印度对中国神圣领土的侵犯；认清中印边境斗争的形势，充分认识中国对入侵印军进行反蚕食斗争和准备实施反击作战，是保卫领土主权的正义之举，是迫不得已的。由此激发广大指战员的爱国主义热情和高度的政治责任感。同时，针对部分人想马上反击入侵印军的急躁情绪，进行了中印边境斗争长期性、复杂性、艰巨性的教育。

各边防部队和边防少数民族群众举行集会，声讨印军推行“前进政策”，步步进逼侵占中国领土的行径。西藏、新疆边防部队还结合军事斗争任务，进行边境军事斗争政策教育；开展树立大无畏的革命英雄主义精神，不怕艰难困苦，克服高原严寒，战胜恶劣自然环境和入侵印军两个敌人的教育。

各部队通过召开报告会、控诉会、誓师会，对指战员进行形势、任务、敌情教育和战前动员，充分调动了边防部队官兵的战斗积极性，极大地鼓舞了部队的士气。全体边防官兵纷纷表示，为捍卫祖国的领土和尊严，要百倍提高警惕，严阵以待，从思想上、物质上做好充分准备，在战斗中经受锻炼，为人民立功。

（二）进行应急战备训练

1962 年初，在军事斗争形势日趋紧张的情况下，各军区、各军种、兵种掀起了冬季练兵热潮，其规模之大，是50 年代末期以来所未有的。全军 80% 的步兵师、炮兵师，60% 的坦克装甲师，50% 以上的工程兵、防化兵部（分）队等参加了冬训。6 月，中共中央发出进入紧急战备指示后，各值班部队和预定参战部队，立即根据作战急需的战术技术展开应急战备训练。各部队结合战场实际，专门研究解决打得准、联得上、开得动的具体措施。炮兵部队进行射击、转移、反侦察、反轰炸等战术技术训练。岛屿和沿海守备部队结合阵地、战场地形和作战方案进行训练研究，着重解决作战指导思想和具体打法等问题，并按担任的守备任务进行坚守要点和反击战术合练，做到明确任务、熟悉地形，通过训练检验作战方案，保证一旦敌人早来，部队便有组织地投入战斗。全军各部队特别是执行战备任务的部队，结合战备行动，普遍进行野营训练，进行练思想、练作风、练纪律、练战术技术、练各兵种的协同动作和各级的组织指挥等综合性训练，提高了部队走、打、吃、防、住的能力和整体军事素质。

空军要求各参战部队根据作战预案安排训练内容，在加强各种条件下的飞行、勤务等技术训练的同时，各机种根据所担负的任务，展开应急技术战术训练。轰炸航空兵部队着重研究如何对付对方的反轰炸，研究战区地形、目标、天气特点和反干扰措施，进行对海上目标的轰炸训练。有的试飞大队编队从不同方向集中突击一艘军舰，有的试飞从多方向、多角度集中轰炸一个目标。歼击航空兵着重进行打敌 F－100、F－104、F－86 型飞机的空战动作，双机、中队战术协同，大速度截击和攻击训练。结合战区情况，由浅入深提高复杂程度；结合训练短、窄跑道起飞着陆，有步骤地进行拂晓、黄昏、夜间的机动转场训练，并指定有关部队进行游猎活动训练。运输航空兵着重进行昼夜间低空航行转场、空投训练。侦察航空兵着重进行昼夜间双机、中队对山地、海上战术目标的侦察训练和单机、双机穿云照相训练。空军还要求各参战部队在训练中从复杂、困难的情况出发，培养雷厉风行的战斗作风，锻炼快速反应能力。

海军于 5 月 25 日向所属部队下达进入紧急战备的指示。在加强海防警戒巡逻的同时，前线部队加强临战前的技术战术训练。首先根据战斗需要，加强单舰、单艇（中队）、单机、单炮，以及单兵、战位的基础训练，各勤务分队加强观通、侦察、后勤保障、工程保障等业务技术训练。同时，结合海战和防敌登陆窜扰任务，进行火炮攻击、对海对空防御、反潜、布雷训练。潜艇部队还重点训练战术群编队航行、对敌战斗舰艇编队和护航运输队实施攻击、海上会合与攻防行动、阵地伏击、引导截击等内容的训练，以及水面舰艇与潜艇、航空兵的协同等战术科目的训练。

西藏、新疆边防部队结合边防斗争任务，从实际出发，从难从严，加强高原、严寒、山地密林条件下的技术战术训练。部队进入紧急战备后，西藏军区于 6 月 5 日下达《部队战备训练计划》，参战部队在战备形势教育和深入动员的基础上，迅速掀起群众性练兵热潮。本着“急用的先训，重点课目先训”的原则，突出进行山林地攻防战斗的组织指挥、近迫作业、火力组织、冲击与反冲击和带战术背景的山林地射击、投弹、对地堡和障碍物的爆破以及高原适应性等内容的训练。藏字419部队和第153团，还以当面敌情为背景，选择类似地形，依照印军的工事和兵力、火力配置，组织实施了“步兵连（营）攻坚战斗”实兵实弹战术演练。参战部队团以上干部和机关普遍进行了本级指挥和专业训练，组织指挥能力和本职业务水平得到提高。新疆边防部队紧密结合中印边境方向的战备任务和高山缺氧、气候恶劣的自然地理环境，着重进行适应性训练。新疆军区第4师第10团、第11团和骑兵第3团把战备分队开到海拔四五千米的高山上训练，使部队适应高原气候，增强了部队的战斗力。新疆军区和前方指挥所还组织高原缺氧条件下的喷火实验。根据迫击炮、加农炮的高原射向，编制简易射表，取得了一定经验。各部队还组织进行战场救护、防冻伤等内容的训练和教育。各部队在技术训练中苦练200米内的硬功夫，实弹射击分别完成3～6个练习，炮兵、通信兵、工兵、防化学兵等特业分队基础、技术训练有了很大加强。在战术训练方面，学习和运用毛泽东军事思想和战术原则，加强小分队的基础训练。许多边防部（分）队针对自己的作战任务，结合敌情、地形，通过现地勘察和沙盘作业，特别加强对如何克服障碍、攻击各种工事的训练。在干部、司令部训练方面，军区集训了4950余名参谋人员和各兵种分队干部，并协助各部队对部分班、排、连干部进行了战术、技术集训。

紧急战备期间，各省遵照中共中央关于紧急战备工作的指示，抓住战备时机加强民兵训练。广东、福建、浙江、江苏、山东、河北、辽宁等沿海7省组织了6800多个基干民兵连，保证海岸线和设防的岛屿，都实行军民联防，部分重要岛屿建立了统一的指挥，并进行了军民合练和战斗演习。

应急战备训练，由于情况紧急，作战对象、任务明确，干部战士都感到“形势逼人，任务压着头皮”，敌情观念和训练的自觉性有了极大增强。同时，由于领导精力集中和物资器材保障充分，官兵群策群力探讨胜敌之策，技术、战术、指挥紧密结合，战备训练达到了平时训练所达不到的效果。通过训练，全体官兵熟悉了敌人的作战特点和战场地形特点，对兵力部署、火力配系、阵地编成、组织指挥、协同动作等领会深透，并自觉结合战术需要练习技术，突击薄弱环节，使部（分）队整体战斗力提高较快，缺乏实战经验的干部、战士增强了战胜敌人的信心。

（三）调运战备物资

紧急战备期间，东南沿海方向筹措34万吨战备物资，其中利用库存解决了18万吨；西藏、新疆方向筹措6.57万吨物资，其中利用库存解决了3.5万余吨，其余部分均是在紧急战备期间调运的。

东南沿海方向6月进入紧急战备后，部队的调动和物资筹备同时展开，时间紧，物资数量大，任务十分繁重。在中共中央、中央军委的领导下，军民一致，军政一致，全军上下一致，全国大部分省区和省军区都迅速建立起支前和军用物资筹措机构，优先、快速地组织紧急战备物资的筹措和调运，在很短时间内，即筹措调拨各种各类战备物资约16万吨。为了保障战备物资及时有效的供应，各级根据中央军委的战略意图和作战计划，调配经过战斗锻炼或有一定后勤工作经验的骨干9000余名，组扩建后勤保障机构。在半个月的时间内，南京、福州、广州军区和海、空军就扩建和加强了5个后勤分部、2个岸勤基地、27个兵站、48个野战仓库、5个修理连、4个机场抢修工程营、25个野战医院，并配属了4个汽车团又18个汽车连共1900余台汽车。铁路部门迅速调整运输计划，优先保证战备物资的运输。总部在鹰潭设立军运司令部；福州军区与福建省统一铁路、水路的组织指挥。经过紧张准备，至6月底前基本上补足了岛屿和沿海第一线部队的粮、弹等各种物资储备，岛屿粮草储备可供使用3个月、轻武器弹药8个基数、重武器弹药4个基数，陆上第一线粮草1~2个月、轻武器弹药3个基数、重武器弹药2个基数，同时，后方仓库也进行了一定的储备。

中印边境方向战区物资匮乏，物资基本靠从1500~2000公里外的内地向战区运送，且道路少而艰险，加上高寒缺氧汽车动力不足，物资运输十分困难。各运输部队克服重重困难，不怕风雪严寒，历尽千辛万苦，组织和实施战备物资运输。从5月份起，新疆军区先后从地方和生产建设兵团集中了500余台汽车，连同本部和总部加强的汽车共达1130余台，投入战备物资运输，至战前短短几个月，即储备了5个基数的弹药、可供使用11个月的主食、9个月的副食和6个月的燃料，运输物资1.8万余吨。参战部队的吃、穿、用、住、打基本上有了保障。西藏军区战前抓紧屯运物资，总部在该方向补充新解放牌汽车700余台，至战前在山南方向储备了1个师40天的主副食，2个基数的弹药和柴、草、马料、酥油、糌粑及修路材料、工具等，并准备了能运送1个师兵力的汽车和保障1个师作战行动的民工和畜力。根据周恩来的指示，阿里地区从新疆运进4000吨物资。经过紧急调运，进藏物资增加了3.6万余吨。

（四）进行战场建设

根据东南沿海军事斗争形势，毛泽东和中共中央、中央军委提出“顶，不让敌人上来”的作战方针。据此，岛屿防御成为战备建设的重中之重。遵照中共中央、中央军委的指示，沿海各军区进一步加强战区道路建设特别是沿岸、海岛的工事构筑。南京军区指示所属边海防部队，加强防御工事的构筑和采取防空措施。福州军区驻福建地区的部队，一面根据紧急战备任务调整部署，一面突击抢修工事。济南军区提出，施工不久的岛屿，先集中力量构筑战斗坑道，已有坑道工事的，在坑道口附近构筑必要的野战工事；要加强海岛防务和海防警戒，各守岛部队要以1/2的兵力担任战备值班任务；由陆地上岛的部队和守备部队之间应立即建立统一指挥，第一线的远岛，指派上一级的干部加强指挥。至6月下旬，岛屿和沿海要点工事基本完工，大部分已构成以坑道为骨干、与火力点和野战工事相结合的阵地体系。为保障部队和重武器装备的机动，福州军区组织民工赶修闽清—德化段纵深横向公路，前线部队还在沿海自行修筑一些急造军路。空军抢修了沿海重要机场。海军勘测舰艇待机位置，加强必要的锚地设施。各部队对各通信台、站和线路进行抢修和检修，采取了加强措施。

在中印边境方向，西藏、新疆军区把构筑道路作为战前工程保障的重点。中印边境东段地区的边防，是1959年平叛时才先后建立和进驻的，而通往这些点的公路，至1962年，错那方向仅修到错那，昌都方向仅修至札拉，而从错那、札拉到作战地区仅有乡村路可通行。边防要点的阵地构筑和各种防御设施，仅靠就地取材，十分简陋，通信设施也十分落后。据此，西藏军区根据作战预案，在山南地区组织力量抢修错那至麻麻、邛多江至三安曲林的公路，维修拉萨至曲水段的公路，加修错那至肖（地名）、麻麻至勒（地名）、加玉至陇（地名）的乡村路，架设泽当至错那的通信线路，抢修林芝地区6条乡村道路。在中印边境西段，中央军委、总参谋部从2月份指示新疆军区进入战备时，即对阵地工程构筑作出明确指示，要求加强边防工事构筑，特别是边防一线哨卡，要构筑能经得住印军航空炸弹袭击的半永久性工事，设置各种障碍物形成环形防御阵地，准备长期坚守、独立作战，达到打、藏、住、吃相结合，粮、弹、水、柴有掩体。从4月份开始组织力量抢修道路、桥梁，增修边防哨卡工事。对在反蚕食斗争中为顶、堵印军而设置的临时性哨卡，进行防卫工事构筑。在重要要点，构筑了指挥和屯兵两用的短洞和坑道；在边防一线哨卡，加工安装了钢筋混凝土预制构件式轻型工事。至9月份，大多数一线重要哨卡完成了阵地构筑，基本达到中央军委和总参谋部的要求。新疆军区还针对边防线长、运输机动道路远而险的特点，组织力量抢修道路，急造军路。新疆维吾尔自治区派出1000多人的养路队专门维护1200多公里的新藏公路，各边防部队抓紧构筑干线公路向边防哨卡的进出支线。仅骑兵第3团，在战备期间就维修构筑公路支线300余公里。

二、粉碎台湾当局反攻大陆阴谋和打击国民党军小股武装窜扰行动

（一）台湾当局反攻大陆阴谋的破产

1962年5月30日，在中央军委研究粉碎国民党军登陆窜犯时，毛泽东即指示：根据目前情况必须准备，准备好了，国民党军不来

也没有坏处。山东、浙江、福建、江西、广东整个地区都要准备。如今年国民党军来进攻，就不让他上来，这样对我们比较有利。对敌人进行政治攻势，警告他们反攻大陆是幻想。南下的部队可以公开行动，就是要叫蒋介石知道，目的是破坏他的进攻，推迟其行动。

遵照中央军委命令，人民解放军调整了东南沿海地区的兵力部署，指定33个步兵师，10个炮兵师（含4个高射炮兵师），2个铁道兵师，3个坦克团，5个工程兵团进入战备。此外，从全军其他部队和公安部门、国有农场中，动员约10万老兵补充预定参战部队。7月2日前，9个战备值班师及特种兵部队公开南下，进入福建、浙东地区指定地域。海空军的部署作了相应的调整：空军准备了15个师30个团、1个防空导弹营、3个高射炮兵师，各型作战飞机680余架进入战备；海军各型舰艇180余艘，各型飞机150余架进入战备；海、空军部队并以部分兵力进入东南沿海地区。总后勤部及沿海各军区组织了5个后勤分部，投入战时后勤保障的准备。

1962年的战备行动，在“一切服从战争、坚决保证前线需要”的号召下，从中央到省市各级、各部门均采取了有力的措施，党、政、军、民密切结合，全力以赴，及时快速地解决了支前、民兵参战、兵员动员、军工生产、粮秣筹集、运输安排等问题。为统一战时军、民运输，保障部队和战备物资输送，以铁道部、交通部、总后勤部、铁道兵司令部、军事交通部组成鹰潭军运司令部，并从全国16个省、市，22个铁路局调集了棚、板车1.86万辆投入战备运输。东南沿海各级党政部门，迅速按战时要求组织支前机构，安排10万基干民兵作为预备补充兵员。闽、粤、浙、赣地区军事机构，为民兵补充各种枪3万余支（挺），并加强其军事训练。沿海地区民兵迅速行动起来，配合部队展开战备工作，担负输送物资、抢修维护道路、警戒等任务。

紧急战备期间，毛泽东和中共中央、中央军委运用灵活斗争策略，全国、全军采取公开备战行动，以各种手段“示形于敌”。通过外交途径和利用各种宣传机器，充分揭露美国推行侵略战争政策和侵略中国领土台湾、在台湾海峡危险的玩火行为，正告美国政府："蒋介石一旦向大陆挑起战争，美国政府必须对蒋介石的冒险行动和由此而产生的一切严重后果负完全责任。""蒋介石窜犯大陆之日，就是中国人民解放军解放台湾之时。"在中国强大的政治外交和宣传攻势下，美国在外交场合不得不公开表态，不支持蒋介石"反攻大陆"，从而彻底打破了台湾当局乞求美国支持并配合其"反攻大陆"的幻想。

在东南沿海紧急战备行动中，中共中央、中央军委以军事威慑手段制止战争的策略达到了预期的目的。人民解放军南下部队的公开调动，全党、全军、东南沿海人民紧张的备战行动及同仇敌忾、严阵以待的阵势，显示了中共中央的坚强领导和大陆军民团结一心的巨大力量，对台湾当局起到了有力的震慑作用。在这种形势下，台湾当局被迫放弃大规模军事冒险计划。

（二）粉碎国民党军小股武装窜扰行动

台湾当局"反攻大陆"的图谋破灭后，为扩大反动政治影响，维系其民心士气，1962 年国民党八届五中全会提出："现阶段光复大陆的总方针是掀起大陆人民的反共高潮"，要以"策进大陆反共革命的实际行动作为军事反攻的先期作战"。从这种策略出发，台湾当局改变对大陆的袭扰方式，对大陆沿海地区展开小股武装袭扰行动。美国出于遏制共产主义总战略的需要，对台湾的武装袭扰行动给予支持。8 月，美国国防部长麦克纳马拉在美国参议院为军事援助台湾计划作证时称：由于台湾当局牵制中共相当数量军队于台湾对岸大陆，故必须继续执行对台湾的重要军援计划。①

台湾国民党军对大陆的武装袭扰行动，先是偷渡渗透，以后逐步发展为登陆突袭、海上突袭及抵近侦察多种方式交替使用。1962 年秋，美国与台湾当局的特务机关"中美联合情报中心"和台湾当

---

① 参见《参考消息》，1962 年 8 月 24 日。

局的“国防部情报局”，共同制订了代号为“海威”、“班超”的袭扰计划，企图以小股武装特务袭扰广东，开辟所谓“游击走廊”。10月1日~12月6日，首批执行“海威”、“班超”计划的9股武装特务，有8股乘船窜到广东省海丰、惠阳、惠来、电白、台山等县的沿海地区登陆，1股在惠阳县海面未敢登陆而逃往香港火头盆岛。12月4日，美国特务机关还派出P-2V型飞机将1股国民党武装特务空投到大陆。这些武装特务有的刚一登陆就被活捉，有的仓皇逃跑时被解放军击毙。9股武装特务登陆或着陆后多则一两天、少则三五个小时即被歼灭。广东沿海军民经过8次战斗，共歼灭9股武装特务172人，击沉机帆船3艘，缴获武器弹药、电台等物资一批。

9股武装特务被全歼后，台湾当局令国民党军采取更加隐秘的手法，对大陆实施多方向、多地区的登陆窜扰。执行窜扰任务的武装特务化装成渔民混入渔船中，伺机潜入大陆，有的武装特务曾一度得逞。

鉴于东南沿海越来越复杂的军事斗争形势，1963年5月，总参谋部及时召开海、边防作战会议，总结广东、福建沿海地区军民歼灭武装特务的经验教训，制定了“放上陆来打，断其退路，包围歼灭，同时在海上把其输送船打掉”的反小股武装袭扰作战方针。会议确定建立和健全四道反小股武装特务的防线：第一道是海上防线，以海军舰艇为骨干，与海上武工队和民兵配合；第二道是海岸防线，以守备部队、公安部队为骨干，民兵积极配合，加强对海岸的警戒、巡逻和对港口船只的检查、管理；第三道是陆地防线，以民兵为主，解放军机动分队及时驰援，迅速歼灭潜入纵深地区的武装特务；第四道是隐蔽斗争防线，以公安部门为主，依靠民兵和人民群众配合，严密掌握社情动态，加强治安保卫工作。四道防线形成了分工明确、密切协同、从海上到陆地、从前沿到纵深、从公开到隐蔽反敌窜扰的天罗地网。从6~10月，台湾当局两次掀起偷渡渗透窜扰高潮，并将范围扩大到华东、华南沿海各省。由于各沿海军民严密防范，保持高度警惕，层层设防，使登陆窜扰的武装特务无隙可乘。仅几个月，即歼灭 10~70 人的小股窜扰武装特务 20 余股。

台湾国民党军派遣小股武装特务袭扰大陆连遭歼灭后，便将“偷渡渗透”改为“突击袭扰”，企图采取突然袭击、抓一把就走的战法，偷袭人民解放军设防薄弱的岛屿和海岸突出部，开展全方位的所谓“游击活动”。为鼓舞士气，台湾当局重整旗鼓，深入进行动员。1963 年 11 月，国民党召开第九次代表大会，具体策划了“反攻大陆”的方向、方略和方法。蒋介石公开扬言，我的目标现在只有一个，我要看着“反攻复国”的进行和成功。同时，台湾当局在军事上做了精心准备，加紧进行野外实弹演习、空投训练和海上编队偷渡及捕俘训练，扩建“两栖突击”力量，改装和购买了一批运输船，于 1964 年 3 月组建海上突击队。在金门、马祖等地成立“海上工作组”，专门负责组织指挥海上渗透、突击、劫捕渔船等武装突袭活动。

针对国民党军新的袭扰活动，中共中央、中央军委作出继续加强戒备，坚决打击的决策。毛泽东、周恩来、林彪、贺龙、聂荣臻等中共中央、中央军委领导人，多次指示有关军区和沿海各守备部队，加强对国民党武装特务袭扰活动特点的研究，找出对策，保证做到武装特务不来则已，来则彻底干净地歼灭之。据此，1963 年 12 月 2 日，总参谋部向中共中央、中央军委报送《关于进一步研究蒋匪可能袭扰的新特点、新花样和我们的新对策的报告》，提出初步应对措施：（1）将反国民党军小股武装袭扰破坏活动，作为军事斗争的长期重要任务，加强部队的战备工作和充分发动、依靠民兵和人民群众，加强军民联防。（2）对兵力薄弱而又可能遭受敌人袭击的某些技术侦察分队和距离大陆较远的岛屿，适当增加兵力和火力，构筑工事。（3）在可能遭敌袭击的主要地区，控制必要的机动兵力和车辆、船只，及时支援被袭击的部队和民兵。（4）公安、港务、渔业部门，加强对港口和船只的管理。（5）沿海、边境地区的岛上，可能遭敌袭击的公安哨所、民兵队部及个别的地方党政机关，做必要的自卫工事，制订遭敌袭击时的自卫方案。（6）各军区以及海、陆、边各军、师，各省军区、军分区，各级人武部，在拟制加强战备工作具体计划的同时，派得力干部深入下去，具体检查、帮助，保证战备措施落到实处。（7）加强材料和情况的收集工作，等等。报告得到了中共中央、中央军委批准，并转发各军区及海空军有关部队执行。

1964 年 3 月 2 ~ 13 日，总参谋部组织召开部分军区负责作战的领导、作战部长，海军、空军、公安部队、炮兵和总参谋部、总政治部有关部门领导参加的作战会议，集中研究粉碎台湾武装特务在东南沿海可能进行的规模更大、次数更加频繁、花样更多的袭扰破坏活动，并提出了具体措施。根据这次作战会议的精神，4 月 10 日，总参谋部向全军发出《关于对付蒋匪窜犯的备战指示》，要求严密注视国民党军的动向，积极做好反敌窜犯的准备。《指示》具体规定了对付台湾武装特务大、中、小规模窜犯大陆的作战指导原则：对付国民党军大规模窜犯，按照中央军委的既定方针，死守岛屿和大陆沿岸地区，决不让敌人上岛上陆；对付国民党军中等规模的窜犯，总的作战原则是歼敌于水际和滩头，不让敌人上岛上陆；对付国民党军小规模窜扰，应采取灵活打法；对偷渡渗透的敌人，应放上来，断其退路，包围歼灭；同时海军部队应力争打掉其返航的运输船只，在确有把握的情况下，也可以连人带船歼灭在海上；对付突击袭扰、企图抓一把就走的敌人，应坚决歼灭在水际和滩头；在有利的条件下，海军力争在海上将敌人连人带船一举全歼。《指示》还规定了对付空投、空降的台湾武装特务的作战指导原则：空军应力争在空中将其歼灭。一旦武装特务空投着陆，当地驻军及民兵应迅速将其包围歼灭，不使其流窜，不使其漏网。

人民解放军和沿海地区民兵，遵照中央军委和总参谋部的指示，积极做好战备工作，保持高度警惕，加强技术侦察、海上巡逻、直接观察和群众性侦察等各种侦察手段，积极收集情报，严密监视台湾国民党军动向。有关军区及海、空军均制订了详细的作战计划，调整部署，在国民党军窜犯的重要方向，组织了一定数量的摩托化机动部队。

从1963年11月起，台湾国民党军派遣小股武装特务，在大陆海岸突出部、孤立岛屿和防御薄弱的地点，偷偷登陆，摸哨，抓人，抢东西，破坏设施，速去速回，抓一把就走，对大陆进行突击袭扰。由于这些海区多半水浅礁多，不便于舰艇行动，而国民党军突击袭扰活动又带有很大的突然性，因此他们最初在福建、山东沿海曾几次得逞。解放军海军认真分析敌情，摸清其活动规律，改变固守待敌的打法，采取以小对小，以快制快的方法，主动出击，以隐蔽、突然的动作，将来窜的小股武装特务消灭在海上。从1963年底至1964年初，共有33股74名台湾武装特务在广东、福建、浙江省等沿海地区突击袭扰时，被人民解放军和民兵歼灭。

1964年上半年，人民解放军调整部署，加强浙江、福建、广东海域的海军力量，将作战重点完全转移到海上。3月5日，东海舰队护卫艇第31大队3艘护卫艇在福建平潭岛以北海域，捕获国民党军1艘特务船和1艘挂机胶舟。4月9日，东海舰队福建基地护卫艇第32大队又全歼企图偷渡厦门岛的特务1股，击沉特务船1艘。5月1日，国民党“国防部情报局海上突击队（即‘海狼’队）”派遣7艘“海狼”艇，组成两个分队，由东引岛出航，混入渔船群中，企图袭击浮鹰岛至飞龙岛航道上过往大陆船艇和停泊于北礵岛的解放军护卫艇。东海舰队福建基地三都澳水警区命令护卫艇第29大队2艘护卫艇出航，搜索混入渔船群中的4艘“海狼”艇。为不使“海狼”艇逃走，又令护卫艇第29大队大队长率3艘护卫艇驶往战区。6时45分，担任警戒任务的人民解放军海军2艘护卫艇与台湾国民党军4艘“海狼”艇展开海战，击伤并捕获“海狼”艇1艘。另外3艘护卫艇在追击另外3艘“海狼”艇时，一边与国民党军1艘驱逐舰和1艘猎潜舰展开炮战，一边对“海狼”艇实施攻击，最终在东引岛附近海面击沉2艘“海狼”艇。这次战斗，海军福建基地情况掌握及时准确，决心果断，艇队机智勇猛，创造了50

吨炮艇歼灭国民党军快速舰艇的范例。总参谋部、总政治部于5月6日对参战部队予以通报表扬。此后，5月7日、16日，福建基地护卫艇第29大队在闽江口地区各击沉国民党特务挂机胶舟1艘。

为避免继续遭受打击，国民党武装特务变换手法，用经过伪装的特务船实施突击袭扰。6月1日，以南朝鲜鹿岛为中继基地的台湾情报局1股16人的武装特务，分乘两艘运输船，袭扰山东地区。7月5日，台湾情报局派出两艘特务船，悬挂英国国旗，载着45名武装特务和29名船员，由高雄起航，10日抵达越南岘港，企图对广东省北海附近地区实施偷袭。解放军南海舰队随即以各型艇7艘组成3个突击艇群，实施拦截。经过激烈战斗，12日下午，两艘伪装成英国船只的国民党特务船被击沉。战后，总参谋部、总政治部通报嘉奖了参战部队。7月8日，台湾当局“国防部情报局”的51名武装特务，乘坐两艘伪装成日本渔船的特务船，由台湾淡水港出发，企图在江苏吕四港实施突击。解放军东海舰队派出护卫舰、扫雷舰各两艘，赶到吕四海区截捕。11日23时，解放军海军作战编队先后识破了伪装成渔船的两艘国民党特务船，并与之展开战斗。两艘特务船中的1艘遭重创后被迫投降，另1艘被击沉。这次战斗，解放军海军击毙国民党军少校大队长以下8人，俘虏副大队长以下72人，受到海军通令嘉奖。

国民党武装特务在“海上突击队”连遭歼灭性打击后，10月份以后，又以马祖为基地，不断在闽江口附近海区进行袭扰。为坚决歼灭国民党军的“海上突击队”，人民解放军进行了认真准备，并预先隐蔽待机。11月18日，国民党军3艘船艇由马祖起航，准备实施偷袭。东海舰队福建基地护卫艇第29大队高速护卫艇4艘隐蔽出击，并很快接近国民党特务船。国民党特务船见势不妙，随即将拖带的爆破船引爆，尔后高速外逃。解放军海军护卫艇绕过爆炸物，从外侧平行追击，终于在半洋礁附近将国民党军的1艘特务船击沉。

海军各舰队在1964年共作战11次，击沉国民党军各种艇船17

艘，俘敌160余名，毙敌50名，缴获艇船5艘，枪支、弹药一部，取得了打击国民党军“海上突击队”的重大胜利。此后，从1965年初至同年10月，人民解放军又歼灭国民党武装特务4股47人，捕获个别派遣特务7人，使台湾当局派遣的武装特务在到达大陆沿岸地区之前就基本上被歼灭。

在中共中央、中央军委的组织指挥下，经过艰苦复杂的斗争，东南沿海军民取得了反窜扰作战的全面胜利。

三、加强岛屿战备建设和贯彻民兵工作“三落实”指示

紧急战备行动后，各战备值班部队和沿海守备部队加强了抗登陆作战训练。各军区根据本战区特殊自然地理条件和作战任务，进行特殊地形作战训练。1962年10月下旬，福州军区组织了一次较大规模的抗登陆作战实兵演习，参加演习的除军区和所属军、兵种机关外，陆军有闽北指挥部、2个军、2个省军区、6个军分区、2个后勤分部，空军有1个军另1个歼击航空兵师，海军有福建基地、三都澳水警区，共计51个师以上单位的首长和机关3.65万人。演习根据紧急战备方案，进一步贯彻中央军委的作战方针和作战指导思想，熟悉并检验作战方案与战备工作，培养干部的全局观念；探讨抗登陆作战的特点和工作程式，提高指挥员和机关的组织指挥能力，对战备工作进行了一次全面的检验。福州、南京、济南、北京军区组织了抗登陆作战训练，沈阳军区组织了要塞区防御、反击作战训练，昆明军区组织了营以上主官集训，着重研究热带山岳丛林地的行军、强渡江河、夺取支撑点等为重点的战术技术训练，广州军区组织了水网稻田地训练，兰州军区组织了戈壁沙漠地区训练，新疆、西藏军区加强了高原严寒条件下的训练。这些训练，提高了部队在不同地形、天候条件下的作战能力。

（一）加强岛屿战备建设

为重点落实岛屿战备建设，总参谋部、总政治部、总后勤部于1963年2月11日～3月12日，在福州召开有沿海军区、警备区、要塞区、陆军军，海军舰队、基地，军区空军和军兵种及总部有关

部门负责人参加的岛屿战备工作业务会议。会议学习毛泽东军事思想和各位元帅关于岛屿防御作战的指示，讨论岛屿防御作战的指导原则和岛屿战备工作的各项落实措施，并遵照周恩来的指示，讨论关于对付国民党军企图向东南沿海地区扩大袭扰问题，着重研究了粉碎袭扰破坏活动的部署。与会人员还到有关岛屿现地研究设防问题。会议对岛屿战备建设若干问题逐个进行研究，统一思想、统一认识，确定了岛屿战备建设一系列问题。

关于沿海和岛屿地区陆海空三军和公安部队的指挥关系，会议确定，各地区的海军（舰队、基地、水警区、巡防区），应由海军和合成军队（军区、警备区、要塞区、守备区）实行双重领导。驻在岛上的陆、海、空军的独立单位（如岸炮、雷达、侦察、气象等），应由派出单位和守岛部队双重领导。对海、空军参加海上、空中战役和执行某项独立任务，以及抗登陆作战、举行地区性陆海空三军联合演习、遂行各种日常战斗勤务活动（巡逻、护渔、护航、抢险救灾和打击小股匪特偷袭登陆）等，确定了统一组织指挥的级别权限。

关于守岛部队的组织编制，规定按照精简机关、减少层次、充实连队、加强火力和机动力量、因岛制宜、因任务制宜的原则进行编组，领导机关必须精干，战斗分队按守备、炮兵、步兵三种类型编组。

关于设防岛屿工程构筑，强调继续贯彻“中、小、短”[①] 的方针，搞好防护设施、工程伪装、观察所、火力点、道路、仓库、码头、水源、野战工事等工程配套和对现有工程的维护保养。并提出了守岛部队的装备、通信联络、部队训练、侦察保障、气象保障、民兵建设等战备建设的具体意见。

会后，总参谋部、总政治部、总后勤部联名向中共中央、中央军委上报了《关于岛屿战备工作业务会议的综合报告》、《关于岛屿

---

① 指坑道工事的规模。

防御作战指导原则》两个文件。6 月 25 日，中共中央批复军委，同意这两个文件，并指出："加强岛屿战备工作、加强岛屿建设，是贯彻积极防御的战略方针和使全军作战计划具体落实的重要问题，会议所提的各项措施也是切合实际和可行的。"7 月 2 日，中央军委向各军区、军兵种、总部转发中共中央的上述指示和会议文件，要求各单位在工作中认真贯彻执行。沈阳、济南、南京、福州、广州军区相继召开落实岛屿战备工作的会议。

岛屿战备会议后，4 月 26 日，总政治部向全军下发了经中央军委批准的《海岛建设工作纲要》，提出守岛必须建岛，必须以最大的决心和毅力，加速海岛建设，使每一个设防岛屿，战时成为攻不破、摧不毁的海上堡垒，平时成为丰衣足食的乐园。要求各守岛部队积极开展创造"四好"连队运动，积极为坚守海岛创造条件。守岛建岛的标准：一是建立一支坚强的守岛部队；二是建立坚强的、完整的防御体系；三是大力发展生产，改善物质文化生活，做好物资储备；四是开发岛屿，建设岛屿；五是军民联防、保卫海岛；六是统一领导、统一指挥。《纲要》的颁布实行，推动了岛屿部队的全面建设。

总后勤部根据岛屿战备工作业务会议精神，于 4 月拟制了《岛屿部队后勤建设规划要点》，进一步明确岛屿部队后勤建设的基本原则：一是岛屿部队后勤建设要适应"长期坚守、独立作战"方针的要求；二是按照陆、海、空军合成作战的要求和军用与民用相结合的原则，统一规划建设岛屿各项后勤设施；三是贯彻勤俭节约的方针，有重点有步骤地落实好岛屿后勤建设。该《要点》经中央军委批准下发部队执行。至 1965 年，守岛部队的营房、仓库、码头等设施，已能满足需要，给水、照明问题已基本解决，医疗救治能力有了加强，一、二线岛屿的粮食、弹药、医药、油料等主要物资储备，已达到可坚守一定时间作战的需要。

（二）贯彻民兵工作"三落实"指示，加强民兵建设

紧急战备期间，沿海 159 个县（市）、2347 个公社和 365 个有

居民的岛屿，建立、健全了军民联防组织。东南沿海地区的民兵组织，在省军区、军分区和县、乡人武部的领导组织下，担负维修公路、急造军路、架设桥梁、装卸物资、修筑工事和维护社会治安、防奸反特等任务，有力地配合了人民解放军完成东南沿海紧急战备行动任务，体现了人民战争的威力。

1962 年 6 月，毛泽东在中南地区视察时，听取广州军区领导的工作汇报。当谈到战备工作和民兵工作还不够落实时，毛泽东指出："民兵工作要做到组织落实、政治落实、军事落实；[①] 民兵武器要修理好。天上掉下来的、地下冒出来的，怎样对付，要有些办法。"[②] 在同武汉军区领导人座谈时，又进一步阐述了民兵工作"三落实"的内容：民兵组织一定要搞好，班、排、连、营编组好，要有强的干部；民兵在政治上一定要可靠，特别是基干民兵；要搞些训练。一有情况，能吆喝拢来。

为了贯彻毛泽东关于民兵工作"三落实"的指示，从 1962 年冬至 1963 年春，全国各地组织学习《民兵工作条例》，全面展开对民兵组织的整顿工作。1963 年，农村社会主义教育运动在全国陆续展开，中共中央要求，要把整顿民兵组织作为社会主义教育运动的一项重要内容，认真解决民兵组织不纯的问题。国防委员会副主席、军委人民武装委员会主任徐向前指示："全国大规模的社会主义教育运动，是解决民兵工作三落实的最好时机。""贯彻主席指示的三落实要花很大功夫下去才行。……省军区、军分区干部也要大批下去，尤其是主要领导干部一定要下去，抓第一手材料指导工作。"[③] 总政治部于 1964 年 1 月 23 日，发出《关于省军区、军分区、县市人民武装部积极参加社会主义教育运动的指示》，要求派出足够数量和质量好的干部参加工作队，在社教运动中接受教育和

---

① 简称民兵工作"三落实"。

② 《毛泽东军事文集》第 6 卷，393 页，北京，军事科学出版社、中央文献出版社，1993。

③ 《徐向前同志对民兵工作的指示》，1964 年 11 月 22 日。

锻炼，加强对民兵工作的领导。遵照中央军委和总部的指示，各军区、省军区、军分区和人民武装部，抽调大批干部深入基层，指导民兵组织整顿工作。在民兵组织整顿中，认真清理成分不纯人员。同时，动员超龄人员退出、适龄青年加入民兵组织，重点抓好基层民兵班、排、连、营建制，配齐民兵干部。在政治整顿中，各地各民兵组织结合形势任务和民兵思想实际，编印大量教材，进行政治教育；各地区针对青年特点，举办政治夜校，建立俱乐部、文化室，开展读书、读报，请老革命讲优良传统，学唱革命歌曲，排演文艺节目，开展体育活动；大力开展学习毛泽东著作、学习雷锋的活动。这些活动的开展，活跃了民兵的业余文化生活，提高了民兵的思想政治觉悟，增强了民兵的文化素质，提高了民兵组织的凝聚力。在抓军事落实中，各级民兵领导机构，采取以退伍兵当骨干或请驻地部队派教员的方法，组织民兵大力开展军事训练。1964 年 6 月 1 日，总参谋部发出《关于在民兵中开展神枪手活动的通知》。6 月 2 日，国家体委、总参谋部、总政治部、教育部、全国总工会、共青团中央、全国妇联共同发出《关于组织野营活动的联合通知》，要求厂矿、企业、机关、学校普遍开展野营活动，普及军事知识。在各级高度重视和指导下，民兵训练活动大力开展起来。1964 年夏，民兵训练中涌现出的思想好、技术精的“尖子”，参加了各省、区举办的民兵大比武。

中国地域辽阔，边防、海防线长，沿海和内地、城市和乡村、边防和海防，不同地区有不同的特点。中央军委和总参谋部、总政治部、总后勤部从实际出发，对不同地区民兵建设分类指导。在调查研究的基础上，总参谋部、总政治部于 1962 年 9 月在北京召开广东、福建、浙江、江苏、山东、河北、辽宁沿海 7 省民兵工作座谈会；1962 年 11 月，在成都召开有成都、昆明、内蒙古、新疆、西藏军区和云南、甘肃、青海等省军区参加的少数民族地区民兵工作座谈会；1963 年四五月间，分别在北京、武汉、上海等地召开城市民兵工作座谈会；1964 年 3 月，在福州召开沿海岛屿渔民、民兵对敌斗争会议。针对这些地区不同特点，研究讨论不同地区的民兵建设和开展军事斗争等问题。

沿海7省民兵工作座谈会议，针对许多岛屿和沿海民兵担负巡逻、站岗等勤务任务的特点，提出：沿海地区多是开展军事斗争的重点，沿海渔民、民兵是海上对敌斗争、海防第一道重要防线，要贯彻人民战争思想，加强沿海地区军民联防，构成全民防御网。

少数民族民兵工作会议强调，中国边疆地区多为少数民族聚居区，抓好边疆少数民族民兵建设，是巩固边疆的战略措施。要提高建立少数民族民兵组织的认识，根据少数民族地区群众的觉悟状况，采取慎重稳进的民族工作方针。已具备条件并已建立民兵组织的，要抓好"三落实"的巩固和发展。还不具备条件的，要积极创造条件，逐步把民兵组织建立起来，因地制宜进行编组。会议还强调要认真选拔和培养少数民族干部，采取动员参军、送民族学院和其他学校学习的办法，培养少数民族干部和民兵骨干。

城市民兵工作会议明确城市民兵建设的重点是工厂和学校。指出，未来战争中，城市是敌人空袭的重点目标，城市民兵不仅要配合人民解放军坚守城市，保卫生产，组织群众防空、疏散，而且要动员大批人员，特别是技术人员支援前线，坚持城市工厂的生产。因此，各级要高度重视加强城市民兵工作。会议决定，工矿企业要以训练民兵技术兵为主。学校以大专院校为重点，通过训练，提高学生的军事知识水平和组织纪律性，增强国防观念。会议还强调要充分发挥城市中的工会、共青团、妇联等组织在民兵建设中的作用。为了贯彻城市民兵工作会议精神，促进城市民兵工作"三落实"，1963年7月25日，国防部颁发《厂矿企业民兵工作实施办法（试行草案）》；1963年8月17日，国务院批转国防部、教育部制定的《高等院校和高级中学（中专）民兵试点训练大纲（草案）》，开始在全国高等院校、高级中学（中专）增设军事课程，进行军事训练。

沿海渔民、民兵对敌斗争会议总结了反国民党军武装窜扰斗争经验，通过了《关于加强沿海地区民兵战备工作的若干问题》和

《关于沿海地区民兵建设的若干问题》两个文件。1964 年 6 月 10 日和 8 月 10 日，中共中央先后批转这两个文件。在这次会议上，还部署了反“袭扰”、反“抓捕”（反对国民党军队的舰艇抓捕渔船、渔民，破坏渔业生产）斗争任务。会议强调要加强沿海地区民兵连、排、班的建设，选配具有一定军政素质和领导指挥能力的复员退伍军人和老民兵担任连排干部，充实和加强武装基干民兵中的骨干力量，使之成为配合军队作战的一支机动力量和单独执行战斗任务的骨干。在开展反国民党军小股武装窜扰斗争中，与军队和公安密切配合，充分发挥其作用。

几次民兵专门会议后，全国的民兵建设以“三落实”为目标，得到很大加强。1964 年 10 月，中央军委常委会议同意徐向前提出的“民兵工作应以班、排、连为基础”，“民兵主要还是搞基层”的重要建议。根据中央军委的指示，总政治部召开民兵政治工作会议，号召在全国广泛开展创造民兵工作“三落实”先进单位活动，着力抓好基层民兵建设。在开展这项活动中，各中央局和各军区先后表彰了一些既有光荣斗争历史，又有新的贡献的民兵先进单位，有力地推动了全国民兵建设。

民兵工作“三落实”，是毛泽东根据中国民兵建设的经验和和平时期民兵工作的实际提出来的，既是民兵工作的指针，又是民兵建设的标准。从 1962 年以后，民兵建设大力开展“三落实”活动，纠正民兵工作出现的错误认识和倾向。全国各地根据不同情况，进一步健全了民兵组织，提高了民兵的政治素质和军事素质。

第三节　中印边境自卫反击作战

一、中印边界争端的由来和中国政府和平解决中印边界问题的努力

中印边界全长约 2000 公里，习惯上分为东、中、西三段。整个中印边界从未正式划定，但是，根据双方历史行政管辖所及，在长

期的历史发展过程中逐渐形成了一条双方所遵循的传统习惯线。历史上，中印两国政府和人民的活动均以这条传统习惯线为界。

中印边界问题是历史遗留下来的复杂问题，19 世纪中叶后，由于英国统治印度和侵略中国西藏、新疆，致使中印边界全线不少地区存在争议。

在中印边界东段，1913 年 10 月～1914 年 7 月，英印当局策划召开有中、英两国政府代表和中国西藏地方政府代表参加的三方会议，即西姆拉会议。会议期间，英国代表麦克马洪背着中国政府代表，以秘密换文的方式，诱迫西藏地方代表承认英印当局精心炮制的“麦克马洪线”。参加会议的中国中央政府代表不但拒绝在所谓的“西姆拉条约”上签字，并且根据中国政府训令于当年 7 月 3 日发表声明，指出：凡是英国和西藏本日或他日所签订的条约和类似的文件，中国政府一概不能承认。这条臭名昭著的“麦克马洪线”，将中印边界东段属于中国的 9 万平方公里领土划归英国统治下的印度版图，英国政府做贼心虚，长期秘不敢宣。1938 年，英印殖民当局出版的《西藏与邻国》官方地图，没敢划出“麦克马洪线”。英国 1940 年出版的牛津《高级地图集》所载《印度》一图，也同样没划出“麦克马洪线”。中国历届政府都没有承认过非法的“麦克马洪线”。至印度独立前，印度从未进入和管辖过该地区。

在中印边界西段，英国殖民当局从独霸南亚的“拒俄保印”战略出发，在 1846 年英国打败锡克王国吞并拉达克后，组织“边界委员会”，在没有中国清朝政府代表参加的情况下，划了一条拉达克与中国西藏西部的边界线，即所谓“1846～1847 年英边界委员会线”。这条线是英国单方面划的，未得到中国清政府认可，自然是非法的、无效的。拉达克人民同中国西藏边民一直维护着旧有的传统习惯线。英印殖民当局还于 1891 年侵占了原为中国属国、地处新疆与印度交通咽喉地带的坎巨堤；1895 年又背着中国，与俄国私下瓜分了中国的帕米尔地区。为了使侵占中国领土的图谋合法化，1865 年、1897 年和 1899 年，英国殖民当局先后派出英印测量局官员潜入中国新疆南疆地区进行勘测，非法炮制了所谓“约翰逊线”、“约翰·阿尔达线”、“马继业—窦纳乐线”几条中国西部与邻国和地区的边界线，阴谋将中印边界线由喀喇昆仑山移至昆仑山，企图将中国阿克赛钦地区3.3万平方公里领土划入英印版图。英印殖民当局为侵占中国领土设计的种种边界方案，是侵略者推行扩张主义的产物。正如周恩来总理所指出：“英国企图抹煞中印之间长期形成的传统习惯线，用割裂中国领土、扩大英属印度领土的办法，来达到它的帝国主义的侵略目的。”[①] 尽管如此，这也只是英国“战略家们的理论上的方案”，“英国从未在阿克赛钦行使权力，或在那里设立哨所，更没有到另一边的昆仑山脉的那条线上设立哨所和行使权力。”[②] 该地区一直为中国所管辖，所谓“阿克赛钦问题”事实上是不存在的。

1947年印度独立后，继承英国殖民主义的衣钵，伺机抢占中印边界所谓“争议地区”。新中国成立后，中国政府致力于发展中印两国友好关系，主张和平解决历史遗留问题。中国人民解放军进军西藏后，考虑到英印当局侵略中国西藏而使“麦克马洪线”以南地区存在争议的历史，主张中印双方谈判解决边界问题，未进入该地区。但是，印度趁新中国成立不久和进行抗美援朝战争之机，自1951年开始逐步抢占中印边境争议地区。

在东段，印度当局自1951年开始派军队由中印边境传统习惯线逐步向北推进，抢占传统习惯线以北“麦克马洪线”以南9万平方公里中国领土。1954年，印度当局公然在这块非法占领的中国领土上设置了所谓的“东北边境特区”。至1959年，印度将其在中印边境地区的实际控制线推进至靠近非法的“麦克马洪线”南侧。在中段和西段，印度独立和中华人民共和国成立时，中印双方实际控制

① 转引自中印边境自卫反击作战史编写组编：《中印边境自卫反击作战史》，15页，北京，军事科学出版社，1994。

② 内维尔·马克斯韦尔：《印度对华战争》，29页，北京，三联书店，1963。

线与传统习惯线基本一致。但自1951年开始，印度当局开始派兵进入一些地区巡逻，建立据点。1954～1959年，陆续侵占了中印边境中段的巨哇、曲惹、什布奇山口以西地区，桑、葱莎、波林三多地区，乌热、香扎、拉不底地区共约2000余平方公里中国领土，和中印边境西段的巴里加斯地区约450平方公里中国领土。

为了使中国西藏成为中印之间的“缓冲区”，印度当局还暗中怂恿达赖集团进行分裂活动。1959年，西藏反动上层发动的武装叛乱被粉碎，宣告了“西藏独立”幻想的彻底破灭，印度当局便公开向中国政府提出领土要求，不仅要中国承认所谓“麦克马洪线”是中印之间的合法边界线，而且要中国将西段阿克赛钦地区的3.3万平方公里中国领土也划归印度。

在这一无理要求遭拒绝后，从1959年初开始，印度当局便向边境大量增兵，采取所谓的“前进政策”，命令军队不断侵入中国领土进行巡逻和挑衅。4月，印军越过中印边境东段“麦克马洪线”入侵中国领土兼则马尼。8月9日，再次越过“麦克马洪线”入侵兼则马尼并设立哨卡，同时还派兵占领了朗久、马及墩、塔克新等中国领土多处。8月25日，入侵朗久的印军悍然向中国西藏边防部队巡逻分队开枪射击，中国边防部队在迫不得已的情况下被迫自卫还击。10月21日，印军又在中印边境西段越过中印边境传统习惯线，入侵中国领土空喀山口，向中国新疆边防部队巡逻分队射击，再次挑起边境武装冲突事件。两次边境武装冲突后，中国政府提出，中印双方军队从实际控制线各自后撤20公里，实行隔离。遭印度当局拒绝后，中国边防部队单方面作了后撤。中国政府指示边防部队在双方实际控制线中国一侧30公里以内不开枪、不巡逻、不平叛、不打猎；在20公里以内不打靶、不爆破、不演习。

为寻求和平解决中印边界问题的途径，中国政府总理周恩来于1960年4月亲赴印度新德里，积极倡导两国通过谈判和协商解决边界问题。但中国政府所做的一切努力，没有得到印度方面的响应。

二、印军蚕食、侵略中国领土，中国政府和中央军委作出自卫反击决定

从 1961 年开始，印度政府乘中国遭受严重自然灾害及在东南沿海紧急战备之际，派遣军队向中国境内大肆推进，在中国领土上建立据点，蚕食中国领土。1962 年 4 月，在西段阿克赛钦地区，印军在天文点地区深入中国境内 4～11 公里建立据点。紧接着，印军把蚕食范围扩大到了河尾滩、空喀山口、班公湖两岸、巴里加斯、阿里等地区。侵入中国领土的印军视中国边防部队的克制忍让为软弱可欺，肆无忌惮地进行挑衅，威逼中国边防哨所，拦截、偷袭中国边防巡逻队和运输队。在中印边境东段，印军命令东部军区尽力向北推进，在“麦克马洪线”及其附近甚至以北地区建立新的永久性哨所，以便有效地控制整个边境。

在这种严重局势下，人民解放军遵照中共中央、中央军委的命令，展开艰苦复杂的反蚕食斗争。中共中央和毛泽东针对印军的入侵和蚕食，于 7 月提出了反蚕食斗争二十字方针，即：“决不退让，力争避免流血；犬牙交错，长期武装共处。”同时指示新疆、西藏边防部队，仍坚持不打第一枪的原则。中国政府继续呼吁印度政府以两国友谊为重，放弃使用武力，通过谈判解决边界问题。然而，印度政府置若罔闻，决意以武力改变边界现状，以军事行动实现其领土要求。

1962 年 7 月后，印军在中印边境西段全线对中国领土展开蚕食行动，在中国境内大肆设立侵略据点，挤占中国领土。有的据点设在中国边防哨卡对面，有的设在中国边防哨卡的翼侧和后方，对中国哨卡进行包围、威逼。至 9 月底，印军在中印边境西段中国领土上设立据点 43 处之多。与此同时，不断制造武装冲突事件。7 月上旬，印军 40 多人侵入中国加勒万河谷地区，深入中国境内 20 余公里，企图抢占要点，建立向纵深蚕食的侵略据点，威逼中国哨所，制造了“加勒万河谷事件”。7 月中旬，又在天文点地区的 5651 高地向中国哨所发起攻击，挑起武装冲突。9 月 20 日，印度军队越过

东段“麦克马洪线”侵入克节朗地区，突然向中国边防部队哨所发起攻击，制造了“择绕桥流血事件”。10 月 10 日，印军边境部队又向中国尺冬哨所发起进攻，再次制造了严重流血事件。印军飞机不断侵犯中国新疆和西藏领空，进行侦察、空投和骚扰。印军还向边境大规模调兵遣将。10 月 5 日，印军在东方军区之下，成立一个专门执行同中国作战任务的新军团——第 4 军。10 月 12 日，尼赫鲁在一次公开讲话中宣称，他已下令把中国军队从塔格拉山脊“清除掉”。随后，印度国防部长梅农命令印军于 11 月 1 日前完成这一任务。至 10 月中旬，印军在中印边境东段集结了 1 个军部、1 个师部、3 个旅部共 15 个步兵营 1.6 万余人的兵力；在西段，集结 6 个步兵营共 5600 余人的兵力。

在印度当局决意以武力实现对中国的领土要求、和平解决边界问题没有任何希望的情况下，为了维护国家领土主权和尊严，打击印度当局的嚣张气焰，创造和平稳定的中印边境，中共中央、中央军委决定对印度军队的进攻予以坚决反击。10 月 6 日，总参谋部传达毛泽东指示：“假如印军向我进攻则要狠狠地打他一下，除东线西藏作准备外，西线也要配合。如他进攻，不仅要打退，还要打狠打痛。”10 月 16 日，中央军委决定：为了打击印军疯狂气焰和侵略行动，决心歼灭越过“麦克马洪线”以北的印军；在西线，拔除红山头和加勒万河谷地区印军 14 号据点。17 日，中央军委下达《歼灭入侵印军的作战命令》。

三、中国边防部队实施中印边境自卫反击作战

遵照中央军委的命令，西藏、新疆边防部队分别成立由西藏军区司令员张国华和新疆军区所属南疆军区司令员何家产负责的东、西线前线作战指挥所，指挥西藏、新疆边防部队于 10 月 20 日开始，对入侵中国领土的印军实施坚决有力的自卫反击作战。反击作战分为两个阶段。

第一阶段自 10 月 20 日始至 28 日止。

中国边防部队在中印边境东段西藏的克节朗、达旺地区，西段

新疆阿克赛钦地区的加勒万河谷、红山头、巴里加斯等地，同时对入侵印军进行反击作战。主要作战方向在东段的克节朗地区，西段予以配合。

印军部署在克节朗地区的兵力，为第4师战术司令部率第7旅，阿萨姆步兵第5营和炮兵、工兵各一部，共4个步兵营约3000余人。

10月20日7时30分，西藏军区前指指挥藏字419部队、第11师主力、山南军分区第1团和第2团、炮兵第308团一部、工兵第136团一部，针对克节朗地区印军部署前重后轻、翼侧暴露、正面宽、纵深浅等特点，采取两翼开刀、侧后迂回、分割包围、各个击破的战法，集中主要兵力，向印军第7旅左右两翼发起攻击，迅速攻占枪等、卡龙、克宁乃、沙则等要点；以一部兵力在山南军分区协同下，向该印军正面扯果布、邦冈丁攻击，一部兵力向左侧后章多迂回攻击；昌都、山南、林芝军分区各以一部兵力对当面之敌实施反击，配合主要方向作战。反击作战部队克服高山、峡谷、密林等天然障碍，以勇猛的攻势行动，迅速攻克了印军在克节朗地区的重要据点。印军大部被歼，一部溃逃。攻占克节朗地区后，中国反击作战部队遵照中央军委不受非法的“麦克马洪线”约束的命令，乘胜发展进攻，至23日进占达旺。此战，收复了“麦克马洪线”以南达旺河以北部分中国领土，歼灭印军第7旅共1897人，俘获印军第7旅旅长达尔维准将，缴获一批武器装备。

在东线发起反击同时，西线新疆边防部队康西瓦指挥所指挥第4师、步兵第2团、骑兵第3团、阿里支队、工兵第109团第1营等部，对侵入加勒万河谷、红山头等地印军据点发起攻击，配合东线作战。边防部队在高山缺氧、气候严寒的边境地区，对入侵印军据点实施强攻，经过1小时战斗，全歼守敌。尔后，反击作战部队乘胜扩大战果，向班公湖两岸、巴里加斯等地区转用兵力。战至28日，清除侵入中国境内的印军据点37处，歼灭印军296人。至此，第一阶段反击作战胜利结束，为尔后的军事、政治外交斗争创造了极为有利的条件。

在东段克节朗地区作战取得胜利的形势下，为缓和印度当局造成的严重局势，10 月 24 日，中国政府发表声明，提出停止冲突、重开谈判、和平解决边界问题的三项建议，并命令东线反击作战部队停止追击。11 月 4 日，周恩来又写信给尼赫鲁，希望印度当局对中国政府的三项建议作出积极响应。

然而，印度当局拒绝了中国政府的和平建议，宣布全国进入紧急状态，进行战争动员，公开向美、英、苏等国乞求军事援助，向东、西段边境地区调集 4 万余人的兵力，决心再度向中国边防部队发动进攻。侵入中国西藏山南地区之西山口、昌都地区瓦弄等地和中印边境西段的印军，不断对中国边防部队实施炮击，并于 11 月 14 日、16 日在中印边境全线向中国边防部队发动猛烈进攻。为实现边境的和平与安宁，中央军委决定，再次对入侵印军实施反击作战。

第二阶段自 11 月 16 日始至 21 日止。

在东线西山口—邦迪拉方向，印军第 4 师战术司令部指挥 5 个旅共约 1.5 万余人，沿达旺至邦迪拉公路两侧成线式布防，重点防守西山口；在邦迪拉以南，部署第 4 军主力作为机动部队。

西藏军区前指遵照中央军委的命令，集中藏字 419 部队、第 11 师主力、第 55 师、山南军分区 4 个连，炮兵第 308、第 306、第 540 团，步兵第 130、第 134 两师的高炮营，工兵第 136 团 5 个连，铁道兵第 24 团大部及其他勤务分队，共约 2.2 万余人的兵力，采取大纵深迂回包围、多路穿插的战术，围歼该印军。中国西藏边防部队针对印军“铜头、锡尾、背紧、腹松”的部署特点，一部兵力攻击西山口打敌之头，一部兵力向申隔宗、略马东地区攻击击敌之背，一部兵力迂回至德让宗、邦迪拉之间切敌之尾。11 月 18 日，对印军形成了多路攻击态势，将印军切成数段。战至 11 月 19 日，攻占邦迪拉，残敌仓皇溃败，西藏边防部队随即展开搜剿、追击作战，于 21 日全部清除了西山口—邦迪拉方向的印军据点。

在东线瓦弄方向。西藏边防部队第54军第130师、配属第134师3个炮兵连、第135师高炮营、第54军高炮营第4连，在昌都军分区第153团等部（分）队的配合下，于16日对印军第11旅发起反击，从右翼方向直插瓦弄扎公，经两个小时激烈战斗，夺占瓦弄扎公，分割歼灭了入侵印军；左翼部队在察隅河东岸向侵占“80”高地等的印军发起反击。战至16日17时许，驱逐了入侵瓦弄地区的印军，进驻瓦弄。夺占瓦弄后，西藏边防部队主力就地转入搜剿，一部继续向南反击，21日进至金古底，逼近传统习惯线。

在中印边境东段中部地区，西藏山南、林芝军分区派出一部兵力，拔除印军据点16处，歼敌一部。

西线新疆边防部队，自11月18～20日，清除了班公洛地区的印军侵略据点。

中印边境自卫反击作战，历时1个月。在西段，清除印军设在中国境内的所有43处侵略据点；在东段，进到了非法的“麦克马洪线”以南靠近中印边境传统习惯线地区。整个作战，全歼印军3个旅，重创印军3个旅，另歼印军5个旅的各一部，共毙印军4800余人，俘印军3900余人；缴获各种炮300余门，飞机5架，坦克9辆，汽车400多台，各种枪6400余支（挺），各种枪、炮弹药400余万发，其他军用物资一批。

自卫反击作战取得胜利后，为促进中印边界问题和平解决，表明中国政府决不以武力解决边界问题的诚意，中国政府于11月21日发表声明，决定在中印边境全线主动停火，主动后撤。从12月1日～1963年3月1日，东线中国边防部队全部撤至1959年11月7日中印双方实际控制线中国一侧20公里以北地区。随后，中国政府又向印度政府交还了大批战缴物资，释放了全部战俘。中国政府的这一实际行动，再一次证明了中国政府和平解决边界问题的诚意，赢得了世界上广大爱好和平的国家和人民的高度赞扬。

中印边境自卫反击战，是一场“军事政治仗，或者叫作政治军事仗”①。它融军事、政治和外交斗争于一体，各种矛盾错综交织，斗争极其复杂。毛泽东和中共中央、中央军委从战略全局出发，灵活运用军事、政治、外交斗争手段，体现了高超的斗争艺术，不仅取得了军事上的胜利，维护了国家领土主权，也取得了政治、外交斗争的主动；不仅有力地打击了印度侵略者，也回击了国际反华势力；不仅赢得了中印边境的稳定，也给台湾国民党军以有力的震慑。

中印边境自卫反击作战，是在特殊高原地区进行的一场较大规模的反侵略作战，是一场局部战争。该地区人烟稀少、物资匮乏，远离内地，东部山高林密，西部高寒缺氧，自然地理条件极其恶劣，作战行动和后勤保障十分困难。西藏、新疆边防部队认真落实战备工作，在作战中发扬吃苦耐劳、英勇顽强的战斗作风，以超乎常人的毅力和意志，克服一个又一个难以想象的困难，攀高山越深谷，冒风雪战严寒，转战千里，创造性地运用穿插分割、包围迂回传统战法，胜利地完成了保卫祖国领土主权的作战任务，创造了高原严寒条件下实施反击作战的典型战例。反击作战中，涌现出了“阳廷安班”和王忠殿、罗光燮、张代荣、吴元明、萧明生、陈代富、张映鑫、周天喜、司马义·买买提、庞国兴等英雄集体和个人。

中印边境自卫反击作战，得到了全国人民特别是西藏、新疆各民族人民积极有力的支援。人民群众为反击作战部队带路，输送物资，运送和抢救伤员，修路架桥，为反击作战的胜利作出了巨大贡献。

第四节　掀起群众性练兵热潮

1962 年下半年，中央军委发出“备战整军、增加全训师、大搞训练”的指示，要求全军战备值班部队、航空部队、舰艇部队和特

① 毛泽东在张国华向出席中央工作会议人员汇报中印边境自卫反击作战情况时的插话，1963 年 2 月 19 日。

种技术部队经常保持训练，经常处于战备状态，技术训练达到能熟练使用手中的武器器材，学会各种条件下的运用，特别是在夜间条件下的运用。同年 11 月 9 ~ 23 日，总参谋部在北京召开全军训练工作会议。会议认为，从紧急战备的实践看，部队经过训练与没有经过训练，训练时间的多与少，训练质量的好与差，战斗力有着显著不同。会议强调必须坚决贯彻中央军委的指示，大搞军事训练，广泛深入宣传，使全军充分认识到加强训练的必要性和迫切性，立即掀起一个群众性的练兵高潮。遵照中央军委和总参谋部的指示，全军各部队以战备为动力，大造军事训练声势，出现了各级党委、领导重视军事训练，大抓训练，积极探索和改革军事训练的局面。

一、推广郭兴福教学法

（一）郭兴福教学法的产生

1961 年，南京军区第 12 军军长李德生为响应毛泽东提出的“大兴调查之风”的号召，带领军、师、团联合工作组到第 100 团第 2 连蹲点，了解训练情况。针对部队战术技术训练存在着模式化、走过场的问题，李德生决定对单兵、小组、班战术训练进行改革试验，并指定由具有训练和实战经验的干部任教。经过一段时间的反复试验，取得初步成果。四五月间，第 12 军召开具有实战经验的营以上主官现场会，对第 2 连 3 个战术示范小组进行评教评学，认为 3 个战术课题的训练，都有不同程度的改革，其中副连长郭兴福教的小组战术比较突出一些，教得比较活、比较细。随后，李德生决定把郭兴福作为典型加以重点培养，对其教学训练内容进行充实和完善，吸收班战术和单兵战术教学的优点。军事素质较好、又具有教学经验的郭兴福，在军领导和有关部门的帮助下，总结出一套新的教学训练方法。这套教学法的突出特点是把练技术、战术同做思想工作结合起来，创造性地解决了把兵训“精”训“活”的问题。南京军区司令部、政治部于 1963 年 5 月 31 日将其归纳总结为 8 条经验：（1）摸清底细，因人施教；（2）分清层次，由简到繁；（3）归纳要领，做出样子；（4）情况诱导，正误对比；（5）重点提问，反复练习；（6）民主教学，运用骨干；（7）评比竞赛，广树标兵；（8）宣传鼓动，抓活思想。叶剑英在同年12月27日向中央军委的报告中，把郭兴福教学法归纳为5个突出的特点。即：第一，善于在教学中抓现实思想，充分调动练兵的积极性，并能够发扬教学民主，集中群众的智慧，实行官兵互教，评教评学。第二，把练技术、练战术、练思想、练作风紧密地结合在一起，把兵练得思想红、作风硬、战术活，而且身强力壮，一个个都像小老虎一样。第三，采取由简到繁、由分到合、情况诱导、正误对比的方法，逐步加深认识，掌握要领。第四，把言传与身教、苦练与巧练结合起来。第五，严格要求，一丝不苟，循循善诱，耐心说服。总参谋长罗瑞卿将郭兴福教学法概括为“红、活、硬、细、实”五个字。对郭兴福教学方法的这些总结，对其在全军的广泛推广起了重要作用。

（二）郭兴福教学法的推广

郭兴福教学法在继承人民解放军传统练兵方法的基础上，对训练方法进行改革和创新，比较全面地贯彻中央军委的训练方针和原则，为全军的训练起到了示范作用。

1961年夏，总参谋部军训部《军训通讯》工作人员在第12军看了郭兴福现场汇报作业后大加赞赏，并提议将郭兴福组织训练的方法称为郭兴福教学法。10月2日，《军训通讯》出了一期增刊，向全军推广介绍郭兴福教学法。1962年3月，南京军区司令部、政治部联合发出《认真学习广泛宣传郭兴福教学法的通知》，号召全区部队迅速掀起学习推广郭兴福教学法的热潮，在训练中培养自己的“郭兴福”。南京军区组织郭兴福教学训练小组在军区所属单位先后进行了150多次巡回表演，推动了军区的军事训练。在全军贯彻中央军委“大搞训练”的指示、群众性练兵运动普遍展开后，从1963年开始，经总参谋部安排，郭兴福教学小组又到广州、武汉、沈阳等军区部队，进行数十场汇报表演，获得一致好评，进一步扩大了影响。9月，在北京召开的全军军事训练工作会议上，南京军区介绍了训练中培养典型的经验，引起与会者的重视。不少军区的负责人当即表示，回去也要这样做，抓好典型的培养。同年 12 月 24～27 日，总参谋部在江苏镇江召开有各军区、军事院校部分主官参加的推广郭兴福教学法现场会。12 月 24 日，中央军委军事训练和军事学术研究委员会主任叶剑英专程赶到现场会，实地观看郭兴福任教的单兵进攻战术作业，并对郭兴福教学方法给予很高评价，要求在全军迅速推广，推动部队的训练工作。12 月 27 日，叶剑英向中央军委呈报了《建议军委推广郭兴福教学法》的报告。报告指出，郭兴福教学法，是我军传统的练兵方法的继承和发展，是领导培养、群众支持和他个人努力的结果。报告归纳了郭兴福教学法的突出特点，并汇报了各部队学习郭兴福教学法的现状，建议中央军委在全军加以推广，借以掀起一个军事训练的高潮。毛泽东看到叶剑英的报告后，称赞叶剑英找到了一个好的训练方法，指出郭兴福教学法“不仅是对传统练兵的恢复，而且还有发展”。指示全军要下大力气、主要领导亲自抓一下学习郭兴福教学法的问题。据此，中央军委于 1964 年 1 月 3 日下达《全军应立即掀起学习郭兴福教学方法的运动》的指示，号召全军立即行动起来，掀起一个学习郭兴福教学法的运动，把军事训练工作提高到一个新的水平。

根据中央军委的指示，1964 年 1 月下旬，总参谋部在华北、南京等地召开推广郭兴福教学法现场会议。各大军区、军兵种、野战军、军事指挥院校均派人出席会议。在南京现场会上，总参谋长罗瑞卿指出，有了正确的训练方针和原则，还必须有正确的训练方法。郭兴福教学法就是一个比较完整、成熟的教学方法。罗瑞卿要求全军热烈响应中央军委的号召，学习郭兴福、赶上郭兴福、超过郭兴福，各军区、各军兵种、各院校和各行各业都要培养自己的“郭兴福”，把军事训练工作提高到一个新的水平。2 月，总政治部发出《关于推广宣传郭兴福教学方法的指示》，提出：（1）要运用各种形式（包括报纸、电影、广播、文艺作品等等）大张旗鼓地宣传郭兴福教学方法。（2）各级领导干部要深入基层，到连队蹲点，进行调查研究，具体指导，确保郭兴福教学法在本单位生根发芽。(3) 推广郭兴福教学法要结合创造“四好”连队运动来进行，培养更多的神枪手、神炮手和技术能手。

南京现场会议后，全军部队学习郭兴福及郭兴福教学法的活动持续深入发展。沈阳、北京、济南、南京、广州、昆明等军区及海军部队的1.9万余名军师团干部和机关人员，深入基层，宣传郭兴福教学法，并积极培养自己的“郭兴福”和试点分队。驻边海防和准备执行作战任务的部队，结合战区特点和作战急需，展开紧急战备情况下的适应性训练。福州军区将学习郭兴福教学法同军区担负的军事斗争任务结合起来，组织4个师进行武装泅渡江河训练。西藏、新疆、兰州、成都等军区结合学习郭兴福教学法，着重解决高原严寒地区作战的具体问题。空军部队结合推广郭兴福教学法，广泛学习和宣传飞行训练典型的先进事迹和经验，迅速掀起训练高潮。

至1964年上半年，一个广泛深入的比、学、赶、帮、超学习郭兴福教学法的热潮，在全军部队轰轰烈烈地开展起来，群众性练兵运动取得很大成绩。据不完全统计，截至1964年4月，共培养出郭兴福式分队7105个，郭兴福式基层干部和班长共1万余人，单项（战术或技术等课目）接近或达到“四会”（会讲、会做、会教、会做思想工作）水平的基层干部，约占总数的10%。

为了更好地推广郭兴福教学法，及时指导连队基础训练，叶剑英组织中央军委训研委员会办公室人员，在深入研究总结郭兴福教学法、吸取各部队训练方面成功经验的基础上，于1964年2月制订出《连队基础训练方法二十条（草稿）》。随后，又根据广州、北京军区和总参谋部军训部等单位的意见作了修改。《连队基础训练方法二十条》于同年5月经中央军委批准颁发执行，对普及郭兴福教学法，进一步推动全军连队基础训练和掀起群众性练兵热潮，起到了重要指导作用。

在学习和推广郭兴福教学法中，中央军委和总参谋部注意及时纠正出现的偏差。针对个别单位过分强调人的精神因素，过于注重训练方法而忽视训练内容的改革，以及在学习和训练中出现的形式主义、锦标主义和弄虚作假的苗头，总参谋部于 1964 年 4 月 24 日发出《关于进一步开展学习郭兴福教学方法运动应注意的几个问题》的指示，要求各部队必须点面结合，既要抓好培养典型的工作，又要抓好推广的工作；尤其是要抓好薄弱环节，使运动更全面地向前发展；强调必须学习郭兴福教学法的精神实质，狠抓基本功训练，加强基层干部的培养。5 月，中央军委向各军区、军种、兵种、院校发出《关于当前在学习郭兴福教学方法运动中形式主义、锦标主义的通报》，强调指出："要鼓实劲，不要鼓虚劲，把郭兴福教学方法真正学到手，以推动全军的训练工作更健康地、更有成效地向前发展。"

通过推广郭兴福教学法，大抓军事训练，全军部队培养了一大批神枪手、神炮手和技术能手，以及会讲、会做、会教、会做思想工作的训练骨干，探索出一套适合人民解放军实际情况的正规化军事训练的路子，促进了全军部队训练质量以及战斗力的提高。正如叶剑英指出的："郭兴福教学方法，是我军传统练兵方法的继承和发扬。它比较集中而全面贯彻了军委提出的训练方针、原则，彻底地抛弃了教条主义和形式主义的影响，是我军教学方法的重大改革。"①

二、开展大比武运动

在 1964 年初召开的推广郭兴福教学法现场会议上，中央军委就提出，要响应中共中央在各行各业普遍开展"比、学、赶、帮"群众运动的号召，开展大练兵、大比武。4 月中旬，中央军委正式决定在全军进行一次全面的军事训练比武，以推动郭兴福教学法的普及和推广工作，总结交流经验，发现典型，树立标兵，提高训练质量。此后，经中央军委办公会议讨论决定，成立了全军军训比武筹

① 叶剑英在全军推广郭兴福教学方法现场会上的讲话，1964 年 1 月。

备委员会，具体筹划全军比武工作。4 月下旬，总参谋部主管军事训练的张宗逊副总长向主持军委日常工作的贺龙副主席汇报了比武计划及所需经费、器材和弹药等。贺龙同意了这个计划。于是，比武的准备工作立即在全军展开。

5 月 15 日，总参谋部、总政治部联合发出《关于全军比武问题的通知》，对全军比武有关问题做了初步安排。5 月 19 日，总政治部批转武汉军区政治部制定的《关于军区比武中的政治工作指示》，就比武中的政治工作做出部署。7 月 7 日，总参谋部、总政治部、总后勤部联合下发《中国人民解放军 1964 年比武大会若干问题的规定》，对比武目的、方法、内容、评选原则、评选工作、代表队的组成和报名报到、政治工作要求、组织领导、奖励问题、器材保障和经费开支、场地设置等，做出全面部署。确定，首先举行各军区的比武会，然后举行全军各兵种和步兵（由总参谋部军训部负责）分片的比武会，最后举行全军军训比武表演会。比武内容，以技术为主，以班以下基础科目为主。战术必须是建制的班、组，技术可以是建制的，也可有个人尖子。主要是比质量、比方法、比作风。为了加强比武工作的领导，成立全军比武大会领导委员会，由叶剑英和罗瑞卿担任主任委员，副总参谋长张宗逊、总政治部副主任梁必业、总后勤部副部长张贤约为副主任委员，委员由各军区、军（兵）种和有关单位领导担任。

全军上下积极响应中央军委的号召，掀起了前所未有的大比武热潮。从 5 月上旬开始，昆明、内蒙古、沈阳、武汉、福州、济南、成都、南京、北京、广州、兰州、新疆军区陆续组织军区比武大会。各军区所属的步兵、炮兵、高射炮兵、装甲兵、工程兵、通信兵、防化学兵、侦察兵和后勤部门分别组成分队，按专业技术要求举行多个项目的比武。在军区比武的过程中，贺龙、叶剑英、罗瑞卿、张宗逊等中央军委和总部领导分别多次观看并指导了有关军区的比武大会。周恩来、彭真、贺龙、陈毅和罗瑞卿等分别于 5 月 12、13、20、21 日在天津杨村和新河靶场观看了 50 多个项目的军事表演。表演受到周恩来等领导人的称赞。周恩来说：兵就是应当这样练，政治上强，再加上过硬的技术，军队练成这个样子，那就什么敌人也奈何我们不得。6 月初，毛泽东在一份反映比武情况的简报上批示：此等好事，能不能让我也看看。

为此，中央军委决定抽调北京军区、济南军区部分分队到北京汇报表演。6 月 15 ~ 16 日，毛泽东、刘少奇、周恩来、朱德、陈云、邓小平、董必武、彭真、陈毅、贺龙、李先念、李井泉、谭震林、乌兰夫、陆定一、康生、薄一波、李雪峰、刘澜涛、杨尚昆、聂荣臻等，在总参谋长罗瑞卿、装甲兵司令员许光达、北京军区司令员杨勇、济南军区司令员杨得志陪同下，分别在北京西山、阳坊、十三陵检阅了这两个军区的军事训练成果，并对受阅部队的汇报表演给予高度评价和赞扬。毛泽东在充分肯定比武练兵作用的同时，指示要把“尖子”经验迅速普及推广到全军，注意练近战、夜战和 200 米内的硬功夫，除了练好陆地上的本领外，还要学习游泳。练武还要练文，注意学文化等。毛泽东等党和国家领导人充分肯定人民解放军开展的大练兵运动，极大地鼓舞了全军指战员。

8 月下旬，总参谋部军训部制订了《在军事训练中推广和普及“尖子”经验的规划（草案）》，《规划》提出应坚决贯彻执行毛泽东主席的指示，把现有“尖子”的经验尽快地普及到全军。《规划》提出普及工作的 4 条基本原则。第一，应根据各军种、各兵种、各专业的特点来确定普及的水平。第二，在普及工作中，要求基层干部做到“四会”。第三，普及的内容以实战需要为基本。第四，普及前，必须对“尖子”经验进行鉴定。《规划》确定，争取在两年内把“尖子”经验基本普及到全军，使人民解放军的战斗力提高到一个新水平。

在军区比武的基础上，从 7 月中旬开始，举行步兵和军兵种分片比武大会。7 月 19 日 ~8 月 14 日，全军步兵举行比武。7 月 19 ~ 31 日，南京、广州、武汉军区和空降兵某部，在信阳进行了 44 个战术和 139 个技术科目的比武。8 月 3 ~ 7 日，沈阳、北京、济南军区在怀柔进行了战术和技术科目的比武。8 月 1 ~ 11 日，成都、兰州、新疆、内蒙古军区 4 个代表队，在天水地区进行包括 17 个战术科目和 78 个技术科目的比武。

7 月 31 日 ~8 月 13 日，各军区和炮兵院校组成的 13 个代表队，在大连举行全军炮兵比武大会。通过比武，检阅了炮兵训练成绩，交流了训练经验。7 月 25 日 ~8 月 13 日，全军工程兵举行包括地雷、爆破、桥梁、渡河、筑城、道路、机械、专业战术等 8 个专业 87 个项目的比武大会。7 月 20 日 ~8 月 6 日，防化兵在沈阳举行包括防化学侦察、洗消、喷火等 300 余个项目的比武大会。8 月 1 ~14 日，全军通信兵在济南举行包括无线电分队、有线电分队、运动通信分队和简易通信，以及机务、特种通信的比武大会。8 月中旬，全军侦察兵专业尖子比武现场会在辽宁丹东举行。比武会上，某空降部队侦察分队和沈阳军区敌后侦察分队表演了跳伞、射击、驾驶等敌后活动综合科目，某师侦察连表演了万米武装泅渡和攀登崖壁等科目。8 月 14 ~20 日，装甲兵在北京举行军事技术比武。叶剑英在装甲兵司令员许光达陪同下，观看了比武并接见了训练标兵和表演分队。

七八月间，空军分别组织歼击航空兵、轰炸航空兵、强击航空兵、空降兵、高射炮兵、探照灯兵、雷达兵、通信兵部队进行比武。此后，后勤、气象以及空军通信兵和空降兵的步兵、炮兵、侦察兵、工程兵、防化兵组织进行了专业比武。9 月 8 日，空军部队组织了一次汇报表演。12 月 5 ~ 17 日，海军组织包括 2 艘潜艇、53 艘水面舰艇、31 架飞机、6 个岸炮连、1 个高射炮兵连，28 个比武项目和 45 个表演项目的大会。海军各部队以练基本功为重点，按照从难、从严、符合实战的要求，进行比、学和总结经验。

11 月 10 日，中央军委向毛泽东主席并中共中央报告全军比武大会的情况。报告中说，全军比武是在 18 个区域举行的。除海军比武在 12 月进行外，其他各军兵种的比武从 7 月 16 日开始，至 8 月 23 日结束，各区比武时间为 1 ~ 2 个星期。至 12 月，全军大比武基本结束。据不完全统计，参加比武的共有 3318 个单位，3.3 万余人，3766 个项目。共评选出 694 个尖子单位，3070 名尖子个人。其中集体一等“尖子”289 个，个人一等“尖子”545 名。通过大比武，全军有 40% 左右的基层干部达到“会讲、会做、会教、会做思想工作”的要求。部队训练成绩大幅度提高，1964 年全军步兵武器训练获得优等成绩的师比 1963 年增加 4 倍，投弹距离平均达 40 米以上的师比 1963 年增长 6 倍，神枪手、神炮手和技术能手的数量成倍增长。在组织大比武运动的同时，根据毛泽东关于推广普及“尖子”经验的指示，全军部队重点开展抓“尖子”、抓普及、抓基础、抓应用的活动，推动了部队整体素质的提高，部队实战能力显著增强。

大比武运动的开展，在人民解放军的历史上掀起空前的练兵热潮，使军事训练真正摆到了部队中心工作的位置。大比武运动中形成一套以实战需要为出发点，比较完善的训练内容体系，摸索总结出一套正规科学的练兵方法，促进了人民解放军军事训练的正规化。这场群众性的练兵活动，提高了人民解放军的军政素质，影响到社会各个行业的岗位训练，促进了全民国防观念的增强。

大比武过程中，也出现一些问题。如个别单位和个别人思想作风上存在锦标主义、形式主义倾向，有的部队存在着一些弄虚作假、拼凑“尖子”现象。中央军委、总参谋部及时纠正了这些偏差，确保了大比武及各项军事训练工作健康发展。

三、加强部队管理教育

人民解放军历来重视管理教育工作，并积累了丰富的经验。50 年代中期以来，人民解放军的现代化建设迅速发展，由于军兵种增多，技术装备复杂，加上实行义务兵役制度，使管理教育工作出现了一些新情况新问题。针对这种情况，从 1962 年开始，全军以提高正规化管理水平为目标，深入贯彻落实《连队管理教育工作条例》，全面加强管理教育工作。在总参谋部的统一组织下，1962 年上半年对武器装备、器材等进行自 1955 年全军武器装备大检查以来最大规模的一次检查。通过这次重点检查，各部队进一步健全武器装备的管理制度，官兵普遍提高了对爱护武器装备重要意义的认识，全军武器装备的完好率大幅度提高。各军区结合战备任务，严格管理部队，按照《连队管理教育工作条例》的要求，研究和分析所属部队管理教育工作的状况，深入进行管理教育工作的检查和整顿，有针对性地下发指示、通报，做出具体布置。北京军区许多单位召开了管理教育工作会议，全面检查贯彻《连队管理教育工作条例》执行落实情况，深入分析部队管理教育工作存在的主要问题，并对进一步加强管理教育工作提出具体措施和要求。沈阳军区在 10 个不同类型、执行不同任务的连队中，进行贯彻《连队管理教育工作条例》的试点工作，收到明显成效。总参谋部及时批转并向全军推广了北京军区第 69 军、第 21 军和沈阳军区第 46 军等单位贯彻落实《连队管理教育工作条例》、《内务条令》的经验。

1963 年，中央军委深入研究新形势下管理教育工作的特点和规律，总结人民解放军管理教育工作的经验，重新印发《中国人民解放军连队管理教育工作条例》，进一步规范和加强了新条件下的连队管理教育工作。同时，又针对技术装备等情况的变化，修订并相继颁发《纪律条令》、《内务条令》、《队列条令》等新一代条令条例。全军部队结合群众性练兵和开展创造“四好”连队运动，学习条例、条令，加强管理教育工作。为帮助基层干部增强按条例办事的自觉性，善于运用条令条例管理部队，各级领导和机关对基层干部进行短期培训，仅据北京、济南、福州、广州、昆明、成都、兰州军区和海军的不完全统计，集训基层干部即达 5 万余人。通过集中训练和个别帮助相结合的办法，使连队的干部和骨干基本上领会了条例的精神实质，学会正确运用条例开展工作，有效地提高了基层干部的管理水平和工作能力。

同年，全军部队遵照总政治部提出的“把学习雷锋精神同宣传本单位的典型人物结合起来，搞好生活管理，推动四好运动”的号召，针对日常管理教育工作中存在的实际问题，开展抓典型、树标兵活动，并及时推广他们的先进经验。全军许多部队还召开座谈会，邀请战斗英雄传授带兵管兵的经验，讲解人民解放军官兵一致，干部爱护战士，战士尊重干部的优良传统。通过学习教育，进一步建立和加强了人民解放军良好的内部关系和生活秩序，对增强团结、巩固纪律、提高战斗力，起到了重要作用。

1964 年和 1965 年，全军结合群众性练兵活动，认真进行安全教育，严格管理，充分发动群众，切实执行条令规定，普查武器装备，严格遵守各项制度和操作规程，抓住容易发生事故的关键环节，采取有效措施，消除安全隐患，使各种行政责任事故大大降低。

第五节　突破“两弹”技术，常规武器走向自行研制

一、集中组织“两弹”攻关，第一颗原子弹和导弹核武器试验成功

（一）原子弹研制试验

经过 60 年代初期的调整和整顿，原子弹研制机构得到加强，理论设计、原材料供应等全面立足国内，并得到逐步落实。1961 年 10 月，国防科委副主任张爱萍、刘西尧与二机部部长刘杰到核工业建设和原子弹研制第一线进行考察，11 月 14 日，张爱萍、刘西尧向中共中央、中央军委提出《关于原子能工业建设的基本情况和亟待解决的几个问题的报告》，认为经过前一时期的努力，在各有关方面的积极配合下，核工业建设和原子弹研制工作都有了较大进展，只要国家进一步加强组织协调，集中力量组织攻关，安排好所需仪器、设备和原料、材料的研制、生产，“在 1964 年制成核武器和进行核试验是可以实现的”。报告对“两弹”研制等情况的分析，得到毛泽东、刘少奇、周恩来、邓小平等中央领导的肯定。1962 年 9

月，二机部根据聂荣臻的指示，对原子弹研制工作做出进一步安排，制订了原子弹研制试验的“两年规划”，并专门向中共中央写出报告，提出争取在1964年，最迟在1965年上半年爆炸中国第一颗原子弹。中共中央、毛泽东批准了这个计划。原子弹的研制进入全面攻坚阶段。

为加强对原子弹研制的领导，1962年10月19日，中共中央政治局常委听取国防工办关于原子能工业生产建设和原子弹研制情况的汇报时，中共中央副主席刘少奇提出，中央应成立专门负责此项工作的专门委员会。据此，10月30日，国防工办主任罗瑞卿向中共中央、毛泽东呈送《关于成立专门委员会加强对原子能工业领导的报告》，明确提出了力争在1964年爆炸第一颗原子弹的目标。该报告认为，实现原子弹爆炸，是全国科学技术和工业生产水平的集中表现，绝非哪一个部门所能单独办到的。因此，除二机部本身要做艰苦努力外，还必须取得各工业部门、科学研究单位的密切配合，以及全国在人力、物力和财力上的大力支援。建议在中央直接领导下成立一个专门委员会，加强对原子能工业的领导，随时检查、督促计划执行情况，并在人力、物力和财力上进行具体调度，及时解决在研究设计和生产建设中所遇到的问题。

11月3日，毛泽东在报告上批示：“很好，照办。要大力协同做好这件工作。”① 11月17日，中共中央直接领导下的十五人专门委员会②（简称中央专委）成立，主任由国务院总理周恩来担任，成员有贺龙、李富春、李先念、聂荣臻、薄一波、陆定一、罗瑞卿7位副总理和赵尔陆、张爱萍、王鹤寿、刘杰、孙志远、段君毅、高扬等国务院和中央军委有关部门负责人。12月14日，中共中央

---

① 《建国以来毛泽东文稿》第10册，212页，北京，中央文献出版社，1996。

② 1965年3月2日，中共中央作出扩大十五人专门委员会的决定，中央十五人专门委员会也随之改称中共中央专门委员会，仍简称“中央专委”。后来，“中央专委”成员多次调整。

发出通知，要求国务院各有关部委和各省、市、自治区，都要坚决贯彻执行中央专委的决定，大力支援原子弹研制工作。

中央专委成立后，以力争1964年爆炸原子弹为目标，在全国范围内组织原子弹研制的大协作，大大地推进了原子弹研制工作。1962年11月26日，核武器研究所经过慎重研究，提出：第一颗原子弹要在1964年按期进行试验，需要立即安排83个课题。这些课题不是二机部本身所能解决的，其中80%的技术问题必须通过外单位协作才能解决。中央专委采纳了核武器研究所的意见，并及时做出部署，由国防科委出面，组织中国科学院、有关工业部所属厂、所和军内有关研究院等23个单位参加协作攻关。周恩来、聂荣臻指派张爱萍、刘西尧等，先后向中共中央东北局和华东局汇报，具体落实关键配套设备和原材料的研制、生产任务。东北局和华东局要求所属的省、市以及有关研究、生产单位，坚决按时保质保量完成任务。1962年和1963年初，国家经委主任薄一波先后两次召集国家计委、国家经委、国防工办、国防科委和有关工业部的负责人，研究尖端武器研制所需材料、设备的供应问题。1963～1965年间，在中央专委的领导下，国家经委、国家计委、国防工办、国家物资部又联合召开三次协作定点会议，重点安排“两弹”和国防科研所需的特殊材料、配套产品和备品备件的研制、生产任务，提出定点、定量、定质、定进度的“四定”要求。承担“两弹”研制、生产任务的单位，根据中央专委的要求，均建立了专门的领导班子，安排最强的技术力量，调配精良的设备，按期进行试制和加工任务。

至1964年10月第一颗原子弹爆炸成功，中央专委共召开9次专门会议，研究落实有关问题。在中央专委的组织、领导和二机部的直接指挥下，动员了国防科研部门、中国科学院、工业部门、高等院校和地方科研部门5个方面的技术力量，组成了全国规模的协作网。26个部委、20多个省区、1000多个单位组成最强的技术力量，安排原子弹及导弹所需的特殊材料、部件和配套产品2万余项的研制生产，大大加快了研制的步伐，保证了原子弹研制试验按期进行。

在全国各地区、各部委、各部队的大力协同下，经过二机部众多科技人员和核试验基地广大指战员的艰苦努力，第一颗原子弹试验的各项准备工作按照1964年炸响的“两年”规划顺利进行，原子弹的技术攻关、原料和核部件等关键工作相继取得突破性进展。在钱三强、何泽慧等人领导下，科技人员和技术工人攻克了一系列技术难关，分别解决了中子源的包装和最终检验技术，并于1962年底研制出符合核武器要求的中子源装料。惠钟锡、祝国梁等科技人员群策群力，经过几个月的刻苦钻研，解决了线路设计等一系列难题，掌握了同步引爆装置的设计技术。在郭永怀、龙文光等人主持下，开展了核装置结构研究，到1962年取得预期结果。在彭桓武、邓稼先和周光召等专家的主持下，1963年3月提出第一颗原子弹的理论设计方案。在王淦昌、陈能宽等人主持下，解决了爆轰物理试验研究中的一些关键技术问题，进一步验证了原子弹的理论设计。在赵尔陆、钱三强、裴丽生等人组织协调和王承书、吴征铠、钱皋韵等专家的指导下，原子弹装料高浓缩铀和相关核部件生产技术于1964年初取得突破。毛泽东得知原子弹研制突破了许多重大关键技术后，1964年2月6日，在会见李四光、钱学森、竺可祯等科学家时，高兴地说：我们搞原子弹很有成绩啊！

在突破原子弹关键技术的同时，从1963年春季开始，集中在北京的科技人员陆续迁往西北核武器研制基地，原子弹的研制工作实现了研究、设计、生产三位一体，进程明显加快。当年12月24日，在王淦昌、陈能宽的具体指导下，缩小尺寸的聚合整体爆轰试验获得圆满成功。1964年6月又进行了全尺寸爆轰模拟试验及其他一系列试验，并取得完全成功。这标志着第一颗原子弹爆炸的研制工作已经全部完成。

从1962年起，国防科委即开展了原子弹试验的准备工作。1962年11月～1963年初，国防科委多次组织核武器研究所、核武器试验研究所等有关单位研究第一颗原子弹的试验方式和试验方案。根据朱光亚、程开甲等专家的提议，国防科委确定用塔爆方式进行第一颗原子弹爆炸试验。1963 年 5 月，张爱萍就地面核试验场的定点、场区布置和工程方案等问题，向中央专委、中央军委提出报告。中央专委批准了这个报告，并着手解决试验的组织领导，试验场地急需的工程建设投资、材料、加工任务安排等问题，全面开展试验准备工作。1964 年 4 月 17 日，中央专委成立以张爱萍为总指挥的核武器试验指挥部，领导核武器的试验工作。至 5 月底，试验场地准备工作按预定计划完成。从 5 月开始，解放军各总部、各军兵种，新疆、兰州军区，二机部、公安部、国防部十院、军事工程学院、中国科学院有关研究所、八一电影制片厂等 26 个单位，抽调人员，分别担负试验现场的测试、气象保障、通信保障、安全防护、航空保障，效应试验安置、试验场区的后勤保障、保卫、保密、宣传等工作。在国防科委的统一安排下，上述单位的 5000 余名人员陆续进入核试验场区展开工作。至 8 月中旬完成了试验现场的全部工程准备工作。8 月中、下旬，核装置在安全、保密状况下，运抵西北核武器试验基地。

9 月 16 日、17 日，鉴于美国、苏联、英国在 1963 年 8 月已签订有关禁止核武器试验的条约，周恩来主持中央专委就进行首次核试验问题举行第九次会议，对核试验日期、防空、安全、保密以及爆炸后的对外宣传等问题做了初步安排。这次会议慎重地研究了正式爆炸试验的日期，中央专委分析了国际国内形势，针对美国妄图实施破坏的迹象和国防工业“三线”建设①情况，提出两个方案：一个是早试，另一个方案是先抓紧“三线”研制基地的建设，择机再试。经过充分讨论，决定采取早试方案。9 月 20 日，罗瑞卿向中共中央、毛泽东提出报告，建议 10 月份进行正式核爆试验。随后，毛泽东、刘少奇、周恩来专门研究了原子弹的爆炸时间问题。毛泽

① 关于“三线”建设，见本卷第五章第二节。

东从战略高度进行分析后指出，原子弹是吓人的，不一定用，既然是吓人的，就早响。根据中共中央和毛泽东的意见，遂将核试验日期确定在 10 月份。

1964 年 10 月 16 日 15 时（北京时间），由周恩来亲自领导，张爱萍担任现场总指挥，中国在西北核试验基地罗布泊进行了首次塔式原子弹爆炸试验，获得圆满成功。张爱萍在原子弹爆炸后立即用电话向周恩来报告了原子弹试验成功的喜讯。周恩来勉励说，国家为你们骄傲，人民为你们骄傲，请代表党中央、毛主席祝贺并慰问大家。聂荣臻在获知原子弹爆炸成功的消息后，当即向在现场指挥的张爱萍发去贺电："消息传来，甚为高兴，特向你们并通过你们向全体参加这一试验工作的同志们致以热烈祝贺。"经中共中央、毛泽东批准，新华社于当日夜发表《新闻公报》和《中华人民共和国政府声明》。

中国爆炸原子弹，是中华民族当代历史上振奋人心的成就，大长了中国人民的志气，激发了中华民族的自信心和自豪感。原子弹爆炸成功，极大地提高了中国的国际威望。美国国务卿腊斯克在 10 月 18 日一次电视谈话中承认：中国发展成为一个核国家这一事实，无疑将提高中国的国际威望。

原子弹试验成功，是中国人民增强国防实力取得的重大成就，在军事上使中国的国防建设进入一个新的阶段。原子弹爆炸成功后，中国政府发表《中华人民共和国政府声明》，强调指出："中国进行核试验，发展核武器，是被迫而为的。中国政府一贯主张全面禁止和彻底销毁核武器。""中国发展核武器，是为了防御，为了保卫中国人民免受核战争的威胁。中国政府郑重宣布，中国在任何时候、任何情况下，都不会首先使用核武器。""中国政府将一如既往，尽一切努力，争取通过国际协商，促进全面禁止和彻底销毁核武器的崇高目标的实现。在这一天没有到来之前，中国政府和中国人民将坚定不移地走自己的路，加强国防，保卫祖国，保卫世界和平。”①

中国爆炸原子弹及发表的政府声明，表明中国发展核武器的真正目的。亚非拉许多友好国家纷纷致电祝贺，表示支持中国政府的建议，并认为中国有了原子弹，打破了超级大国的核垄断和核讹诈，是对发展中国家各国人民的巨大鼓舞，是对世界和平的重大贡献。

中国研制第一颗原子弹仅用4年多时间，这是贯彻执行“发愤图强、自力更生”方针的重大胜利。通过研制原子弹，锻炼和培养了中国自己的科技队伍，掌握了核武器研究、设计、试制、试验的基本技能，积累了初步经验，并形成了全国规模的协作网，为原子弹武器化研制创造了有利条件。

（二）导弹核武器研制试验

1963年12月，鉴于原子弹、中近程地地导弹的研制工作已取得重要进展，以及美、英、苏三国签订部分核禁试条约的情况，中央专委认真研究了核武器的发展方向问题，认为核航弹作为一项重要技术，应继续进行研究、试验，但其作战使用价值不如导弹核武器，遂决定：“核武器的研究方向，应以导弹弹头为主，空投弹为辅”，并责成国防工办、国防科委组织二机部和五院，立即对导弹核武器的研制工作做出全面计划和安排。1964年1月，中央专委向中共中央和毛泽东提出报告，进一步明确核武器的研制计划。报告提出：待原子弹试验成功后，立即开展核弹头的研究设计，并加快中近程地地导弹的研制，力争早日以配有核弹头的中近程导弹装备部队。中共中央、毛泽东批准了这一计划。

国防工办和国防科委立即按照既定的核武器研制计划，组织核航弹试验。1964年9月，经过国防工办、国防科委、空军作战部及工程部和三机部的共同努力，完成了用于投掷原子弹的飞机改装。

① 转引自《人民日报》，1964年10月17日。

同年12月，总参谋部、国防科委拟定了空中核爆炸试验方案，确定空爆核武器的目的是验证原子弹在动态下的技术性能，同时进行比较全面的效应试验，并要求在1965年5月1日前完成一切准备工作。中央专委批准了这个方案。按照方案要求，军内外各参试单位相继完成各项技术和现场准备工作。承担空投原子弹任务的空军独立第4团李源一、于福海和徐文宏、赵承业两个机组，在空军副司令员成钧主持下，进行投弹飞行训练。3月20日，中央专委研究了核航弹试验准备工作，决定按照计划时间进行试验。1965年5月14日8时13分，李源一、于福海驾驶载弹飞机起飞，于9时53分在靶标上空投弹。9时59分38秒，原子弹在靶标上空500米左右爆炸。核航弹试验的成功，标志着中国初步实现了原子弹武器化。

导弹核武器试验，是以导弹为运载工具将核弹头运送到预定地点实施爆炸的一种试验，具有较高的实战价值。核航弹空投成功后，中央专委立即集中力量进行原子弹和导弹"两弹"结合试验，研制导弹核武器。早在1960年底，中国已仿制成功苏制P-2型近程导弹。随后，经中央军委批准，开展研制中近程导弹。为确保研制任务的完成，国家把中近程地地导弹作为重点研制任务列入计划，国务院有关部委在人、财、物方面均给予优先保证。国防科委和国防部五院组织研制队伍，发扬为祖国为民族争气的精神，刻苦攻关，于1964年六七月自行研制成功中近程地地导弹。至1965年4月，全部完成了可用于实战需要的中近程地地导弹。此后，国防科技人员根据周恩来总理的意见和中央专委的决定，经过半年多的努力，将导弹射程增加了20%，提高了导弹的实战价值。

为尽快实现原子弹与导弹结合，1966年2月，国防科委邀请二机部、七机部、总参作战部、装备计划部和导弹综合试验基地、核试验基地等有关单位负责人，对中近程地地导弹核弹头试验问题进行充分论证。经研究决定：先进行飞行"冷"试验（即弹头不装核材料）。待试验成功后，再采用全射程、全威力、正常弹道、低空爆炸的试验方式进行"热"试验（即弹头装上核材料）。3月11

日，周恩来亲自主持会议，审慎地研究了国防科委的决定，原则上同意国防科委提出的“两弹”结合试验先搞“冷试”后搞“热试”的试验计划。同时决定成立“两弹”结合试验党委和导弹核武器发射试验协调小组，领导试验工作。

为保证“两弹”结合飞行“热”试验的绝对安全，国防科委、国防工办、二机部、七机部进行了周密细致的准备，对核装置和引爆系统进行了一系列试验，并对引爆系统和自毁装置的可靠性进行充分论证，得出了可以保证安全可靠的结论。同时，采取了多种安全保障和安全防护措施。经过全体参试人员的努力，1966 年 10 月中旬进行了两次“冷”试验弹的发射，均获得成功。同年 10 月 20 日，周恩来召集专门会议，与聂荣臻、叶剑英、杨成武等一起听取“两弹”结合试验党委进行“热”试验计划的汇报。叶剑英在会上指出：这次试验搞得成功，会在国内外引起很大震动。“热”试验是最后一关，要检查得更仔细，连一个螺丝钉都要检查到，坚决消灭人为的误差。周恩来特别强调要保证万无一失，并委托聂荣臻赴发射现场主持这次具有重大意义的试验。毛泽东在聂荣臻赴现场前听取汇报时指出：这次可能打胜仗，也可能打败仗，失败了也不要紧。聂荣臻到达试验基地后转达了毛泽东的指示。广大科研人员深受鼓舞，坚定了试验成功的信心。

至 1966 年 10 月 27 日，导弹核武器试验的各项准备工作全部完成，按照预定时间进行试验。9 时，发射指挥员下达发射口令，核导弹点火升空，按程序上升、转弯、向弹着区飞行。9 时 9 分 14 秒，核弹头在靶心上空距地面 568 米的高度爆炸，生成一个炽热的火球，辐射出耀眼的强光。弹着区全部测试、记录仪器设备工作正常，所有测试、取样项目显示，爆炸威力与理论设计基本一致。中国自行研制、并在本国国土上进行的导弹核武器发射试验取得圆满成功。

导弹核武器的研制成功，表明中国有了可用于实战的核导弹，标志着中国的国防科技发展进入一个新阶段，人民解放军具备了核反击能力，对进一步打破帝国主义的核垄断，维护世界和平与安全提供了更加有力的保证。

二、常规武器发展走向自行研制

在抓紧尖端武器装备研制的同时，人民解放军立足自力更生，进一步加强常规武器装备的研制工作。早在1959年，总参谋部装备计划部即提出常规武器装备研制的四条原则。第一，少买、少造、多建厂、多试验；第二，大力开展研究设计，变仿制为自制；第三，简化品种，力求通用，统一装备体制；第四，用旧储新，保证院校，有重点有步骤地换装部队。苏联毁约停援后，1960年初召开的中央军委扩大会议确定，常规武器的建设应在现有基础上，广泛采用先进技术，不断提高其战术技术性能，使之适合中国特点，并争取超过世界同类型水平。同年9月，总参谋部制订《我军八年组织编制和装备规划》，规定常规武器装备在前三年（1960～1962年）力争国产品种齐全，后五年（1963～1967年）主抓改进和提高常规武器的技术战术性能和标准化。1961年制订的《1961年国防工业系统工作纲要》，进一步明确了常规武器装备发展的原则、方针。在1962年初的编制装备会议上，周恩来强调指出：根据我国的经济条件和未来几年可能发生的战争情况，武器装备的发展，在抓紧尖端研制的同时，必须立足常规武器装备。

国防工业的科研水平和生产能力，是实现武器装备自行研制、生产，实现国产化的先决条件。在武器装备仿制阶段，中国就十分注意在苏联的帮助下，培养一支自己的国防科研队伍，建立起自己的军事工业。在人才培养上，逐步建立国防科技高等院校。在引进技术的同时，十分强调要做好“消化、吸收”工作。在基础工业建设上，进行了大规模的新建和扩建。至60年代前期，中国已建立了门类基本齐全的国防科研机构。1960年12月，中共中央批准中央军委关于集中有关方面科研力量、加快飞机、舰艇、无线电研制的建议，以三机部、一机部和海军、空军、通信兵部的有关机构为基础，组建航空、舰艇、军事无线电电子学三个研究院。1962年1

月，三个研究院列入军队编制，分别称国防部第六、第七、第十研究院。同时，根据补齐常规武器缺门的需要，有目的、有重点地加强军工厂的建设。60 年代初期，针对常规武器专业研究力量薄弱，形不成“拳头”的状况，国防科委提议充实和健全各军种、兵种的科学研究部（处）、专业研究机构，以及附设于研究机构之下的试制工厂或中间工厂。经中央军委批准后，总参谋部、总后勤部、各军兵种陆续组建和扩建了一批其他研究院（所），增设部分试制工厂和中间工厂，使各军种、兵种的技术装备论证、研制力量得到进一步加强。至 1964 年，全军共有国防科学技术研究院 12 个，独立研究所 16 个，总人数达 13 万多人，其中科技人员 5 万多人，初步形成一支有实力的国防科技队伍。全军各类军工厂达到 200 多家。1964 年后，根据中共中央加强战备、建设“三线”的指示，全军新建一批军工企业，为独立自主发展武器装备准备了更加充实的物质条件。

国防工业战线科技人员依据发展常规武器装备的方针规划，变仿制为自行研制，自力更生，从 60 年代初期展开关键原材料及其他有色金属和非金属材料的研制工作，并于 1962 年取得成果，使武器装备原材料开始立足国内。1961 年后，国防工业采取措施，集中力量打歼灭战，加强一些科研和试制项目，以及原料、材料、协同配套建设，使新技术、新工艺、新设备和新材料不断发展。随着重要原材料的解决和设计能力的提高，至 60 年代中期，人民解放军的常规武器装备自行研制的比例逐年提高。

陆军装备的研制。1960 年中央军委扩大会议确定，陆军武器装备发展的目标是：“提高火力、突击力、防护力和机动力，为逐步实现全部机械化的远景目标奠定基础。”根据这一发展目标，在枪械、火炮、坦克等方面，展开相应的自行研制工作。从 1963 年起，一批陆军武器装备相继定型。其中有：六三式 7.62 毫米自动步枪，六四式 7.62 毫米手枪及枪弹，六三式 60 毫米迫击炮，六四式 120 毫米迫击炮，六三式 107 毫米、130 毫米火箭炮，六五式双 37 毫米高射炮，六五式 82 毫米无坐力炮，8 倍望远镜，炮兵气象车，解放

30 中型履带牵引车。成功仿制苏式 122 毫米、130 毫米、152 毫米加农炮和 57 毫米、100 毫米高射炮。至 1965 年，全军炮兵装备的数万门各型号火炮，国产火炮占 85%，形成多品种、多用途、多层次的火炮系列，构成远中近程、高中低空的火力配系。此外，还有各种牵引车、运输车辆及观测器材数万台（具），陆军师属以上炮兵全部实现摩托化。六二式轻型坦克、六三式水陆坦克、六三式履带装甲输送车，以及以此为基础的轻型坦克抢救车、军用推土机、水陆装甲输送车等多种变型车辆相继研制成功并装备部队。与此同时，中国开始自行研制反坦克武器。1963 年以后，根据 1962 年全军编制装备会议制订的装备方案和打近战、夜战、山地战的战术要求，缩短科研战线，转向重点研制装备团以下部队的反坦克武器，并取得一定成绩。这些武器及相关配套装备的研制成功，使陆军装备向国产化、系列化发展迈出重要一步。

军用飞机的发展。依据总参谋部制订的装备规划，空军“以高速高空歼击航空兵和地空导弹部队为主，相应地加强轰炸航空兵和其他地面防空力量”。根据这一发展目标，在 1956 年仿制成功苏联米格－17 型飞机（歼－5 型飞机）后，1964 年 1 月仿制成功苏联米格－19 型飞机（歼－6 型飞机），使人民解放军有了第一代超音速喷气式歼击机。随后，对该型机进行了多种改型，生产出歼教－6 型、歼侦－6 型、歼－6Ⅲ型、歼－6 甲型等。该型机所用原材料国产率达到 97%，配套国产化率达到 90%，成为中国六七十年代的主战飞机。为进一步提高飞机的作战能力，1962 年决定仿制苏联米格－21 型高空高速歼击机，于 1967 年仿制成功，定名为歼－7 型飞机，并有几种改型机。在仿制和改进、改型的同时，科研人员努力攻关，开始自行设计新机型。早在 1958 年 3 月，空军司令员刘亚楼提出空军需要一种比较先进的强击机。经总参谋部批准后，开始研制强－5 型超音速喷气式强击机，1965 年底初步设计定型。强－5 型飞机作战性能较好，它的研制成功，提高了空军对地面攻击能力。1965 年 4 月，国防工办、国防科委向中央军委提出《关于双发新歼方案设想》的报告。5 月，中央军委正式批准，开始自行研制高空高速歼击机工作。军用飞机研制技术的不断改进和国产化，提高了空军部队的作战能力。

海军舰艇的研制。为了尽快发展海军装备，苏联毁约停援后，中央军委采取措施，调整部署，明确提出海军以潜艇、快艇和岸舰导弹部队为发展重点的建设方针，并要求坚持走自力更生的道路。根据中央军委的决策，舰艇研究院（国防部七院）先后组建舰艇总体、原理性能、主动力、特辅机、核潜艇总体以及各类武器装备研究所和总体论证部。1963 年六机部成立后，又建立造船、造机、仪表、工艺以及标准、情报等研究所。这些科研机构的建立，加上 60 年代中期起建立的一些大型试验水池、实验室、试验场等科研设施，为舰艇和海军武器装备的自行研制进一步创造了条件。军用舰艇工业和科研机构密切配合，艰苦奋斗，加快研制和生产，解决了舰用特种钢材、潜艇动力装置以及焊接技术等关键材料、设备、技术问题，实现了设备和材料的国产化。仿苏 33 型、31 型潜艇，21 型、24 型导弹快艇，25 型鱼雷快艇和自行研制的 26 型鱼雷快艇、65 型护卫舰，均于 1966 年前后入列服役。65 型护卫舰稳定性和强度都很好，且续航能力大，比较灵活。65 型护卫舰入列服役，标志着中国已经能够自行研制中型水面舰艇。1965 年，海军制订了海军装备科研的第二个五年计划，提出在现有技术和工业规模的基础上，研制核潜艇、中型鱼雷潜艇、中型导弹驱逐舰和护卫舰等大型研制工程。据此，六机部七院开始自行研制核动力潜艇、远洋测量船、导弹驱逐舰、导弹护卫舰和中型鱼雷潜艇等第一代舰艇，并相继开展自导鱼雷、新型水雷、火箭式深水炸弹、舰炮等武器装备的研制。

导弹的研制。从 1959 年开始，中国开始按照苏联提供的技术资料仿制地空导弹，于 1964 年 12 月制造出第一批国产地空导弹武器系统，命名为“红旗 1 号”，1965 年 4 月正式装备部队。接着，国防工业部门根据部队的实战经验，在“红旗 1 号”的基础上，采用

21 项技术改进措施，于 1965 年自行设计制造出“红旗 2 号”地空导弹武器系统。“红旗 2 号”的制导站有多种体制可供选择使用，与“红旗 1 号”相比，扩大了作战范围，提高了抗干扰能力，改进了战斗使用性能。1966 年 3 月，“红旗 2 号”开始装备部队。此外，从 1963 年开始，在仿制苏联提供的 B－750 型地空导弹时，进行技术改进。在此基础上，1965 年，中央军委批准国防工办提出的研制抗干扰能力强的中高空地空导弹武器系统方案。60 年代中期，开始自行研制空空导弹，并取得一定成绩。此外，依据防卫中国海洋的战略需要，国防部五院、七机部先后开展了舰舰导弹、岸舰导弹的研制工作。这些导弹装备部队后，大大提高了防空部队、航空兵部队的战斗力和海军的海岸防卫能力。

工程兵、防化学兵、通信兵和铁道兵等兵种按照国家工业生产能力和部门、兵种特点，有重点地发展了一批技术装备。工程兵装备以发展舟桥和重型工程机械为重点，至 60 年代中期，先后仿制改进了 63 式轻型舟桥、62 式重型舟桥，仿制并改进成功 65 式履带式挖壕机、64 式履带式敷路机，并装备部队，极大地提高了工程兵机械化、自动化作业能力。防化装备根据发展防原子、防化学的侦察、洗消、防护装备和喷火、发烟装备为主的方针，加快发展速度。至 1959 年，国产装备在全军防化装备总数中已占 90% 左右。1961 年仿制的两种集体防护器材定型投产，至 1963 年，第一代防化装备基本品种初步形成系列。此后，人民解放军开始重点研制第二代防化装备，1964 年，防化学兵科学技术研究院研制成功符合中国人头型、重量轻、防毒性能好、佩戴舒适、能通话的 64 型防毒面具。之后，以防化学兵科学技术研究院为主，独立自主研制的不带导管的 65 型防毒面具和 65 型侦毒器、65 型淋浴车、65 型化验车、65 型防化修理车等相继定型，防化装备提高到新的发展阶段。通信兵装备以雷达、导航、侦察干扰装备等为重点，先后研制成功高空、低空雷达系统，并相应的发展中空及海军、炮兵、气象等专用雷达，初步解决了超高空、超低空雷达的技术难关。无线电装备重点突破了半导体小型电台和以单边带、散射通信为主的远程大、中型电台以及接力通信机等装备。侦察干扰设备在50年代末开始试制生产，并装备个别独立部队进行配备试验。总后勤部根据《1960年至1967年后方勤务建设规划（草案）》，以发展现代技术装备和提高机动能力为装备建设的重点，加速研制后勤作战保障的技术装备，并取得一定成果，基本达到机械化和半机械化水平的目标。

在自力更生、发愤图强方针指引下，人民解放军陆、海、空和特种兵的主要武器装备自行研制和发展取得巨大成绩。据统计，截至1965年，经国务院军工产品定型委员会批准定型的500多项产品中，完全自行设计的已经达到50%以上。通过自行研制，人民解放军武器装备走向系列化、配套化，现代化水平和整体作战能力显著提高。

三、调整国防科技工业体制，形成门类齐全的科研生产体系

（一）加强军用无线电、常规兵器、造船工业和导弹工业管理机构建设

1960年9月，一机部划分为主管民用机械的一机部和主管军用机械的三机部。为分类管理国防工业，并减轻三机部的负担，经中共中央批准，1963年2月，三机部把无线电工业分离出来，成立第四机械工业部（简称四机部），对整个无线电工业建设统筹规划，王诤任部长。同年9月17日，中共中央决定，以原来三机部兵器管理总局和坦克车辆管理局为基础成立第五机械工业部（简称五机部），邱创成任部长；以原来三机部造船工业管理总局为基础成立第六机械工业部（简称六机部），方强任部长。通过加强无线电、兵器、造船科研机构建设，不仅使三机部改变了承担任务和项目过多的状况，而且为相关技术取得突破性发展创造了良好条件，适应了国防科技事业迅速发展的需要。

1963年，国防科委和国防工办开始研究和酝酿成立一个专门的导弹工业部，以适应发展导弹的实际需要。1964年8月，罗瑞卿在国防工办工作会议上提出，导弹的研究、设计、试制、生产，维持现状，肯定要多花钱，时间还要推迟，应由一个部门抓总。10月9

日，罗瑞卿就组建导弹工业部的有关问题向中共中央提出建议。经中共中央批准后，11 月 23 日，以国防部第五院为基础，从第三、第四、第五机械工业部及其他有关部门和省、市抽调若干工厂和事业单位，组成第七机械工业部（简称七机部），王秉璋任部长，统一管理导弹的科研、设计、试制、生产和基本建设工作。导弹工业部成立后，相关工作得到进一步加强和落实，在全面战备形势下迅速开展各种型号导弹的研制工作。

（二）科研机构与生产管理部门合并

为了提高国防科研和生产能力，解决科研与生产的矛盾，1963 年，国防工办和国防科委就改组国防科研组织问题进行了初步研究。1964 年 9 月召开国防工业会议，进一步讨论和研究了科研与生产结合的问题。10 月，罗瑞卿根据中央专委的意见，就国防工业部与对口的研究院合并问题写信给周恩来、邓小平，提出科研、生产部门合在一起，不仅对生产有利，也对科研有利，不仅对当前有利，也对远景有利。同年 12 月，国防科委和国防工办向周恩来、罗瑞卿提交关于国防部第六、第七、第十研究院与生产部门合并问题的报告。周恩来、邓小平和聂荣臻批示同意。1965 年 2 月 21 日，中共中央决定：国防部第六、第七、第十研究院分别合并到第三、第六、第四机械工业部，改属各国防工业部领导，名称改为三机部第六研究院、六机部第七研究院、四机部第十研究院。唐延杰为三机部副部长兼第六研究院院长，刘华清为六机部副部长兼第七研究院院长，孙俊人为四机部副部长兼第十研究院院长。各工业部除直接领导各生产工厂外，并直接领导所属研究院，从而把科技研究设计、试制、生产等工作的协作，在各工业部内联结起来。

根据中共中央关于科研与生产合并的指示精神，1965 年 2 月，五机部向国防工办提出《关于调整有关常规武器方面科研技术力量的请示》，建议将炮兵、装甲兵、工程兵、总后勤部军械部等系统内的科研机构与五机部的科研机构合并，统一集中以增强科研力量。报告得到中央军委的赞同。随后，炮兵、装甲兵、工程兵、铁道兵、防化学兵、总参谋部、总后勤部军械研究部门等一些研究机构，均就所属科研机构与工业部门合并和体制调整问题进行了研究讨论，并根据实际情况向五机部、四机部移交了部分研究机构，实现了科研和生产的进一步合并，较好地解决了军兵种和各工业部存在两套机构从事内容基本相同的研究设计工作的问题。

部、院合并后，为进一步解决部分厂、所的结合问题，更充分地发挥科研、设计与生产结合的优越性，1965 年 8 月 20 日，国防工业委员会主任贺龙提出：研究、设计与试制生产要进一步结合。9 月初，经中共国防工业第 16 次党委会讨论同意，部分研究设计所与工厂实现合并。

随着科研机构与生产部门的合并，原来主抓科研机构的国防科委对承担的任务进行调整。1964 年 12 月，根据国防科委主任聂荣臻的提议，并经周恩来、邓小平、罗瑞卿等人的同意，确定国防科委的任务主要包括：（1）研究人民解放军一定阶段应达到的武器和技术装备水平，组织各军兵种、各国防工业研究单位，进行战术技术论证，提出一定时期的新装备发展计划，安排和协调各研究机构的任务。（2）提出并组织国防科学技术的探索性工作。（3）针对敌方武器装备的新变化，安排随时出现的科研任务。（4）组织各国防科研单位之间工作的协调。（5）直接领导几个基地的工作，组织武器装备的试验定型。（6）加强与国家科委工作的结合，通过国家科委向民用部门研究单位提出任务，协同国家科委对科技十年规划中有关国防的项目进行协调和督促检查。组织和开展各国防专业和学会的活动。（7）调查各军兵种对于现有的和试用的武器装备、材料的使用意见，了解部队装备的技术革新情况。（8）加强调查研究工作，包括国外国防科学技术情报工作，经常向军委及有关部门反映情况，研究国防科学技术的发展方向、技术政策，并提出建议。

国防科研与生产机构经过全面改组和调整，组织规模有所扩大，管理体制更趋合理，提高了科研与生产能力，对加速人民解放军武器装备的更新与发展具有重要意义。

第六节　建立平战结合的后勤保障体制

进入 60 年代后，为与当时的战备形势相适应和解决平战结合等问题，人民解放军展开大规模的后方基地建设，积极储存战备物资；改革供应体制，开始实行划区供应和建制供应相结合的保障体制，后勤平时和战时综合保障能力显著提高。

一、进行后方基地建设，提高保障能力

1960 年 2 月中央军委扩大会议和 3 月召开的全军后勤工作会议作出建设后方基地的决策后，总后勤部组织力量研究制订了具体规划，并对基地进行勘察定位，后方基地建设进入实施阶段。

（一）后方基地建设规划

依据《后方勤务建设八年（1960～1967 年）规划》，同时根据形势、任务的变化及试点建设经验，总后勤部逐步完善了后方基地建设规划。

关于后方基地的任务。总后勤部最初提出，后方基地是战略布局和战区作战构成不可缺少的部分，主要负责保障军队作战行动。基地建设开展以及划区供应试行以后，总后勤部又进一步明确后方基地的任务，即按照全军的作战计划，储备各种战备物资；按照区域化的要求，统一规划，统一管理，统一使用区域内的仓库、医院、工厂等；按照划区供应的原则，组织区域内部队通用物资的供应、通用装备修理和卫生医疗保障。

关于后方基地性质区分。总后勤部提出，按任务性质，后方基地区分为战役后方基地与战略后方基地。战役后方基地主要负责战役方向作战部队的后勤保障，统一由有关军区负责组织规划、建设与管理。战略后方基地除主要负责各个战略方向作战部队的后勤保障外，还要储备战略物资与供应，以及负责部分军工生产，其组织规划、建设与管理由总部负责。1962 年 5 月，中央军委战略研究小组组长刘伯承就战略和战役后方基地关系指出：战略后方基地和战

役后方基地的关系，犹如树干、树枝、树叶的关系，战略后方基地如同树干，是不动的，战役后方基地有如树枝是半动的，战术后方基地有如树叶是全动的，它们之间顺畅联系的关键是解决机动问题。总后勤部在规划建设后方基地时，认真贯彻了这一精神，明确规定：战略和战役后方基地、战役和战术后方基地之间，在战时通过兵站运输线能联结起来，做到相互衔接，互相支援，在全国构成一个后方基地网。

关于后方基地建设布局。总后勤部最初提出，基地的选择根据总的战略（战役）意图、战区划分、交通运输、军事地理等条件，结合国家工业和国防工业布局，照顾平时与战时等需要。1962 年 8 月，叶剑英在视察某战略后方基地时指出，战略后方基地建设要逐步做到能储备物资，能修理装备，能安置家属，能支援前方。同年 12 月，在吸取各方面建议和建设经验的基础上，总后勤部进一步明确了后方基地建设的布局原则：一是后方基地应选在国家战略腹地或战略大后方的适宜地区，并尽可能与生产基地相结合。二是要与国家的经济建设、工业布局及其发展相适应，以便战时能充分地得到国家后方的广泛支援。三是基地要与铁路、公路、水路以及航空运输的主要干线相连接，以便在此基础上组建战时交通运输网。四是地形条件优越，一般要有骨干山脉作依托，使基地内的主要设施尽量做到隐蔽、安全。五是要在保障主要方向的同时，兼顾支援其他方向。

关于后方基地的构成。根据总后勤部的历次规划，主要包括领导机构、各种仓库与修理机构、医院，以及各种后勤分队等。战役后方领导机构统称军区后勤分部（平时编制 80～100 人），战略后方基地领导机构统称总后勤部某地办事处（平时编制 150～200 人）；仓库与修理机构主要包括油料仓库、弹药仓库、武器仓库、汽车器材库、军需库、汽车库，以及汽车修理和军械修理机构等，采取以中小型为主的原则进行建设，其中 1/3 建在战略后方基地，2/3 建在战役后方基地（包括分基地，海军、空军场站）；基地的后勤分队，包括警卫、通信、建筑、运输等，平时只编配一定数量人员，战时根据需要适当扩编。

在后方基地工程建筑步骤上，总后勤部提出施工步骤应根据军队装备的发展与后勤保障的需要，分主次缓急，逐步建成。坑道、仓库、地下手术室、军用通信线路与军用道路专线等工程，优先安排施工，其余工程做好规划和建设准备。力争1962年前完成各战略、战役后方基地的油料、弹药和武器坑道仓库的1/6以上。1967年底完成各项主要工程。

此外，总后勤部还明确规定：需建在各战略、战役后方基地内海、空军以及炮兵、装甲兵、工程兵、防化学兵、通信兵、铁道兵等军兵种仓库，由有关军兵种另行规划并报总参谋部批准，列入规划之内，分工筹建。

60年代中期，由于中苏关系进一步恶化，为保证后方基地的安全稳定，1964年秋，中央军委对后方基地建设规划进行了较大幅度的调整：一是调整后方基地布局，战役后方基地主要放在二线，少数基地（例如海军）和某些基地的一部分仓库放在一线，战略后方基地主要放在三线，少数放在二线。二是对部分战略、战役后方基地重新进行勘察、定点，新建仓库库址统一纳入国家“三线”建设规划；对原来规划的东北、华北战略后方基地靠近中苏、中蒙边境的一部分仓库向内地做了调整；对中间地区的战略、战役后方基地建设，做了重点加强；战略基地建设，以华北、中原、西南三个战略后方基地为重点；战役基地，以北京军区、南京军区和西南地区为重点；为适应西北地区军事斗争形势，加快西北战略后方基地建设。三是调整物资储备规划。按照作战计划，主要方向多储，次要方向少储；战役基地多储，战略基地少储；中间地区多储，两翼地区少储。同时，减少处于防御前线东北、中南、西北地区战略物资储备，相应地增加中原、华北、西南地区物资储备比例。为适应独立作战需要，要求各方向储备的物资逐步达到配套。

（二）后方基地建设的组织实施

从1960年开始，总后勤部采取多种措施，积极开展后方基地建设。

为了加快后方基地建设，总后勤部先后在东北、华北、西北、西南方向的适宜地区成立了办事处，至1964年底，先后组建起白城、大同、西安、衡阳、重庆、西宁等6个办事处，以及17个后勤分部，分别负责战略后方基地和战役后方基地的各项建设。为适应基地建设任务日益繁重的需要，总后勤部对上述机构多次充实调整，扩大编制，明确职权，从而使基地的设计、施工、建筑、军械器材、作战勤务、训练等各项工作得到落实。

为担负起繁重的后方基地建设任务，总后勤部陆续组建了一定规模的专业后勤工程部队。至1963年底，共组建后勤工程团5个，计1.1万余人；工程总队2个，计3500余人；工程营6个，计2900余人；工程大队共1.13万余人。后勤工程部队装备了大小型号的工程机械3000多台，使工程作业基本实行机械化，保证了工程质量和进展速度。60年代中期后，为适应全面战备需要，加强后方基地建设，又进一步扩大后方基地建设工程部队，使长期施工部队达到近5万人的规模。在后方基地建设投资上，总后勤部优先安排、逐年增加。1964年安排基地仓库建设投资即达到8亿元，约占当年军费总数（58亿元人民币）的13.8%。

以仓库工程建设为中心，带动基地的全面建设。基地建设展开之初，总后勤部就提出，后方基地建设要安全、隐蔽，多建设洞库工程，把抓仓库建设作为后方基地建设中的重点。1963年初，总后勤部在向中央军委呈送的《关于全军后勤工作的报告》中规定：“后方基地建设重点是仓库，主要是油库、弹药库和某些重要器材库。一般建地面库，在主要战略战役方向上，可适当建洞库作为骨干。”同年12月总后勤部司令部制订的《后方基地仓库建设规划（1963年~1972年）》，决定在1972年以前新建330万立方米油库，可容137万吨的弹药库，70万平方米武器库，93万平方米的综合物资库，354万平方米的军、兵种专用物资库。同时提出了洞库工程建设要根据国家物力财力，贯彻集中力量打歼灭战的方针，全面规划，分期完成，按照先主要方向、后一般方向，先主要库、后一般库的原则，有计划、有重点、有步骤地进行建设，仓库建设位置要“靠山、分散、隐蔽”，仓库布局要符合战术、技术要求；根据仓库的性质任务，因地制宜地确定仓库结构形式；严格基本建设程序，加强施工组织领导。

后方基地全面展开之初，正值国家处于暂时经济困难时期，财力、物力投入有限。总后勤部采取突出重点、循序渐进、缩短战线、集中力量打歼灭战的方法，贯彻“优质、快速、安全、低耗”的原则，发扬勤俭办一切事业的精神，战胜各种艰难险阻，积极开展后方基地施工任务，保证了工程建设的顺利实施。至1964年底，东北、华北、中原、中南、西南、西北6个战略后方基地，沈阳、北京、济南、福州、广州、昆明、新疆、西藏等26个战役后方基地，初步形成基础。在这些基地内，建成了一批包括油库、弹药库、武器库、综合物资库和军兵种专用器材仓库等在内的各种仓库。各基地共有较大型油料库39个，弹药库49个，武器库10个，其他物资库15个。基地内调配或组建了医院、修理机构和运输部（分）队。总后勤部办事处和后勤分部等基地领率机关陆续健全起来，并具有一定的组织指挥和保障能力。全军在战略、战役方向上初步形成以仓库、医院为主体，运输、修理、工程部（分）队相配套，前后衔接、梯次配备、综合配套的后方基地网，综合保障能力进一步提高。

二、实行划区供应与建制供应相结合的保障体制

50年代，人民解放军实行按建制供应的体制，即后勤供应工作由总后勤部统一组织领导，下分陆军、海军、空军3个系统，按建制自上而下逐级供应。这种供应体制实行后，不仅对组建不久的空军、海军的后勤建设有很大促进，而且对新中国成立初期人民解放军作战的后勤保障也起到良好的作用。但是，这种供应体制也存在一些问题。由军区后勤部直接供应到军直属队和师，军区后勤部直接供应的单位多，工作量大，平时忙于日常繁杂事务，影响了对全

区后勤的建设，遇到部队执行紧急任务时，广泛机动，情况变化急剧，往往不能及时保障。

针对上述问题，总后勤部总结抗美援朝战争中志愿军实行划区供应和建制供应相结合的保障经验，从1956年即开始论证酝酿实施划区供应问题，即根据积极防御的战略方针和战略布局，在预定战区建立后方基地的基础上，由军区按作战方针和任务以及战区的地理交通条件，划分若干供应区，实行地区性供应。在供应区内设置后勤分部，负责对进驻本供应区内的部队实施供应，师以下部队则按建制组织供应。60年代初，中央军委提出后勤保障要按照“以战区为主、统一指挥、独立作战”的方针，改条条供应为块块供应，实行基地化保障。

1962年，人民解放军进行中印边境自卫反击作战和东南沿海紧急战备行动时，由于尚未按作战方向形成区域化的后勤保障能力，因而临时增建后勤分部、基地兵站、野战医院、修理分队等机构，紧急筹措了必要的战备物资，既为实行划区供应提供了实践基础，也说明实行划区供应的必要性和紧迫性。1963年后方基地建设初具规模，各战略、战役方向上初步形成了区域化的综合保障能力，为大规模实施划区供应准备了条件。同年2月，总后勤部发出通知，要求各军区、军兵种后勤部和总后勤部各业务部门，在建制供应的基础上，研究划区供应的有关问题。12月20日，总后勤部向中央军委正式提出实行划区供应问题的报告，并将拟订的划区供应有关条例草案下发各军区征求意见。经中央军委批准后，1964年1月，总后勤部颁发《划区供应方案》，《方案》规定：供应区的划分，根据后方部署、交通运输等条件，并与战略、战役后方基地的保障范围大体相一致。全国除西藏、内蒙古军区外，共划分为37个供应区。凡在供应区内的所有部队、机关、学校等，均由设在该供应区的后勤分部（或直属后勤部）实行统一供应。供应区内一般的基本供应单位是：陆军的师、军直属部队、省军区、海防要塞区或守备区、海军的基地或水警区、空军的场站或空军师、院校。供应物资分为两类：通用物资，由后勤分部或直属后勤部统一负责供应；各军种、兵种专用物资，由军种、兵种直接供应，或交由后勤分部或军区直属后勤部代为供应。划区供应过程应当先统管后勤单位，再统管地区内所辖一切部队；先统管军区部队，再统管地区内的海军、空军和其他部队。先统管物资供应，再统管医疗、修理和运输等。

《方案》还要求，调整军区直属后勤部组织机构，使其逐步按划区供应的机关、部队和院校实行统一供应和统一业务管理。加强后勤分部和直属后勤部建设，军区、海军和空军后勤部在供应区内派遣相应机构，即后勤分部。后勤分部在平时担任地区性的保障任务，在战时担任战役方向或地区性的保障任务。后勤分部负责统一组织和实施全区内陆海空三军和公安部队的供应工作，并对供应单位的后勤业务工作负有检查、督促和指导的责任。凡配置在战役后方基地范围内的后勤部（分）队均由后勤分部统一领导，统一指挥。1965 年 1 月，总后勤部召开工作会议，要求各级后勤部门要解放思想，打破传统习惯束缚，做好划区供应试点工作，并指定在沈阳、福州、广州、昆明等军区进行划区供应的试点工作。此外，在陆海空三军部队较为集中的辽宁旅大地区，进行保障体制改革，对三军通用物资实行统一供应。

从 1965 年下半年开始，各试点区的后勤分部逐步接管了部分单位的供应任务，统一了海、空军岛上分散值勤分队的供应。1965 年 12 月，在全军后勤工作会议上，总后勤部根据中央军委做好早打、大打准备的要求，进一步调整分部部署，要求全军部队抓紧建设战备任务重、主要方向上的办事处、分部、兵站，以便及早适应划区供应需要。同时决定打破界线，把仓库、医院、修理工厂归所在地区部队管理，加紧推行划区供应体制。

总后勤部采取直接组织和依靠军区并重的方法，使划区供应工作迅速开展起来。划区供应实施后，人民解放军的后勤保障进入建制供应和划区供应相结合的新阶段。实行划区供应，由战区统一组织管理后方基地建设、物资储备、通用物资供应、卫生医疗、装备修理以及专业训练等工作，逐步形成了一套工作程序、管理制度和地区性的供给标准，较好地保障了部队的需要。实行这种新的供应体制，分部平时管理本供应区的仓库建设和物资储备，组织兵站运输和搜集、研究战时动员资料，熟悉本供应区的部队情况，使自身的组织指挥和供应能力在平时得到充分锻炼，战备工作进一步落到实处。同时按供应区划实施供应，既供又管、供管结合，分部有一定的机动权力，能够及时发现问题、解决问题，可以减少物资流转，节约人力、物力、财力，并在战时提高部队的机动能力。实行这一新的供应体制，对后勤现代化建设起到了促进作用。但是，这种新的供应体制只理顺了军区以下的陆军系统的后勤供应关系，未能很好地解决陆、海、空各军种之间供应保障系统存在的条块分割问题。

第七节　颁布《中国人民解放军政治工作条例》和开展学习先进典型活动

一、颁布《中国人民解放军政治工作条例》

50年代中期后，国际国内形势发生很大变化，人民解放军全面建设迅速发展，作为指导全军开展政治工作的法规性文件——1954年4月颁布的《中国人民解放军政治工作条例（草案）》，已经不完全适应人民解放军政治工作的需要，需要进行修改和完善，以适应变化了的形势。

据此，由总政治部负责组织，从人民解放军建设发展变化的实际出发，并考虑到若干年后可能的发展，依据中共中央和毛泽东的有关指示和论述、中国共产党第八次全国代表大会通过的《中国共产党党章》、1960年9月中央军委扩大会议通过的《关于加强军队政治思想工作的决议》等的精神，对1954年颁布的《中国人民解放军政治工作条例（草案）》进行了修改和补充，形成《中国人民解放军政治工作条例》（修改稿）。政治工作条例修改稿形成后，又在各部队广泛讨论征求意见的基础上，于1963年2月在全军政治工作会议讨论通过，并报请中共中央审定。同年3月27日，中国共产党中央委员会正式颁布《中国人民解放军政治工作条例》。

《中国人民解放军政治工作条例》包括总则和18个单项条例，即《总政治部工作条例》、《中国共产党军队委员会条例》、《政治委员工作条例》、《军区政治部工作条例》、《军、师政治部工作条例》、《团政治处工作条例》、《营政治教导员工作条例》、《连队政治指导员工作条例》、《连队支部工作条例》、《中国共产主义青年团连队支部工作条例》、《中国共产党连队革命军人委员会工作条例》、《舰、艇政治工作条例》、《飞行大队政治工作条例》、《省军区、军分区政治部工作条例》、《县（市）人民武装部政治工作条例》、《学校政治部（处）工作条例》、《医院政治部（处）工作条例》、《政治协理员工作条例》等。这些单项条例与1954年颁布的政工条例草案相比，将军政治部工作条例和师政治部工作条例合并为一个条例，将省军区政治部工作条例改为省军区、军分区政治部工作条例，增加了县（市）人民武装部政治工作条例、连队革命军人委员会工作条例，撤销了连队俱乐部工作条例和革命军人代表会议条例。

《中国人民解放军政治工作条例》阐明了党对军队绝对领导的原则和人民军队的宗旨，明确规定，中国人民解放军是中华人民共和国的武装力量，是中国共产党和毛泽东缔造和领导的工人农民的军队，是新型的人民军队。党和毛泽东制定的马克思列宁主义的政治路线和军事路线，是人民解放军取得胜利的根本保证。紧紧地和人民站在一起，全心全意地为人民服务，是人民解放军的唯一宗旨。《条例》有别于草案的一个重要特点是突出强调毛泽东思想的指导作用。《条例》指出，毛泽东思想是中国人民革命和社会主义建设的指针，也是人民解放军建设和军队政治工作的指针。

《中国人民解放军政治工作条例》强调政治工作的重大意义，重申中国共产党在中国人民解放军中的政治工作是人民解放军的生命线，并特别强调做好人的思想工作的重要性。

这个《条例》，总结了几十年军队政治工作的丰富经验，阐释了军队政治工作的重大原则，突出强调了毛泽东思想对于军队建设的指导作用和继承、发扬人民解放军优良传统的重要意义。

但是应该指出，这个《条例》是在党内军内“左”的思想逐渐发展的背景下制定的，因此带有不少“左”的内容。《条例》贯彻了林彪“四个第一”的思想，删除了“保证军队的正规化建设”等重要内容。“左”的思想路线对人民解放军的政治工作产生了负面影响。

二、职员制度、技术职称制度的初步实行

实行职员制度是人民解放军干部制度的一项重大改革。1955年，人民解放军开始实行职员制度，将从事行政事务、生活保障的部分专业技术工作的6万余名现役干部改为无军籍人员，留在原职岗位上继续工作。这项制度实行几年后，由于初次实行，缺乏经验，在实践中遇到不少问题。1960年将担任40种职务的3万人改为佩带专业符号的军人。1965年决定将在编职员改为现役军人，职员制度遂告终止。这10年职员制度的实行，实际上是人民解放军文职干部制度的一次尝试。

人民解放军的专业技术干部的技术职称问题，是随着军队从事科研、技术、医疗、教学干部日益增多，为保持专业技术干部队伍的稳定，调动他们的积极性和创造性而建立起来的。新中国成立初期，人民解放军对接收的少量从旧社会、旧军队过来的专业技术人员任命了技术职务，并给予相应的待遇。1962年1月29日，中央军委决定按照国家的规定，在军队部分专业技术干部中确定职务名称。2月9日，总政治部发出《关于军队科学技术干部职务名称和提升问题的通知》，规定军队专业技术干部的职称一般分为4级：在高等技术院校担任自然科学课程的教师，分教授、副教授、讲师、助教；教学研究机构的研究人员，分研究员、副研究员、助理研究员、研究实习员；工程技术人员，分总工程师、副总工程师、

工程师、技术员；卫生技术人员，分科主任、主治军医、军医。这项制度实行几年后，因“文化大革命”而停顿下来。

三、开展学习雷锋、“好八连”等先进典型活动

进入20世纪60年代后，人民解放军加强部队思想政治建设，开展树立共产主义道德风尚、全心全意为人民服务宗旨教育和学习毛泽东著作等一系列活动，部队基层建设出现可喜局面，先后涌现出雷锋等一大批先进模范人物和“南京路上好八连”等一批先进集体。他们不仅是人民解放军的楷模，而且成为全国人民学习的榜样。

（一）开展学习雷锋活动

雷锋是沈阳军区工程兵第10团运输连第4班班长。雷锋大公无私，乐于助人，经常解人危难，做了大量好事，具有高尚的品德；认真学习毛泽东著作，自觉改造世界观；学习刻苦，发扬“钉子”精神；工作勤勤恳恳，干一行、爱一行、钻一行。入伍前，在原籍湖南省望城县曾被评为县委机关工作模范和治水模范。1958年11月，雷锋到辽宁省鞍山市参加鞍山钢铁厂建设，连续3次被评为先进生产者，18次被评为标兵，5次被评为红旗手，荣获青年社会主义建设积极分子称号。1960年1月入伍后多次立功，被评为优秀战士、节约标兵，荣获模范共青团员的称号，是抚顺市第四届人民代表大会代表。1962年8月15日，因公牺牲，年仅22岁。雷锋用年轻的生命实践了“把有限的生命投入到无限的为人民服务之中去”的誓言。

学习雷锋的活动，在雷锋生前即已在工程兵和沈阳军区部队中展开。1960年11月23日，中共工程兵第10团党委向全团发出《人人都来学雷锋、赶雷锋，做雷锋式的五好战士》的号召。同一天，沈阳军区工程兵政治部作出《关于在部队中开展学雷锋、赶雷锋运动的指示》。26日，沈阳军区《前进报》发表了雷锋事迹的通讯报道和中共沈阳军区工程兵党委决定授予雷锋“模范共青团员”称号的消息。12月1日，《前进报》首次发表雷锋从1959年8月30日~1960年11月15日的15篇日记。12月8日，中国人民解放军

工程兵政治部转发中共沈阳军区工程兵党委授予雷锋“模范共青团员”称号的决定，并于1961年1月14日发出《关于开展学习雷锋的通报》。1962年2月27日，沈阳军区首届共青团员代表会议全体代表通过《给军区全体共青团员的一封信》，号召全军区广大共青团员和青年，以雷锋等先进人物为榜样，掀起一个学先进、赶先进的竞赛热潮。

1963年1月7日，国防部同意沈阳军区的请示，决定授予雷锋生前所在的运输连第4班以“雷锋班”称号。1月21日，在沈阳军区八一剧场隆重举行“雷锋班”命名大会，沈阳军区司令员陈锡联宣读了国防部的命令。中央军委秘书长罗瑞卿为“雷锋班”命名大会题词：“伟大的战士——雷锋同志永垂不朽。”1月23日，《解放军报》刊登了罗瑞卿的这一题词。“雷锋班”的命名，对沈阳军区深入开展学雷锋活动起了巨大推动作用，对全军部队以至在全国范围内开展学习雷锋活动都起了重要作用。

中国人民解放军总政治部发出通知，号召全军迅速开展宣传和学习雷锋模范事迹的活动。《通知》指出，雷锋的生平事迹是对广大干部战士进行革命精神和共产主义思想品德教育的教材，是加强部队思想建设，推动创造“四好”连队、“五好”战士运动的强大思想动力。《通知》指出，宣传和学习的重点有四个方面：一是阶级立场坚定，爱憎分明，永不忘本，忠于党和毛主席，忠于人类解放事业的革命精神；二是处处以党的利益为重，处处从革命的需要出发，决心做个永不生锈的螺丝钉，全心全意为人民服务的精神；三是艰苦朴素，克勤克俭，毫不利己，专门利人的共产主义的高尚品德；四是努力学习毛主席著作，自觉接受党的教育，严格要求自己，积极锻炼自己，认真改造自己的好学上进精神。

2月7日，《人民日报》发表通讯《毛主席的好战士——雷锋》和评论员文章《伟大的普通一兵》，并刊登《雷锋日记摘抄》。2月9日和21日，《解放军报》发表题为《像雷锋那样做个毛主席的好战士》和《再论像雷锋那样做个毛主席的好战士》的社论。3月2

日，《中国青年》杂志5、6期合刊首先刊发毛泽东“向雷锋同志学习”的题词。该合刊还刊发了罗瑞卿《学习雷锋》一文。3月4日，新华社向全国播发了毛泽东为雷锋题词，号召向雷锋学习的新闻通讯稿。3月5日，《人民日报》、《解放军报》、《光明日报》、《中国青年报》等报纸报道了《中国青年》杂志出版“学习雷锋专辑”的消息，并刊登了毛泽东题词手迹。这一天后来成为全国学雷锋日。3月6日，《解放军报》又刊登了刘少奇、周恩来、朱德、邓小平的题词。刘少奇的题词是：“学习雷锋同志平凡而伟大的共产主义精神。”周恩来的题词是：“向雷锋同志学习爱憎分明的阶级立场，言行一致的革命精神，公而忘私的共产主义风格，奋不顾身的无产阶级斗志。”朱德的题词是：“学习雷锋，做毛主席的好战士。”邓小平的题词是：“谁愿当一个真正的共产主义者，谁就应该向雷锋同志的品德和风格学习。”

雷锋感人的先进事迹、党和国家领导人的题词，深深地感染着全国人民。很快，学习雷锋活动的热潮在全国蓬勃兴起。共青团中央、全国总工会和全国妇联相继作出学雷锋决定，并以各种形式组织学习和宣传雷锋的各项活动。《人民日报》、《解放军报》、《中国青年报》、《光明日报》以及全国各地的其他报刊，都以大量的篇幅介绍雷锋的事迹，报道各地开展学习雷锋的情况，为学习雷锋活动的深入开展创造了良好的舆论氛围。从1963年3月6日至当年底，《解放军报》还发表了4篇重要社论，对于全军开展学雷锋活动起到了很好的指导作用。

3月，总政治部和共青团中央在中国人民革命军事博物馆联合主办了《雷锋同志事迹展览》，展出反映雷锋事迹的照片、实物200余件。短短几个月内，就有120余万人参观展览，留言7万余条。同月，反映雷锋生前事迹的纪录影片《新闻简报》1963年第12号，在全国上映。7～8月，沈阳军区抗敌话剧团创作的六场话剧《雷锋》进京演出。毛泽东、周恩来、陈毅等中央领导人观看了演出并接见了全体演员。1965年3月5日，八一电影制片厂根据雷锋事迹摄制的故事影片《雷锋》在全国公映。同年，解放军文艺出版社出版了《雷锋日记》、《雷锋的故事》等书籍，地方不少出版社也出版了《雷锋之歌》等有关宣传雷锋的书籍。

全军各级党委和政治机关都把学雷锋活动作为政治思想工作的一项重要任务来抓；各部队通过广播宣传，举行报告会、座谈会，出墙报和黑板报等多种形式，广泛、深入地宣传雷锋先进事迹。

雷锋是在中国共产党和毛泽东思想培养下成长起来的，是在社会主义社会和人民解放军这所大学校中锻炼出来的。他的思想、品德和先进的事迹，既体现了中国共产党和人民解放军的先进思想与道德，也展示了中华民族的先进文化与美德。因此，他不仅是中国人民解放军的先进代表，也是中国人民的先进代表。雷锋事迹在全军全国产生了巨大反响。全军全国开展学习雷锋活动后，在全军指战员和全国广大人民群众中激发了非常强烈的爱党爱国之心和建设社会主义强国的热情，形成“人敬人、人帮人”的良好社会风气和勤俭节约、艰苦奋斗的作风，不断涌现见义勇为、团结互助、无私奉献的先进个人和群体。

（二）开展学习“南京路上好八连”等先进典型活动

从 1963 年下半年开始，全军开展了宣传学习“南京路上好八连”等先进典型的活动。

上海警备区某部第 8 连自 1949 年 6 月进驻上海市繁华热闹的南京路后，14 年间发扬全心全意为人民服务和艰苦朴素的优良传统，保持人民军队和劳动人民的本色，身居闹市，一尘不染，热心为人民服务，深受广大市民的称赞，被称为“南京路上好八连”。

从 20 世纪 50 年代末期开始，“好八连”的事迹就受到人们的称颂。1963 年，学习“好八连”活动在全军展开。3 月 30 日，《解放军报》发表题为《艰苦作风，代代相传》的通讯和“好八连”的故事，进一步向全军宣传他们的先进事迹。4 月 8 日，总政治部批转总政青年部《关于部队学习雷锋活动情况的报告》，并指出：“在某种意义上讲，好八连是一个集体的雷锋。雷锋和好八连都是对部队进行共产主义思想教育的活教材。”总政治部号召全军各部队结合学习雷锋，向“好八连”学习。4月25日，国防部发布命令，授予上海警备区某部第8连以“南京路上好八连”的荣誉称号。5月5日，南京军区在上海隆重举行“南京路上好八连”命名大会，国防部副部长、南京军区司令员许世友代表国防部宣读命令，并亲手将一面绣着“南京路上好八连”的锦旗授予“好八连”代表。总政治部副主任徐立清代表总政治部在大会上发表讲话。他说，“好八连”是一个十分出色的连队，是人民解放军“四好”连队的一个典型，是集体雷锋。“好八连”的好有很多，主要表现在以下三点：八连经受了两种考验，钢铁炮弹的考验和“糖衣炮弹”的考验；八连的好，不只是一件事情做得好，而且是各方面的工作都做得好，在政治思想、三八作风、执行勤务、生活管理几个方面都很好，保持了人民解放军艰苦朴素的优良作风；八连的好，不只是表现在一时，而是十几年如一日，一代一代地传下来。

8月1日，毛泽东专门写了《八连颂》：

好八连，天下传。为什么？意志坚。
为人民，几十年。拒腐蚀，永不沾。
因此叫，好八连。解放军，要学习。
全军民，要自立。不怕压，不怕迫。
不怕刀，不怕戟。不怕鬼，不怕魅。
不怕帝，不怕贼。奇儿女，如松柏。
上参天，傲霜雪。纪律好，如坚壁。
军事好，如霹雳。政治好，称第一。
思想好，能分析。分析好，大有益。
益在哪？团结力。军民团结如一人，试看天下谁能敌。

“好八连”艰苦奋斗作风代代相传的事迹在军内外引起强烈反响。南京、北京、广州、沈阳等军区和铁道兵等单位于三四月间专门发出指示或通知，要求所属部队与学习雷锋活动紧密结合，广泛深入开展学习“南京路上好八连”活动。8～12月，“南京路上好八连事迹展览”在中国人民革命军事博物馆举办，参观者近50万人。1963年4月12日，周恩来在上海接见“好八连”前任指导员时，赞扬八连继承和发扬了党和军队的艰苦奋斗的光荣传统，指出他们的政治思想工作做得好，八连的经验也适用于其他方面，应当向八连学习。周恩来希望有关领导机关帮助“好八连”总结出一套具体经验，继续发扬下去，并便于其他连队和单位学习，不断地发展和丰富这些经验，把军队工作做得更好。

遵照中央军委和周恩来的指示，总政治部组织工作组对“好八连”的工作进行了检查，并同该连干部战士一起，对他们的思想政治工作进行了初步归纳总结。5月9日，总政治部发出《关于南京路上好八连政治思想工作经验介绍》的文件，详细介绍了“好八连”党支部是如何用毛泽东思想武装干部战士的头脑，如何对干部战士进行传统教育，如何抓住带有普遍意义的问题及时进行思想教育，如何进行正面教育，如何发挥连队骨干作用，如何首先管好干部，如何认真执行任务和做好群众工作，如何对待荣誉等方面的做法和经验。文件归纳了“好八连”做好政治思想工作的八条经验：一是带着问题学习毛主席著作；二是运用活的教材，进行阶级教育和传统教育；三是抓苗头，把思想工作做在前面；四是坚持表扬好人好事进行正面教育；五是发挥骨干作用；六是党支部要管好干部；七是做好群众工作；八是正确地对待荣誉。号召全军所有连队向“好八连”学习，学习他们艰苦奋斗的作风，学习他们政治思想工作的经验，让全军出现更多的雷锋、更多的“好八连”。

这次开展的学习雷锋、“好八连”等先进典型活动在毛泽东、刘少奇、周恩来等老一辈无产阶级革命家的亲自倡导下，既有声势，又有深度。正如1963年8月总政治部给中共中央和中央军委的报告中所说的：“同过去任何一次宣传和学习先进典型的活动比较起来，其发展之快，声势之大，群众热情之高，学习影响之深，是前所未有的。”

学习雷锋、“好八连”活动与贯彻《中国人民解放军政治工作条例》结合在一起，将部队学习毛泽东著作和创造“四好”连队、“五好”战士运动推向一个新的高度。这些活动的开展及相互配合，对于人民解放军实践为人民服务的建军宗旨，对于发扬优良传统、提高全军指战员的思想觉悟，推动部队各方面的建设都起到了积极的作用。在毛泽东发出“向雷锋同志学习”后的几年间，人民解放军涌现出大批雷锋式先进集体和个人。如：武汉军区“硬骨头六连”，广州军区“南海前哨钢八连”，沈阳军区“学习毛主席著作的模范红九连”和“神枪手四连”，济南军区“劈山开路先锋连”，南京军区“军民联防模范连”和“勤俭创业修理连”，福州军区“红色尖刀连”，北京军区“艰苦奋斗的二六一医院”，空军“霹雳大队”、“航空兵英雄中队”和“红色前哨雷达站”，海军“海空雄鹰团”、“海上先锋艇”和“海上猛虎艇”，西藏军区“西藏高原钢铁运输班”，总后勤部“川藏运输线上的钢铁运输班”等先进集体和欧阳海、王杰等英雄模范人物。

1964年1月22日，国防部授予武汉军区某部6连“硬骨头六连”的荣誉称号。该连是一个战备思想硬、战斗作风硬、军事技术硬、军政纪律硬的英雄连队。在战争年代，该连以善打硬仗、恶战著称。全国解放后，他们始终保持和发扬革命优良传统，加强战备观念，从实战要求出发，从难从严苦练硬功夫，扎实培养战斗作风，严格执行军政纪律，努力打牢打头阵、打硬仗、打大仗、打胜仗思想基础。因此，该连在各项建设中都取得了突出的成绩。

1963年11月18日，广州军区某部在进行野营训练时，一匹驮着火炮的军马受惊冲上铁道，将要与急速驶来的一列火车相撞，班长欧阳海毅然跃上铁路，推开驮马，避免了列车脱轨事故，保证了旅客生命和国家财产安全，自己却英勇献身。广州军区党委授予欧阳海“爱民模范”的称号。1964年1月22日，国防部授予欧阳海生前所在班“欧阳海班”的荣誉称号。1965年7月14日，济南军区装甲兵某师工兵营班长王杰，在江苏邳县张楼公社帮助民兵进行爆破训练，在炸药即将发生意外爆炸时，为掩护在场的民兵和人民武装干部的生命安全，奋不顾身，扑向炸药包，献出了自己年轻的生命。根据王杰生前的申请，部队党委追认他为中国共产党党员。11月6日，总政治部发出通知，号召全军向王杰学习。11月27日，国防部授予王杰生前所在班“王杰班”荣誉称号。

学习雷锋和“好八连”等先进典型活动，对加强部队思想政治建设起到了积极作用，同时也推动了部队其他方面工作的开展，对当时和后来全社会树立良好的道德风尚都起了极为重要的作用。

1962～1964年，随着周边形势的变化，人民解放军根据中央军委确定的“备战整军”方针，积极备战，以提高战斗力为根本标准，扎扎实实地开展各项工作，全面建设取得了重大成绩。在军事工作方面，整顿体制编制，使之更加适应作战需要；推广郭兴福教学法，掀起群众性练兵高潮，打开了训练工作的新局面。在政治工作方面，紧密结合战备形势，开展形势任务和战备教育，颁布《中国人民解放军政治工作条例》，注意发现培养典型，并大力组织开展学习雷锋、南京路上“好八连”等先进典型的活动，从而增强了全军指战员的战备观念，提高了官兵的思想觉悟，基层建设出现可喜局面。在后勤保障方面，开始有计划地建设后方基地，并在部分军区试行划区供应，部队的保障能力明显提高。在国防科技和军工生产方面，坚决贯彻中共中央、中央军委提出的“建立现代化的独立完整的国防工业体系，突破尖端、加强常规”的方针，依靠艰苦创业，自力更生，发愤图强的精神，先后成功地进行了原子弹和导弹核武器的试验；常规武器装备迈上了自行研制阶段，并基本实现国产化、系列化。人民解放军的现代化水平再上新台阶。

第五章 “突出政治”的提出和全面战备的开始

第一节 林彪提出“突出政治”，部队建设遭受“左”的思想严重影响

20世纪60年代中期，在中国共产党“以阶级斗争为纲”错误指导思想不断发展的形势下，主持中央军委工作的林彪提出“突出政治”，并在全军推行，给军队建设带来很大危害。

一、“突出政治”的提出及其危害

1964年11月30日，在全军组织工作会议上，林彪认为大比武影响了“四个第一”的落实，提出要把政治思想工作放在首要地位，要“突出政治”。12月初，他派叶群[①]到广州军区某团蹲点，搜集练兵和比武中的问题。12月24日，叶群以总政治部工作组的名义连续写了4篇反映大比武问题的调查报告。12月29日，林彪召见总政治部领导，指出：“现在出现了不好的苗头，军事训练搞得太突出，时间占的太多，军政工作比例有些失调，冲击了政治。”并强调说：“一定要突出政治，使政治思想工作真正成为我们全盘工作的基础。军事训练、生产等和政治工作发生了矛盾，要给政治工作让路。……政治和军事的时间比例，一般情况是三比七，特殊情况应倒过来，七比三。时间上谁让谁的问题，基本上要确定一个原则：让给政治。军事训练、生产等占用一定时间，但不应冲击政

① 叶群，林彪夫人，时任林彪办公室主任。

治，相反，政治可以冲击其他。”林彪提出：“今后两三年内都不要搞全军的比武，军区、军、师大规模的比武也都不搞。”林彪这次谈话精神被整理成《林彪同志关于当前部队工作的指示》，并附林彪给毛泽东的信，以中央军委文件形式呈送毛泽东等中央军委领导。毛泽东于 1965 年 1 月 15 日批示：“此件早已看过，完全同意，照此执行。”随后，该文件下发全军。

1965 年 11 月 18 日，林彪在《关于 1966 年全军工作方针的指示》中提出了“突出政治”的五项原则：第一，活学活用毛主席著作，特别要在“用”字上狠下工夫，要把毛主席的书当做全军各项工作的最高指示。第二，坚持四个第一，特别要大抓狠抓活思想。第三，领导干部要深入基层，狠抓“四好”连队运动，切实搞好基层，同时要切实搞好干部的领导作风。第四，大胆地提拔真正优秀的指战员，到关键性的负责岗位上。第五，苦练过硬的技术和近战夜战的战术。11 月 25 日，中央军委指示，决定把“突出政治”五项原则作为 1966 年全军工作的方针。

根据林彪的要求，1965 年 12 月 27 日～1966 年 1 月 18 日，总政治部召开全军政治工作会议。会议强调：必须把“突出政治”提高到“社会主义发展规律”、“反修防修的重大战略措施”和“我军建设的根本”的高度来认识和对待。会议指出，林彪提出的“突出政治”是加强人民解放军革命化、现代化的根本，是做好粉碎帝国主义侵略战争准备工作的根本，是反对现代修正主义、保持人民解放军永不变质的根本。会议认为：林彪提出的“突出政治”五项原则，“不仅是我军 1966 年各项工作的总方针、总任务，而且是我军建设的百年大计”。会议制定了《继续大力突出政治，坚决执行五项原则》的文件。1966 年 2 月，中共中央转发了这个文件，并指出：“突出政治”是根据社会主义社会的发展规律和社会主义的经济基础提出来的，是根据社会主义社会还存在着阶级和阶级斗争的事实提出来的，全军必须加以认真贯彻执行。自此，“突出政治”成为军队建设的指导方针。

“突出政治”的提出并在全军的贯彻执行，给军队建设造成极大危害。

第一，将全军刚刚掀起的群众性练兵热潮打了下去，严重冲击了全军正常的军事训练。林彪以大比武冲击政治、方向有些偏为由，公开指责大比武运动，并明确指示：今后不能年年搞比武，一个时期内不搞比武了，特别是不要集中起来搞。在林彪“突出政治”的压力下，1966 年初的全军政治工作会议特别指出：1964 年搞的全军大比武，以比武为中心，以军事为第一，大大冲击了政治，削弱了政治工作，违反了毛主席的建军原则，助长了部队的单纯军事观点，这是个方向性的错误，是个转向。1966 年 4 月 7 日，总参谋部颁发《关于 1966 年军事训练工作的指示》，废止了 1965 年 2 月 5 日颁发的《关于军事训练中普及先进经验的规划（试行稿)》，从而使军事训练从军队建设经常的中心工作位置，在事实上被降到了可多可少、可有可无、无足轻重的位置，遭受严重冲击和干扰，直接影响和损害了部队的战斗力。

第二，使政治工作出现了严重偏差，政治工作的威信受到严重损害。林彪将所谓“突出政治”作为考核、使用干部的主要甚至是唯一标准，谁对“突出政治”表示不同意见，就遭到批判和组织处理；许多党委和政治机关对政治工作的性质、地位、作用产生了误解，以主要精力组织部队开展政治运动，大讲阶级斗争和两条路线斗争，搞大批判等等。政治工作越来越脱离实际，政治工作的威信和作用大大降低。

第三，严重歪曲和混淆了政治工作与全军其他工作的关系，给全军官兵思想造成极大的混乱。林彪提出的“政治可以冲击其他”成为指导全军处理政治工作与军事工作及其他业务工作关系的基本准则，政治工作摆在了“大于一切”、“高于一切”、“压倒一切”的位置，政治工作与其他工作的关系变成为“冲击与被冲击”、“压倒与被压倒”的关系，全军在事实上废止了军事、政治、后勤、科研等方面许多与所谓“突出政治”相抵触的条令、条例、制度和规定。在政治与军事、政治与业务、红与专、政治工作与其他工作的关系上，极大地混乱了官兵的思想。谁抓军事、技术、业务、科学研究，谁就要被扣上“脱离政治”、“白专道路”和“单纯业务观点”等帽子。许多官兵因怕戴上“单纯军事观点”、“走白专道路”、“不关心政治”的帽子，而不敢热心抓军事、学业务和搞科研，从而严重损害了军队的全面建设。

二、错误开展批判罗瑞卿“资产阶级军事路线”的斗争

林彪对军事训练及大比武进行否定的讲话和“突出政治”的主张提出后，许多军队领导表示了异议。1965 年 1 月初，罗瑞卿主持召开第八次军委办公扩大会议，对 1964 年的工作进行总结。各军区、各军兵种领导在讨论发言中，充分肯定了大比武运动，指出这是人民解放军抓军事训练的最好时期，带动了其他各项工作，虽然存在一些问题，但成绩是主要的，方向是对的。同时，政治工作也落到了实处，事故下降，获得了军政双丰收。对林彪关于“突出政治”的指示，罗瑞卿强调要作正确的全面的理解，作分析的辩证的理解，他指出：大比武运动打破了许多框框，认真落实了中共中央、中央军委的指示，成绩是很显著的。十多年才比了一次武，积极意义是主要的。因此，军事训练不仅不能退下来，还要搞得更好。[①]

此后，罗瑞卿对林彪把“突出政治”和抓军事、练技术对立起来，把抓军事训练说成是单纯军事观点等主张，多次提出不同意见，作出具体阐释。他指出：怎么才叫“突出政治”，如何“突出政治”，这个问题在我们的同志中理解是不一样的。有林彪同志的理解，有我们的理解，还有另外一些同志的理解。这种现象是正常的。政治可以冲击其他，也不能乱冲一气。强调要“突出政治”，给政治让路，决不是单纯为了把政治搞好。单纯把政治搞好了，别

① 参见《罗瑞卿同志在军委办公会议第八次扩大会议上的讲话》，1965 年 1 月 9 日。

的都搞下来，这不能算真正的政治好，这是空政治。罗瑞卿提出一方面不要犯单纯军事观点和单纯技术观点的错误，另一方面必须把政治思想工作落实到军事训练和其他各项工作之中，使各项工作都过硬，不搞空头政治。

为了从组织上保证“突出政治”的推行，林彪把是否“突出政治”作为考核、选拔、使用干部的主要标准。在1965年5月19日中央军委召开的全军作战会议上，林彪公开批评了对“突出政治”持有不同意见的罗瑞卿等人。11月18日，林彪给毛泽东送去一份中共兰州军区委员会《关于××师紧急备战中“突出政治”的情况报告》，并附上一封亲笔信，着重讲了抓阶级斗争和“突出政治”的必要性。11月30日，林彪再次写信给毛泽东，并派叶群携带吴法宪、李作鹏等人收集的所谓罗瑞卿的有关材料，向毛泽东诬告罗瑞卿“反党、反毛主席”、“背着毛主席另搞一套”、“逼林彪让贤”等。12月2日，毛泽东在林彪报送的中共兰州军区委员会《关于××师紧急备战中“突出政治”的情况报告》上作出批语：“那些不相信突出政治，对于突出政治表示阳奉阴违，而自己另外散布一套折中主义（即机会主义）的人们，大家应当有所警惕。”① 明确支持林彪，对罗瑞卿抵制“突出政治”表示不满。

12月8～15日，中共中央在上海举行政治局常委扩大会议，对罗瑞卿抵制“突出政治”问题进行“背靠背”揭发批判。参加会议的有60多人。会上，林彪、叶群、吴法宪、李作鹏等人，结伙对罗瑞卿随意罗织罪名，诬陷罗瑞卿“篡军反党”。上海会议虽然没有对罗瑞卿作出任何结论，但会后，他被停止军队领导工作。12月29日，中央军委任命第一副总参谋长杨成武任代总参谋长。1966年1月8日，中共中央决定，增补陈毅、刘伯承、徐向前、叶剑英为中央军委副主席。5月23日，中共中央决定叶剑英兼任军委秘书长。

① 《建国以来毛泽东文稿》第11册，486页，北京，中央文献出版社，1996。

随后，在1965年12月~1966年1月召开的全军政治工作会议上，进一步批判罗瑞卿，指责他资产阶级思想严重，没有经军委办公会议和军委训研委员会同意，更没有报告中央军委，就擅自决定进行大比武，冲击和否定了林彪提出的“四个第一”，否定了毛泽东的建军思想，是方向性的错误。1966年3月4日~4月8日，经中共中央政治局常委会决定，中共中央召开有中央军委、总参谋部、总政治部、总后勤部、公安部、国防工办、国防科委、军事科学院和大部分军区、军种、兵种负责人参加的“讨论罗瑞卿问题的小组会议”，继续批判罗瑞卿，要求他检查“篡军反党”问题。4月30日，会议向中共中央提交《关于罗瑞卿同志错误问题的报告》，指出：罗瑞卿有严重的资产阶级军事思想，“篡军反党”。5月16日，中共中央向全党批转了该报告，将罗瑞卿的错误定性为“是用资产阶级军事路线反对无产阶级军事路线的错误，是用修正主义反对马克思主义、毛泽东思想的错误，是反对党中央、反对毛主席、反对林彪同志的错误，是资产阶级个人野心篡军反党的错误”。中共中央决定停止罗瑞卿中共中央书记处书记、国务院副总理的职务。

随后，在全军掀起大规模反对“资产阶级军事路线”的斗争，以“突出政治”为标准，对各级干部进行“排队”和审查。一大批在群众性练兵运动中表现积极、成绩突出的同志遭到批判和打击，军队建设遭到严重干扰和破坏。

三、取消军衔制

在全国反对“修正主义”特别是党在指导思想上“左”的错误影响下，中共中央和中央军委对人民解放军已实行近10年的军衔制，产生了错误认识，认为军衔制度基本是照搬苏联和其他国家的，人民军队过去没有这种制度，也一样打胜仗。这种制度不符合人民军队的优良传统。实行以来，利少弊多，副作用很大。主要是这种制度是一种资产阶级法权，等级表面化，助长了人们的名位思想，使人有等级森严之感，增加了同志之间、上下级之间和军民之间的隔阂。同时，军衔要经常调整，增加了大量的业务工作和思想工作，也给各级党委和政治机关增加了不少负担。鉴于这种认识，中央军委、毛泽东于1964年8月提出要取消军衔制。据此，中央军委于1964年八九月份召开军委办公会议第7次会议和军委第223次办公会议，对取消军衔制度问题进行专门研究，决定由薪金改革小组就取消军衔制度提出具体意见，并拿出相关方案，然后由中央军委组织实施。

经过征求有关单位的意见和建议，10月17日，薪金改革小组向军委办公会议提交了《关于取消军衔制度的意见》，明确提出："我军现行的军衔制度，是否取消的问题，各级领导同志，多数主张取消。……我们的意见以取消军衔制度为好。取消后对我军说来只有好处，没有坏处。"《意见》同时提出：我军军衔制度实行已久，在军内军外活动尤其是外事活动中已形成一套制度。因此，在取消军衔制度的同时，应考虑采取相应措施和方法予以弥补。

中央军委同意军衔薪金改革小组提出的《关于取消军衔制度的意见》，并于11月向全军转发了这个文件，要求全军开展取消军衔制度的思想教育。1965年2月18日，国防部向各总部、各军区、各军兵种、院校发出《关于停止授衔、晋衔工作的通知》，指出：中央已经批准了取消军衔制度，决定从即日起，停止授予和晋升军衔的工作。

与此同时，有关部门着手开展与军衔制度有密切关联的《中国人民解放军军官服役条例》、《兵役法》以及服装样式、领章帽徽等的修改工作。1965年初，中央军委向中共中央提出：鉴于军衔制度是根据《兵役法》和《军官服役条例》制定的，取消军衔制度，必须修改《兵役法》和《军官服役条例》。因此需采取由国务院、人大常委会宣布军衔制度明令取消，尔后《军官服役条例》中的军衔制度随之自然取消的办法。4月22日，国防部向国务院提交《关于取消军衔制度的报告》，提出："为了保持和发扬官兵一致、军民一致的优良传统，进一步密切官兵关系、上下级之间和军民之间的关系，更好地促进人民解放军的革命化建设，建议取消军衔制度。这个建议，已经中共中央审核同意，现呈请国务院核准报请人大常委会审议。”同时提出，取消军衔制度后，现役军人不分官兵、不分军兵种，一律佩带全红领章，参加外事活动时可用职务名称。同月，经第三届全国人民代表大会批准，对《兵役法》也作出相应的修改。5 月 22 日，第三届全国人民代表大会常务委员会第九次会议讨论了国务院提出的关于取消中国人民解放军军衔制度的建议。决定：取消中国人民解放军军衔制度。同日，中华人民共和国主席刘少奇发布主席令公布《取消军衔制度的决定》。

关于取消军衔制度后全军的服装样式、领章、帽徽等问题，中央军委多次研究讨论，并广泛听取意见。1965 年 4 月 24 日，中央军委向毛泽东并中共中央请示：建议在取消军衔制度同时，对现行军帽、帽徽和领章的式样，也加以彻底改革，做到三军一样，官兵一样。请示中还拟定了三军统一戴解放帽、佩红色领章，帽徽也改为全红五角星。毛泽东于同月 29 日批示：照办。据此，总参谋部于 5 月 21 日发出《关于改革现行帽徽、领章和军帽式样的通知》，通知全军从 1965 年 6 月 1 日起开始佩带新式的全红五角星帽徽和领章。大檐帽、女无檐软帽和水兵大顶帽，均予以废止。女裙服也不再着穿。海军服装的样式与陆、空军相同，其颜色改为深灰色。废止校以上军官的西式礼服。废止军官武装带。5 月 24 日，国务院公布了《关于中国人民解放军新的帽徽、领章和部分军装样式的决定》。6 月 1 日，全军开始统一执行上述决定。8 月初，总参谋部下达《对内务条令、纪律条令中某些条文的修改》的通知，对两个条令中涉及军衔的有关规定，做了适当的修改。10 月，中共中央宣传部、总政治部联合发出《关于取消我军军衔制度后在宣传、文化工作中若干具体问题的通知》，要求人民解放军取消军衔制度以后，在宣传、文化工作中，按照国务院《关于中国人民解放军新的帽徽、领章和部分军装样式的决定》和《国防部关于军人之间称呼问题的通知》执行。规定军人相互间称呼，通常称职务或者姓加职务或者职务加同志或者姓名加同志，如果不知道对方职务，可称“同志”。原来各种出版物、电影、幻灯、照片、美术作品和展览品，有旧式帽徽、肩章、领章、军服样式及军人间按军衔称呼，可不作改动，继续发行和展出，但是以后要严格按照取消军衔制度后的有关规定执行。各地报纸在新闻报道中应执行国防部关于军人称呼的规定。

取消军衔制度是“左”倾错误指导思想在军队建设上的一个重要表现，对人民解放军正规化建设造成重大损害，给军队全面建设带来了消极影响。

第二节　“准备早打、大打、打核战争”思想的提出和“三线”建设的开始

从1964年开始，美国侵越战争逐步升级，严重威胁到中国的安全，中国面临着与美国打一场战争的危险。与此同时，中苏关系进一步恶化，苏联开始在中苏边境陈兵。面对这种形势，中共中央、中央军委立足于最坏情况，确定了准备早打、准备打全面战争和核战争的战略指导思想，国防建设和备战工作提到国家各项工作的突出位置。

一、“准备早打、大打、打核战争”思想的提出

60年代中期，美国、苏联争夺世界霸权的斗争进入白热化状态，世界面临着全面战争和核战争的严重威胁。美国基于遏制共产主义的战略需要，继续推行敌视和遏制社会主义中国的政策。围绕中国周边地区，美国部署大量地面部队、海军舰艇及各种最新式的作战飞机。并在泰国、菲律宾、日本等地修建和扩建供战略轰炸机和大型舰艇使用的海空军基地，支持台湾当局对大陆进行袭扰破坏，派遣无人驾驶侦察机频繁侵入中国领空，实施军事侦察袭扰活动。尤为严重的是，美国不断扩大侵略越南的战争。从1964年下半年起，美国出动战机对越南北方实施大规模轰炸，将战火扩大到中

越边境地区。1965年后，美国直接出动地面部队侵入越南。由此，越南战争演变为以美军为主体、以“南打北炸”为特点的局部战争，中国的国家安全受到直接威胁。

在美国加紧对中国进行军事威胁的同时，由于中苏两党两国关系全面恶化，中苏边境军事斗争形势日趋严峻。1963年7月，苏联同蒙古共和国签订了针对中国的《关于苏联帮助蒙古加强南部边界防务的协定》，苏军开始进驻蒙古共和国。1964年2～8月，中苏边界谈判未果后，苏联向中苏边境地区增派兵力，调集了包括战略轰炸机在内的大批武器装备。同时，苏军频繁进行各种军事演习，派飞机侵犯中国领空。仅在1964年1～3月，苏军飞机侵入中国领空达20余次。苏联政界、军界领导人多次公开发表敌视中国的讲话。

鉴于这种形势，中共中央、中央军委认为，由于中苏关系恶化，美国乘机对中国发动直接侵略战争的危险性大大增加，中国的安全形势不容乐观，必须从战略上予以重视。1964年六七月间，毛泽东多次就战争形势问题作出重要指示，指出由于苏联出现修正主义，中国已经成为反对帝国主义的中心，是美国推行全球战略的主要障碍。在这种情况下，必须做好对付美国发动全面战争的准备，同时对苏联有所防备，充分准备独立作战和两面作战。要从各方面做好准备，准备敌人使用原子武器。这样才主动，才能有备无患，才比较可靠。8月中旬，中共中央书记处召开会议，主要研究加强战备问题。会上，毛泽东明确提出要准备帝国主义可能发动侵略战争，立足最困难的情况加强战争准备工作。

1965年美国直接出兵越南后，“准备早打、大打、打核战争”的战略指导思想进一步明确起来。4月2日，周恩来在会见巴基斯坦总统阿尤布·汗时，针对美国可能将其侵略战争扩大到中国的形势，表明了中国政府的立场：“一、中国不会主动挑起对美国的战争。二、中国人说话是算数的。三、中国已经做了准备。”5月，周恩来出访时，重申了上述立场，又加上了“四、战争打起来，就没有界限"①。4月9日，总参谋部召开会议，决定按照中共中央、中央军委的要求，加强战备，在全军进行战备动员。12日，中共中央发出加强备战工作的指示，指出："美帝国主义正在越南采取扩大战争的步骤，直接侵犯越南民主共和国，严重地威胁了我国的安全。……我们还要准备对付美帝把战火引到我们的国土上来。中央认为，在目前形势下，应当加强备战工作。""我们必须把情况设想得严重一些，把备战工作做得充分一些，特别是在重要的军事设施、工业基地、交通要地和大城市，要切实做好对付敌人突袭的准备。我们对小打、中打以至大打，都要有所准备。"② 4月12日~5月31日，中央军委在北京召开全军作战会议。刘少奇、周恩来、林彪、邓小平等到会，听取了会议情况并作了讲话。这次会议认真研究了毛泽东关于战略问题的指示，提出了贯彻落实的具体措施。会议明确提出：打与不打，要放在打的准备上；美国和苏联是否会联合起来侵略中国，要准备苏联参战；打不打原子弹，要放在打原子弹的准备上；迟打还是早打，要准备早打。会议制订了新的作战计划和战备计划（草案），对设防、武装力量动员等问题进行了部署和安排。会议同时也指出，立足于最坏的可能，做最坏的打算，但并不是说马上就打，"并不是现在就岌岌可危不可终日了"，而是强调准备的重要。7月15~28日，总参谋部、总政治部召开民兵工作会议，贯彻落实毛泽东关于民兵工作"三落实"的有关问题。会议认为："美帝国主义正在疯狂推行侵略政策和战争政策，侵越战争的赌注越下越大，加快'逐步升级'，策划扩大新的冒险行动。现代修正主义也在加紧同美帝国主义勾结……我们必须高度发扬爱国主义和国际主义精神，以临战的姿态，加紧做好战争准备，立足于打，准备早打、大打，准备打常规战争，也准备敌人把核战争强加在我们头上。"9月18日~10月12日，中共中央召开工作会议，主

① 《周恩来军事文选》第4卷，514、523、544页。

② 《建国以来毛泽东军事文稿》下卷，307页，军事科学出版社、中央文献出版社，2010。

要讨论了1966年国民经济计划和长远规划，会议同意“以国防建设第一，加速三线建设，逐步改变工业布局”的第三个五年计划方针，提出要藏粮于民，准备打仗。毛泽东在会上指出，现在不单是加强战备，战争实际上已经打起来了，我们要准备大打、准备美国投原子弹，打世界大战。根据毛泽东的指示，9月19～21日，刘少奇、周恩来、邓小平、罗瑞卿等召开中央军委座谈会，研究了国内外形势的发展及其可能出现的与战争有关的问题，进一步明确了立足于早打、大打、打核战争的战略指导思想。

“准备早打、大打、打核战争”的战略指导思想，是中共中央、中央军委对战争形势作出最坏打算，为应付最困难的情况而提出的。“准备早打、大打、打核战争”的战略指导思想，第一次提出了立足于独立作战、应付两面作战等重要思想，对新中国成立以来在中苏友好同盟基础上的战略指导思想进行了重大调整。这一思想的提出，主要是就军队战备和全国“三线”建设而言的，至60年代末和70年代初，在整个国民经济建设中都贯彻了这一思想。这一思想的提出，对全面加强战备建设，防止外国侵略起到了不可忽视的作用。但在同时，由于在战争判断上过于强调战争不可避免的一面，以临战姿态加强战备工作，给军队建设和经济建设造成了影响。

二、实施“三线”建设

60年代中期，中共中央、毛泽东立足于准备应付全面战争，作出调整经济建设布局、进行“三线”建设的战略决策。

（一）“三线”建设的提出

由于历史的原因，中国的工业布局很不平衡，大部分已建和在建的工业项目集中在沿海一带及大中城市中。据统计，至60年代中期，沿海地区钢铁、机械、化工等重要工业所占的比重，达到75%～90%。

1964年4月下旬，总参谋部在研究防敌突然袭击问题时，对国内战略交通、战略后方基地和国防工业基地布局问题进行研究后提出：经过几年的建设，各方面的战备布局虽然取得进展，但国防工业的大部分仍然集中在少数几个大城市及其周围，在敌人原子弹袭击的情况下，对国防安全极为不利。建议在“三五”计划①期间进行必要的调整。在此基础上，总参谋部作战部于当月25日提出《关于经济建设如何防备敌人突然袭击的报告》，对经济建设如何防备敌人突然袭击问题进行详细分析，认为有些情况相当严重，主要是：工业过于集中，全国14个百万以上人口的大城市，集中了约60%的主要民用机械和52%的国防工业；大城市人口多，大部分位于沿海地区，易遭空袭；主要铁路枢纽、桥梁和港口码头，一般多在大、中城市及其附近，易遭敌人轰炸破坏；所有水库的紧急泄水能力都很小，一旦遭到破坏，将酿成极大灾害。《报告》建议由国务院组织一个专案小组，根据国家经济的可能情况，研究采取一些切实可行的积极措施，以对付敌人的突然袭击。

《报告》提出的问题引起中共中央、中央军委的极大关注。5月15日~6月17日，中共中央在北京召开工作会议，研究农业规划和第三个五年计划问题。5月27日，毛泽东向刘少奇、周恩来、邓小平谈了他的意见。他从存在战争严重威胁的情况出发，提出：在原子弹时期，没有后方不行，“三五”计划要考虑解决全国工业布局不平衡的问题，要搞一、二、三线的战略布局，加强三线建设，防备敌人的入侵。毛泽东在这里讲的一、二、三线，是根据中国地理区域划分的，一线是指沿海和北部、西部边境地区；三线指云、贵、川、湘西、鄂西、陕、甘、宁、青、豫西、晋西等11个省区；介于一线和三线中间的地区，属于二线。三线又有大小之分，西南、西北为“大三线”，中部及沿海地区省、区的腹地为“小三线”。

6月6日，毛泽东在中央工作会议上进一步强调，只要帝国主义存在，就有战争危险。在原子弹时代，没有后方不行。要搞“三

① 新中国成立后，从1953~1962年，先后制订两个“五年”计划，因出现1959~1961年三年经济困难时期，中共中央决定1963~1965年为调整时期，第三个五年计划从1966年开始，即1966~1970年。

线”工业基地的建设，一、二线也要搞军事工业，各省都要有军事工业，要自己造步枪、冲锋枪、轻重机枪、迫击炮、子弹、炸药。有了这些东西就放心了，首先要把四川攀枝花钢铁工业基地快建起来。6月16日，毛泽东在十三陵水库召集中央政治局常委、各大区书记开会时又谈到，地方要搞军事，要搞民兵，搞修械厂，搞制造厂。各大区、各省，要做出计划。不要光靠中央，光靠几百万解放军，解放军要集中打仗，敌人把我们切断了，靠怎么行？薄一波后来回忆说：“毛主席的这番话，引起与会同志的共鸣。大家一致拥护他的主张，认为应在加强农业生产、解决人民吃穿用的同时，迅速展开三线建设，加强战备。”① 8月17日和20日，毛泽东又在中共中央书记处会议上两次讲话，提出要准备帝国主义可能发动侵略战争，工厂都集中在大城市和沿海地区，不利于备战。工厂可以一分为二，要抢时间迁到内地，各省都要建立自己的战略后方。

据此，9月5日，中共中央书记处发出指示，要求调整“一线”，集中力量建设“三线”。责成国家计委、国家经委尽快成立专门小组，抓紧落实“三线”建设。10月30日，中共中央批准并下发国家计委提出的《1965年计划纲要（草案）》。《纲要》提出，争取时间，积极建设“三线”战略后方。1965年6月16日，毛泽东听取余秋里关于编制第三个五年计划和长远规划问题汇报时指出：第三个五年计划“必须立足于战争，从准备打仗出发，把加强国防放在第一位；加快三线建设，改变工业布局，发展农业，大体解决吃、穿、用，加强基础工业和交通运输，把屁股坐稳”。“总而言之，第一是老百姓，不能丧失民心；第二是打仗；第三是灾荒。计划要考虑这三个因素。”② 同年8月23日，周恩来在国务院第158次全体会议上，将毛泽东上述谈话的意思概括为“备战、备荒，为

① 薄一波：《若干重大决策与事件的回顾》下卷，1200页，北京，中共中央党校出版社，1993。

② 毛泽东在听取计划工作汇报时的讲话记录。参见《建国以来毛泽东军事文稿》下卷，316页，军事科学出版、中央文献出版社，2010。

人民"[①]。9 月 18 日～10 月 12 日，中共中央在北京召开工作会议。会议正式通过了"三五"计划的基本方针："国防建设第一，加速三线建设，逐步改变工业布局。"并确定"三线"建设总的目标是：要采取多快好省的办法，在纵深地区建立起一个工农业结合的、为国防和农业服务的比较完整的战略后方基地。

（二）部署"三线"建设

"三线"建设思想提出后，中共中央、国务院、中央军委及有关部门组织力量，对"三线"建设进行了规划和部署。

1964 年 8 月中旬，中央书记处开会讨论"三线"建设问题时，决定"三线"建设的重点是加强西北和西南地区建设，在人力、物力、财力上给予保证。新建项目都要摆在第三线，第一线能搬的项目要搬迁，短期不能见效的续建项目一律缩小建设规模。有计划有步骤地调整第一线，"一线"、"二线"企业重点地搞技术改革。大专学校、科学研究设计机构、仓库、机关、事业单位等也要调整，向"三线"地区转移。停止大城市的续建项目，搬迁部分特别是军工和机械企业到"三线"、"二线"地区。一切新建项目应注重军事安全。工程建设贯彻执行分散、靠山、隐蔽的方针。

根据中共中央有关"三线"建设的指示、原则，国防工办于 1964 年 8 月中旬召开会议，拟定了国防工业建设"三线"的初步方案。即，第一，调整"一线"，对"一线"的生产、基建、科研及其他事业单位，区分不同的具体情况，分别采取"分、搬、缩、停"的办法，有计划有目的地向战略后方转移。分，老单位（包括工厂、科研机构、学校）要和专业化调整、技术改造、建设地方军工厂及合理布局结合起来，一分为二、一分为三，分一部分到"三线"去。搬，能够搬的坚决搬到"三线"去。缩，续建项目除确实是急需而又能够较快见效的，应缩小规模，利用已建成的工程组织生产。停，即"一线"地区除了受资源限制的项目外，一律不再新

① 周恩来在国务院全体会议上的讲话记录，1965 年 8 月 23 日。

建其他项目，其他项目坚决停下来。第二，压缩原在一线使用的投资3/4，作为1965年“三线”建设和“一线”搬家费用。争取在1964年和1965年将东北、南京等地区现有的工厂，搬一部分到“三线”地区。第三，组建勘察组，到“三线”地区选择国防工业的厂址，提出具体布局规划。

遵照国防工办确定的原则性意见，11月，由总后勤部组织召开了全军工厂管理工作会议，具体提出军队“三线”建设要求。(1)关键的、稀有的、精密的工厂（如仪表和光学器材修理厂、某些特需配件和装具制造厂等），要一分为二或迁厂。制造军需品工厂平时一般不迁厂，可在后方做些建设准备，以便战时迅速组织生产。其他修理厂原则上一律不动。舰船、飞机修理厂的布局问题，由海、空军确定。(2)搬迁的厂矿和新建厂，既要适应战备要求，又要力求经济合理。(3)各种装备配件生产，军队工厂只搞一些短线缺门的。凡是国家统一生产并能保证供应的，军队工厂不重复生产。

在加强全国性“大三线”建设的同时，对“小三线”建设也进行了规划部署。1964年10月10日，广东省委向中共中央提出了《关于国防工业和三线备战工作的请示报告》。根据毛泽东的指示，10月25日，周恩来、罗瑞卿及中央有关部委的负责同志就广东省委的请示报告进行了研究，并对全国一、二线省区的“小三线”建设形成了原则意见。10月29日，以中共中央名义向全国下发了《关于加强一、二线的后方建设和备战工作的指示》，11月3日，毛泽东批示“照发”。这个指示对“小三线”建设提出了具体的意见和要求，主要是：(1)各省、地区建设一批地方军工厂。包括枪支、子弹、地雷、手榴弹和炸药等轻武器的制造厂。(2)从大城市搬迁一些必要的配套工厂到省、区自己的后方，并且在后方相应的建设一些小煤矿、小电厂和必要的修配工厂。(3)搞好现有的公路、桥梁、渡口和通信线路，新建或者改建一些运输、通信设施和边境上的江河护岸工程。(4)修建一批储备粮食、原盐、汽油等战略物资的仓库。(5) 加强一、二两线后方地区的农业建设，特别是山区建设。(6) 迁建或者新建一些必需的医院和学校。(7) 省委和军区领导机关加强防护工程建设。

根据中共中央提出的意见和要求，经初步调查，国防工办、总参谋部、国家计委、国家经委、财贸部、财政部等部门研究，于1965年初明确提出“小三线”建设的规划和布局：(1) 根据对敌斗争需要，华北、华东、东北、中南4个大区共规划建设14个后方基地。(2) 建设一批地方军工厂。按照中央批准的第一步计划，用三年时间在“小三线”地区建设154个项目，生产20个品种。1965年计划安排开工68个项目，年内完工50个项目。(3) 为配合地方军工厂的建设，解决军工厂生产的原材料、燃料、动力的协作供应，拟新建和改建一批配套工厂。(4) 为沟通现有的公路、桥梁和渡口，各省均应规划为后方基地服务的公路干线、支线和桥梁建设。黑龙江、吉林、云南和新疆等边疆省区应加强边防公路和江河护岸工程建设。(5) 拟在大区内后方基地之间、后方基地同各指挥所之间、后方基地各省之间建设迂回通信线路。(6) 修建一批战略物资储备仓库。(7) 有关省、区平时应将发展农业和文教卫生事业纳入战备规划中进行安排建设。在“小三线”建设步骤上，首先安排一线省、市和边防省、自治区的建设，其次安排二线各省的项目建设。在各大区中，首先安排华北、华东的建设。其次安排中南、东北和西南区部分大区的建设。建设重点以军工厂为主，根据人力、物力、财力的可能，先安排地方军工厂的建设，相应的安排配套工厂及一些必要的军需民用工厂的建设。3月31日，中共中央批准关于“小三线”建设的规划。

(三) “三线”建设初步实施

在规划“三线”建设的同时，中共中央、国务院、中央军委采取积极措施，逐步开展“三线”建设。

一是成立“三线”建设的各级组织机构。经中共中央批准，1964年8月中旬，成立国务院专案小组，统一领导大小“三线”建设。由李富春任组长，薄一波、罗瑞卿任副组长，成员有李先念、谭震林、谢富治、杨成武、张际春、赵尔陆、吕正操、程子华、谷牧、韩光、周荣鑫等。中共中央1965年3月29日批复，同意组成西南局“三线”建设委员会，主任李井泉，副主任程子华、阎秀峰。1965年9月，彭德怀任西南“三线”建委副主任。西北“三线”建设，由中共中央西北局领导刘澜涛、王林、安志文、宋平负责。工业、交通系统的“三线”建设安排由国家经委、国家计委负责，铁路枢纽的防备措施由铁道部负责，国防工业的安排由国防工办负责。“三线”建设的铁道项目，成立“三线”铁道建设总指挥部，由李井泉任总指挥。对全国性的一、二、三线的划分，以及国防工事、战备动员的安排，由总参谋部负责。关于“小三线”建设的组织机构，1964年8月，中央书记处决定，由国家计委、国家经委和财贸办组成工作组，协助各省、市、自治区进行规划。同年12月，李富春提出，一、二线各省市后方问题，涉及地方军工和相应的配套协作问题（如交通、燃料、原料、动力等），建议国防工办抓总，一并安排，统一计算投资设备。有关地形厂址的选择，也由总参谋部和国防工办审查。经中央军委同意，国防工办副主任赵尔陆参加“小三线”工作组。1965年后，对“小三线”建设的组织领导作了调整：地方军工厂及其配套工厂的建设，由国防工办负责协同各有关部和各大区、省、市、自治区进行规划；有关后方基地的布局，公路、通信建设项目的审查，以及首脑防护工程的确定，由总参谋部负责；其他各项，由国防工办向有关部、口提出意见，分别进行规划；省、市、自治区“三线”的仓库建设，由各省、市、自治区按照分散原则，自行设计建设。此外，国务院专案小组还配合中共中央有关部门，派出多个工作组到华北、东北、中南以及华东的部分地区，具体指导“小三线”建设。

二是组织进行现地勘察，明确“三线”建设布局和厂址。1964年9月，国防工业各部门组织了勘察选厂工作队，共分10个地区组和一个中心组，由国防工办副主任赵尔陆率领，自9月中旬开始，至11月下旬为止，分别赴甘南、陇南、陕北、陕南、宁夏、四川、贵州、滇东北、鄂西、湘西及广西西江等区域的47个专区进行勘察，共踏勘1499个点，初步确定682个点作为国防工业厂址。在此基础上，1965年2月，罗瑞卿向中共中央报送《关于国防工业在二、三线地区新建项目布局方案的报告》，3月，中共中央批准该报告。《方案》规定，在陕西、贵州、山西和内蒙古有关地区分别建设地地、地空、舰舰和固体导弹及固体发动机基地，建设项目共83个；航空工业按东北、华北、西北地区和西南、中南等区域成套规划，新建6套飞机主机厂；以重庆钢铁厂为中心建设地面常规武器生产基地，计划用三年时间，即1965～1967年基本建成；在长江中上游，洞庭湖地区和广西西江上游地区，建设造船工业基地；在贵州、四川、陕西、湖北、湖南等有关地区新建8类无线电设备的生产、科研基地和相应的电真空、仪器、仪表、基础元件等专业化配套工厂。根据《方案》规定，1964年下半年和1965年，在西南、西北“三线”地区部署新建、扩建和续建大中型项目300余个。

三是将一些企业向“三线”地区进行搬迁。1964年9月，国务院副总理薄一波主持召开相关会议，首先部署开展工厂搬家问题。会议确定立即搬迁国防尖端产品所需的原料、材料、配套产品的企业，以及生产民用关键的企业。要求搬迁中采取由一线原企业负责到底的做法，对搬迁的设备编号、拍照，准备两套干部，使整个搬迁工作迅速行动，搬而不乱，边搬迁边生产。根据这些要求，工厂搬迁工作迅速展开，至1965年11月，从第一线的一些大城市搬出79个项目，迁出职工约4.8万多人，设备约6700多台。

为进一步加强“三线”建设工作，1965年11月，国务院专案小组在罗瑞卿主持下，召开专门会议，检查一年来的工作，并就工业疏散、铁路交通、沿海主要港口、水库、文教方面及其他几个具体问题，做出进一步安排。

此后10年中，国家总共投资2000多亿元资金，用于“三线”建设。从事“三线”建设的工人、干部、技术人员，克服自然环境恶劣，工作条件艰苦等重重困难，自力更生、艰苦创业，至70年代中后期，在“三线”地区建成和初步建成了一批国民经济骨干企业，形成以国防科技工业为重点，铁路交通、煤炭、电力、石油、钢铁、有色金属、建筑材料为基础，有机械、电子、化学工业相配套的门类齐全的工业体系。重点工程有成昆、湘黔、襄渝等铁路，以重庆、攀枝花、酒泉为中心的三个钢铁工业基地，西昌、河西军垦区为主的农业基地。

“三线”建设是一次大规模的经济备战，为抵御外部侵略做了必要的准备，对维护国家安全起到不可低估的作用。“三线”建设在一定程度上改变了中国经济布局不合理的局面，开发了内地资源，促进经济建设重点由沿海向内地的转移，对带动西部工业基础建设发挥了重大作用。同时，“三线”建设过程中也产生一些问题，如摊子铺得过大，过分注重战备而忽视经济效益等。

三、进行“三北”[①] 防护工程建设

中共中央、毛泽东提出“既要防美也要防苏”的战略指导思想后，中央军委进一步研究和部署防止美国从东面和南面、苏联从北面和西面对中国发动大规模入侵的准备。新中国成立后，中苏建立了友好同盟关系，中国将苏联看做是可靠的盟友，因此在北面基本没有防护准备。随着中苏关系的恶化，中国面临着苏联的直接军事威胁。在这种情况下，如何做好防止苏联进攻中国的战争准备问题，成为一项紧迫任务。1964 年 7 月 2 日，毛泽东与周恩来、彭真、贺龙、杨成武等谈军事工作和战略问题时，提出天津、北京地区要搞三道防线，不能只注意东边，不注意北边，只注意帝国主义，不注意修正主义。一切都准备好，准备好了，敌人可能不来，准备不好，敌人就可能来。毛泽东还提出：要加强西北、华北、东北地区工事建设，大青山（内蒙古地区）要做工事，新疆要挖坑道，黑龙江也要做。此后，中共中央、毛泽东多次要求人民解放军

① 三北，指东北、华北、西北地区。

要加紧防护工程建设，不要学习蒋介石那样，让日本人长驱直入，很快就打到南京、武汉、长沙。不要学习斯大林那样，让希特勒长驱直入，一下就逼到莫斯科、列宁格勒城下。“所以这些纵深要地，有山的要打点洞子，没有山的要堆点山，做点工事。要防止敌人向纵深空降，不能让敌人长驱直入。”①

根据中共中央、毛泽东的指示，8 月中旬，中央军委召开第七次军委办公扩大会议，传达学习了毛泽东关于战备问题的指示，并提出贯彻意见。会议决定制订一个全面的工程规划，在东北、华北、西北地区进行重点设防。9 月 24 日，中央军委向中共中央、毛泽东报送《贯彻战略方针问题的报告》，决定在东北、华北和西北地区展开坑道工事建设。12 月，总参谋部制定《对 1965 年国防工程任务安排的建议》，提出，1965 年全军的施工重点，除继续完成省、市以上首脑防护工程和岛屿的设防工程外，必须集中主要力量构筑北京、济南、南京军区的第一道防线的重点工程和沈阳、内蒙古、新疆军区的要点工程。并提出“三北”防护工程建设要全面贯彻重点设防、重点守备的方针，系统规划和组织实施，主要建立以坑道为骨干的永备工事。工事要能够防原子、防化学、防细菌武器。要抢在敌人发动侵略战争以前搞好工事，加速施工进程。在施工方法上，狠抓重点工程，集中力量打歼灭战。

为进行“三北”防护工程建设，由总参谋部具体组织，对西北、华北、东北预定作战方向进行工程勘察规划。早在 1963 年，罗瑞卿率领工作组考察了军事斗争趋于复杂的西北地区。在视察过程中，罗瑞卿对设防工程做了重点部署。1964 年 5 ~ 7 月上旬，根据总参谋部的组织和安排，北京军区政治委员廖汉生、副司令员郑维山以及新疆党政军有关领导联合对新疆地区进行了现地勘察，就西北地区防御工事作出具体规划。提出在工程建设上，应以坑道和掘

① 《建国以来毛泽东军事文稿》下卷，308 页，北京，军事科学出版社、中央文献出版社，2010。

开式永备工事为骨干，与大量的野战工事相结合。坑道要求中、小、短，特别是战斗坑道要求短而小。施工顺序，应先做首脑工程和核心阵地工程，其次是与大打有密切联系的重要阵地。

在华北地区，1964 年 7 月下旬，经中央军委和华北局书记处批准，成立以北京军区司令员杨勇、政治委员廖汉生为组长的华北地区战备小组，负责制订华北地区作战计划，部署防御工程建设。8 月初，华北地区战备小组召开第一次会议，研究部署防御工事建设问题，初步预定建设三道防御工事。9 月 22 日～11 月 12 日，罗瑞卿、杨成武在杨勇、廖汉生、郑维山的陪同下，分两路对华北地区进行战场勘察。11 月 14 日，罗瑞卿、杨成武在北京召集会议，进一步明确了华北地区设防问题。

在东北地区，1964 年 10 月 6 日～11 月 2 日，在总参谋部的指导下，沈阳军区和内蒙古军区组织对中苏、中蒙边境的内蒙古自治区东部、东北三省的 6 个专区进行了勘察，并研究确定了防护工程建设重点：本着"重点守备、重点设防"的原则，在距离边境一定的纵深内，选择有利地形，采取卡口子的办法，组织大纵深的要点式防御，抓紧工程建设。

在战备勘察的基础上，经中共中央、中央军委批准，1964 年 9 月 18 日，总参谋部向总后勤部、各军区、海军、空军、铁道兵、工程兵、通信兵发出《关于扩编工程建筑部队和铁道兵部队问题》的通知，决定在扩编的 40 万工程、铁道兵中，抽调一部分给东北、华北和西北地区，以保证和加强"三北"阵地防御工程建设。10 月，中共工程兵委员会发出《关于加强战备，加速完成国防工程建筑任务的决议》，号召全体指战员和工程技术人员，增强责任感，以"施工就是打仗，工地就是战场"的战斗姿态，积极投入到国防工程施工中去。

从 1965 年开始，工程兵和北京、沈阳、兰州、新疆、内蒙古等军区抽调大批部队及物力投入"三北"防护工程建设。1965 年 11 月 29 日～12 月 18 日，工程兵在北京召开全军国防工程会议，研究落实工程建设的有关问题。会议根据“准备早打、大打、打核战争”的战略思想，就设防方向、设防重点、工事位置等问题，进行深入的讨论研究。会议提出，防御工事建设必须正确处理好全局与局部、重点与一般、前沿和纵深的关系。重点方向上的要点工程，战时来不及做的，平时一定要先做好。这次会议对“三北”阵地防护工程做了战术和技术上的调整和修改。1966 年 1 月，总参谋部召开小型作战会议，进一步研究和调整了“三北”设防等问题。

“三北”防护工程一般依托山势等有利地形构筑，可以屯兵，储藏粮、弹、水，组织后勤保障和通信联络，构成能打能藏的阵地工程。战争发生时，担负坚守防御作战任务的部队可依托这些工事和阵地，迟滞和消耗敌人，阻止敌人长驱直入，掩护国家转入战争状态和战役、战略预备队的展开。“三北”防护工程的构筑，增强了人民解放军反侵略战争能力，并对遏制战争起到了一定的威慑作用。

第三节　打击国民党军大型舰艇袭扰活动和保卫领空安全的斗争

一、“八六”海战和崇武以东海战

国民党军利用小型船艇进行的小股袭扰活动连续被挫败后，为鼓舞士气，扩大影响，从 1965 年下半年开始，动用海军大型战斗舰艇运送小股武装特务，伺机登陆袭扰或对大陆渔民进行“反共心战”活动。针对国民党军的作战企图，人民解放军海军部队认真分析形势，制订了放至近岸、协同突击、一一击破的作战方案，将斗争重点转移到打击国民党军大型海军战斗舰艇上，并先后取得“八六”海战和崇武以东海战的重大胜利。

1965 年 8 月 5 日，国民党海军大型猎潜舰“剑门”号和小型猎潜舰“章江”号，由台湾左营隐蔽出航，企图输送武装特务到福建南部沿海地区突击袭扰。18 时 05 分，在福建东山岛东南地区被发现，广州军区、海军请示总参谋部后，决定予以打击。18时30分，南海舰队向部队下达作战预先号令，命令以汕头水警区护卫艇第41大队护卫艇4艘、鱼雷快艇第11大队鱼雷艇6艘组成突击编队，由汕头水警区统一指挥，按照“放至近岸，协同突击，一一击破”的作战方针，先打“剑门”号后打“章江”号，力求将两艘敌舰一举全歼。6日2时许，在兄弟屿东南海域，解放军海军参战部队接近敌舰“章江”号，随即发起攻击。由于处于不利阵位，前两次冲击未命中敌舰。2时51分，海军作战编队第3次发起冲击，高速接敌，抵近至500米射击，直至一二百米以内，“章江”号中弹起火。因为解放军海军作战舰艇速度过快，冲过敌舰，被迫停止射击。3时01分第4次冲击时，敌舰突然转向，向解放军海军作战编队高速冲来，企图插乱解放军海军作战队形。解放军各舰艇继续抵近猛烈射击。经过激烈的短兵相接，“章江”号失去抵抗能力，解放军海军作战编队乘机组织第5、第6次冲击，“章江”号中弹爆炸，3时33分沉入海底。击沉“章江”号后，解放军海军舰艇部队对“剑门”号实施攻击。5时10分接敌后，各舰艇集中火力猛烈射击，“剑门”号中弹起火。5时20分，解放军编队快艇第二梯队利用有利时机，在护卫艇的掩护下，接敌2～3链施放鱼雷10枚，3雷命中，“剑门”号沉没。

此次战斗，自解放军海军舰艇部队出航至返回基地，历时12小时45分，与敌战斗持续3小时43分，取得了新中国成立后最大一次海上作战的胜利。以轻伤护卫艇、鱼雷艇各2艘、亡4人，伤28人的代价，击沉了台湾国民党海军大型猎潜舰和小型猎潜舰各1艘，毙敌巡防第2舰队少将司令胡嘉恒以下170余人，生俘“剑门”号舰舰长王韫山以下33名。在这次战斗中，人民解放军海军参战部队英勇作战。其中611艇中弹17处，4部主机被打坏了3部，3个舱室进水，人员伤亡过半。该艇轮机兵麦贤得被弹片击中头部，脑部严重损伤，但仍以惊人的毅力坚守在机器旁，直至战斗胜利。中共中央、中央军委高度评价这次海战的胜利，国防部通令嘉奖参加作战部队，赞扬“这一仗打得坚决，打得干脆，打得漂亮”。并授予麦贤得“战斗英雄”称号。8月17日，毛泽东、刘少奇、周恩来、邓小平等党和国家领导人在北京接见了参战有功部队的代表。毛泽东称赞这次海战打得好，是“蚂蚁啃骨头”。周恩来总理对“八六”海战作了精辟的总结，指出这次海战之所以打得好，小艇之所以能打沉大舰，主要是打了近战、夜战、群战。

国民党军不甘心失败，于11月13日再次派遣护航炮舰“永昌”号和大型猎潜舰“永泰”号进至福建崇武以东海面，进行窜扰活动。13日下午，海军福建基地决定由护卫艇第29大队、第31大队高速护卫艇6艘和鱼雷艇第6支队第31大队鱼雷艇6艘，组成战斗编队，对其进行打击。战斗编队制订了详细的作战计划，并得到总参谋部的批准。编队在出击途中，各舰同时接到周恩来总理对海战的指示：要抓住战机，集中兵力先打一条；要近战，发扬英勇顽强的战斗作风；争取天亮前撤出战斗。编队遵照指示，迅速出击，于13日23时在崇武以东海面接敌，编队指挥员下令减速，集中火力向“永泰”号射击。“永泰”号受伤后快速逃窜。编队指挥员随即下令鱼雷艇群攻击“永昌”号。从23时52分~14日0时21分，解放军海军作战编队的鱼雷艇群3个组冒着猛烈炮火，先后出击5次，发射多枚鱼雷，均因阵位不佳和“永昌”号频繁规避，未能取得战果。周旋至0时30分许，解放军作战编队鱼雷艇第3组145艇再次进入战斗航向。为不失去战机，艇组指挥员下令单艇相继攻击。145艇随即发射两枚鱼雷，“永昌”号尾部命中一雷，当即失去机动能力。0时42分，寻找战机的解放军护卫艇第二突击群趁机抵进至150~50米，以37毫米炮和75米毫米无坐力炮向其水线部位猛烈射击，最终将“永昌”号击沉。人民解放军海军部队实现了预期的作战目标，取得了海上作战的又一次重大胜利。此战，击沉国民党“永昌”号护航炮舰，击伤“永泰”号大型猎潜舰，俘虏国民党军官兵9人。参战部队受到中央军委嘉奖，11月26日，周恩来和罗瑞卿接见了作战有功人员。

台湾当局派遣武装特务袭扰大陆受到重创，不得不逐渐减少了突击袭扰活动。

二、打击入侵中国领空的美军飞机

美国派军用飞机对中国大陆进行侦察袭扰活动，在五六十年代一直没有停止过。据不完全统计，仅从1958年9月7日～1964年7月1日，美国派出各种军用飞机侵犯中国领空达400多架次。为了有效地打击入侵中国领空的美国军用飞机，经中共中央批准，1963年6月25日，中央军委颁发《沿海地区海、空情况处置守则》，人民解放军遵照中央军委制定的作战规定，对入侵中国领空的美军飞机实施坚决打击。1964年以后，美国扩大侵略越南的战争，为了查明中国的军事动态，加紧对中国大陆侦察袭扰。为保卫国家海空安全，人民解放军展开打击美军作战飞机和无人驾驶侦察机的军事行动。

（一）打击美军作战飞机

1964年8月5日美国作战飞机轰炸越南北方后，人民解放军全面加强西南地区战备，总参谋部于8月5日晚和6日上午召开紧急作战会议，决定空军、海军和广州、昆明军区部队立即进入战备状态，并加强广西、云南、海南岛地区的防空力量。空军、海军随即进行部署。8月10日，总参谋部发布《加强广西、云南等地区防空兵力命令》，调福州军区高射炮兵第63师、空军高射炮兵第3师进至南宁加强防空；沈阳军区高射炮兵第61师，进至昆明和蒙自地区展开；调海军高射炮兵第6团1个营，进驻海南岛榆林，加强榆林地区防空作战。8月初，人民解放军空军向中南、西南地区增调2个航空兵师和1个夜航大队、1个高射炮兵师，并指定8个航空兵师又1个团担任第二梯队。同时，在该地区增修和扩建机场，增设雷达、通信等保障设施，在情报侦察、通信联络、战备制度、作战预案等方面均作了具体部署。在进行充分准备的同时，为了不给美国以扩大战争的口实，1965年1月11日，中央军委颁发《南海地区对美舰、美机斗争的六项规定》。要求前线部队采取有理、有利、有节的斗争策略，对侵入中国领海和领空进行活动的美舰、美机，主要是进行政治外交斗争，揭露其阴谋和侵略行径，所有部队未经中央军委、总参谋部批准，均不得射击。

1965 年 3 月美国侵略越南的战火日益扩大，中国南部安全受到严重威胁。美国军舰和各种型号的飞机不断入侵中国领海领空，进行侦察挑衅，甚至袭击中国渔船，打死打伤渔民。3 月 29 日，美军出动 8 架战斗机先后 2 次侵入中国海南岛地区领海上空。同日，美机 2 架对在海南岛莺歌海以西公海上捕鱼的中国渔船，公然连续 3 次进行攻击扫射。4 月 8 日和 9 日，美军 F－4B 型舰载机多批多架，侵入中国海南岛崖县、白沙、昌感地区上空进行挑衅活动。人民解放军海军航空兵起飞 4 架歼－5 型飞机监视。美机见势不妙，连续向人民解放军海军飞机发射数枚导弹后逃逸。为反击美军的武装挑衅，4 月 9 日，副总参谋长杨成武将有关情况向周恩来总理和中共中央作了报告，并提出：最近敌人不断扩大侵越战争，情况发生了重大变化，建议撤销军委 1965 年 1 月 11 日颁发的《南海地区对美舰、美机斗争的六项规定》，仍然执行 1963 年 6 月 25 日军委颁发的《沿海地区海、空情况处置守则》，按照中共中央的战略决心，对侵入中国大陆和海南岛上空的美机采取坚决打击的方针。这样，既不主动惹事，也不示弱，政治上、军事上都比较有利。毛泽东于 4 月 9 日指示：恢复 1963 年守则，“美机入侵海南岛，应该打，坚决打。……海军应该调强的部队去，不够就由空军调强的部队去。美机昨天是试探，今天又是试探，真的来挑衅啦！既来，就应该坚决打。海军航空兵和空军应该统一指挥，海军和空军应该很好地配合起来打”①。

根据中共中央和毛泽东“应该打，坚决打”的指示精神，中央军委修改了对入侵美机的政策，由原来的一般不予攻击，改变为坚决打击。对 1963 年颁发的《沿海地区海、空情况处置守则》中限

---

① 《毛泽东军事文集》第 6 卷，403 页，北京，军事科学出版社、中央文献出版社，1993。

制太死、不适应新的斗争需要且难以执行的规定，作了修改，并于1965年4月17日颁发有关单位执行。《守则》规定，对于入侵中国沿海岛屿上空的外国战斗机、侦察机，只要在地面和舰艇防空火器的有效射程内，应坚决予以打击。

为有效打击入侵敌机，1965年8月~1966年2月，人民解放军先后组建了高射炮兵第68、第69、第70、第71、第72师。1965年4月12日，空军根据中共中央和中央军委加强作战研究并拟订各种情况下作战方案的指示，制订《对付美机挑衅的作战计划》，并迅速调整部署，向海南地区增调2个大队歼-5型飞机20架，组建2个高射炮兵团另3个独立高射炮兵营，新建隐蔽和机动雷达站及飞机场。根据中央军委的指示，南海舰队航空兵由广州军区空军统一指挥，以广州军区空军为主成立遂溪前线指挥部，负责美机侵入重点地区中南方向的反敌侦察、轰炸的对空作战指挥。担负云南、广西、雷州半岛、海南岛等地区防空作战任务的空军各部队、地空导弹部队、高射炮兵部队和海军航空兵，进入待机地域后，迅速制订作战方案，完成作战各项准备，并根据美机以往入侵中国领空的战术特点、规律和空域，研究对策，组织以反美机入侵为战术背景的训练和演习，加强战备值班和对空巡逻。

1965年9月20日，解放军海军航空兵部队与入侵美军作战飞机展开较量。当日，美军1架F-104C型战斗机侵入中国海南岛上空，人民解放军海军航空兵第4师第10团大队长高翔、副大队长黄凤生各驾驶歼-6型飞机起飞拦截。11时，在地面导航员引导下，迅速准确地接近美机，抢占有利战位，迅速实施攻击。美机为摆脱被动，掉头逃窜，大队长高翔勇猛追击，从距离290余米处开始射击，美机凌空爆炸。战斗结束后，毛泽东、周恩来、罗瑞卿等中共中央和中央军委领导分别接见了参加战斗的全体人员。10月5日上午，侵越美军在出动上百架次轰炸机轰炸越南北方城镇的同时，派战斗机3批13架侵入广西地区上空。12时，当美机4架F-4C型战斗机掩护1架RA-3D型侦察机侵入广西凭祥、宁明地区上空时，人民解放军空军驻广西的航空兵第9师副中队长张运宝率4架歼－6型飞机升空迎敌，在地面导航员的精确引导下，及时发现美国侦察机，在超音速条件下采取鱼贯进入的战术，向目标连续发起突击，从距离900米追击至300米，都先后击中目标，将美军侦察机击落，美军战斗机被迫逃走。1966年4月12日，美国海军A－3B型攻击机1架，侵入广东雷州半岛地区上空。人民解放军空军第26师第76团飞行员李来喜、杨健全各驾驶歼－6型飞机起飞拦截，将美机击落。

（二）打击美军无人驾驶侦察机

美国扩大侵越战争后，多次派遣无人驾驶飞机对中国大陆进行侦察袭扰活动。1964年8月29日，美军从日本冲绳嘉手纳空军基地起飞1架C－130运输机，在南海上空距大陆200～300公里处投放1架无人驾驶侦察机，从海南岛海口入境，经广西南宁、广东兴宁、福建漳州，从厦门出境，至台湾湖口靶场收回。这是美国首次使用无人驾驶侦察机侵入中国领空实施侦察。此后，美国无人驾驶侦察机频繁侵入中国领空，仅在1964年8～10月，美国无人驾驶侦察机即侵入中国广东、广西、福建、浙江沿海及中（国）越（南）、中（国）老（挝）边境地区达9次。美军无人驾驶飞机性能先进，最高飞行高度通常在1.8万～2万米，时速通常为800公里左右，运用无线电遥控和程序控制进行制导，白天采取低空大速度，黑夜采用低空小速度等飞行方法，频繁地入侵中国领空。这种无人驾驶侦察机头部装有一部照相机，可以对所经过空域下方的建筑、军事设施等目标进行自动拍摄，给中国的国防安全造成重大威胁。

为了打击美国无人驾驶侦察机，人民解放军空军于9月底至10月上旬，先后增调比较先进的歼－6型、米格－21型歼击机进驻江苏徐州、江西向塘、广东遂宁、广西南宁等地，从9月29日～10月13日，多次出动歼－6型歼击机拦截、打击入侵的美军无人驾驶侦察机，但因为对美无人驾驶飞机的性能和活动特点不是十分了解，都未能获得战果。为加强对美军无人驾驶侦察机作战，10月15日，空军司令员刘亚楼率领工作组赶赴广东遂溪，召集指挥员、飞行员和有关战勤人员开调查会，研究美军无人驾驶侦察机的性能、特点，分析多次战斗未能击落敌机的原因。经过分析总结，刘亚楼指出：尽管敌机飞行高度高、体积小，它的弱点是速度小，全靠无线电遥控或程序控制，没有主动规避和还击能力，击落这种飞机的关键是要精确地对歼击机进行指挥引导，压准目标航迹，飞行员要采用正确爬高方法，熟练操纵技术，在极短时间内完成瞄准、射击、脱离等一系列战斗动作，使用现有装备击落敌机是完全可能的；作战指导思想上要力求稳妥，刻意求精，必须在保存自己的前提下，歼灭敌机，防止蛮干。为此确定在南宁、遂溪、昆明、蒙自等地设立高空作战空域，配备精干的歼－6型飞机作战分队和指挥保障班子。

针对美国侦察机装备先进的干扰设备和活动性能强的特点，空军飞行员广泛开展技术和战术研究，创造了按标志射击、按标志结合目视攻击、小速度近距离快速攻击等多种作战方法，技术、战术水平不断提高。地面指挥研究敌情、摸清规律，加强雷达情报和机务、技术侦察、气象、通信等各项战斗保障工作。

经过1个月的训练和准备，空军航空兵第1师作战分队于1964年11月15日第一次击落无人驾驶侦察机。当天11时53分，在海南岛陵水以东170公里处发现美军无人驾驶飞机1架，航向西北，直指涠洲岛，高度1.76万米，时速780公里。11时58分，驻遂溪机场空军航空兵第1师2大队5中队中队长徐开通奉命驾驶歼－6型飞机拦截。12时06分，美军无人驾驶高空侦察机从海南岛海口市东南窜入海南岛上空。12时23分20秒窜至广东省遂溪西南地区100公里上空时，与徐开通驾驶的战机相遇。徐开通放减速板，从目标后下方5度角进入攻击，距离400米时两次开炮未中，距离230米时第三次开炮击落了敌机。国防部于16日为徐开通及参战人员颁发嘉奖令，予以表彰。

根据这次战斗的成功经验，人民解放军空军部队进一步加强地面指挥所和飞行员之间协同作战的训练，战术和技术水平得到进一步提高，1965 年 1 月 2 日，又取得击落美国无人驾驶侦察机的战果。当日 13 时 55 分，美国无人驾驶侦察机 1 架，由北部湾经广西钦州侵入南宁地区上空，航空兵第 1 师副中队长张怀连驾驶歼－6 型飞机，在 1.77 万米高空，距目标 175 米开炮，将其击落。周恩来、贺龙、叶剑英和罗瑞卿等领导人于 1 月 9 日在北京接见了张怀连等人，给予高度赞扬。通过两次战斗，人民解放军打开了对付美国无人驾驶侦察机的局面。

此后，空军部队系统总结和推广这两次战斗经验，与入侵中国海空的美国无人驾驶侦察机展开了针锋相对的斗争，涌现出一大批英雄模范单位和功臣人物。1965 年 3 月 24 日海军航空兵第 4 师第 10 团飞行员王相一，3 月 31 日海军航空兵第 4 师第 10 团副大队长舒积成，4 月 3 日空军航空兵第 18 师中队长董小海，4 月 18 日空军航空兵第 1 师中队长张怀连，8 月 21 日海军航空兵第 4 师第 10 团副大队长舒积成，10 月 5 日空军第 9 师第 25 团副中队长张运宝，12 月 24 日空军航空兵第 9 师副中队长朱以隆等，分别驾驶歼－6 型飞机各击落美国无人驾驶侦察机 1 架。1966 年 1 月 3 日、2 月 7 日，航空兵第 3 师飞行员鲁祥孝、大队长冯全民分别驾驶米格－21 型飞机，各击落美国无人驾驶侦察机 1 架。3 月 5 日、3 月 23 日空军航空兵第 9 师第 25 团副中队长孙孝庆及副中队长朱以隆驾驶歼－6 型飞机，又各击落美国无人驾驶侦察机 1 架。

至 1966 年 5 月为止，人民解放军共击落美国无人驾驶侦察机 13 架，为维护国家的海空安全作出了重大贡献。

第四节　组建援越抗美部队，支援越南人民的抗美救国战争

在越南进行抗美救国战争的艰难岁月里，应越南政府请求，中共中央和中国政府作出了援越抗美的决策，派出大批工程和防空等部队，并向越南提供武器装备和后勤物资，支援越南人民的抗美救

国战争。

一、应越南政府请求，中国政府决定组建援越抗美支援部队

日内瓦会议后不久，美国基于变越南为其在东南亚的战略基地及“抵御”共产主义的战略需要，违背会议通过的关于越南等国举行全国选举、实现国家和平统一的协议，千方百计地阻挠和破坏越南南北统一。1955 年 10 月，在美国一手操纵下，越南南方单独成立由吴庭艳担任总统的“越南共和国”，使越南陷入南北分裂的状态。在国家分裂、民族危亡的严峻形势下，越南人民奋起反抗，掀起争取民族独立和解放的革命武装斗争。为了扑灭越南人民的斗争烈火，美国通过向南越派遣军事顾问团、改组和训练南越军队、提供武器装备、改扩建军事基地等手段，帮助南越政府大力“整军经武”，并于 1961 年在南越发动“特种战争”。此后，美国出于政治、军事等需要，不断强化武装干涉越南的战争。

1964 年 8 月 2 ~4 日，美军驱逐舰“马多克斯”号侵入北部湾越南领海，执行军事巡逻任务。5 日，美国借口“马多克斯”号在北部湾地区受到“北越鱼雷艇袭击”，突然出动大批飞机，越过北纬 17 度线，连续轰炸越南北方的义安、鸿基、清化等地区。6 日，美国国会通过“东京湾[①]决议”，授权美国总统“采取一切必要措施以击退”对美国的任何“武装袭击”。据此，从 1964 年下半年起，美国空军对越南北部实施大规模轰炸，越南北方的大量城市、村镇、工厂、交通设施等重要目标被夷为平地。在轰炸行动中，美国空军不顾中国政府的警告，违反日内瓦协议相关规定，把轰炸界限由北纬 20 度以南地区逐步向北推移，一直扩展到中越边境的缓冲地带。在大规模轰炸仍不能奏效的情况下，美国遂于 1965 年 3 月派遣地面部队进入南越参战，迈出大规模侵越战争的关键一步。同年 4 月和 7 月，美国政府相继召开檀香山高级军事会议和国家安全委员会会议，决意向南越大规模增兵、展开大规模地面军事行动。至

---

① 东京湾，即北部湾。

此，美国侵越战争升级为以“南打北炸”为特点的局部战争。

面对美国的侵略战争，越南人民在越南劳动党的领导下，积极投入“保卫北方，解放南方，统一祖国”的抗美救国战争。与此同时，越南政府不断向世界人民揭露和控诉美国的侵略罪行，并向国际社会发出呼吁，请求援助武器装备和志愿人员。

中国和越南是唇齿相依的邻邦，在争取民族解放和独立的斗争中，中越两党、两国人民相互支持，建立了亲密合作的友好关系。美国发动“特种战争”后，越南外交部紧急呼吁日内瓦会议两主席和参加国采取措施制止美国侵略。美国对印度支那的侵略行动，也严重地威胁了中国的安全。1961 年 5 月 21 日，中国外交部发表声明，指出：“中华人民共和国政府完全支持越南民主共和国政府的紧急呼吁和严正立场。作为日内瓦会议的参加国和日内瓦协议的保证国之一，作为印度支那各国的近邻，中国政府和中国人民，对于目前美国在南越所造成的日益严重的局势，当然不能漠不关心。”

1962 年 8 月，越南民主共和国总理范文同访问中国，请求中国支援。周恩来总理在同范文同总理谈话中明确指出：“中国政府完全支持越南民主共和国为反对美国干涉和侵略、维护日内瓦协议所采取的严正立场，坚决支持越南人民争取和平统一祖国的合理要求。”会后，两国签署联合公报，对美国在南越加紧军事干涉所造成的危险局势表示严重关切。1963 年 10 月、11 月，越共中央和中共中央分别批准《中越两军协同作战计划》，就协同保卫中越两国边境地区安全问题达成初步协议。1964 年美国加强侵越战争后，越南派出代表团到中国，请求加强对越南的援助。6 月 24 日，中共中央主席毛泽东、国家主席刘少奇在接见越南代表团和人民军总参谋长文进勇时，就美国不断扩大侵越战争的形势，毛泽东指出：“你们对各种可能都要做准备。第一是像朝鲜战争那样，准备它出兵打北越。准备好了，它不来，那好嘛。第二是它不来北越，在南越范围内打。”刘少奇补充说：“还有一种可能，美国的军队不来进攻北越，美国飞机来轰炸。”毛泽东明确表示：“你们的事就是我们的事，我们的事就是你们的事。就是说，我们两家无条件共同对敌。"[①] 6月30日，越南提出请求中国援助的初步方案：如果美国对（越南）北方进行轰炸，初步考虑请求中国加强装备、物资、技术援助；如果美国直接出兵南越，请求中国增加武器、弹药、装备、物资、技术援助，如有可能，协助越南加强防空；如果出现美国大规模出兵越南的情况，建议中国派兵支援。

美国通过"东京湾决议"并大肆轰炸越南北方后，中共中央召开会议，就越南局势进行研究，认为越南战争由南方向北方发展，对中国安全构成直接威胁，必须对此有所准备。周恩来和罗瑞卿致电胡志明、范文同和文进勇，建议"查清情况，议好对策，以利行动"。8月6日，中国政府发表严正声明，指出："美国对越南民主共和国的侵犯，就是对中国的侵犯，中国人民绝不会坐视不救。""侵略越南民主共和国的战火是美国点起的。美国既然这样做了，越南民主共和国就取得了反侵略的行动权利，一切维护日内瓦协议的国家也取得了支援越南民主共和国反侵略的权利。"经中共中央批准，人民解放军加强广西和云南地区的防空作战兵力，增调高射炮兵部队，准备在越南提出援助请求时，派出部分部队入越支援越南人民军进行防空作战。

1965年美国在越南实施"南打北炸"的行动，使越南北方交通运输陷于瘫痪。在这种情况下，3月底4月初，越南劳动党中央委员会第一书记黎笋、政府副总理兼国防部长武元甲、人民军总参谋长文进勇等受胡志明主席委托，率越南党政军代表团到达北京，与中国共产党和中国政府具体协商中国向越南扩大物资援助和派出支援部队等问题。3月24日~4月8日，中越两党、两军分别举行会谈。在中越两党会谈中，黎笋提出："我们想要一些志愿的飞行人员，志愿的战士……其他方面必要人员，包括公路、桥梁等方面的

① 《建国以来毛泽东军事文稿》下卷，236页，军事科学出版社、中央文献出版社，2010。

人员都在内。”[1] 中共中央副主席刘少奇代表中国方面明确表示，援助越南进行抗美斗争，“这是我们中国人民应尽的义务，中国党应尽的义务”；“我们的方针就是，凡是你们需要的，我们这里有的，我们要尽力援助你们”；“你们不请，我们不去。你们请我们哪一部分，我们哪一部分去。这主动权完全掌握在你们手里”。在中越两军会谈中，罗瑞卿指出：“我们已经作了准备，你们什么时候要我们去，我们就去。”“我们是你们的后方，也是你们的战略预备队……”。

4 月 12 日，中共中央向全国发出《关于加强备战工作的指示》，号召全党、全军和全国人民保持高度警惕，在思想上和工作上准备应付最严重的局面，发扬爱国主义和国际主义精神，尽一切可能支援越南人民的抗美救国斗争。20 日，全国人大常委会做出决议，宣告：“中国将继续尽自己的一切可能，坚决地、毫无保留地支援正在进行抗美救国斗争的越南人民。”23 日，总参谋部发出《关于加强战备训练的指示》，要求全军部队必须根据中共中央、中央军委指示的精神，以临战的姿态，做好战备思想动员，搞好战备急需的军事训练，负有援越抗美任务的部队应随时准备打仗。

5 月以后，中越两国政府和军队在以往各项协议的基础上，经充分协商，陆续达成了一系列有关中国援助越南的协议，主要有：中国人民解放军预定入越高射炮兵部队速派工作组赴越南勘察地形、拟定部署、选择阵地，在情况需要时，派出高射炮兵部队担任河内以北两条铁路的对空作战，增加对越南空军的援助；帮助越南修建工事、铁路和机场；帮助越南改善通信设施。7 月中旬，毛泽东、刘少奇、周恩来、林彪、邓小平等批示同意上述对越援助事项。

二、援越部队开赴越南北方，实施工程保障和防空作战

根据中越双方会谈的精神和两党、两国、两军达成的协议，中

---

① 参见《人民日报》，1979 年 11 月 21 日。

国派出防空、工程、铁道、后勤等部队，在越南北方执行防空作战，修建和抢修铁路、公路、机场、通信工程、设防工程等任务，协助越南北方军民保卫北方的领土和领空，支援越南人民的抗美救国斗争。

（一）援越部队的组建和开赴越南

1965 年 4 月 11 日，中央军委召开由总参谋部、总政治部、总后勤部及各大军区主要负责人参加的办公会议，决定：由铁道兵、工程兵和空军组建援越修建铁路、公路和机场的部队。总后勤部负责落实援越部队的后勤保障工作。4 月 17 日，中央军委命令组建中国援越工程部队。4 月 18 日，总参谋部下达“组建援越铁道、工程部队的预先号令”，决定组建“中国人民志愿工程队”①，赴越执行抢修、改建铁路、公路，构筑国防工程和修筑机场的任务。5 月 12 日，总参谋部、总政治部、总后勤部与铁道部和铁道兵研究了援越铁道领导小组、工程经费、器材、部队开进等问题。5 月 15 日，总参谋部、总后勤部联合发出《援越工程部队后勤保障方案》，对援越部队后勤保障的组织、领导、物资供应、运输等问题做了明确安排。6 月，成立国务院支援越南领导小组，由总参谋长罗瑞卿任组长，主要成员有李先念、薄一波、杨成武、李天佑、方毅、李强、刘晓等 7 人。同时，成立中央国务院支援越南工作组，杨成武、李天佑任正副组长，由军内外 21 个单位各一位领导组成，负责经常性的组织工作。

7 月 6 日，根据中央军委指示，总参谋部发布命令，决定以工程兵为主，交通部派人参加，组建修路工程指挥部，作为中央军委工程兵的派出机构，负责掌管计划、技术指导、组织协同、施工力量调配、对外交涉和现场政治工作。入越部队的行政领导、党政工作，后勤供应，分别由昆明、广州军区负责。

---

① 关于中国支援部队的称谓，中越双方最初商定高射炮兵部队称“中国志愿人员参加越南人民军”，施工部队称中国人民志愿工程队、“中国志愿工程队”，后统一改称“中国后勤部队”。

遵照中央军委、总部的命令和援越有关决定，人民解放军在1965年组织了两批共8个支队15万人的援越部队，分别担负越南国防工程施工和防空作战任务。

第一批援越部队约5万人，负责修建越南东北群岛工事、改建河内以东以北铁路、新建安沛机场等任务，具体为：（1）由铁道兵第2师率第6、第7、第9团，第1师第2团，第13师第63团以及从国内各铁路建筑工地紧急抽调的铁道兵部队共2.8万余人，组建第1支队，以铁道兵第2师师部为主组成中国人民志愿工程指挥部，担负友谊关至克夫109公里铁路的改建和克夫至太原50公里铁路的新建工程，担任河内至友谊关、河内至河口两条铁路的抢修和防护任务。此外，国务院铁道部派出工作组、大桥队、铺架机车队、机务及信号安装队等，协同执行任务。（2）由工程兵第53师、北京军区建筑第106团、济南军区建筑第111团、沈阳军区第128团及高射炮、地炮、海军、通信兵等单位抽调的兵力共1.2万余人，组建工程第2支队，赴越南东北地区，担负紧急构筑沿海陆地及其岛屿设防工程，铺设近海海底通信电缆，架设通信线路等任务。（3）以空军第2总队及工程建筑第221团为主，组建工程第3支队，担负援助越南在安沛地区修建军用飞机场的任务。

第二批援越部队约10万人，主要负责修建河内以东以北的7条公路，[①] 包括新建和改建友谊1号、3号、7号、8号、10号、11号、12号公路，总长为1211公里，其中新建664公里，改建547公里。根据越方的要求，这些公路大部要与中国境内的公路相连接。为保证运输畅通，上述公路在修建期间的反空袭抢修工作和2号公路北段（宣光至清水，长177公里）的抢修任务，也由中国工程部队担任。6月20日，由副总参谋长李天佑主持，在北京召开援越修路工程会议，传达中共中央关于援越筑路部队由工程兵负责组

① 协定和议定书原定新建和改建公路12条，后根据越方要求改为先修7条。

建的有关指示，研究援越修路工程的具体事宜。7月5日，总参谋部发布《援越修建公路部队预先号令》，对援越修建公路部队的编组、开进、组织领导等问题做出明确规定。7月6日，中央军委发布命令，组建中国后勤部队，对外称修路工程队，下辖第4、第5、第6支队，共16个团、1个民工总队、25个测量大队、4个钻探队，配属6个高射炮兵营，共8万余人。第4支队由广州军区负责，由工程兵第6、第12团及建筑第301、第302、第303团组成。第5、第6支队由昆明军区负责组建。第5支队由工程兵第7团、建筑第144、第307、第308、第309、第310、第311团及1个民工总队组成。第6支队由铁道兵第58、第61、第62、第64团组成。整个修建工程以军委工程兵为主组建工程指挥部，由罗洪标代理指挥部主任，政治委员孙正，统一领导援越筑路工程。

同年7月，由沈阳军区高射炮兵第61师（含第601、第603、第629团）共5000余人，组成高射炮兵第61支队；由福州军区高射炮兵第63师（含第607、第609、第627、第628团）共6000余人，组成高射炮兵第63支队；此后，总参谋部命令空军抽调第23团配属第63支队，担负河内至友谊关的铁路线北宁至谅山段、河内至老街铁路线安沛至老街段和新建的克夫至太原铁路线以及太原钢铁基地的防空作战任务，并掩护中国援越工程部队的施工。

按照中央军委和总部的部署，援越部队分头组建，并展开入越的各种准备工作。援越部队出国执行任务，由平时转入战时，环境发生了重大变化。为使援越各部队尽快适应出国作战的要求，总政治部根据中共中央、中央军委的有关指示，加强出国部队的政治思想教育，发出关于做好援越抗美部队战时政治工作的指示，颁布出国部队的群众纪律守则和保密规定。有关军区和军种、兵种各级领导及援越部队各级党委结合具体任务，帮助指导出国部队进行各项准备工作，开展形势、任务、纪律教育，补发装备物资器材，为出国作战奠定了坚实的思想、物质基础。

为组织好部队开进，顺利抵达目的地，并能及时展开施工和作战任务，总参谋部还派出军事代表团和勘察人员先期赴越与越方人员具体协商援越部队在越南工作、作战和生活等有关事宜，并按照预定任务对作战、施工地区进行实地勘察和调查。

在第一批部队出国前夕，总政治部副主任刘志坚从北京专程赶到南宁，主持召开出国部队政治工作会议，传达中共中央、中央军委的有关指示，布置部队出国后要做的工作，并对部队进行了战前动员。

1965 年 6 月 9 日晚，援越工程第 2 支队先遣指挥小组率领第一梯队，秘密通过友谊关，开进越南，拉开了中国援越抗美斗争的序幕。全支队组织三路、30 个摩托化行军梯队，至 6 月 29 日全部开进完毕。7 月 4 日各团陆续上岛，展开进驻和工程作业。6 月 23 日，援越铁路部队第 1 支队指挥部及所属部队，开始从云南、广西两个口岸进入越南，经过徒步和车运，全支队安全保密地进驻铁路保障区，至 12 月 20 日全部入越。8 月 1 日，担负防空作战任务的高射炮兵第 61、第 63 支队，分别从云南、广西地区，秘密开进越南。8 月 8 日，第 61 支队部率第 601、第 629 团到达安沛地区，第 603 团到达老街地区，重点担负掩护安沛市对空安全和老街至仙建的铁路等任务。同时，第 63 支队也到达防区谅山一带展开。9 月 6 日，援越工程第 3 支队奉命入越。至 11 月 8 日，第 3 支队主力全部入越。担负援越修筑公路工程任务的第 4、第 5、第 6 支队，分两批于 10 月下旬和 12 月先后开入越南。

（二）开始执行工程保障和防空作战任务

援越部队在越南雨季条件下开进，到越南后正值酷暑季节。由于天气热，雨水多，湿度大，许多官兵身体不适应，生活不习惯，加之劳动强度高、休息不好和伙食较差等原因，部队吃、住、穿都发生困难，造成官兵体重普遍大幅度下降，病员大量增加，严重影响施工和作战。援越部队的情况引起中央军委的高度重视，毛泽东在听取有关情况汇报时，指示要做好援越部队的保障工作，以保证施工进行。林彪、贺龙、聂荣臻、叶剑英、罗瑞卿等中央军委领导，也指示要加强援越部队的后勤保障。遵照中央军委加强援越部队后勤保障的指示，总后勤部副部长张池明于1965年8月8日率领总部工作组赴越，用了1个月的时间，调查走访了多个支队，了解情况。9月6～13日，总后勤部在南宁召开有关军区、军种、兵种后勤部和后勤分部参加的工作会议，对援越部队在吃、穿、住、卫生防病、经费开支、工程器材和物资管理，以及车辆、武器、工程机械和海运船只的修理、兵站工作等方面发生的困难，进行了充分的讨论研究，并提出具体解决措施。援越部队也适当调整施工、作战与生活管理的关系，加强伙食管理，狠抓卫生防病工作，发动群众，自己动手，创造条件，改善生活环境，确保了施工和作战任务的完成。

第1支队入越时，越南北方的5条铁路干线，即河内通往友谊关的北线、通往老街的西线、通往太原的中线、通往海防的东线和通往荣市的南线，经过美机狂轰滥炸，基本陷于瘫痪状态，严重影响了越南军民的斗争和生活。第1支队首批入越的部队，争分夺秒，不待安排就绪，即投入北线克夫至友谊关段第一期改轨工程，对线路、车站、桥梁进行了全面整治。经过大规模施工，至1966年3月底，第1支队提前完成越南北方铁路的改轨、新建、换装站、机务段、车辆洞库等8项战备工程任务，基本保证了越南北方铁路的运营。

第2支队进驻越南东北后，迅速在15个岛屿和8处岸防要地，展开永备工事、海底电缆和通信线路的施工。这些岛屿和要地，大部分没有码头和公路，大量的施工物资和装备，只能靠指战员们手搬肩扛，蹚涉千米宽的海滩运送上岛。为保证及早开工，第2支队各级领导干部以身作则，不分昼夜，带领部队一面突击抢运物资和装备，一面抢修简易码头和道路，每天只休息五六个小时，从而保证了上万吨物资，上百台机械、车辆和火炮，迅速搬运到工地。部队随后又克服了砂石不足、淡水短缺和敌机轰炸等困难，保证施工进度。至1966年3月底，共完成越南西北地区架空明线333对公里和海底电缆102公里的任务。

担任修建安沛机场的第3支队，从1965年11月下旬开始，就在敌机轰炸的威胁下开展施工。在雨季到来之前，第3支队削平大小山丘58座，填好飞机场的跑道基础，取得了施工主动权。

担负援越筑路任务的第4、第5、第6支队，在修路指挥部的率领下，新建和改建6条公路，并抽出1个团的兵力担负清水至宣光177公里的公路抢修。施工部队跋山涉水、披荆斩棘，克服重重困难，按时展开施工。

防空部队进驻防空地域后，立即展开防空作战。高射炮兵第61支队负责掩护的安沛地区，是越南西北战略要地和铁路、公路、水路要冲。第61支队抵达安沛后，用人力将数吨重的高射炮拉到山上，随即投入紧张的战斗准备和战前练兵。1965年8月9日午后，第61支队打响出国第一仗。当日天气晴朗，烈日当空，上午气温在37℃以上。部队连续坐炮5次长达2小时50分钟，但仍全神贯注，情绪高昂。13时30分，美军F－4C型作战飞机2架进入射击空域。指挥员命令集火射击。13时32分，部队先后于1.5万～1万米距离上开火，一举击落敌机1架，另1架仓皇逃窜。首战告捷后，于8月16～29日又打了几仗，击落敌机2架，确保了掩护目标和越南人民生命财产的安全。9月18日一天内，第61支队战斗3次共击落美机4架、击伤1架。总参谋部、总政治部通报表扬“这一仗打得较出色，成绩显著”。

11月份，第61支队接连打了几次漂亮仗。11月27日7时04分，美国空军12架作战飞机连续3次对安沛车站实施攻击。第61支队勇敢沉着，集火猛打，共射击3次，取得了击落4架、击伤3架美机的重大战果。这次击落美机恰好是越南北方开展“团结打击美帝空中强盗竞赛运动”中击落的第800架美机，影响很大。胡志明主席、越南人民军总部等多个单位，先后给第61支队发去贺电、贺信，越南安沛省为部队召开了庆功大会。

担负北宁至谅山铁路线防空作战任务的高射炮兵第63支队，8月5日召开常委会研究了作战指导思想、作战形式，协同、机动作战准备等问题，提出要力争打好第一仗。随后，全支队抓紧进行工事构筑和战斗动员，对车辆进行了伪装隐蔽，开展战前练兵。8 月 23 日，美军出动海军舰载机 4 批 21 架，低空突然向正在修建克夫铁路转运站的施工部队和高射炮兵阵地进行投弹、扫射，第 63 支队第 628 团第 1 营各连在营的统一指挥下，经过 1 小时 18 分的激烈战斗，首战告捷，取得了击落击伤美机各 1 架的战果。10 月 5 日，19 架美机向宋化铁路桥实施轮番攻击。负责掩护该桥的第 63 支队第 609 团第 2 营当即开炮，激战 69 分钟，击落美机 5 架，击伤 1 架。

至 1965 年底，在短短的 5 个月时间内，美军出动海、空军 F－105 型、A－4 型、F－8 型、F－4 型等先进飞机达 600 余架次，对铁路、车站、公路桥、阵地、指挥所等进行狂轰滥炸。第 61、第 63 支队使用 37 毫米、85 毫米高射炮，坚决贯彻“积极主动，灵活机动，集中火力，近战歼敌”的作战原则，采取重点掩护与适时机动相结合的作战方法，共作战 61 次，取得击落美军飞机 84 架，击伤 52 架的佳绩。有 52 个班以上单位、500 多名干部战士立功。援越高射炮兵部队不仅有力地保障交通运输和施工任务的进行，而且摸清了美国现代化飞机作战的底数，积累了作战经验。

高射炮兵第 61、第 63 支队圆满完成防空作战任务后，于 1966 年 2 月回国。根据越南斗争形势发展情况，中共中央、中央军委决定采取轮换作战方针，人民解放军派出其他高射炮兵部队轮换作战。

中国第一批援越部队广大指战员，在援越抗美的战斗岗位上，继承和发扬人民解放军高度的无产阶级国际主义和革命英雄主义精神，认真贯彻执行三大纪律八项注意和总政治部颁发的《援越抗美部队人员纪律守则》，爱护越南一山一水、一草一木，克服了工程艰巨、条件极其艰苦等重重困难，认真地履行中越两国政府协议，出色地完成了工程保障和防空作战任务，有力地支援了越南人民的抗美救国斗争。

三、援助越南武器装备和物资

中国除向越南直接派出部队进行支援外，还向越南提供了武器装备和其他各种物资援助。早在1950年越南抗法斗争时期，根据胡志明主席的请求，中国向越南派出军事顾问团的同时，就向越南无偿提供了相当数量的武器装备和军需物资，至1955年7月7日，援越各种物资共280余项，价值约9553万余元人民币。

1955年7月8日，中越两国签订中国无偿援助越南价值3亿元人民币的武器装备和其他物资的协议。1961年美国在越南南方发动“特种战争”后，应越南请求，中国通过海上、陆地开辟的多条运输线，向越南南方提供了大量枪支、弹药及其他各种生活物资。从1955～1963年，中国援助越南的物资和武器装备总值达2.47亿元人民币，主要有各种枪24万支（挺）、火炮2730门、飞机15架、艇船28艘、汽车100辆、重型舟桥1.5套、工程机械935部、无线电机6300部、有线电机2万部、各种枪弹1.6亿发、炮弹144万余发，还有防化、观测器材等装备以及大量军需服装、主副食品等。

中国政府在援助越南武器装备和其他各种物资过程中，本着优先给予、确保质量、配套齐全、及时运送的原则，不附带任何条件，无偿赠予，真心帮助，极大地改善了越南人民的斗争和生活条件，有力地支援了越南人民的抗美救国斗争。

随着越南抗美救国斗争的深入发展，1963年7月17～25日，中越双方参照越南人民军平时建军规划、战时扩编预案以及人民解放军援越作战预案和军工生产、仓库建设等情况，就中国援助越南的武器装备和后勤物资进行协商。8月2日，双方签订《中国援助越南的武器装备和后勤物资四年规划》。11月9日，中共中央致电越南劳动党中央，批准援越军事装备和后勤物资规划。按照规划，在4年内（1964～1967年）中国向越南提供军事装备和后勤物资31项，其中包括各种枪、炮、弹药、军械器材、无线电机、有线电机、雷达、工兵器材、防化装备、各种车辆、油料、野战医院、手术器械、帆布、夹胶雨布、水壶、皮飞行帽等，共约5万余吨，总价值约3亿元人民币。《规划》制订以后，越南方面非常满意，越南劳动党中央专门来函致谢。为了按时完成这批援助物资，人民解放军采取各种措施，予以解决。1964 年 2 月，总参谋部、总后勤部协商后，向中共中央报告，要求把援越物资列入援外专案解决，得到中共中央、国务院有关部委的同意。11 月 23 ~ 30 日，由总参谋部、总后勤部组织，召开军事装备、物资援外工作会议，对援外工作进行总结，制定了《军事装备、物资援外工作试行条例》和《军事装备、物资援外工作试行细则》，进一步明确援外的任务分工，并制定 8 项具体规定。这次重要会议确定的援外工作事项，使援助越南的工作得到进一步加强和落实。

截至 1964 年，中国向越南北方提供了包括飞机、枪炮、小型舰艇、汽车、雷达、无线电机、有线电机、军服、水壶、布匹、主副食品、医疗器械等武器装备和物资器材，能够装备 46 个步兵师（约 53 万人）和民兵 5 万余人；无偿援助建设 2 个军工厂、8 个农场、1 所中等技校，价值 4 亿多元人民币。

1965 年美国对越南实施“南打北炸”后，越南的抗美救国斗争进入更加紧张激烈阶段。在此情况下，越南方面提请中国提前和加大对越南的武器装备和后勤物资援助，越南人民军总参谋部陆续派出多个军事小组到中国商谈。5 月下旬，越南人民军提出调整补充中国援助越南的物资计划，要求将原 4 年规划中的 15 万人装备提前交付。高射武器弹药，由 5 个基数增至 7 个基数；补充快速巡逻艇、运输船、拖船、舰用武器、电台、雷达等海军装备；增加 3 套机场设备和加农炮、榴炮、牵引车；提前交付帆布、雨衣布、油料等。以后，越方多次请求增加物资援助。

对于越南提出的新的援助请求，中共中央明确指出，要坚持需要与可能相结合，一切以有利于双方的共同事业为前提的原则，凡是越南斗争需要，中国能够办到的，就一定满足。当时办不到的，积极设法创造条件，争取尽快解决。根据中共中央、中央军委援越武器装备和物资的有关指示，以及越南抗美救国的实际情况，中越两军就中国援助越南的有关问题分空军、海军、装备、通信、后勤、作战等组成多个小组，按照战时情况对原来援越规划进行了协商调整。经过多次协商，中国政府和人民解放军决定将原定4年逐步交付越南的装备和物资，提前交付，并争取在1965年内准备好。对越南方面提出的一些新的援助要求，也大部予以满足。

据不完全统计，仅从1965年1月至1966年第1季度，中国政府经铁路运输的援越各类物资达69万余吨（其中军事援助2.7万吨，经援和外贸66万余吨），经海上运输的各类物资共达51万余吨。

1964年底至1966年5月“文化大革命”开始前，是人民解放军建设曲折发展的一个阶段。一方面，军队建设受到“左”倾错误指导思想的影响，林彪片面提出“突出政治”，鼓吹政治可以冲击其他，致使军队政治工作发生偏差。军事训练的地位受到冲击，从经常性的中心工作的位置被降到无足轻重的地位；取消了军衔制度，军队全面建设受到损害。另一方面，中共中央、中央军委根据美国扩大越南战争、苏联不断增加对中国北部边境军事压力的形势，判断发生战争的危险性在增大，提出了“备战、备荒、为人民”和“准备早打、大打、打核战争”的战略指导思想，准备应付帝国主义发动全面入侵战争的战备行动全面展开；国家基础工业和国防工业企业，开始按战备要求进行“三线”布局和建设；开始进行“三北”地区战备工程建设，人民解放军从相对和平时期建设逐步转向临战准备状态。同时，人民解放军继续开展粉碎台湾国民党军窜扰大陆海、空的斗争，并取得“八六”海战和崇武以东海战的重大胜利。中国政府应越南党和政府请求，派出支援部队开始援越抗美行动。人民解放军航空兵和防空部队英勇作战，给入侵中国领空的美军作战飞机和无人驾驶侦察机以有力的惩罚，保卫了祖国的领土和主权安全。

第六章　支援国家建设和抢险救灾

1953年底至“文化大革命”前夕的10余年间，中国社会主义建设事业在探索中发展前进。全党、全国各族人民在一穷二白的基础上，集中力量，克服困难，先后实施并完成两个五年计划，并对国民经济进行了调整。这期间，人民解放军遵照中央军委的指示，发扬既是战斗队又是生产队、工作队的优良传统，在加强革命化、现代化、正规化建设和保卫国家安全的同时，以高昂的政治热情，参加和支援国家建设，开发建设边疆，支援国家“一五”、“二五”计划的落实和国民经济的调整，与全国人民一起抗御各种自然灾害，成为国家经济建设的一支生力军，为祖国的繁荣昌盛、社会的发展进步作出了重大贡献。

第一节　开发建设边疆

中共中央、中央军委曾明确指示：“驻在边疆、海岛和少数民族地区的部队，在当地党委的统一领导下，除了担负军事任务以外，应当树立以边疆、海岛为家的思想，积极参加当地的社会主义建设的各项工作。”“在人烟稀少的地区，可通过建立军垦农场的方法”，“开发和建设边疆”。人民解放军认真执行中共中央、中央军委的指示，发扬艰苦奋斗的精神，投入到开发边疆，建设边疆的事业中。

一、组建新疆生产建设兵团屯垦戍边

新疆地处边疆，远离内地，交通不便，战略地位十分重要。人

民解放军进疆初期，朱德总司令就指示进疆部队不能有临时完成任务的思想，要长期屯垦戍边，建设边疆，保卫边疆。1950 年 1 月 21 日，为执行毛泽东主席关于 1950 年军队参加生产的指示，新疆军区发布命令，命令驻疆人民解放军除以部分兵力担任国防、进军西藏、清剿土匪、维持治安外，全体军人一律参加生产劳动，不得有任何军人站在劳动建设战线之外。进驻新疆的 10 余万部队遵照命令，“一手拿枪，一手拿镐”，肩负起了保卫边疆、建设边疆的历史重任。他们发扬老红军、老八路的光荣传统，风餐露宿，在荒野、戈壁和草原，搭帐篷、建地窝子，挖掘渠道，修筑堤坝，垦地开荒，开展轰轰烈烈的大生产运动。经过几年的艰苦劳动，新疆军区部队开荒几百万亩，并建设了大批基础设施，不仅解决了部队的供应，减轻了人民的负担，而且初步改变了新疆经济落后的局面。1953 年 5 月 15 日，经中央军委批准，新疆军区将 9 个步兵师改编为农业建设师。1954 年 10 月 7 日，经总参谋部批准，新疆军区生产管理部与第 22 兵团部合并成立中国人民解放军新疆生产建设兵团领导机构，由陶峙岳任司令员，王恩茂任政治委员，在新疆屯垦的生产部队集体转业，组建成新疆生产建设兵团，下辖 10 个农业建设师、1 个工程建筑师另 2 个团。新疆生产建设兵团以“劳武结合，屯垦戍边”为使命，在新疆各地掀起更大规模的生产运动，大力帮助农民发展生产。至 1956 年底，新疆生产建设部队在天山南北的荒原上开荒造田 414 万亩，播种面积 173 万亩；修渠道总长 1. 65 万公里；修水库 8 处，总蓄水量为 2. 76 万立方米；建设大小厂矿 97 个，拥有各种牲畜 77. 2 万头。总共为国家创造了 14. 27 亿元的财富。[①]

1958 年以后，新疆生产建设兵团开展大规模建设，自力更生，兴办了钢铁、机械、水泥、化工、纺织、制糖、造纸、制革等大中型工业企业，产品品种由原来的几十种扩大到上千种，为建设新疆现代化工业打下了基础。至 1965 年，新疆生产建设兵团开垦荒地

① 参见《解放军报》，1956 年 8 月 4 日。

1200万亩，修筑大小水库33座，建成149个水利化、机械化、园林化的国营农场，24个国营牧场，295个工矿企业，1590多个商业网点，358所各级学校，15年累计实现利润8.5亿元，上交国家税款2亿元。兵团先后将自己辛勤建设起来的200多处大小工厂和商店，200多辆汽车，全部无偿地交给新疆各族人民，为新疆社会主义建设事业作出重要贡献。党和国家领导人对此给予高度赞誉。毛泽东批示将新疆屯垦部队发展和经营农场的经验转发各军区和各地方。1958年9月，朱德视察新疆生产建设兵团，在接见兵团部分干部战士时，鼓励军垦战士积极参加社会主义建设，加强民族团结，加强部队训练和战备，为保卫边疆、建设边疆作出贡献。1965年7月，周恩来在出访回国途中视察新疆生产建设兵团，并题词："高举毛泽东思想的胜利红旗，备战防边，生产建设，民族团结，艰苦奋斗，努力革命，奋勇前进。"贺龙率领中央代表团慰问新疆维吾尔自治区时也指出：新疆生产建设兵团，"继承和发扬南泥湾精神，用人拉犁、坎土镘创业，把戈壁滩和盐碱地改造成大片良田和绿洲，他们在征服大自然的斗争中取得了伟大的胜利"。

二、开发北大荒

新中国成立初期，黑龙江省边远地区有两块总面积约为500万公顷的荒地，土地肥沃，利于耕作，亟待开发建设。1954年8月，根据中共中央和中央农村工作部的指示，中央农业部党组召集东北国营农场管理局、黑龙江省农业厅、东北水利局等部门联合召开会议。会议决定在黑龙江省东部和西部两块荒地地区，建立新的农业基地。根据中央农村工作部部长邓子恢的提议，会议讨论了调动农建第2师前往东北进行垦殖的问题。根据这次会议精神，1955年，人民解放军农业建设第2师集体转业，分批开赴黑龙江密山地区。农业建设第2师发扬吃苦耐劳的优良传统，实行边生产边建设的方针，勤俭起家，开垦荒地，生产粮食，发展畜牧，经营渔业，植树造林，有选择地重点建立农场，为建设国营农场基地打下了基础。1956年6月，遵照中央军委命令，铁道兵7个师的官兵先后从南方转业，开进北大荒。1958 年 3 月 19 日，国防部决定，为加快国家农业建设，将 6 个预备役师和两所医院集体转业，作为国营农场机构，转往北大荒地区从事农业生产。1960 年 8 月，中共中央发出《关于全党动手，大办农业、大办粮食的指示》后，近 10 万转业复员军人从全国各地分批开赴北大荒。至 1963 年，仅人民解放军总部直属机关和军兵种在黑龙江地区就建立 40 多个农场，开垦 100 多万亩土地。1966 年 3 月，沈阳军区万余名转业干部分配到垦区，组建了黑龙江生产建设兵团农建 1 师、农建 2 师。

人民解放军在黑龙江地区的农业生产部队，不断发展壮大，为推动东北地区的经济建设发挥了重要作用。

三、参加其他边疆地区开发建设

除了对西北和东北边疆进行较为集中的大规模开发外，在云南、西藏、内蒙古、海南岛等边远地区，人民解放军各部队把发展、繁荣边疆列为同保卫边疆同等重要的任务，参加了开发建设工作。

云南边疆地区，社会发展缓慢，生产技术落后。1950 年云南全境解放。人民解放军在执行保卫边疆、进行战备训练等繁重任务的同时，积极帮助云南边疆发展生产和文教卫生事业。1956 年以后，云南边防部队掀起更大规模的生产活动，帮助边疆各族人民组织了 266 个互助组，开荒地 1.8 万多亩，开水田 1.4 万多亩，极大地促进了当地的经济发展。1956 ~ 1958 年，驻云南边防部队根据云南省委提出的“全力发展生产，稳步开展互助合作”的方针，派出 7000 多名官兵，组成 300 多个工作组深入边寨山村，帮助各少数民族改变落后的生产方式，发展生产，发展互助合作社，使 85% 的村寨取得了历史上从未有过的丰收。据概略统计，从 1950 ~ 1959 年上半年，驻云南边疆的边防部队，共出动 99.4 万多个劳动日，帮助群众发展生产。共办学校和夜校 332 所。培养了一批少数民族的卫生人员，使云南地区人民的发病率由 1955、1956 年的 70% 下降至 1957 年的 20%。在人民解放军的大力支援下，云南地区群众物质和文化生活得到迅速提高。

1951 年人民解放军进驻西藏不久，就组织力量发展农牧业生产，并逐年扩大生产规模，从而减轻了国家的负担，密切了军民关系，并将先进的生产技术、工具和优良品种逐步推广到西藏各地，推动了西藏农业生产。1960 年以后，在中共西藏工委和西藏军区委员会的号召下，驻藏各部队开展以参加西藏建设为中心的助民活动，帮助群众开荒，帮助藏族人民使用、制造和修理各种新式农具，支援藏族人民的卫生保健事业。据不完全统计，仅 1960 年，驻西藏的人民解放军就投入 38 万多个劳动日支援农业生产，为西藏人民修建水渠 10 万多米，修水库面积 150 多万平方米。1961 年，驻藏部队为藏族群众打井 71 眼，兴修大小水库 5 个，修桥 28 座。驻藏部队还大力帮助藏族人民提高物质文化生活，仅驻日喀则和昌都地区的官兵，就协助群众办学校 10 余所，使许多贫苦群众的子女入学。为了开发西藏，屯垦戍边，西藏军区部队成立生产部（后改为生产建设师），经营澎波、林周、江孜、雪巴、米林、察隅等农场和一批牧场。西藏军区生产部指导部队白手起家，艰苦创业，在西藏办起了许多小型工业，逐步建成了汽车修配厂、军械修配厂、农具修理厂、砖瓦厂、石灰厂、皮革厂、毛纺厂、木材厂、云母矿、煤矿等一批工矿企业，结束了旧西藏工业空白的历史。人民解放军还与西藏人民一起兴修水利工程，建成第一座水电站——纳金水电站，为大规模发展西藏的水电建设创造了条件，使西藏部分地区结束了酥油灯、松明子照明的历史。人民解放军驻藏部队不仅为西藏人民修筑了康藏、青藏等干线公路，还和藏民们一起修筑了许多简易公路和小型桥梁等。从 1956 年起，驻藏部队与民工一道，先后修建了当雄、贡嘎等机场，为飞机通航西藏创造了条件。驻藏部队克服重重障碍，架设了祖国内地通向西藏以及西藏区内各主要城镇的通信线路，方便了西藏与内地的联系，极大地促进了西藏政治、经济、文化的发展，以及人民群众生活水平的提高。人民解放军支援建设西藏作出的贡献，得到了西藏人民的高度赞誉。1961 年 2 月，西藏地区各界人民组成春节慰问团，慰问人民解放军。西藏自治区筹备委员会副主任委员阿沛·阿旺晋美高度赞扬说："驻藏解放军发扬人民军队光荣传统，在建设繁荣幸福的新西藏的事业中，作出了卓越的贡献。"

在内蒙古地区，人民解放军积极组织力量，支援工业、农牧业的发展。50年代，国家在包头建设钢铁基地时，人民解放军抽调大批部队进行支援，并复员转业3万多人，直接参加包头钢铁公司的基建、生产以及城市建设，使包头由一个边城小镇迅速发展为闻名遐迩的"草原钢城"，成为国家重要钢铁基地。

在海南岛地区，从50年代初期开始，人民解放军抽调部队组成林业工程1师，开赴海南岛的琼山、万宁、文昌、澄迈等县进行橡胶垦殖。至1953年底，种植橡胶63.3万亩，1954年下半年该师奉命集体转业，成为开发海南岛的骨干力量。人民解放军向当地群众传授先进的文化和生产知识，并积极地参加义务劳动，在海南岛帮助修建了当地最大的水利工程——澄边县加潭水库，改善了当地的农业生产条件。

第二节　支援国家完成"一五"计划

从1953年起，第一个五年计划开始实施，中国展开大规模经济建设。中央军委、总政治部对于支援国家建设多次作出指示，要求人民解放军除完成作战、训练等任务以外，还应当尽一切可能利用战斗和训练的空隙，同全国人民一道为完成全国农业发展纲要所提出的各项任务而奋斗。

一、支援农业和水利建设

1953年12月中共中央做出《关于发展农业生产合作社的决议》后，人民解放军立即掀起了支援农业合作化和农业生产的高潮。广大官兵主动动员自己的亲属和亲友参加合作社。许多部队组织工作队，深入农村，向农民宣传过渡时期总路线，宣传农业社会主义改造的原则、步骤和合作社的优越性，帮助地方建立起农业初级合作社。

1956 年 2 月，总政治部发出《关于军队参加和支援农业合作化运动及农业生产的实施方案》，明确要求全军部队尽一切可能，利用战斗和训练间隙，和全国人民一道为农业的发展贡献力量，并计划在 3 年内由军队集资建立 30 个拖拉机站。按照总政治部的要求，各部队陆续制订了具体执行计划。广大官兵争先恐后，把自己多年积攒准备结婚、盖房、买东西的钱捐献出来。截至 1957 年 1 月共捐款 2400 余万元人民币，可购买拖拉机 1500 台，建立拖拉机站 45 个。各部队还本着就地就近的原则，与营区附近的村庄定点挂钩，建立固定的“联系社”，参加和支援农业生产，进行全面帮助。全军仅在 1957 年就支援农业生产近 2000 万个劳动日。[①] 许多部队还为驻地附近的农村直接捐款购买农具。1956 年初期，仅广州军区空军、南京军区空军、沈阳军区空军就捐款 10.7 万余元，为附近的农业合作社购买了大批新式农具。

为使广大农业地区免受旱涝灾害，人民解放军各部队集中人力、物力，帮助地方搞好农田基本建设，兴修水利工程。1956 年，为协助群众开发水源，增加粮食生产，全军掀起帮助地方兴修水利的义务劳动高潮。驻北京部队参加了永定河引水入城的挖河工程，南京部队参加修筑容水 20 万立方米的紫金山水库工程。驻黑龙江省的铁道兵某部，在冰天雪地里帮助汤原县人民疏通汤旺河，使 3.75 万亩稻田得到灌溉。至 1957 年，仅广东驻军帮助修建的水利工程就有遂溪县望水岭水库和那仙水库、海康县滨洋水库、徐闻县那练水库、廉江县旱禾垌水库、吴川县鉴西防洪排涝灌溉建筑等 10 余个水利工程，使 10 余万亩田地受益。1958 年 1 ~4 月间，全军在支援水利工程建设上投入 1500 万个义务劳动日，建成了工程量达 2000 万土石方的 3000 多座大中小型水利工程。据不完全统计，从 1956 ~

① 参见《解放军报》，1958 年 2 月 9 日。

1959 年 3 年间，人民解放军承包和支援各种水利工程达到 2.1 万多项，为改善广大农村的生产条件作出重要贡献。

“一五”计划前后，人民解放军参加了疏浚京杭大运河、兴建十三陵水库、开凿雷州半岛青年运河等多项大型基础水利工程建设。1956 年，长江地区兴建狮子滩水电站时，大批建设物资因为交通不便运不上工地，海军部队及时抽调 3 艘军舰通过三峡，运输 1.6 万多吨物资和粮食，保证了工程建设。十三陵水库是中国 50 年代开始建设的重要水利工程项目。在水库建设过程中，毛泽东、刘少奇、周恩来、朱德、陈云、邓小平、彭德怀、贺龙、李先念、聂荣臻、叶剑英等党和国家领导人先后到工地参加劳动。1958 年，在工程处于紧张施工的关键时刻，贺龙、聂荣臻指示增调部队进行支援。总政治部召开驻京各军种兵种部队、机关、学校联席会议，研究部署了支援十三陵水库建设的具体事项，并成立支援十三陵水库建设工程委员会。北京驻军在院校、机关和部队中广泛开展动员，共出动 11.5 万名官兵，动用汽车、拖拉机和挖土机等 10 多种机械共 400 余部，完成工程土石方总量的 45%，为十三陵水库建设作出了巨大贡献。周恩来高度赞扬人民解放军的突击精神，他指出：“人民解放军在任何工作中，都应担负最艰巨的任务，在这次劳动中，又是考了第一。”

二、支援工业、交通等基础建设

“一五”计划期间，国家开工 694 个大中型重点建设项目，工业战线急需人力和技术力量支援。人民解放军以极大的政治热情，组织大量人力物力，参加钢铁基地等重工业，化学、纺织等轻工业，油田、煤矿、电力等能源工业的勘察和开发建设。许多部队进行了库存物资的清理，把暂时不用的机器、车床及车辆等调拨给地方使用。为帮助国家解决建设资金短缺，1954 年国家发行建设公债后，人民解放军当年即购买 1968 亿元人民币（旧币，合新币 1968 万元），超额完成指标 285%。此后，每年都超额完成购买公债任务。至 1957 年，在 4 年间，军队共购买公债 9162 万元人民币（新币），有力地支援了国家的工业化建设。为帮助国家解决钢铁短缺问题，1958 年 9 月，中央军委发出号召，要求全军在不影响战备训练的条件下，以战斗精神积极支援国家钢铁生产。全军迅速掀起支援钢铁生产的热潮。许多部队的修理厂、站，在保证军需生产任务的前提下，勤俭节约，积极挖掘潜力。在进行财力、物力支援的同时，人民解放军集中力量投入一些重点工业的建设，先后抽调 35 个建制师，参加鞍山、本溪、包头、马鞍山、武汉、北京、太原、昆明等钢铁基地的建设。武汉钢铁公司是国家“一五”期间上马的重点基础项目，工程难度大，人民解放军公路工程第 2 师受领任务后，迎难而上，完成大量艰险工作，保证了公司准时投产，最后又奉命集体转业武钢，成为武汉钢铁公司建设和生产的主力军。1958 年，上海钢铁公司扩建，南京军区、海军东海舰队全力支援。南京军区工程兵某团连续奋战 6 个月，完成了转炉和铸钢车间的 30 多项工程。据不完全统计，工程兵仅在 10 年时间内就参加了包括上海钢铁三厂、南京电子管厂、兰州发电厂等工厂 103 个项目的修建和扩建工程。

第一个五年计划期间是中国交通道路发展最快的历史时期之一。人民解放军铁道兵和工程兵部队为国家的道路建设事业作出了巨大贡献。1954 年以后的 4 年间，铁道兵部队先后共参加新建和修复铁路干线、支线、专用线和大桥等 20 个工程项目。其中有贯穿江西、福建两省，修筑在崇山峻岭之间，工程极为艰巨的鹰厦铁路；有沟通两广，直达湛江，在国防建设和经济建设上都具有重要作用的黎湛铁路；有西北交通大动脉之一的包兰铁路（包头至银川）。此外，还有工程浩繁、质量要求极为严格的武汉铁路枢纽站等工程。共铺轨 1951 公里，占第一个五年计划期间全国新建铁路总里程的 40%。挖填路基土石方达 9912 万多立方米，建成桥梁、涵洞共长 7.5 万米，隧道 1.3 万多米。铁道兵常年战斗在自然环境恶劣的山区、沙漠、草原地区，克服困难，战胜酷暑、严寒和风沙，进行艰苦的劳动，并在施工中认真执行勤俭节约的建设方针，保质保量完成了施工任务。工程兵部队参加了多项国家重点公路建设，其中有川藏（四川雅安至西藏拉萨）、青藏（青海西宁至西藏拉萨）等5700多公里的公路；修建和改建乌江铁桥、闽江大桥等桥梁1756座，以及新藏（即喀喇昆仑公路）、甘南（甘肃兰州至四川阿坝）、海南岛的五指山等重要公路。一些主要地区公路、铁路相继建成，使中国交通落后的面貌得到迅速改观，对经济发展起到了促进作用。

第三节 协助国家战胜三年严重经济困难

50年代末、60年代初期，由于“大跃进”和反右倾斗争错误，以及苏联中断援助等原因，加上自然灾害的影响，国家工农业生产大幅度下降，物资紧缺，市场供应极度紧张。在此期间，1958年7月，中央军委发出《军队参加地方经济建设的指示》，规定各部队每年要用一至两个月的时间参加地方的各项经济建设事业。1959年1月，总政治部制定《关于参加社会主义建设工作纲要》，明确提出：“在完成战备和训练等任务的条件下，干部战士应积极地、有计划地、有组织地参加有利于地方经济发展的各项工作。”并对参加地方建设的时间、形式和内容作了具体规定。人民解放军以高昂的政治热情，为国分忧，开展大规模的增产节约运动，并积极组织力量参加工农业生产，支援国家渡过经济难关。

一、积极组织力量，支援农业生产

1960年中共中央、国务院发出抗旱备荒和大办农业、大办粮食的号召。7月，总政治部发出《关于军队参加抗旱备荒的指示》，要求全军积极响应中共中央号召，和全国人民一道，战胜灾害，力争丰收。总参谋部和各军区临时指定20多个师参加工农业生产。全军当年即投入4600多万个劳动日，支援季节性的抢收、抢种、抗旱、排涝等，规模超过历年。部队协助各地兴修水库1464座，修水渠、堤坝188万公顷，减轻了干旱对农作物的影响。驻山东、山西、河南、河北、福建等省的部队，在春夏旱灾严重时和人民群众并肩挖渠、打井，支援抗旱。空军部队出动飞机，为山东、河南等省部分干旱地区进行人工降雨，为遭受虫灾的地区喷撒灭虫药粉。在农事最繁忙的时候，许多部队暂时停止训练，人马车辆一齐出动，从将军到士兵争先下田劳动，帮助群众抢收抢种。有些单位还组织车辆、马匹到灾区参加生产，全军仅在秋季即帮助地方收种庄稼655万亩。

1961年1月，中共中央八届九中全会提出：鉴于农业生产连续两年遭到了严重的自然灾害，1961年全国必须集中力量加强农业战线，全党全民大办农业、大办粮食，加强各行各业对农业的支援，尽最大努力争取农业生产获得较好的收成。人民解放军积极响应中共中央的号召，掀起春耕春播、夏收夏种、突击三秋（秋收、秋耕、秋种）3个支援高潮。春耕季节，山东、河北、河南、辽宁、吉林、内蒙古等地部分地区，先后出现严重干旱，威胁着小麦生长和春耕生产。为了减缓干旱造成的损失，3月24日~4月25日，北京军区空军出动19架次飞机，在河北、山东地区进行人工降雨，使2.8万多平方公里面积的耕地旱情得到缓解。沈阳军区空军于6月间派出飞机10架次在法库县上空进行人工降雨，平均降雨量达15毫米，使全县大部分地区干旱有所缓解。据统计，全军部队在1961年共义务支援农业达2000万个劳动日，极大地稳定了受灾产粮区的农业生产。

1962年，人民解放军在训练和作战任务繁重的情况下，仍派出大批人力、畜力和技术力量，帮助群众抗御自然灾害，发展生产。仅驻北京和沈阳地区的部队就投入上百万个劳动日，支援工农业生产建设。

在支援农业中，人民解放军各部队发挥特长，注重从技术上支援。仅1961年，全军就抽调2.4万多名技术人员，组成巡回农具检修组，深入田间、农户，修理制造简易农具，传授技术知识，全年共为地方修造配套农业机械1600多台，制造修理农具10万多件，培训各种技术人员1200多名，增强了人民群众生产自救能力。各部队抽调卫生人员组成医疗队，协助地方开展卫生保健工作，深入灾区为群众治疗“浮肿病”，抢救病危群众。仅广州军区就组织15个医疗队，到河南灾区为群众治病。有些部队医院和兽医部门还为地方培养医生、护士和兽医人员。

此外，在三年困难时期，人民解放军还发扬勤俭节约的优良传统，捐献大批物资，帮助困难地区的人民群众。据统计，从1960～1962年，捐助单衣5.9万余件，棉衣20余万件，布匹4万多米，卫生药材价值达12万元。

二、大力支援工业建设

在此期间，人民解放军继续参加修筑都江堰、十三陵、密云等大型水利工程和鞍山、上海、包头、重庆、昆明钢铁公司等102项新建和扩建工程。1960年7月，苏联撤走专家，一大批重要工程濒临下马、停产，人民解放军派出大批干部战士，与科技工作者和广大工人一起，自力更生，艰苦奋斗，维系了一些重要工程。1960年沈阳军区抽调2个陆军师、1个步兵团和1个炮兵营共约3万人，参加大庆油田会战，为大庆石油公司早日投产作出重要贡献。同年冬天，鞍山钢铁生产原料难以为继，沈阳军区部队出动数千名官兵，冒着风雪严寒，帮助装卸和运输矿石、煤炭等，保证了鞍钢不间断生产。据不完全统计，1960年前11个月，全军参加兴建、扩建厂、矿共360座，城市建设工程1832个项目，修建铁路908公里，公路9917公里，桥梁6569座，发电站28座。1963年12月，中共中央决定扩建上海机场和广州机场为国际机场。为了迅速完成工程，上级把上海虹桥机场的跑道、滑行道、停机坪、站坪等主体工程交给解放军某部承担。工程仅土方和浇筑混凝土就需要100多万立方米。接受任务后，官兵们披星戴月，紧张突击，使工程提前完成。经国家检查鉴定，工程质量完全合乎标准。

为了保障物资流通，支援工业和农村的需要，各部队还出动大批运输工具，协助各地运输物资。从1960～1962年，人民解放军支援地方运输物资3426.7万吨，运载人员11.2万余名，对缓解国家经济困难起到一定作用。

三、支援国家实行经济调整

三年经济困难结束后，中共中央决定从1963年起，再用3年时间，进行“调整、巩固、充实、提高”，作为第二个“五年”计划至第三个“五年”计划之间的过渡阶段。在这个过渡阶段，贯彻“以农业为基础，以工业为主导”的总方针，在经济计划中，优先保证吃穿用和基础工业等。当时，国际形势渐趋紧张，人民解放军在积极落实各种战备任务，防止帝国主义发动突然袭击和大抓军事训练的同时，继续组织力量，大力支援工农业生产，为争取国民经济的根本好转做了多方面的努力。

1963年，全国农垦工作会议在北京召开。会议就加强农田基本建设做了部署。根据这次会议的精神和总部的指示，人民解放军积极行动，派出大批部队投入改造农田水利基本建设、恢复生产的建设中。沈阳军区于1963年6～7月，派出3400多人赴辽宁省盘锦垦区的6个农场帮助插秧和抢修辽河堤坝，先后出动9万多个劳动日，修筑堤坝7.3万多立方米。云南、贵州、西藏等地有些民族村寨，交通不便，缺少水源，部队积极帮助他们修路架桥，找水源，打水井，有效地改善了当地的生产条件。昆明军区某部1964年开春就出动800名官兵，集中半个月时间，帮助傣族人民修建水渠1万多米，使4个公社1.6万多亩“雷响田”（靠天下雨的旱地）得到引水灌溉。1965年，全国广大农村掀起更大规模农田基本建设，人民解放军抽出大批人力、物力，进行支援。仅南京军区即出动58万多个劳动日，支援当地农田基本建设。为帮助各地缓解旱情，人民解放军及时派出部队，帮助受灾地区抗击自然灾害，保证农牧业生产。

在积极帮助各地群众创造农业生产条件的同时，各地驻军及时支援群众春耕、夏收、夏种。1963年，人民解放军支援各地生产建设的义务劳动日达850多万个，并出动飞机1300多架次，为受灾地区进行人工降雨、喷撒杀虫药粉和空投救灾物资。1964年上半年，全军支援地方生产建设达330多万个劳动日。各部队还发挥技术特长，热情帮助群众修制农具，医治疾病。1963年，全军先后抽调近5000名技术人员，分赴社、队安装和检修各种农业机械，共检修农业机械5000多台，修理和制造各种农具6万多件。仅海军、空军、装甲兵、工程兵等部队就派出大批机工、电工、修理工，在村头田边为公社及时修理拖拉机、电动机和各种排灌机械达1200多台，修制各种农具1.3万余件。各部队医疗单位经常派出军医兽医，下乡为人畜治病，开展卫生保健工作。在广东、广西、福建、浙江等沿海地区，为防止台风暴雨给农业生产造成损失，驻军协助地方气象部门传达天气预报，搞好灾情预防。广大官兵发扬人民军队热爱人民的光荣传统，和社员同吃、同住、同劳动，采取黑板报、幻灯、田头读报和文娱晚会等形式，向人民群众宣传国内外形势和党的各项方针政策。

为加速国家林业建设，1963年铁道兵23个团约10万兵力，担负了黑龙江、吉林、湖南、贵州、江西、广东、福建等省森林铁路修建工程。1964年7月，铁道兵抽调3个师，承担全长676.7公里、贯穿大兴安岭原始森林腹地的嫩（江）林（古莲）铁路的修建任务。8月，抽调19万名部队官兵参加成（都）昆（明）、襄（樊）渝（重庆）铁路大会战。1965年又先后参加了北京地铁第一期工程和（北）京原（平）铁路的修筑工程。在修建北京——密云引水工程中，人民解放军驻京机关、部队和院校抽调1.2万余人，进行支援。施工时正值天寒地冻季节，要在没膝的泥水中作业，官兵们没有胶靴，就冒着零度以下的严寒赤脚坚持劳动。有的手上打泡、脚被扎破、肩被压肿，仍然坚持劳动。经过50天的奋战，共挖土20多万立方米，保质保量地完成了工程总指挥部分配的任务。

人民解放军用自己的实际行动支援工农业生产，为实现国民经济的根本好转作出了突出贡献。

第四节　参加抗御洪水、风暴、地震等自然灾害的斗争

中国幅员辽阔，每年都可能发生各种自然灾害，给人民群众生命财产及工农业生产造成严重危害。每当出现灾情，人民解放军总是奋勇当先，积极投入抢险救灾工作。

一、抗洪救灾

1954 年，长江、淮河流域发生百年不遇的洪灾，长江的洪水水位比历史最高水位高出 1.45 米。7 月下旬，武汉一带连日阴雨，接着又刮起七级大风，防浪设施全部被破坏，有 100 多米的子堤被掏空，抛石头、抛麻袋都无济于事。千钧一发之际，驻武汉地区 3 万多名官兵奉中央军委命令紧急行动，奔向长江抢险第一线，与洪水昼夜搏斗达 3 个月之久，终于制服了洪魔。8 月，河北省独流减河堤顶被大风浪削去数米，威胁着天津市的安全。在紧急关头，人民解放军全力支援抢险，连续进行 17 天的捞泥、培堤工作，使堤坝转危为安。

1956 年，全国 10 余个省区发生洪灾。在遭受洪水破坏严重的河北地区，各部队组织慰问团和医疗队，深入到灾区进行慰问，并捐献大批衣服、款项和粮食，帮助灾民防寒过冬。仅济南、北京、新疆、广州、空军等部队就为河北灾区捐款 34 万元，衣物 20 多万件。8 月，松花江最高水位涨至 120.6 米，打破历史纪录，严重威胁着哈尔滨地区人民生命和财产安全。哈尔滨市驻军各机关、部队、医院、学校和从外地调来支援防汛的部队官兵，共 1.8 万余人，发扬英勇果敢和热爱人民的光荣传统，昼夜抢修和加固大堤，终于使哈尔滨转危为安。1957 年，人民解放军出动 10 余万名官兵，在江苏、河南东部和山东西部灾区参加防汛斗争。海、空军出动飞机 115 架次，不顾恶劣天气影响，空投了大批食品、橡皮船、救生圈等物资，解救被洪水围困的群众。人民群众赞扬说："哪里有解放

军，哪里就能战胜洪水。”

1958 年 7 月，河南地区连降暴雨，黄河出现特大洪峰。周恩来总理亲自指挥抢险。河南驻军 2 万余名官兵日夜奋战，工程兵部队和济南军区部队近万名干部战士参加了抗洪斗争。1960 年，全国许多地区遭受严重自然灾害，各部队官兵在抗灾斗争中奋勇当先，哪里出现险情就到哪里。据不完全统计，仅上半年全军就在重灾区抢救群众 11.8 万余人。1963 年，人民解放军参加更大规模的抗洪斗争。八九月间，河北省保定、石家庄、邢台、邯郸等部分地区连降暴雨，一周的降雨量等于正常年份两年降雨量，是上述地区有水文记载以来罕见的一次特大洪灾。河北大地形成一条宽 50 公里、深达 1 ~4 米的水带，沿途河堤决口，水库崩塌，桥梁冲毁，道路中断，严重威胁天津市以及京广、津浦铁路以及 2000 万人民群众的生命财产安全。危急时刻，总政治部紧急下发《抢险救灾通知》，要求驻灾区部队和其他有关部队，同当地人民紧密配合，切实做好防汛抢险救灾中的各项工作。人民解放军北京军区、沈阳军区、济南军区和海军、空军、工程兵、铁道兵等部队迅速出动 11.5 万余人，飞机 69 架，舰艇、交通艇、汽艇 766 艘（只），各种橡皮舟（筏）1801 个，汽车 830 台，参加抗洪抢险。广大干部战士发扬奋不顾身、舍己救人的革命精神，哪里堤防最危险，就出现在哪里，奋勇排除险情。北京军区司令员杨勇、政治委员廖汉生等多次亲临一线视察、指挥。成百上千的干部战士在洪水里肩靠肩、臂挽臂结成人墙保护堤防，有的连队连续 30 多个小时不下工地。某部三营机炮连驭手谢臣，在暴雨激流中不顾自身安危，在精疲力竭的情况下，仍然奋勇抢救遇难群众，直至英勇献身。谢臣被国防部授予“爱民模范”称号。经过一个半月惊心动魄的较量，终于战胜洪水。抗洪抢险中，人民解放军向灾区空投（运）食品 45 万多公斤、各种救生器材 5.9 万余件、药品近 3 万公斤，直接抢救出群众 11 万多人、牲畜 1200 多头（只）、粮食 1200 多万公斤，以及大批其他物资、器材，抢修堤坝 358 公里、铁路 45 公里、公路 8500 多公里、桥梁 17 座。洪水退去后，部队又组织工作队、医疗队，深入灾区帮助群众生产自救，重建家园，恢复生产。人民解放军的行动，得到地方政府和人民群众的广泛赞扬。在这次抗洪斗争中，谢臣等31名官兵献出生命，步兵某团第4连、坦克某师炮兵团第2连分别被中央防汛指挥部授予“防汛模范单位”和“抗洪救灾模范连”的荣誉称号，共有78个连队、3372名个人被北京军区、天津防汛指挥部等各级领导机关记功。

二、海上抢险救灾

1955年4月17日，上海海运局“民主三号”客轮在杭州湾金塘山附近水域触礁，船身渐渐下沉，海水漫至三层客舱，1300多名乘客危在旦夕。华东海军舰艇闻讯赶到，奋力抢救，使船上人员全部脱险。1957年12月12日下午，正在舟山渔场捕鱼的山东、江苏、浙江、福建等省上万艘渔船和6万多渔民，突然遭遇12级风暴，无法返航，渔船、渔民处于危急之中。东海舰队立即出动14艘舰船进行抢救，经过两昼夜的奋战，救出900多名落水群众和300多名随波漂泊的渔民。1960年3月31日，南海海面以及渤海和黄海以北海域突然遭到八九级大风的袭击。正在海上作业的800多只渔船、4000多名渔民来不及返航，陷于狂风恶浪之中，许多渔民落入水中。关键时刻，海军、空军和沿海地区守备部队，迅速投入抢救遇险渔民的紧急行动。在漆黑的夜里，舰艇打开探照灯和雷达，往来于未走过的航线上，穿过惊险的石峡，摸索着前进，查遍海图上的每一个礁石，抢救遇险的渔民。海军、空军航空兵部队的飞行员们，在风速每秒18～20米的空中，冒险寻找遇险渔民，不断向指挥部报告遇险渔船的位置。根据航空兵提供的情况，海军部队在波浪中积极进行救助。经过4天的海上抢险，仅在南海海域就帮助729艘渔船、3600多名渔民安全返航。8～9月份，厦门地区3次受到12级台风袭击，海军出动舰艇743航次，在风浪中救出客轮、渔船86艘。1962年1月初，东海突然刮起大风，一些渔船被风浪卷往外海。中共中央华东局立即动员各方面力量组织紧急抢救。东海舰队首先派飞机运送参加抢救工作的人员，并且指示各观通站、航空兵加强对海空搜索，同时又派出舰艇，出海掩护数十艘渔轮进行抢救活动，直接救回渔民 164 人。1962 年，海军部队积极参加抢险救灾，先后派出舰艇 149 艘次，救出渔船 149 只、渔民 1158 人。

1965 年 1 月，渤海遭到了百年罕见的大寒流，渤海湾封冻，百余艘船只被冰层围困，耸立在海上的石油井架随时都有被冰块撞塌的危险。毛泽东主席十分关心，周恩来总理亲自部署抢救工作。北海舰队 5 艘拖船和海救船参加了破冰抢险。经过紧张奋战，抢救和护送了被围困的 131 艘商船，保护了海上石油井架的安全。

三、抗御风暴灾害

1953 年 9 月，海南岛文昌县遭受台风袭击，大批房屋被毁坏。驻军紧急出动，帮助群众抢修房屋 300 余间，安置灾民 2300 多人。1956 年 10 月，陆军某军为受台风、龙卷风和冰雹袭击的江苏省灾民捐款 88 万多元，衣物 1205 件，粮食 2.2 吨，支援他们度过灾荒。1957 年 9 月，福建部分地区遭受台风袭击，人民解放军陆、海军抢救遇险渔船 68 条。1958 年 7 月，厦门地区驻军抢救遇险居民 1600 多人，抢救庄稼 2500 多公顷，加固、修补水库 35 座。1960 年 6 月，福建地区刮起特大台风，暴雨如注，驻军出动 5100 余名官兵，抢救、转移受灾群众 2 万余人。1965 年 11 月，渤海湾一带突然刮起 8 级大风，巨浪滚滚，七八米厚的海堤被刷去大半，猛涨的海水超过新中国成立后的最高水位，有些地方已超过堤内居民的房顶。沿堤几十个村庄的人民生命财产危在旦夕。在紧要关头，驻军第 196 师迅速上堤，抢险护堤，保护了驻地群众的生命财产和盐场的安全。

内蒙古、新疆、青海、西藏等地的草场牧区，冬季经常遭到暴风雪的袭击，给牧民和牧业生产带来很大威胁。每当这时，人民解放军就主动进行救灾。1952 年和 1954 年，内蒙古锡林郭勒盟、青海果洛地区和新疆塔什库尔干地区遭受风雪灾害，航空兵部队出动飞机 58 架次，空投食品 75 吨，以及大批饲料和其他物资，减轻了灾区困难。1962 年春天，内蒙古锡林郭勒盟南部发生特大雪灾，牧民、羊群被风雪围困。部队官兵在冰天雪地里，及时清除公路上的积雪，使救灾物资很快运到灾民手里。

四、扑火救灾

1961 年 2 月 20 日，郑州市国棉四厂发生火灾，火势凶猛。驻郑州人民解放军的机关、学校、医院共 3800 余人紧急赶赴火场，与群众共同奋战几个小时，终于扑灭大火，受到河南省人民政府和总政治部的表彰。1963 年 12 月 27 日，海军某部通信站附近的一所学校发生火灾，官兵主动投入灭火斗争。电话守机员赵尔春在大火中抢救教学用具时，不幸牺牲。赵尔春被国防部授予“爱民模范”荣誉称号。1965 年 6 月上旬，新疆乌苏县沙木克沟地区发生森林火灾，火势凶猛。火场山高坡陡，地形复杂，给灭火带来困难。新疆军区骑兵第 1 师及时出动 500 多名官兵，奋战在地形最高、火险最大、任务最艰巨的地方。战士们深入防火线、防火沟和火区内部，有的被火烧伤也不下火线，终于保住了主要林区的安全，并带动了全线的灭火工作。7 月 12 日，林业部致电慰问参加灭火的人民解放军指战员：“你们对扑灭这次火灾，作出了重要贡献。”11 月 14 日，某部驻地万亩干旱的芦苇塘，突然发生火灾。当时浓烟滚滚，越升越高，周围的群众束手无策，驻地部队官兵迅速奔赴火场。经过 3 个多小时的全力奋战，终于将烈火扑灭，使 1.6 万亩芦苇免受重大损失。11 月 26 日，湖北省应山县广水镇人民街同心社发生火灾，空降兵某部官兵、空军广水医院的工作人员和部分休养员等共 600 余人，闻讯后立即奔赴火场，经过近 2 个小时的英勇抢救，扑灭了大火，使国家和人民的财产免受更大的损失。

五、邢台地区抗震救灾

1966 年 3 月 8 日 5 时 29 分，河北省邢台发生了 6.8 级的强烈地震。地震波及河北 6 个地区 70 个县，给人民生命财产造成严重损失。地震发生后，陆军某师和海军、空军及河北省军区部分单位的 1.7 万余名官兵，火速奔赴灾情严重的隆尧、巨鹿、宁晋、南宫、新河等县救灾。22 日 16 时 19 分，邢台东部地区又发生 7.2 级强烈地震。已返回营房的部队发扬不怕疲劳、连续作战的作风，再赴灾区全力以赴地展开抢救人民生命财产的战斗。当时正值早春季节，气候寒冷，不少战士手冻裂了，指头磨得流血，但谁也顾不上这些，昼夜奋战。官兵们不怕脏、不怕累，竭尽全力抢救伤员，宁愿自己挨饿受冻，把自己的大衣、棉被让给群众穿用，将饭菜送给群众吃。据巨鹿、宁晋两县不完全统计，救灾部队先后抢救群众 4500 人，治疗、转运伤员 6370 多人，救出牲口 1100 多头，抢挖粮食 1765 万公斤，搭窝棚 55.2 万个。

邢台地震发生后，周恩来总理亲临隆尧、宁晋、冀县、巨鹿视察灾情，看望受灾群众，召开群众大会，鼓舞灾区人民战胜灾害。4 月 1 日上午，周恩来来到陆军某师驻地，要求部队深入到每个村庄，结合救灾，把党和政府的关怀与温暖送给灾区人民。这个师和河北省军区很快组织了一支万人宣传队，在中共邢台地委领导下，分成近千支小分队，背着背包，带着干粮，顶风冒雨，奔赴邢台各地区受灾的每个村庄。他们一边帮助群众恢复生产，搞好春耕春播，一边向群众宣传党和国家对灾区人民的关怀，宣传“自力更生，奋发图强，发展生产，重建家园”的方针，宣传当地干部群众战天斗地的英雄事迹。在一个多月的时间里，各小分队走遍了邢台地区的 17 个县（市）、322 个公社、4720 个生产大队，投入 6.1 万多个劳动日，帮助种地上千公顷，搭起简易房 2000 余间，为群众看病万余人。其他地区的人民解放军干部战士纷纷写信慰问，有的还邮汇自己节省下来的钱，支援灾区群众。在部队帮助和鼓舞下，灾区人民振奋精神，发展生产，重建家园。这一年，邢台地区没有因为地震而停工减产，夺得了夏、秋两季大丰收。

人民解放军把支援国家建设和抢险救灾看做是义不容辞的责任，积极投入到生产建设和抢险救灾斗争中，增强了军民团结，为国家经济迅速发展贡献了力量，充分体现了人民解放军既是社会主义和人民利益的坚强保卫者，也是社会主义建设的重要力量。

基本经验

从1953年底1954年初全国军事系统党的高级干部会议至1966年“文化大革命”开始前的12年多时间，是人民解放军建设和发展的重要历史阶段。其中1954～1958年夏，是人民解放军全面建设较顺利发展的阶段，也是新中国成立以来军队全面建设取得空前成就的几年。从1958年开始，受到党内“左”倾错误指导思想的影响，特别是林彪1959年主持中央军委日常工作后，推行“左”的一套东西，给军队建设造成了许多消极影响和损害。但是，林彪推行“左”的一套有一个过程，并不同程度地受到中央军委其他领导的抵制；在战争年代培养起来的一大批领导干部主持各级领导工作，坚持并继承发扬人民军队的优良传统；军队建设和作战等大部分实际工作由其他军委领导具体负责；中央军委发挥着较强的集体领导作用，重要决策是中央军委集体作出、经中共中央批准后下达执行，并在实践中证明大部分决策对指导军队建设起到了积极正确的作用。因此，纵观这一阶段人民解放军的建设和发展，成就是基本的、主要的，人民解放军现代化正规化建设、发展的基础是在这一阶段建立起来的。

在这一阶段中，中共中央、中央军委和毛泽东等领导人为建设强大的现代化的革命军队，积极探索和平时期建设现代化国防和军队的道路，提出并确立了一系列指导国防、军队建设的方针和原则，主要有：把建设现代化正规化革命军队作为人民解放军建设的总方针总任务；坚持正确处理经济建设与国防建设关系的原则，走减少军队数量、加强质量的道路；以积极防御作为保卫祖国的军事战略方针；正规化建设是现代化建设保证的思想；和平时期军队必须以军事训练为中心的思想；“以我为主”进行现代化建设的方针；走独立自主、自力更生道路，建立独立完整的现代国防工业体系发展国防科技加强武器装备建设的方针；坚持党对军队绝对领导的原则，坚持加强部队思想政治建设，把重点放在基层的政治工作原则；“对国家负责、对部队负责”，把后勤提高到与战略方针相适应水平的后勤建设指导思想；等等。这些方针和原则，形成了指导国防和军队现代化建设的比较完整的理论体系，指导国防、军队建设取得了巨大成就，创造和积累了丰富的经验。

一、以积极防御的战略方针为依据，指导战争（军事斗争）的准备与实施

军事战略方针是国防建设、军队建设和军事斗争准备与实施的基本依据。新中国成立初期，为了保卫国防，准备和实施反侵略战争，毛泽东就提出了积极防御军事战略方针，并指导抗美援朝战争取得了重大胜利。1955 年，毛泽东重申，中国的战略方针是积极防御，决不先发制人。1956 年 3 月，中央军委扩大会议正式确定将积极防御作为保卫祖国的军事战略方针。积极防御战略方针的确立，回答了中国反侵略战争战略指导的基本问题。此后，随着国际形势的发展变化，尽管积极防御军事战略方针的具体提法和内容有所不同，如作战对象、设防方向、作战形式和战场建设等方面有所变化，但总的战略指导思想和根本原则没有变，人民解放军重大军事行动和军事建设都遵循了积极防御的战略方针，或是积极防御战略方针在军事斗争准备和实施上的具体运用和落实。

贯彻落实积极防御战略方针，必须根据未来反侵略战争的战略指导思想，确立战争准备的战略指导原则。20 世纪五六十年代，中共中央、中央军委根据中国面临的具体战略安全环境，提出人民解放军战争（军事斗争）准备的任务：一是准备解放台湾实现祖国的完全统一，捍卫国家主权；二是准备打击台湾国民党军窜犯袭扰行动；三是准备应付外敌局部入侵和全面入侵的战争。其中做好抗敌全面入侵战争的准备，是战争（军事斗争）准备的基点。在这一基点下，中央军委提出树立全民战争和现代战争的思想，并确立战争（军事斗争）准备的指导原则：国家实行正规军、地方军（包括公安部队或武装警察部队）、民兵（预备役）三结合的武装力量体制；坚持“重点设防、重点守备”的原则；在国防工程建筑上，重点搞好海岛一线防御工程、纵深的首脑机关指挥工程建设，提高重工业城市、交通枢纽的防突袭能力；在兵源准备上，建立战时动员体制，大力加强民兵预备役建设，加强干部和武器装备储备，为战时扩编打下基础；在物资储备上，一方面依靠国家进行通用物资的储备，一方面有计划、有步骤地加强战略、战役物资储备。在国防工业及武器装备建设上，遵循“建立独立完整的现代国防工业体系”的建设方针，以“两弹为主、导弹第一”，并大力发展携带导弹的新式飞机、舰艇以及无线电电子技术。在军事力量建设上，按照守备部队、机动反击作战部队担负任务的作战需求确定编制结构；积极加强陆军特别是各特种兵建设，重点发展空军，逐步地发展海军。同时，根据现代战争的特点和在战争中执行的任务，陆军加强特种兵建设，提高防护力、火力、机动力、突击力；空军适应国土防空作战和协同陆、海军作战需要，大力发展高空高速歼击机部队和空降部队；海军适应近海防御作战需要，发展空（海军航空兵）、潜（艇）、快（艇）部队；等等。上述反侵略战争战略指导思想、原则的提出和确立，使国防、军队建设，从战场建设、体制编制、武器装备、武装力量建设等等方面，紧紧围绕积极防御战略方针展开，根据未来战争需求进行军事力量建设，减少了发展的盲目性，增强了针对性。

落实积极防御的战略方针，必须依据对战争和国家安全形势的分析判断，根据作战对象和军事战略重点方向的确定，扎扎实实做好战争准备。五六十年代，毛泽东和中共中央、中央军委在战争准备指导思想上，十分强调要充分利用战争打不起来的和平时期，抓紧进行建设，以争取主动。1955 年 3 月毛泽东在中国共产党全国代表大会上指出：“我们必须准备应付可能的突发事变。今后帝国主义如果发动战争，很可能像第二次世界大战时期那样，进行突然袭击。因此，我们在精神上和物质上都要有所准备，当着突然事变发生的时候，才不至于措手不及。”[①] 毛泽东深刻地论述了做好充分的战争（军事斗争）准备与慑止战争的关系。他指出，准备好了，敌人可能就不敢来。准备得越充分，主动性就越大，就有可能延缓或制止战争的爆发。在指导具体准备工作上，强调要考虑各种复杂的情况，从最坏的情况出发，多准备几手，以争取主动和立于不败之地。根据这些思想，人民解放军依据对战争形势的判断，确定进行战争（军事斗争）准备的主要战略方向和重要战略方向。既着眼于全局性的准备，立足于长远强边固防的战略性军事建设；又考虑和照顾到当前军事斗争的需要。50 年代中期，人民解放军在全国建成了防空体系，完成了通信网建设。至60 年代初期，主要海岛防御工程形成了坚固防御体系；完成了若干个机场、基地码头、重要公铁路干线的建设；进行以战略公路、边防公路、兵站、仓库为重点的建设。50 年代末 60 年代初，根据对战争形势的预测和帝国主义国家原子弹、导弹武器的发展，中共中央、中央军委提出了防备敌人突然袭击问题，有重点地展开了首脑防护工程和指挥防护工程建设。1964 年后，根据对发生战争可能性的新判断，展开了大规模的国防工程建设，进行了预设战场工事工程建设。这些建设，在保卫领土主权和边海防作战中，发挥了重要作用，为赢得战略上的主动和军事上的胜利，创造了有利的条件。

贯彻落实积极防御的战略方针，必须在加强各项战备工作、保持常备不懈的同时，积极有效地开展捍卫国家主权和保卫领土、领空、领海安全的斗争。根据积极防御战略方针的基本精神，中国坚持自卫立场和“后发制人”的原则。中国决不会侵略别的国家。但是，侵略者来了，中国就一定要打，而且要打胜。不仅对侵犯国家领土主权的侵略者实施坚决有力的反击，达到“以战止战”、保卫

---

① 《毛泽东文集》第 6 卷，392 页，北京，人民出版社，1999。

国家领土主权和安全的目的，而且在必要时，对侵略中国友邻、威胁中国安全的侵略者，中国也将应邻国要求派出支援部队同邻国人民共同反击侵略者。1962 年的中印边境自卫反击战以及 1965 年开始的援越抗美军事行动，就是积极防御军事战略方针这一基本精神的具体运用和体现。

贯彻积极防御的战略方针，必须有强大的军事力量作保证。强大的国防实力，可以慑止敌人使其不敢轻举妄动，达到“不战而屈人之兵”的目的。五六十年代，中国下最大决心集中最大力量发展原子弹、导弹核武器等战略力量，使人民解放军具备了核反击的能力，打破了帝国主义对中国的核威胁和核讹诈。人民解放军瞄准现代战争特点，不断加强军事力量建设，努力使人民解放军的组织编制、武器装备、后勤保障适应现代战争的要求，并通过近似实战的军事训练和演习，不断提高现代条件下诸军兵种合同作战能力。1955 年，人民解放军组织了第一次较大规模的抗登陆联合作战演习，以后，又连续组织进行渡海登陆作战演习、防突然袭击演习、各种地形条件的战役演习，训练研究原子、导弹条件下实行人民战争的战法，等等。人民解放军现代条件下作战能力的提高，保证了积极防御战略方针的贯彻落实。

二、坚持正确处理国防和军队建设与经济建设关系的原则，使二者互相兼顾、协调发展

正确处理国防和军队建设与经济建设关系的理论，是毛泽东等领导人在50 年代中期提出的重要理论。在这一理论指导下，经过十几年的实践，确立了正确处理二者关系问题中的若干指导原则，成为毛泽东和平时期国防建设理论体系的核心内容之一。

首先，经济建设和经济实力是国防和军队建设赖以发展建设的基础。国防和军队建设和发展，依赖于国家经济建设的发展，国防现代化水平的高低，有赖于国家经济、工业、科技现代化水平的高低，这是国防和军队建设发展的规律。中国全面进入建设时期后，面对国家经济基础薄弱，军队现代化水平不高的实际和二者都需要发展建设的矛盾，毛泽东指出“只有经济建设发展得更快了，国防建设才能够有更大的进步”。相对和平时期，必须以经济建设为中心。正确处理国防建设与经济建设关系，“这是战略方针的问题”，“我们一定要加强国防，因此，一定要首先加强经济建设”。[①] 总之，国防力量的发展必须以经济力量的发展为基础，与经济建设相适应。在相对稳定的和平时期，在没有发生外来大规模入侵战争的时候，必须集中精力加强国家经济建设。在这一思想指导下，从抗美援朝战争后，中共中央确定了以经济建设为中心的指导思想，集中精力大力发展国民经济，提高国家经济实力，大力发展基础工业。国防费开支占国家财政支出比例，从抗美援朝战争时期的32%～43%，下降至第一个五年计划期间的30%以下，第二个五年计划期间又降至20%以下。同时，军队本身则走裁减数量、加强质量的道路，节约和使用有限的经费，有重点地发展急需的重点装备，加强现代军兵种建设。通过集中力量搞经济建设，大力发展国家基础工业，为国防、军队建设积累了雄厚的资金，为军事力量建设和发展打下了坚实的基础。

其次，经济建设必须有国防建设为其提供可靠的安全保障，才能顺利进行。因此，必须坚持国防和军队建设与经济建设互相兼顾、协调发展的方针。随着国家经济实力的增长，国防和军队建设的投入也应该逐步增大，使国防和军队现代化建设水平随着经济增长而增强。毛泽东深刻地指出：如果没有可靠的安全保障，就“不能建设社会主义，建设起来也不能巩固”[②]。彭德怀也强调指出：“历史的经验告诉我们，同时国际国内的形势也要求我们，必须建立起一支强大的武装力量，否则就根本谈不到国家的安全，根本不可能保障社会主义建设。”[③] 从五六十年代的建设经验看，和平建设

---

① 《毛泽东军事文集》第6卷，365、366页，北京，军事科学出版社、中央文献出版社，1993。

② 《建国以来毛泽东文稿》第6册，95页，北京，中央文献出版社，1992。

③ 《彭德怀军事文选》，477页，北京，中央文献出版社，1988。

时期保证国防、军队建设与国家经济实力协调发展，主要是满足两方面需要：一是维持军队现有战斗力（生活、训练、装备维护）水平的正常需要；二是国防和军队建设发展的需要。保证后者是使二者协调发展的根本问题，即：军队主要武器装备发展紧跟世界发展水平，使国防和军队现代化建设速度与水平不拉大而且要逐步缩小与发达国家的距离。为此，50 年代中期至 60 年代中期，国家在进行经济建设的同时，照顾到国防和军队建设发展需要，按满足上述两方面需要，确定了一定的国防费比例，并随着国民经济的发展使国防经费投入逐步有所增加，从而没因国家集中精力抓经济建设而使国防和军队现代化建设发展停滞不前，抓住了宝贵机遇。致使这期间人民解放军现代化建设水平成为新中国历史上与世界发达国家军事水平距离最小时期。

正确处理国防和军队建设与经济建设的关系，必须对面临的战争形势进行比较准确的预测。对战争与和平问题作出正确判断，是指导国防和军队建设的重要依据。根据国家安全形势制订国防和军队发展规划，确定军费投入比例，是世界各国进行国家建设和国防建设的基本规律。既要满足军事斗争当前需要，保证军队紧跟世界军事发展步伐正常发展，又要不影响国家经济发展的重心，是确定二者发展建设规划、处理二者关系的重要原则。新中国成立后，中共中央、中央军委和毛泽东适时对战争与和平问题作出判断。抗美援朝战争结束后，毛泽东提出：世界大战的可能性依然存在，但“新的世界大战是能够制止的”。正像毛泽东 1956 年所说，我们要“压两个宝”，一个宝压的是十年左右不打仗上，可能要因此而犯错误；另一个宝压的是把国家建设推迟，这也要犯错误，甚至可能还要犯得大一点。我们宁愿犯前一个错误，而不要犯后一个错误，如果犯后一个错误，就恐怕连补救也来不及了。[①] 毛泽东指出：“新的

① 转引自中共南京军区委员会文件：《裁减军队数量，加强重点建设——军委扩大会内容传达要点》，1957 年 3 月 11 日。

侵华战争和新的世界大战，估计短时期内打不起来。”① 这一判断，为中国集中精力进行经济建设提供了前提和保证，也是处理二者关系的客观基础。

正确处理国防和军队建设与经济建设的关系，必须坚持平战结合、军民结合的原则。毛泽东等中央领导认为：只有做到平时和战时相结合，军用和民用相结合，才能更多地节约建设资金。贯彻平战结合、军民结合，包括两个方面，一是国家经济建设宏观规划，要考虑重工业、基础工业的宏观布局，增加应付战争的经济潜力；二是军队和地方的重要工程设施，做到军民两用，如道路、机场、码头、通信工程、人防工程、输油管线等；三是重要工业设施，如大型工业企业、水利工程、重要建筑、能源基地、交通枢纽设施等，要考虑战时防护，具备转入战时的生产能力和生存能力。在五六十年代，为了防备帝国主义国家对中国发动突然袭击，毛泽东和中共中央、中央军委十分注重考虑经济建设和国防建设的平战结合和军民结合问题。如“一五”计划开始后，中国重视和考虑国民经济特别是国防工业的战略布局，开始重视战略后方的军事工业建设。“一五”计划的44个国防重工业企业，安排在中部和西部地区有35个。1956年，毛泽东在《论十大关系》中，论述了沿海和内地的关系、国防建设与经济建设的关系，成为指导全国、全军正确处理战争准备和经济建设关系的重要理论文献。根据毛泽东提出的指导思想和原则，60年代初，总参谋部向中共中央提出了处理经济建设和国防建设关系若干问题的建议报告，提出在建设机场、码头、公路、桥梁、通信设施等大型经济建设项目时，尽可能照顾到国防需要、提高战时防护能力和军事功能，提出了平战结合的原则和具体实施办法。60年代中期，根据对战争形势的判断和中国面临的严重军事威胁，中国更加重视国民经济战略布局问题，在中共中央、中央军委领导下展开大规模的“三线”建设。这些战略性举

① 《毛泽东文集》第7卷，26页，北京，人民出版社，1999。

措，充分考虑战时的国家经济安全，并为建立可靠和强大的支持战争的经济潜力进行战略准备，意义深远。

三、军队建设必须以现代化为中心

以现代化建设为中心，是人民解放军由低级阶段向高级阶段发展的必由之路，是适应人民解放军职能和任务转变的根本要求。新中国成立后，人民解放军的职能发生了根本性转变，担负起保卫国家领土主权完整和安全的任务。从总体上看，人民解放军的革命化程度是任何国家的军队所不可比拟的，是人民军队的巨大优势。但武器装备较差，现代化作战能力不强，与担负的职能还不相适应。要有效地反击现代化武器装备水平较高的帝国主义国家的侵略，有效地进行保卫领土、领海、领空安全和完成实现祖国完全统一大业等艰巨任务，不加强人民解放军的现代化建设，就会在作战中付出较高的代价。正是基于这种认识，新中国建立初期，毛泽东等领导人即提出建设强大的现代化国防军的思想。1954 年军事系统党的高级干部会议，确定把建设现代化正规化的革命军队作为人民解放军的总方针、总任务。

以现代化为中心，同时也是现代战争对军队建设提出的要求。未来反侵略战争，随着武器装备的不断发展，指挥和进行现代战争愈来愈复杂。50 年代中期，帝国主义国家大量发展以核武器、导弹武器、核潜艇、高速高空歼击机为代表的现代兵器，使中国面临的反侵略战争现代化程度越来越复杂。因此，解决现代战争的客观要求同人民解放军现代化作战能力较低的矛盾，是军队建设的主要矛盾。这个主要矛盾，决定了人民解放军必须坚持以现代化建设为中心。从提高军队现代条件下作战能力出发，1954～1966 年，人民解放军以建立加强空军、海军和陆军各技术兵种部队为重点，努力提高现代化水平和合成程度。海军、空军、陆军特种兵比例逐步增大。大力发展现代武器装备，特别是以原子弹、导弹核武器、各式常规导弹、导弹潜艇、高空高速歼击机为重点的现代武器装备。武器装备从仿制走向自行研制，陆军武器装备基本实现国产化；原子弹、氢弹、导弹核武器相继研制成功。这些，大大提高了军队现代化程度，使国防实力和人民解放军现代化作战能力显著增强。

以现代化建设为中心，必须正确处理现代化与革命化之间的关系，绝不能偏离这个轨道。1958 年以前，人民解放军蓬蓬勃勃开展了以现代化建设为中心的各项建设，成就显著。但是，后来由于党内“左”倾指导思想的影响，以现代化为中心的指导思想遭到某种程度的质疑。1958 年错误开展反“教条主义”斗争，“以现代化建设为中心”的建设指导思想不敢提了。1959 年错误开展反右倾斗争，继而批判所谓彭德怀、罗瑞卿“资产阶级军事路线”，使这种“左”倾指导思想进一步发展，也为林彪推行“左”的一套、片面提出并推行“突出政治”创造了条件。片面过分地强调人的精神因素在战争中的作用，使现代化建设受到一定程度的干扰。特别是在 60 年代中期后，军队规模逐步扩大，武器装备与发达国家的距离开始拉大。这一历史教训应深刻记取。

四、建立和完善以条令条例为中心的法规制度，不断加强正规化建设

正规化是现代化的客观要求和必要条件。世界各国军队现代化建设的实践都充分证明，一支现代化的军队，必然是一支正规化的军队。现代化需要有与之适应的编制、体制、规章、制度，需要建立良好的战备、训练、工作和生活的正规秩序，用条令、条例和制度规范军队的各项工作和军人的一切行动，树立一切按条令、规章办事的观念。加强部队正规化建设，也是现代战争对军队的客观要求。武器装备越先进，合成军队越发展，协同作战和指挥以及集体操作的武器所占比重就越大。不仅需要通过正规的军事训练，使各军兵种能够联合起来，培养高度的组织性、计划性、纪律性、准确性，培养和养成具有令行禁止、雷厉风行、严守时间和密切协同的优良素质的军人和部队；而且必须依靠正规化法规制度，建立健全有序的和灵敏高效的组织指挥系统，用条令将各军兵种作战行动协调统一起来，形成作战的合力。因此，正规化建设的根本着眼点，是提高部队适应现代战争的能力。

加强正规化建设，必须建立完备的条令条例和军事法规体系。军队的条令、条例和法规是部队、军人和一切国防、军队建设活动的依据、规范和准绳。1954 年，军事系统党的高级干部会议强调：必须在思想上一致认识正规化对人民解放军当前建设和适应将来作战需要的重要性。此后，人民解放军大力加强正规化建设，编修各种条令条例和规章，实行“三大制度”，进行精简整编，建立科学合理的编制体制，严格按大纲、条令施训，养成按条令办事的作风。短短几年，人民解放军的正规化程度显著提高。1958 年后，人民解放军贯彻“以我为主”方针，展开编写自己的条令条例工作，形成了人民解放军自己的条令条例体系，改变了人民解放军沿用苏军战斗条令的历史。条令条例体系的建立，部队正规化建设的加强，有力地促进了部队现代化建设。

进行正规化建设，必须强化依法治军的观念，认清按条令办事与按上级命令办事的关系，严格执行条令条例与日常生活养成的关系；划清按条令条例严格管理与形式主义的关系。一般来说，坚决执行上级命令与按条令办事是统一的，是条令条例所要求的内容之一。而部队令行禁止的作风，也是靠平时严格的军事训练和日常生活严格执行条令条例这两个环节培养“养成”的。新中国成立后，特别是在 20 世纪 50 年代中期大力强化正规化建设，按正规化制度规范训练和生活，人民解放军正规化建设取得显著成就。但 1958 年错误地开展反“教条主义”斗争，把条令、条例等法规制度当作“教条主义”的东西进行批判。从此，按条令条例和制度办事不被重视，正规化建设不提了，使部队正规化建设遭受了一定的损失。这方面的教训也是深刻的。

五、必须走减少数量、加强质量的建设道路

减少数量、加强质量的建设思想，是中央军委于 50 年代中后期提出来的。这一思想，反映了军队现代化建设的本质和规律。军队战斗力的强弱，取决于武器装备的优劣、官兵素质高低和组织编制是否科学。质量建设是军队现代化建设的核心，在国防投入一定的限度内，军队的数量与质量成反比例关系。军队数量庞大，冗员过多，大量的人员耗掉了本来就有限的经费，势必影响武器装备的更新和战斗力的提高。因此，如何使常备军达到规模适度、结构合理、指挥灵便、满足需要的要求，是实现质量建设的核心问题。经过数次精简整编，人民解放军形成了确定中国武装力量规模的原则：如根据国家的国土面积和边防、海防线长度及地理环境确定军队的规模，使之有效地维护边防安全、保卫国家领土主权不受侵犯，保证社会稳定；根据国家所处的安全环境确定军队规模，特别是正确判断战争与和平形势，不使军队的发展影响国家经济建设；根据国家确定的军事战略方针即积极防御的战略方针确定军队规模，保证具有一定的防卫作战和打赢局部战争的能力，战时能迅速扩编，为实施反侵略的人民战争奠定基础，如1960年制订的《我军八年组织编制和装备规划》即遵循了这一原则；根据武器装备一定阶段生产能力确定各军兵种发展的规模；积极努力地加强后备力量建设，走建设精干的常备军与民兵、预备役武装相结合的路子，解决平时养兵少、战时用兵多的矛盾；等等。

走减少数量、加强质量的建军道路，必须紧跟时代发展步伐，建立和建设新型作战力量。随着科技的进步，新武器不断涌现并应用于战场，使作战方式和作战手段不断发生变化。拥有先进武器的一方，在具体战斗中，往往会使武器落后的一方对其束手无策。如在50年代末，美制高空战略侦察机和无人驾驶高空侦察机多次侵入中国大陆领空，有的战略侦察机甚至深入中国大陆腹地十几个省上空，由于人民解放军空军装备的飞机飞行高度不够，几次升空拦截均未获战果。军事斗争的历史和现实更加使中国领导人认识到，要想在军事斗争特别是反侵略战争中赢得胜利，必须紧跟时代军事科技发展步伐。充分认识和研究现代武器装备的发展所带来的战场新特点、新变化，积极发展新军事技术，研制新武器，建设新兵种部队，才能有效保卫领土、领空、领海主权和安全。50年代初，中央军委敏锐地洞察到，世界军事科技的发展进入到“核时代”、“喷气时代”、“导弹时代”，在抗美援朝战争结束后中国经济刚刚复苏、人民解放军刚刚完成从单一陆军向合成军过渡不久，就从战略上运筹人民解放军力量结构发展方向，提出：大量地减少步兵，积极地发展空军、海军和陆军各特种兵部队。根据军事斗争的需要，采取多种途径解决特种武器装备，相继建立新型作战力量：1958 年开始组建第一支地地战略导弹部队（至 1966 年形成一支较强的威慑力量——第二炮兵部队）；1959 年快速组建了地空导弹部队；1958 年 9 月建立第一支电子对抗部队。更需要指出的是，中央军委作出建立这些新型作战力量的决策极具前瞻性，新型作战部队与发达国家几乎同时建立或同年代建立的，而且有的新型武器和新型作战力量是中国首先应用于实战。如 1959 年人民解放军地空导弹部队击落美制 RB－57D 型高空战略侦察机，开创了世界防空作战史上使用导弹击落敌机的先例。中央军委、总部在制订军队发展规划和调整体制编制时，把打赢原子弹、导弹条件下的反侵略战争作为现实和未来的作战需求，在调整体制编制中以建立新型作战力量、加速部队现代化进程作为建设的着力点，经几次精简整编，部队现代化程度跃进式发展，大大增强了国防实力。

六、坚持以军事训练为中心，是和平时期提高战斗力的基本途径

军事训练，是和平时期提高部队战斗力的基本途径。军队的现代化主要包括现代化的武器装备和高素质的人。只有通过军事训练，才能实现二者的结合并形成战斗能力。1954 年军事系统党的高级干部会议十分明确地提出：“现代化军队建设中长期的经常的中心工作是训练部队，特别是训练干部。”在这一思想指导下，50 年代中期开始，全军“以军事训练为中心”，大张旗鼓地展开以掌握新式武器为主的技术基础训练，并采取各种形式调动广大指战员的练兵积极性，如进行了 10 多年的创“三手”活动；1962 ~ 1964 年轰轰烈烈的群众性大练兵、大比武活动，成为这一阶段开展军事训练的显著标志，一直为后人所称道。各种形式的军事训练竞赛、比武活动，有力地促进了部队军事技术和训练水平的提高，也使军事训练为中心工作的思想深入人心。

以军事训练为中心，首先是训练干部。而以办院校训练干部为主，是提高干部组织指挥能力的基本途径。彭德怀在全国军事系统党的高级干部会议上指出："要建设一支强大的现代化的革命军队，如果没有一批具有一定的文化科学水平，具有马克思主义基础知识，具有现代战争知识和能够掌握现代技术的干部，这是不可能的。"① 因此，以训练工作为中心，训练干部又是中心工作的中心。在原有基础上，1954 年至 60 年代中期，人民解放军又迅速调整扩建一大批各级指挥院校、各类工程技术院校。为提高部队官兵整体文化素质，开办了各种形式的文化学校，全力培养建设现代化需要的各方面人才。至 60 年代初期，全军院校达到 120 余所，形成了初、中、高三级院校体系，建立了干部院校培训制度。全军 60% 以上的军官经过本级院校培训，全部经过院校短期培训。一批又一批具有现代战争知识、会指挥诸军兵种协同作战的指挥员走上领导岗位。这一阶段以创办院校培养人才、开展军事训练为先导，加强现代化建设的理论和实践，形成了人民解放军独具特色的人才建设思想。

以军事训练为中心，不是简单的工作摆位问题，而是关系到人民解放军能否胜利地履行其根本职能的大问题。人民解放军无论是履行对内职能还是对外职能，都必须具有很强的战斗力。军事斗争的实践证明，通过训练对现有武器装备的熟练掌握，最大地发挥其性能，可以弥补装备水平上的差距。如五六十年代人民解放军航空兵加强高难动作训练，使用最大飞行高度在 1.75 万米的歼－6 型飞机，连续击落入侵中国领空、飞行高度在 2 万米的美军无人驾驶高空侦察机；还如人民解放军航空兵加强雷达与飞机密切协同训练，

① 《彭德怀军事文选》，486～487 页，北京，中央文献出版社，1988。

“以快制快”击落国民党军美制高性能战斗机。

坚持以军事训练为中心，必须正确处理军事工作与政治工作的关系，排除“左”的思想的干扰。和平时期靠军事训练提高部队战斗力，大抓军事训练的目的就是为了更好地履行职能，这本来是浅显的道理和常识性问题，但在60年代中期，林彪为了打击和排除异己，说“军事训练搞得太多，影响了‘突出政治’”，把轰轰烈烈的全军大比武运动压了下去。而由于“左”的思想影响，林彪的这一谬论在全军却得以推行，抓军事训练被诬陷为“单纯军事观点”遭到批判。军事干部不敢理直气壮地抓训练，使军事训练遭受严重冲击。这一历史教训值得深思。

七、坚持“以我为主”的方针，正确处理发扬优良传统与学习外军经验的关系

“以我为主”方针，是50年代末正式提出并确立的军队建设指导方针。“以我为主”的方针，就其理论内涵，包括继承发扬人民解放军优良传统和成功经验，借鉴和吸收外国军队建设经验两个方面，并从实际出发不断发展和创新。在这两个方面中，强调发扬人民解放军优良传统为主，即：以毛泽东军事思想为指针，坚持和发扬人民解放军几十年创造的宝贵的建军、作战经验，坚持走独立自主、自力更生、艰苦奋斗、勤俭建军的道路，等等。“以我为主”方针在强调发扬优良传统的同时，要注重学习借鉴外国军队有益经验，特别是中国军队的现代化水平比发达国家军队低的时候，更不能墨守成规，囿于自己的经验。要紧跟世界军事科技发展趋势，注意研究学习外军的先进军事科学技术和军事理论；同时，在学习方法上，避免照搬照抄外军经验、外军模式，要从实际出发，同中国的实际相结合，有所发展、有所创新。

坚持“以我为主”方针，必须正确处理发扬优良传统与学习借鉴外军经验的关系，注意防止强调一方面而否定另一方面，避免片面性，这是保证军队现代化正规化建设健康发展的重要理论和实践问题。新中国成立后，人民解放军在缺乏现代化建设经验，装备、训练水平都比较低的情况下，中央军委发出向苏军学习的号召，这一指导思想是十分正确的，对提高现代化建设的起点，学习和掌握先进军事科技，加速建成合成军队，加快现代化正规化建设步伐，尽快学会组织指挥诸军兵种合同训练和作战，是一条捷径，且在实践中取得了很大成绩。但是，由于在学习过程中存在某些片面性，一度在若干方面忽视发扬人民解放军自己的优良传统，产生一些脱离实际、照搬照套等现象。中央军委及时发现这一问题，1954 年的高干会议提出要把学习苏联先进军事科学和发扬人民解放军的优良传统结合起来。从而使照搬照套苏军经验的做法得到纠正，没形成全局性的教条主义错误。然而，由于没有从理论上解决如何处理二者的关系问题，在军队高层领导机关和院校中对二者关系的认识上存在的分歧没能从根本上解决，以至于后来产生有无“教条主义”的争论，并在 1958 年发展成一场错误的反“教条主义”斗争，造成军队建设上的失误。虽然在以后的军队建设中，遵照中共中央、中央军委确立的“以我为主”方针，认真总结人民解放军几十年作战、建军经验，进一步确立了人民解放军几十年形成的建军方针和原则，发扬人民解放军的优良传统，并指导人民解放军的各方面建设取得了新的成就。但是由于“以我为主”的方针是在批判所谓的“教条主义”的背景下提出来的，在实际贯彻中，没能准确、全面地理解“以我为主”方针的理论内涵，出现了强调“以我为主”而忽视学习甚至排斥学习借鉴外军经验的倾向，以至于后来在“左”的思想影响下，排斥外军经验的思想愈来愈严重，影响了人民解放军现代化建设的视野和紧跟时代步伐的创新。

人民解放军建设现代化正规化革命军队的实践告诉我们，坚持和贯彻“以我为主”的方针，正确处理二者的关系，既要始终坚持人民解放军的建军根本原则和制度，继承发扬优良传统，又要重视学习外军先进经验，特别是学习外军先进的科学技术和军事理论，以跟上世界军事发展的潮流。

八、加强思想政治建设，发挥政治工作应有的作用

人民解放军的政治工作从本质上讲，就是中国共产党为对军队实施绝对领导而在军队中进行的思想工作和组织工作。新中国成立后，人民解放军由革命战争时期的革命军变成了中华人民共和国的国防军。在这种新的形势下，如何保证党对军队的绝对领导，如何坚持人民解放军的政治工作制度，继续发扬政治工作的优良传统，是加强人民解放军建设必须解决好的问题。1954 年 4 月颁布的《中国人民解放军政治工作条例（草案)》，毛泽东在审阅条例草案时，恢复了一句被删掉的话，即："中国共产党在中国人民解放军中的政治工作是我军的生命线"，强调政治工作对人民解放军的重要性。条例草案明确：中国人民解放军是中国共产党领导的人民军队，"中国共产党是中国人民解放军的缔造者和领导者"。"紧紧地和中国人民站在一起，全心全意地为人民服务，就是这个军队的唯一宗旨。中国人民解放军必须坚决地为着党的纲领、路线，为着社会主义共产主义而奋斗"。同时重申了政治机关和政治委员制度、党委统一的集体领导下的首长分工负责制是党对军队的领导制度等革命战争时期就形成的一系列政治工作制度。同年 9 月，在国家领导体制调整过程中，重新成立了中国共产党中央军事委员会。从而从组织体制、工作制度上进一步保证了党对军队的绝对领导和政治工作原则的坚持和落实。

加强新形势下的政治工作，必须根据新形势，紧紧围绕提高部队战斗力，开创政治工作新路子，增强政治工作的活力，打开政治工作新局面。首先，通过加强政治工作提高部队战斗力，必须把重点放在基层。连队是执行战斗、训练等一切工作任务的基层单位，政治工作扎根于连队，面向基层，是人民解放军政治工作的优良传统和重要原则。遵循这一原则，在 50 年代中期至 60 年代中期，人民解放军根据新形势下部队建设的要求，为指导和加强基层建设，开展了多项活动和工作，取得了较好的成效。如开展了首长、机关下连当兵活动，机关同连队建立联系制度，帮助和指导基层加强全

面建设；整顿基层党支部加强基层组织建设，使基层党支部更好地发挥战斗堡垒作用。这一阶段开展起来的“创四好连队、争当五好战士”运动，成为大抓基层、推动基层全面建设的显著标志。其次，通过政治工作提高部队战斗力，必须加强马列主义思想理论教育，提高指战员的思想觉悟。通过政治工作，用革命的、进步的政治精神，用社会主义、共产主义的思想，用马列主义毛泽东思想和党的路线、方针、政策，动员和组织全体官兵，培养具有高度政治思想觉悟，忠于党、忠于祖国、忠于人民，不怕艰难困苦、不怕流血牺牲的一代全心全意为人民服务的革命军人。这是形成并巩固部队战斗力的基础。为实现这一目的，人民解放军开展了学习毛泽东著作活动，努力提高官兵的思想理论水平，同时，大力宣传雷锋、欧阳海、王杰、“南京路上好八连”、“硬骨头六连”等一批具有时代特征的先进典型。通过学习先进典型的活动，使广大干部、战士的共产主义觉悟大大提高，精神面貌为之一新。公而忘私、艰苦奋斗、舍己为人、全心全意为人民服务的精神大大发扬，助人为乐的好人好事层出不穷。这场宣传典型活动，对于实践为人民服务的宗旨，发扬优良传统，提高全军指战员的思想觉悟，推动部队各方面的建设都起到了积极作用。再次，发挥政治工作的威力，巩固和提高部队战斗力，必须增强政治思想工作的针对性，注意研究新情况，解决新问题，这也是政治工作贯彻有效性原则的基本要求。

人民解放军在现代化进程中，会遇到各种各样的矛盾，社会形势的发展变化，会给部队官兵带来一定程度的思想波动。50 年代中期至60 年代中期，人民解放军政治机关和政治工作干部注重深入实际进行调查研究，及时掌握形势的变化给部队官兵带来的新的思想问题，采取有效措施解决新问题，收到了很好的成效。如针对现代化正规化全面展开后实行“三大制度”带来的地位和待遇问题，开展人民解放军宗旨教育，克服骄傲情绪、以功臣自居情绪和贪图享乐不求进步情绪；针对大规模的精简整编和复员退伍，开展宣传总路线教育，加深对党和军队各项政策的理解，增强广大指战员为支援社会主义建设、为发展国家经济作贡献的责任感和使命感；针对60年代初期国家遇到的暂时经济困难，进行“两忆三查”教育；针对实行军衔制、薪金制和正规化制度，开展“尊干爱兵”教育；针对60年代初开展的战备活动，开展充分认清国际国内形势，认清人民解放军的职责和任务，增强战备观念，树立准备打仗的观念。这些有针对性的政治工作和教育活动，真正体现了政治工作联系部队工作实际发挥服务保证作用的功能，为巩固提高战斗力收到了很好的成效。

加强政治工作，必须摆正政治工作的位置，真正发挥政治工作的服务保证作用。对于政治工作的地位，在这一阶段政治工作发展史上，曾有过两种偏向：一是在50年代初期，一段时间片面理解“正规化”，照搬苏军的体制制度，对人民解放军政治工作的优良传统有所忽视，一定程度上削弱了政治工作在军队中的地位和作用；一是60年代初，在强调进一步加强政治思想工作的同时，提出了一些错误的口号。特别是林彪在推行“突出政治”的过程中，提出“四个第一”，强调“政治挂帅”，鼓吹政治工作可以“冲击”其他，在实际工作中片面抬高政治工作的地位，严重影响了政治工作对现代化建设的服务保证作用。实践证明，摆正政治工作的地位，正确地发挥政治工作的服务和保证作用，对保证军队建设健康发展有着重要意义。政治工作是人民解放军的生命线，这是对人民解放军政治工作地位和重要作用的形象比喻。强调政治工作的“生命线”地位作用，有效地发挥服务和保证作用，必须结合全党、全军的中心任务与部队的具体工作一道去做，才能发挥政治工作的威力，保证各项任务的完成；才能保持和发扬人民解放军革命化的优势，使精神动力转化为强大的物质力量，推动现代化建设健康顺利地进行。五六十年代，人民解放军政治工作遵循这一原则，政治工作就发挥了重大作用，现代化建设步伐就加快。反之，背离这一原则，片面强调政治工作的“帅位”，片面强调“突出政治”，在实际工作中陷入“精神万能”的空头政治中，不仅没有发挥为现代化建设这个中心的服务保证作用，而且也使政治工作本身遭到很大的损害和削弱，这一深刻历史教训应当记取。

九、必须坚持自力更生为主、争取外援为辅发展武器装备的方针，建立独立完整的现代国防工业体系，努力提高现代化装备水平

50 年代中期至 60 年代中期，中国国防科技和武器装备的发展取得的巨大成就，令世人瞩目。在战略武器发展上，研制成功原子弹和导弹核武器；在常规武器发展上，进行大规模仿制，并逐步由仿制向自行研制转变；在国防工业建设上，建立起了独立完整的现代国防工业体系。中国国防科技发展速度之快，是世界罕见和令人惊叹的。在这一创造非凡奇迹的发展历程中积累的宝贵经验，对人民解放军进行现代化建设，具有重大的现实指导意义。

必须紧跟世界军事科技发展趋势，把握发展尖端武器的时机。50 年代，世界几个大国都把发展核武器、导弹武器列入优先发展的重要位置。拥有核武器的美国，出于遏制共产主义的需要，动辄对中国以及其他弱小国家进行核威胁、核讹诈。中共中央和毛泽东深刻认识到拥有战略武器对维护世界和平、保卫国防安全、提高中国在国际政治舞台上的地位的重大战略意义。毛泽东深刻地指出："还有那个原子弹，听说就这么大一个东西，没有那个东西，人家就说你不算数。"① 为了打破帝国主义的核威胁、核垄断，在中国各方面发展都需要大量资金，中国国防工业还十分薄弱的情况下，中共中央毅然果断地作出研制原子弹、导弹等尖端武器的战略决策。这一伟大、英明的决策，适时把握住尖端科技的发展趋势，紧紧跟上世界军事科技的发展步伐，打破了美国的核垄断、核威胁，增强了中国的科技实力特别是国防实力，极大地提高了中国的国际地位。

在武器装备发展上，走什么样的道路，关系到国防现代化发展

① 《毛泽东军事文集》第 6 卷，374 页，北京，军事科学出版社、中央文献出版社，1993。

速度和后劲，关系到中国自己的命运掌握在谁的手中的大问题。必须坚持自力更生为主、争取外援为辅发展武器装备的方针，努力建立独立完整的现代国防工业体系。中国是一个有着几百万军队的大国，靠买武器装备实现国防现代化是根本不可能的。这不仅有个买得起买不起的问题，而且尖端技术也不可能从外国直接买来，即使一时可以从国外引进，在错综复杂的国际政治斗争中，最终还会受制于人。因此，必须紧跟时代军事科技发展步伐，本着努力积极引进先进技术是为了“消化、吸收”的原则，立足于自己研制、生产现代武器装备。在国防科技和武器装备创业初期，中共中央、中央军委就制定了自力更生为主、力争外援为辅发展武器装备的方针。在这一方针指导下，中国着力做好以下基础工作：一是努力建立起独立完整的国防工业体系，建立独立自主、自力更生研制生产武器装备的基础；二是积极争取苏联的援助，引进先进技术，提高中国研制尖端武器和常规武器装备的起点，少走弯路，展开武器装备的仿制，积累经验，向自行研制努力，加快国防科技的发展速度；三是大力培养国防科技人才，以在实际研制中锻炼、创建国防科技院校等办法，培养一支强大的国防科研队伍。实践证明，自力更生为主发展国防科技工业的方针，是中国在世界高科技领域占有一席之地的重要基石。由于中国一开始就坚持了这一方针，国防科技事业才能够在外援中断的情况下独立自主地继续发展，并取得巨大成就。

重要尖端武器的发展，必须实行统一领导，发挥社会主义政治优势，组织全国大协作。中国能以较快的速度搞出“两弹”和实现武器装备的国产化，是全国、全军紧密团结、大力协同的结果。国防科学技术研究和武器装备研制是大规模的科学实验和复杂的系统工程，综合性强，涉及的科技、工业面广，靠一个系统、一个行业、一个部门很难完成。在五六十年代中国科技工业力量分散弱小的情况下，为了突破各项技术难关，快速生产出尖端武器所需的元部件，中共中央、国务院、中央军委决定加强统一领导，组织全国大协作。经毛泽东批准，成立了以国务院总理周恩来为主任、国务院十几个部委和中央军委领导参加的中央专门委员会，组成了中共中央直接领导下的、权威性很高的、统一组织协作攻关的“指挥部”，在统一领导下，采取一切得力政策措施，全国“一盘棋”，集中攻关。全国有26个部委、20多个省市自治区、900多个工厂和近百家科研单位及大专院校参加研制工作，全国精兵强将和优势力量拧成一股绳，大力协作，比较快地突破了技术难关，体现了社会主义中国攻克尖端科技难关的伟大创造力量。实践证明，研制具有战略意义的尖端战略武器，以及组织进行科技含量复杂、综合性强的国防科技工业项目建设，必须加强党的统一领导，发挥社会主义制度的优越性，集国家各方面的科技优势进行协同攻关，一抓到底，务求必胜。

人才是科技事业发展快慢、成功与否的关键。培养造就一支能够掌握和驾驭高新技术、具有吃苦耐劳和奉献精神的科技队伍，对国防科技事业的发展具有战略意义。中国在创建国防科技事业一开始，就下决心加强国防科技队伍的建设。中共中央和政府采取各种措施，在国防科技战线汇集了一大批杰出的科学家、科研人员、工程技术人员和管理工作者，逐步形成了一支具有较高水平和优良作风的国防科技队伍。同时，中共中央、国务院和中央军委高度重视建立和发展国防科技工业高等院校，经过十几年的努力，形成了门类比较齐全、专业比较配套、教学设施比较完备的国防科技教育体系，培养了大量多层次的科技人才，在国防科技事业发展中发挥了重大作用。在国防科技事业发展中，从中央到各级党委领导，对知识分子和科技专家充分信任，大胆使用，委以重任，从各方面关心、爱护他们，最大限度地发挥他们的积极性、主动性和创造性。60年代，中共中央批准颁布《关于自然科学研究机构当前工作的十四条意见》，作出一系列落实党的知识分子政策的规定，形成了尊重知识、尊重人才的风气。在三年困难时期，周恩来、聂荣臻等党、国家和军队领导人，亲自组织向国防科技前线调运物资，明确指示关心照顾科技专家的生活。广大科技人员亲身感受到了党和政府及人民的关怀，心情舒畅地为国防科技事业贡献自己的聪明才智，为发展国防科技事业作出了突出贡献。

十、确立后勤建设指导思想，使之与军队总体现代化建设同步发展，把后勤体制和保障能力提高到与战略方针相适应的水平

军队后勤现代化建设是军队现代化建设的有机组成部分。在全面进入现代化建设后，后勤建设如何随着军队现代化的发展而发展，增强平时和战时的保障能力，是后勤建设面临的新的重大历史课题。为适应现代战争和军队现代化建设对后勤建设提出的新要求，1954 年，中央军委和总后勤部提出了“对国家负责，对部队负责”后勤建设指导思想。中央军委认为，军队后勤工作是国家经济工作在军队的延伸，“对国家负责，对军队负责”，即国防、军队建设必须依赖和服从于国家经济建设，正确处理国家经济建设与国防和军队建设的关系，有效地发挥军费的效用。在制订发展规划时，考虑国家经济发展水平和承受能力，后勤的一切工作围绕加强军队现代化建设展开。为此，中央军委在处理钱少“事”多的矛盾中，将有限的经费用于军队现代化发展上。按照这一方针，后勤系统在基本建设、装备购置、国防工程构筑、教育训练保障等方面，统筹规划，高效地组织内部的生产、分配、消费及建设，发挥最大的经济效益，切实保障军队建设和作战的基本需要，保障军队建设和各项工作顺利开展，保证军队质量建设不断向更高水平发展。同时，后勤系统加强建章立制等法规建设，加强管理，从管理中要效益。1954 ~ 1955 年，总后勤部对规章制度如财务预决算制度、给养实物定量供应制度、实物为主经费为辅的车辆器材供应制度、油料限额分配制度等一系列后勤规章进行了全面修订，1955 ~ 1966 年，又先后颁发了《军事财政法规》、《总部专管、实报实销、定额包干、指标控制四项管理办法》、《关于海岛工程建设的规定》等法规和规章制度。后勤法规和规章制度的建立，保证了后勤建设在落实后勤建设方针中，使后勤钱、物管理和使用逐步走上制度化、标准化、规范化的轨道。

建设现代化后勤，必须建立一支精通现代后勤业务、能懂现代条件下诸军兵种协同作战的后勤指挥员和一支专业人才队伍。全面现代化建设开始后，中央军委高度重视后勤指挥人才和专业人才队伍的培养。1954 年初全国军事系统党的高级干部会议决定："调配和动员一些精干而有战斗经验的初级军政干部，到后勤部门加强领导工作。"为加强人才培养，提高后勤人员的业务水平，在 50 年代初期建立以后勤学院为代表的一批后勤院校基础上，加强各后勤专业院校的建立和建设。至 1966 年，建立了后勤工程、运输、汽车、军械等门类比较齐全的高、中、初三级指挥院校和专业技术院校体系，为后勤培养了大量指挥人才和专业技术人才，使后勤现代化建设有了可靠的人才保证。为加强业务建设和提高后勤保障能力，围绕"供得上、救得下、修得快"的要求，开展技术训练，结合参加各军兵种演习，提高后勤指挥员实施后勤保障的组织指挥能力和各专业技术部门（分队）的各种后勤技术保障能力。

提高后勤现代条件下的保障能力，必须根据现代战争的要求进行改革和发展。经过抗美援朝战争的实践，人民解放军获取了丰富的现代战争后勤保障的经验。根据这些经验，后勤在 50 年代末 60 年代初提出了"将后勤建设提高到与战略方针相适应的水平"的建设指导思想。在长期论证准备的基础上，进行调整后勤编制体制、理顺各项工作和领导关系等一系列的改革。60 年代相继建立健全分部保障机构，实行划区供应和建制供应相结合的后勤供应体制，为适应反侵略战争需要，进一步确立建设后方基地的思想，展开以建设后方基地为主的后勤战备建设，建立适应军兵种联合作战、供应复杂、要求快速的战区供应体制，形成了分部、仓库、医院、工厂和其他后勤保障勤务部（分）队构成的保障系统，以及各项业务集中统一、上下结合、综合配套的战略、战役等多层次结合的区域化后勤保障体系。同时，努力改善后勤装备，加强后勤科学研究和保障装备现代化研究，进一步提高了后勤现代化保障的能力。后勤的改革，努力使后勤保障与作战指挥相一致，平时供应与战时保障有机地结合起来，使后勤现代化保障水平大大提高。

后　　记

编写《中国人民解放军军史》，是中央军委赋予军事科学院的一项重要任务。1997 年 11 月 27 日，中央军委常务会议决定，编写出版《中国人民解放军军史》，并成立了由中央军委领导任组长的中国人民解放军军史编写领导小组，责成军事科学院承担编写任务。军史编写的指导思想是，以毛泽东军事思想、邓小平新时期军队建设思想、江泽民国防和军队建设思想和胡锦涛关于新形势下国防和军队建设重要论述为指导，以中共中央关于若干历史问题决议为准则，坚持辩证唯物主义、历史唯物主义的观点和实事求是的思想路线，以历史事实和文献档案资料为主要依据，深入研究中国人民解放军成长发展的特点和规律，全面、系统、准确地反映中国人民解放军在中国共产党领导下的战斗历程和光辉业绩，科学地总结建军和作战指导的基本经验，努力写出一部真实可信、具有权威性和综合性的史书，为发扬我军的优良传统，继承和发展毛泽东军事思想，为部队建设特别是探索新时期治军特点规律，巩固提高部队战斗力，为建设现代化、正规化的革命军队、打赢信息化战争，更好地履行新世纪新阶段我军的历史使命，提供历史借鉴。

军事科学院党委对这项任务高度重视，作出全盘部署。军事历史研究部组成《中国人民解放军军史》编写组，自 1998 年开始在收集整理大量历史文献资料的基础上，精心组织，深入研究，展开编写，并在完成初稿后进行了审修工作。随后，战争理论和战略研究部根据院首长的指示，领导和组织军事历史研究所《中国人民解放军军史》编写组对书稿进行最后的审修和定稿工作。

在历时 10 余年的编写修改过程中，中央军委军史编写领导小组审定了编写指导思想、编写规划和纲目，研究解决了编写中的重要问题，审定了书稿。军事科学院军事历史研究部、战争理论和战略研究部领导编写组先后组织进行了四次集体统稿和修改：2001 年，在林登泉、曾庆洋、支绍曾组织下，对全书各卷进行统稿；2002 年至 2003 年，在王福成、肖裕声、齐德学组织下，对书稿进行了修改；2004 年至 2006 年，姚有志、齐德学、赵一平、温瑞茂组织进行了再次修改；2007 年至 2010 年，寿晓松、杨贵华、郭志刚、姜铁军、曲爱国组织进行了送审稿的修改并向军史编写领导小组报审。其间，根据中央军委军史编写领导小组的指示，军委各总部、各军兵种、各大军区和有关院校等，对书稿进行了审读，提出了许多宝贵的修改意见。刘精松、张工、王祖训、温宗仁、葛振峰、张定发、郑申侠、刘源、刘成军、孙思敬等军事科学院历任领导和军事科学院科研指导部，对《中国人民解放军军史》的编写修改给予了有力指导。中央档案馆、解放军档案馆、中国人民革命军事博物馆、总参谋部有关部门档案室或资料室、总政治部档案馆、总后勤部档案馆、总装备部档案馆、海军档案馆、空军档案馆、各军区档案馆、军事科学院军事图书资料馆等单位，为《中国人民解放军军史》的编写提供了大量历史档案和图书资料。中共中央文献研究室、中共中央党史研究室、中共中央党校、当代中国史研究所以及军内外党史、国史、军史专家学者和许多老同志对《中国人民解放军军史》的编写给予了热情关怀和支持。在编写过程中，我们还借鉴和使用了大量的军史、战史研究成果，在此一并表示衷心的感谢。

2011 年 6 月，中央军委常务会议根据军史编写领导小组的建议，正式批准出版《中国人民解放军军史》第四、第五、第六卷。《中国人民解放军军史》第四至第六卷，记述从 1949 年 10 月 1 日中华人民共和国成立到 1978 年 12 月中国共产党十一届三中全会召开这一历史时期的发展历程。其中，第四卷起止时间为 1949 年 10 月～1953 年 12 月；第五卷起止时间为 1954 年 1 月～1966 年 5 月；

第六卷起止时间为 1966 年 5 月 ~1978 年 12 月。

本卷撰写提纲由杨贵华、曾庆洋、郭志刚拟制，鲍明荣、王永生参加了提纲的修改。第一章和第四章第七节由郭志刚撰写，第二章由鲍明荣撰写，第三章和第四章第一至第三节、基本经验由杨贵华撰写，第四章第四至第六节、第五章、第六章由王永生撰写。全书由杨贵华统稿，齐德学审修了书稿，郭志刚、王永生参加了统稿。王法安、姚延进、黄迎旭、李向前等专家审看了书稿。梁守磊、杨涓参加了出版校对工作。军事科学出版社为本书的编辑、出版工作付出了辛勤劳动。

由于我们研究水平所限，书稿中难免有不周、疏漏之处，诚请广大读者批评指正。

《中国人民解放军军史》编写组

2011 年 6 月